BARBARA HAND CLOW

Plejadisches Kursbuch

BARBARA
HAND CLOW

PLEJADISCHES KURSBUCH

Fahrplan für das Zeitalter des Lichts

Aus dem Amerikanischen
von Susanne Reichert

GOLDMANN

Die Originalausgabe erschien
unter dem Titel »The Pleiadian Agenda«
bei Bear & Company Publishing, Santa Fe

Deutsche Erstausgabe

Umwelthinweis
Alle bedruckten Materialien dieses Taschenbuches
sind chlorfrei und umweltschonend.

Der Goldmann Verlag
ist ein Unternehmen der Verlagsgruppe Bertelsmann

Deutsche Erstausgabe August 1997

Umschlaggestaltung: Design Team München
Satz: All-Star-Type Hilse, München
Druck: Graphische Großbetriebe Pößneck
Verlagsnummer: 13238
Lektorat: Olivia Baerend
Redaktion: Dieter Löbbert
· Herstellung: Stefan Hansen
Layout: Martin Strohkendl
Made in Germany
ISBN 3-442-13238-x

3 5 7 9 10 8 6 4 2

Heimkehr

Wir [die Götter] haben euch nichts von eurer ursprünglichen Integrität genommen, weil wir das nicht können. Aber wir haben einen Teil eurer Realität schlimm verzerrt. Da wir so weit reisen, sind wir große Krieger, und wir sind sehr männlich. Ihr sollt heimkehren und in Harmonie mit allen Spezies auf der Erde leben. Um mit Gaia zu schwingen, müßt ihr sehr weiblich sein. Wir haben euch gezwungen, zu kriegerisch, zu zwanghaft, zu sehr fixiert auf Raum und Zeit, zu ängstlich zu sein. Jetzt bringen diese unvereinbaren Tendenzen eure Zellen zum Bersten. Zum Glück hat eure genetische Matrix auch stellare Anteile, und diese stellar-zelluläre Matrix muß jetzt erwachen. Um heil zu werden, müßt ihr mit anderen Dimensionen interagieren.

Inhalt

Für Gerry Clow

Dank

Dieses Buch wäre ohne die phantastische Unterstützung durch Gerry Clow nie geschrieben worden. Gerry war mein wichtigster Lektor, und sein außergewöhnliches Geschick und seine Hingabe ermöglichten es, einen breitgefächerten, schwierigen Stoff zu Papier zu bringen.

Danke, Brian Swimme, für deine Einführung. Auf unserem Weg vom heliozentrischen zum galaktischen Geist warst du während dieser radikalen Bewußtseinsverschiebung immer bei mir.

Ich channelte dieses Buch an Gerry Clow, John Kaminski und Audrey Peterson. Danke, John, daß du die Bänder transkribiert und mir beim Redigieren geholfen hast sowie ein waches Auge auf mögliche Unwahrheiten oder Schwerpunkte hattest, die fehl am Platze waren. Audrey, ich danke dir für deine Offenheit, deine Liebe und deine Vision des Lichts, und euch dreien danke ich für eure Bereitschaft, euch wieder auf eine wilde Fahrt mit den Plejadiern einzulassen!

Ich möchte auch denjenigen danken, die mir am meisten bei der Klärung meiner plejadischen Stimme geholfen haben: Barbara Marciniak, Ken Carey, Lyssa Royal, Wendy Munro, Tom Cratsley und Tobi und Teri Weiss von Power Places Tours. Zu Dank verpflichtet bin ich Jeanne Scoville und dem Filmemacher David Drewry, die rechtzeitig und mit traumwandlerischer Sicherheit die Bedeutung dieser Arbeit erkannten und sie 1994 in Ägypten filmten.

Ich möchte mich bei den Menschen bedanken, die mir das Verständnis des Maya-Kalenders vermittelt haben: Das sind Hunbatz Men, Alberto Ruz Buenfil, José und Lloydine Argüelles, Tony Shearer, John Major Jenkins, Terence McKenna, Stephen McFadden, Hugh Harleston und José Diaz-Bolio.

Dank schulde ich allen Mitarbeitern des Verlags Bear für die

Unterstützung bei diesem Projekt. Tiefe Dankbarkeit empfinde ich für Mindy Belter für ihre hervorragende Gestaltung und die Zeichnungen, Sonya Moore für ihr sorgfältiges Korrekturlesen, Lightbourne Images für ein besonders schönes Coverdesign und Malcolm MacKinnon für ein großartiges Foto.

Des weiteren geht mein Dank an Carol White, Audrey Peterson und Nicki Scully; ihr halft mir, die Elementarwesen zu sehen; sowie an Dawn Erhart Wingard, der mich in meinem Körper festhielt, wenn ich zu schwer arbeitete; und an Barbara Morgan für die Gärten. Die Gleichstellung von Tieren, Insekten, Steinen, Menschen und Sternen wäre mir ohne die aufrichtige Freundlichkeit meiner vier Kinder Tom, Matthew, Christopher und Elizabeth nicht immer so klargeworden; ich danke euch, daß ihr die Erde mit mir teilt.

Vorwort

Eintritt ins Universum

Am besten findet man Zugang zu Barbara Hand Clows neuem Werk, dem *Plejadischen Kursbuch*, wenn man es als seine traditionelle kosmologische Aufgabe betrachtet, den »Eintritt ins Universum« zu erlernen. Den meisten modernen Menschen erscheint dies vielleicht als eine merkwürdige, ja sogar völlig triviale Aufgabe. Wo ist denn das Universum, wenn nicht um uns herum? Was könnte also einfacher sein, als dort einzutreten? Aber diese Herausforderung, einen Weg ins Universum zu finden, ist in Wirklichkeit ganz alt. Und besonders wir Menschen werden als Spezies auf einzigartige Weise dazu herausgefordert, weil wir nicht ausschließlich auf unser genetisches Erbmaterial angewiesen sind. Anderen Lebewesen bleibt all dies erspart. In fast allen Situationen haben wir die Verhaltensregeln gleich bei der Hand.

Unsere Herausforderung sieht völlig anders aus. Wir haben jede Menge Wissen über das Universum und seine Funktionsweise angehäuft, und all diese Informationen sollen wir uns zunutze machen, um intelligentes Handeln im Universum zu lernen.

Ins Universum eintreten bedeutet einfach, die Wege der ausgedehnteren Welt zu erfahren und zu lernen, wie ein Mensch zu alledem einen Bezug herstellen soll. Die ersten Menschen empfanden dies als tiefgreifende, erdrückende Herausforderung. Vermutlich seit 300000 Jahren und mit Sicherheit seit mindestens 40000 Jahren kommen Menschen nachts zusammen und denken über die Wege des Universums nach, um ihren Weg durch die Große Welt zu finden. Ganz gleich auf welchem Kontinent Menschen lebten, ganz gleich welche Kultur, welches Zeitalter – sie versammelten sich nachts in den afrikanischen Ebenen um ein Feuer, in den Höhlen der Wälder Eurasiens, unter dem leuchtenden Nachthimmel des australischen Kontinents, in den Langhäusern Nordamerikas und erzählten sich dort die heiligen Geschichten des Universums und sprachen darüber, was für ein edles Menschenleben nötig ist.

Ich sage, daß dies ein Bedürfnis jeder Kultur war, aber das stimmt natürlich nicht ganz. Wir Menschen von heute meinen nämlich, darauf verzichten zu können. Die Menschheit der Moderne ist anscheinend die erste Kultur, die mit dieser ursprünglichen Tradition, die Mysterien des Universums zu feiern, bricht. Was hat es zu bedeuten, daß wir etwas aufgegeben haben, was seit 300 000 Jahren praktiziert wird?

Die moderne Industriegesellschaft hat sich in dieser Hinsicht geändert. Fragen von großer Bedeutung werden nicht in Höhlen oder auf offenen Ebenen erörtert, sondern in den Kirchen, Moscheen und Tempeln. Hier versammeln sich jedes Wochenende Milliarden von Menschen, um über ihre Beziehung zum Göttlichen nachzudenken. Innerhalb all dieser millionenfach wöchentlich stattfindenden religiösen Zeremonien, die für die Gesundheit und Spiritualität der Menschheit als Ganzes so wesentlich sind, wird man auf vielfältige Glaubensbekundungen, aber selten auf eine ernsthafte Betrachtung *des Universums* stoßen, wobei ich mit dem Begriff »Universum« einfach das Universum der Sterne und der Ackerkrume, der Amphibien und Säugetiere, Insekten, Flüsse und Sumpflandschaften meine.

Das ist die derzeitige Einbahnstraße: Zeitgemäße Religionen haben sich mittlerweile in erster Linie auf die Beziehungen von Menschen miteinander und mit dem Göttlichen konzentriert und die alten Fragen, wie man in das Universum eintritt, beiseite geschoben; die Wissenschaft hingegen, die sich ja gerade auf das Universum konzentriert, vermittelt von ihm ein Bild, das keine geheiligte Bedeutung oder Bestimmung hat, und vermeidet es, von der wichtigen Rolle der Menschen im Universum zu sprechen.

Und damit sind wir bei Barbara Hand Clows neuestem Buch angelangt. Von Anfang bis Ende geht es ihr um das Universum als heiliges Reich, um ein Universum der Materie, Energie und Information, aber auch um ein Universum, das von spirituellen Wesen erfüllt ist. Und ihr Universum hat eine heilige Bestimmung. Ebenso – wieder von Anfang bis Ende – konzentriert sich Frau

Clow auf die Rolle, die Menschen in diesem kosmischen Drama spielen sollen. Sie schreibt, sie werde jedem einzelnen von uns helfen, sich daran »zu erinnern, wie man mit den Sternen schwimmt«. Sie verspricht, uns dabei behilflich zu sein, »unser kosmisches Selbst« zu aktivieren. Völlig konträr zur nihilistischen postmodernen Stimmung, wie sie an den meisten Universitäten herrscht, betont sie, welch zentrale Bedeutung Menschen – und die Erde als Ganzes – erlangen sollen, denn sie schreibt: »... ihr seid die Körper für alle [kosmischen] Dimensionen, wenn die Erde ins Wassermann-Zeitalter eintritt«.

Auch begeht sie nicht den Fehler, welcher der klassischen westlichen Philosophie ständig unterläuft, indem sie den Menschen preist und gleichzeitig die gesamte nichtmenschliche Welt verunglimpft. Für Barbara Clow ist alles Leben heilig, und jede Spezies spielt eine lebenswichtige Rolle. In einer wunderschönen Passage schreibt sie, daß »Tiere die Quelle für die Sternenweisheit der Menschen« sind, und dies gilt nicht nur für unsere nahen Verwandten, die Säugetiere. In ihrer Vision nehmen auch die Reptilien eine besondere Stellung ein, die wir respektieren müssen. Sie äußert sich dazu in folgenden Worten: »Wir Reptilien, die wir auf der Erde zurückbleiben, sind diejenigen, denen diese sagenhafte [Gaia-]Intelligenz innewohnt. Dieses Wissen steckt in unserem physischen Körper.«

Bevor wir einen Schritt weitergehen, müssen wir innehalten und uns eine sehr einfache Frage stellen: Wenn unsere Kinder mittels solch einer Kosmologie in das Universum eingeführt würden – einer Kosmologie, die das Universum als heilig betrachtet, welche die Menschen auf ihre wichtige, kosmische Rolle hinweist und Tiere und andere Lebensformen bewundert –, wären unsere Kinder dann dazu verurteilt, heranzuwachsen und die Erde zu zerstören, wie es so viele von uns getan haben?

Sollten wir jemals eine Kultur gestalten, die auf einer lebendigen Kosmologie gründet, dann müssen wir wissen, weshalb Visionen wie die von Barbara Clow künftig vom Team der »Weltmanager« unvermeidlich abgelehnt werden.

Der Menschheit ist spekulative Kosmologie vor 500 Jahren verlorengegangen, als der neue wissenschaftliche Unternehmungsgeist das mittelalterliche Allgemeinverständnis der Menschen für das Universum zerstörte. 1543 verkündete Nikolaus Kopernikus, ein obskurer polnischer Astronom, die Sonne – und nicht die Erde – sei Mittelpunkt unseres Kosmos. Natürlich akzeptieren wir dies heute als wahr, aber wir dürfen nicht vergessen, daß die gesamte Kultur auf der Annahme basierte, die Erde stehe im Zentrum. Und als Folge dieser umwälzenden Erkenntnis landeten spekulative kosmologische Werke – so wie das, das Sie gerade in der Hand halten – auf dem Müll. Lassen Sie mich erklären, wie das geschah.

Kopernikus war sich mehr als jeder andere der Gefährlichkeit seiner Forschungen bewußt. Als Kirchenkanoniker weigerte er sich bis kurz vor seinem Tod, seine Ergebnisse zu veröffentlichen. Und wovor er Angst hatte, das sollte tatsächlich eintreffen: Der wissenschaftliche Gehalt seiner Forschungen wurde akzeptiert und folglich die kosmologische Ausrichtung der gesamten mittelalterlichen Welt langsam, aber sicher verworfen. Das war die Geburtsstunde der modernen Welt, die auf einer Trennung von Wissenschaft und Religion basiert. Von nun an galt Religion als Fundgrube von Wahrheiten, die Verhaltensweisen betrafen, derer man bedurfte, um in das Himmelreich eingehen zu können; die Wissenschaft hingegen diente bald als Mittel, den wahren Zustand des physischen Universums zu ermitteln, eines Universums, das man nun nicht länger von spirituellen Realitäten bevölkert wähnte, sondern das ausschließlich aus grober Materie bestand.

Was wir uns hier bewußtmachen müssen, ist, daß Kopernikus' Entdeckung – daß sich in Wahrheit die Erde um die Sonne dreht – auch die Menschen uneinig werden läßt, *wie Wahrheit verstanden wird*. Ungefähr 100 000 Jahre lang meinten sie, die Erde sei der Mittelpunkt des Universums. Die Menschen jener Zeit wären von der Vorstellung, die Sonne befinde sich in der Mitte und die Erde kreise um sie, sehr verwirrt gewesen.

Für den naiven oder vorkopernikanischen Geist ist die Sonne dieses heiße Etwas am Himmel, das sich täglich um die Erde bewegt. Wir können zwar nicht exakt ihre Größe bestimmen, aber so groß kann sie auch wieder nicht sein, denn sie läßt sich mit einem vor das Auge gehaltenen bloßen Daumen völlig ausblenden. Die Erde ist im Gegensatz dazu die ganze Welt! Ein Ort, der große Ozeane, Gezeitenwellen, ausgedehnte Bergketten und furchterregende Wirbelstürme zu bieten hat! Und auch Schneestürme und Lawinen!

Kopernikus' Verdienst besteht darin, mit seinen Schriften ein Verfahren geliefert zu haben, anhand dessen die meisten fortschrittlichen Denker in Europa diese neue, raffinierte und verblüffende Wahrheit schließlich begreifen konnten: Die Sonne befindet sich in der Mitte des Sonnensystems, während Erde, Mars, Jupiter und die anderen Planeten sie umkreisen. Aber die unselige Folge war, daß wir uns alle damit abzufinden hatten, unseren Gefühlen, unserer Intuition nicht mehr trauen zu können. Von da an hielt man sämtliche Arbeiten, die weitgehend auf diese Wissensaspekte angewiesen waren – und diese sind bestimmt die wichtigsten in Barbara Clows *Plejadischem Kursbuch* –, für unsinnig, dumm, nutzlos und für Zeitverschwendung.

Wie soll man dann ein spekulatives visionäres Werk angehen, besonders das, welches Sie in der Hand halten? Meiner Meinung gibt es drei Möglichkeiten:

Die erste wäre die Betrachtungsweise vom Standpunkt der modernen wissenschaftlichen Hauptströmung, die jegliche auf Astrologie oder galaktische Einstellung basierende Diskussion für wertlos erachtet. Diese Haltung wäre charakteristisch für die meisten heutigen Wissenschaftler.

Die zweite Annäherungsmethode bestünde darin, ein derartiges Werk für buchstäblich und wissenschaftlich wahr zu halten, etwa so, wie einige Menschen die Bibel als ein buchstäblich und wissenschaftlich echtes Werk ansehen. Diese Methode, die vielleicht noch beliebter als die erste ist, hat den unseligen Nachteil, daß ihre Verfechter damit in Widerspruch zur Wissenschaft geraten, die in unserer Kultur die dominierendste der auf Übereinstimmung beruhenden Annäherungsweisen an die Wahrheit ist.

Die dritte Methode, auf die der Text selbst anspielt, wäre, das Werk als dem Reich der Poesie zugehörig zu betrachten. Damit Sie verstehen, inwiefern eine poetische Vision wahr sein kann – doch wahr in einem andersgearteten Sinn als die wissenschaftliche Wahrheit –, möchte ich gern folgendes als bildhafte Erklärung für das *Plejadische Kursbuch* als Gesamtwerk anbieten:

Stellen Sie sich den Augenblick vor, als Beethoven zum erstenmal seine »Ode an die Freude« in einem leeren Zimmer spielte.

Aber dieser Raum war nicht so leer, wenn wir an all die Lebensformen denken, besonders die einzelligen Prokaryonten, die – nehmen wir einmal an – in der Luft schwebten. Ganz sicher – wenn wir einem einzelligen Organismus nicht einen Funken Empfindungsvermögen zubilligen – waren solche Prokaryonten unfähig, die Musik zu begreifen, die den Raum erfüllte. Was aber, wenn von diesen Milliarden Geschöpfen bloß ein einziges etwas von einem Genie in sich trüge? Was wäre, wenn es der Gegenwart von etwas Gewaltigem gewahr würde, statt lediglich die musikalischen Vibrationen unbeachtet durch sich hindurchflattern zu lassen?

Sicher wären seine Erfahrungen nur eine schwache Reflexierung der vollen Realität der Akkorde Beethovens, aber wäre es nicht denkbar, daß dieses Lebewesen von dem merkwürdigen Gefühl aufgerüttelt wurde, plötzlich von etwas Großartigem durchdrungen zu werden, das seine normalen Tagesaktivitäten bei weitem in den Schatten stellte?

Wenn ein Mensch sensibel genug ist, um auf eine Intelligenz zu reagieren, die durch die Milchstraßengalaxis gleitet – eine Intelligenz, die 300 Milliarden Sterne seit zehn Milliarden Jahren organisiert, eine Intelligenz, deren Form und Funktion außerhalb dessen liegen, was von den ausgeklügelten, empirischen Techniken moderner Astronomie je in Worte gefaßt wurde –, kann man sich vorstellen, daß solch ein Mensch eine wilde, poetische Metaphorik erschaffen müßte. Wenn der Neocortex des Großhirns oder ein anderer Teil des zentralen Nervensystems von einem riesigen kybernetischen oder galaktischen Geist entflammt wurde, würde man nicht die sorgfältigen und unbedenklichen Äußerungen der Wahrheit von gestern erwarten, sondern die wilden, spekulativen Visionen von Barbara Hand Clow im *Plejadischen Kursbuch*.

Dr. Brian Swimme
August 1995

Brian Swimme ist Kosmologe und Gravitationsphysiker am California Institute of Integral Studies. Er ist Autor des Buchs *Das Universum ist ein grüner Drache* und Mitverfasser (zusammen mit Thomas Berry) des Buchs *The Universe Story*.

Einleitung

Wirklichkeitsspaltung

Das Buch, das Sie in Händen halten, wird begreiflicher, wenn Sie sich ein Bild davon machen, wie die Plejadier bisher mit Menschen kommuniziert haben. Viele Erdbewohner haben behauptet, sie seien plejadischen Ursprungs, und 1970 berichtete der Schweizer Billy Meier von direktem Kontakt mit plejadischen Raumschiffen und Individuen. In den achtziger Jahren veröffentlichte Ken Carey sein Buch *Sternenbotschaft*, in dem sich die plejadische Intelligenz bemerkenswert klar und inspirierend Bahn brach; Lyssa Royal und ich erfuhren direkte Übertragungen; Barbara Marciniak öffnete 1988 plötzlich einen sehr wirkungsvollen Channel für plejadisches Gedankengut; und viele andere Channels berichteten über gleichlautende Lehren von diesem Sternensystem. Das *Plejadische Kursbuch* ist in erster Linie durch Satya von Alcyone, eine sehr überzeugende plejadische Weisheitsgestalt, entstanden, die eng mit der Göttin assoziiert wird.

Als die Plejaden mir als Erwachsene im Jahr 1984 erstmals Impulse vermittelten, hörte ich ihre Übertragungen monatelang im Morsecode! Allmählich klärten sich ihre Stimmen, aber dann verwirrte mich die Art, wie sie sich zu Erdwissenschaften, menschlichem Verhalten und spiritueller Evolution äußerten, sehr. Einfach gesagt, was sie über uns sagten, war so, als versuchte man Licht zu entschlüsseln, das durch ein Kaleidoskop fällt; ihre Ansichten über uns sind vielfältig und stehen geometrisch miteinander in Beziehung, und das läßt sich nur schwer wiedergeben. In den späten achtziger Jahren kam mir ihre breitgefächerte Sichtweise kunterbunt und verworren vor, aber ich übermittelte sie weiterhin, denn was sie zu sagen hatten, war faszinierender als alles, was ich auf der Erde zu hören bekam. Ich gestehe, daß dies keine einfache Zeit für mich war. Sie war oft psychologisch komplex, denn je mehr ich über die Plejadier erfuhr, desto klarer wurde mir, daß ihre Stimme eigentlich die Stimme meines inneren Kindes war; diese Weisheitslehren, die immer eindringlicher und deutlicher wurden, zwangen mich dazu, mich auf mein wahres, nichtgeprägtes Geburtsselbst zu besinnen. Als ich das erkannte, fing ich an, mich an jenen Zeitpunkt zurückzuerinnern, da ich vier Monate alt war und ein Wirbelwind durch den Vorhang neben meinem Kinderbett fuhr und die wunderschönen, kleinen blauen Wesen zu mir zu Besuch kamen. So schwer es mir auch fiel – ich wußte, daß ich dabei war, diese Präsenz endlich vollends zu integrieren, und dann fing Satya 1992 an, zu mir zu sprechen. Nach ihrem Erscheinen schrieb ich das *Plejadische Kursbuch* in Vorwegnahme einer *Wirklichkeitsspaltung*, die laut Bekunden der Plejadier 1998 stattfinden wird. Satya hat eine sehr deutliche Stimme, wie ihr sehen werdet, und deshalb soll sie jetzt zu euch sprechen.

»Ich bin Satya, Leiterin einer großen Gruppe von Plejadiern. Ich hüte die Aufzeichnungen von Alcyone, der Plejadischen Zentralbibliothek, und durch ein direktes Rohr, das sie mit euch verbindet, hat Barbara Hand Clow auch ihre eigenen Kommunikationsfähigkeiten verbessert. Deshalb bietet dieses Buch ein breites Spektrum von plejadischen Wesenheiten und Gruppen, die alle ein großartiges, umfangreiches Programm haben, wie sie euch bestimmte Informationen übermitteln – das plejadische Programm. Die Plejadier bemühen sich sehr darum, euch zu erreichen, und deshalb setzen sie sich in eure Gedanken und eilen durch eure Tore. John Kaminski war bei den Channelings dabei, als das *Plejadische Kursbuch* während der Jahre 1994 und 1995 eingegeben wurde, und er äußerte dazu: ›Die Plejadier sind wie Bienen. Man sieht sie so oft, daß schließlich von ihnen etwas gebaut worden ist, dessen Errichtung man gar nicht bemerkt hat‹. Jetzt möchte der Bienenstock gern zu euch als Gruppe sprechen.

Eigentlich haben wir Plejadier eine Menge Nester gebaut, und wenn wir den Körper unseres Mediums bewohnen, fühlt sie eine besondere Erregung, die dem Gesumme eines Bienenschwarms ähnelt. Sie hat gelernt, diese Frequenz zu erkennen und sie als *Instrument* zu benutzen, und wenn euch interessiert, wie ihr das gelang, lest ihre *Trilogie der Bewußtseinschroniken*. Durch viel Erfahrung hat sie entdeckt, daß ihre eigene Wahrnehmungsbandbreite infolge der Arbeit mit uns immer größer geworden ist, und jetzt kann sie das Wesen der bevorstehenden Wirklichkeitsspaltung *sehen*. Für eure Entscheidung, an der neuentwickelten Welt teilzunehmen, müßt ihr die neundimensionale vertikale Achse verstehen, die in diesem Buch beschrieben ist, und bewußt mit ihr arbeiten. Während ihrer eigenen Übungsphase widmete sich Hand Clow der Aufgabe, euch unsere Aufzeichnungen zugänglich zu machen. Sie fand heraus, daß unsere Weisheit euer Leben verbessert, eure tiefgehenden Fragen beantwortet, eure Gefühle intensiviert, euren Verstand schärft und euch dazu bringt, euch für Evolution statt Rückentwicklung zu entscheiden. Das *Plejadische Kursbuch* ist endlich komplett, und wir als Gruppe möchten euch unsere plejadischen Überlegungen darüber mitteilen, was Barbara Hand Clow von uns erfahren konnte.

Ihr fragt euch vielleicht, was eine Kosmologie ist. Laut herrschender Meinung irdischer Astronomen beschäftigt sich eine Kosmologie mit der Natur von Ursprung, Struktur und den Raum-Zeit-Beziehungen des Universums. Nun, wir Plejadier gehen viel weiter. Für uns ist eine Kosmologie eine Geschichte der Existenz in jener Zeit, die euer Zellgedächtnis erweckt. Was heißt Zellgedächtnis? Es ist die Erinnerung an all das, was jemals im Universum stattgefunden hat und direkt in euren Körperzellen codiert ist. Ihr habt schon von dieser *Neuen Kosmologie für das Zeitalter des Lichts* gehört, und jetzt braucht ihr euch die Geschichte nur noch einmal anzuhören.

Warum wollt ihr euch damit noch einmal vertraut machen? Es wäre natürlich kreativ und lustig – und das ist es auch –, aber der wahre Grund, diese Geschichte jetzt zu erzählen, ist, damit ihr eine Wahl treffen könnt, welche Wirklichkeit ihr bewohnen wollt, wenn eure Welt sich im Jahr 1998 in zwei Wege teilt. Wir sehen die Filme dieser zwei Welten, die in euren Körperzellen ablaufen. Da wir davon überzeugt sind, daß jedem von euch völlige Freiheit der Entscheidung zusteht, sind wir in eure Wirklichkeit getreten, um euch diese beiden Wege zu beschreiben. Menschen, ihr wärt erstaunt, wenn ihr wüßtet, wie schwierig es für uns ist, so weit zu reisen, um soviel Zeit mit euch zu verbringen. Immerhin haben wir nette Häuser aus weißem Marmor in einem grünen Land mit wunderbar klarem Wasser und sauberer Luft. Unsere Kinder sind wunderschön und lieben uns, und unsere Tiere genießen unsere Anwesenheit. Wir sind so weit und so lange gereist, weil euch ohne die Möglichkeit einer freien Wahl auch der freie Wille genommen ist, und folglich wäre dem Universum seine Hauptgrundlage – Bewußtseinsfreiheit – entzogen. Wäre dies der Fall, so würde sich niemand mehr für eine Existenz entscheiden, und alle Bewegung käme zum Stillstand. Das könnt ihr euch natürlich nicht vorstellen, aber wir haben diese Apokalypse genau vorausgesehen und sie voll durchgespielt, und damit wäre eine inakzeptable, aber mögliche Wirklichkeit geschaffen, in die ihr hineingeraten könntet, wenn ihr weiterschlaft. Es ist anscheinend leichter, euch einfach aus dem Bett zu werfen! Eines können wir euch versichern: Das Nest, das wir gebaut haben, ist so groß und wir summen so laut, daß jeder von euch in der Lage sein wird, eine eindeutige Wahl zu treffen. Mit einem Blick in die zwei Welten, die im Wassermann-Zeitalter das Bild der Erde bestimmen werden, lassen sich die jeweiligen Qualitäten beschreiben und besprechen.

In der einen Wirklichkeit – dem Zombieland – starrt ihr in Trance auf euer Fernsehgerät, während euer Gehirn mit Bildern von Nachrichten und Geschichten gefüttert wird, die nicht wirklich sind. Real ist, was im Jetzt vorgeht, während ihr hier seid. Wir sehen euch mit einer virtuellen Wirklichkeit spielen, wobei euer Gehirn der Maschine Impulse gibt, irgendein Bild zu erschaffen, das euer drängendes Bedürfnis nach Besitz oder Sex stimuliert. Wenn ihr euch die Bilder anseht, werdet ihr dazu verführt, einkaufen zu gehen oder Sex zu haben oder Nahrung zu euch zu nehmen. Ihr stellt eure Speisen in die Mikrowelle, die deren wesentliche Bestandteile in Materie vibriert, die auf eure Geschmacksrezeptoren abgestimmt sind, und ihr verzehrt sie, wenn euer Körper für ein paar Stunden zur Ruhe kommt. Die Individuen bei euch zu Hause und auch die in eurem Bekanntenkreis entsprechen allesamt den neuesten Modeticks – sie sind der perfekte Auswuchs dessen, was *ihr* anschauen wollt, und doch empfindet ihr für keinen von ihnen auch nur das geringste. Wenn man euch bittet, ihre Gesichtszüge zu beschreiben, wärt ihr nicht dazu imstande. Ihr nehmt nicht an der Politik oder dem Weltgeschehen teil, weil solche Dinge nur im Fernsehen existieren. Ihr verreist selten, weil ihr das für gefährlich haltet, und reist ihr doch einmal, dann bewegt ihr euch von einem sterilen Hotel zum anderen in Zimmern mit Fernsehgeräten, die besser als das zu Hause sind, weil sie über einen Pornokanal verfügen. Ihr braucht darauf nicht zu reagieren, braucht auch nichts und niemanden zu verändern. Was das Denken betrifft, so erledigt dies alles der Computer für euch, denn er weist in der linken Gehirnhälfte mehr neuronale Kapazitäten auf als irgendein Mensch. Ihr habt keine Möglichkeit zu erfahren, ob mit seinen Daten irgend etwas Reales beschrieben wird, denn ihr geht nicht hinaus und beschäftigt euch mit realen Dingen oder beobachtet eure eigenen Reaktionen. Was eure Seele betrifft, so ist euer Wunsch nach Wahlfreiheit so sehr verkümmert, daß ihr davon überzeugt seid, nur ein Leben zu haben, in dessen Mitte ihr jetzt steht. Jeder einzelne eurer Tage ist eine neue Gelegenheit, so viele Wünsche wie möglich zu befriedigen und dabei überhaupt keinen Streß zu erleben. Ihr seid ein Zombie, der euren Körper nur so lange bewohnen wird, wie ihr jemandem nützlich seid, der an der Macht steht. Und wer ist das? Das Welt-Management-Team, mächtige Kräfte im Bankwesen, in den Medien, den Regierungen und in der Geschäftswelt, die in diesem Buch entlarvt werden.

Bevor wir den anderen möglichen Weg beschreiben, werden wir euch erzählen, wie die Zombies erschaffen wurden, denn die Technologie, die sie verkörpern, wird von entwickelten Wesen entweder rundweg abgelehnt oder in anderer Weise angewendet. Technologie kann ein Mittel oder ein Zweck sein, und die Wirklichkeitsspaltung wird davon abhängen, für welches von beiden man sich entscheidet. Wir haben im obigen Absatz auf vier verschiedene Technologien angespielt – Fernsehen, Mikrowellenherde, künstliches Licht und Computer. Es gibt andere, die euch in die eine oder andere Richtung antreiben, aber wir Plejadier fühlen, daß genau diese vier die ungesehenen und unbekannten Dimensionen entstehen lassen, die so ausführlich in diesem Buch beschrieben sind. Wir werden sogar sagen, daß dieses Buch jetzt geschrieben werden mußte, damit euch einfach bewußt wird, was euch als Konsequenz eurer Technologie widerfährt. Das *Plejadische Kursbuch* ist ein Handbuch zu der Frage, wie man aus dem technologischen Zombieland herauskommt. Das sind die Technologien, die euch beschleunigt in den kritischen Sprung bringen –

multidimensionale Verschmelzung und Säuberung. Eines können wir euch versichern: Macht euch diese Dinge bewußt, oder ihr gehört schon zu den Zombies.

Was ist Technologie? In den Augen vieler von euch stellt die Technologie witzige Geräte her, mit denen ihr Zeit und Arbeit spart; und eure Hauptsorge ist, ob ihr sie bezahlen könnt oder nicht. Wir Plejadier erachten Technologien im Idealfall als Geräte, die ihr erfindet und welche die äußere Manifestation irgendeiner unbekannten Macht in euch selbst sind; ihr entwickelt sie, um eure innere Kraft verständlicher werden zu lassen. Wenn ihr euch mit einer Technologie befaßt, aktiviert und entdeckt ihr etwas in eurem Innern, und doch ist euch anscheinend weitgehend unklar, was ihr tut! Wir sehen euch gern bei der Erforschung eurer inneren Kräfte zu, aber wir hätten gern, daß ihr den Unterschied zwischen wahrer Kreativität und Technologie versteht. Wenn ihr wirklich sehen würdet, daß wahre Kreativität die Natur belebt, während die Technologie sich stets belastend auf sie auswirkt, dann würdet ihr auf die Technologie häufiger verzichten und einige technologische Geräte verbannen.

Warum sind wir hier, um einige von euch zu führen? Auf den Plejaden kommen unsere inneren schamanischen Kräfte schon im Kindesalter zum Vorschein, und wir brauchen keine Geräte zu materialisieren, um sie zu aktivieren. So wie es einst in allen irdischen Kulturen der Fall war, ist das Leben jedes einzelnen von uns so komplex wie der Körper-Geist des Individuums, das auf der Kontrollbrücke von ›Raumschiff Enterprise‹ sitzt. Wenn ihr uns besuchen kämt, würden wir allerdings wie ein kleines Maya-Dorf in Yucatan oder Chiapas aussehen.

Bevor wir die weiterentwickelte Welt genauer beschreiben, werden wir die inneren und äußeren Vorgänge beschreiben, die den vier Technologien, die euch mit Vibrationen zur Implosion bringen, eigen sind.

Das Fernsehen bringt euch bei, daß alles, was ihr seht, auf Wahrnehmung beruht, weil ihr wißt, daß ihr auf einen Bildschirm schaut, der aus Punkten Bilder – und keinen Baum oder lebenden Menschen – macht. Was ist also ein Bild? Es ist eine übermittelte Vorstellung – nicht mehr! Aus schamanischer Perspektive: Wenn ihr euch so aktivieren könnt, daß sich Bilder tatsächlich in eurem

Gehirn manifestieren, dann merkt ihr, daß ein äußeres Bild, das sich manifestiert, eigentlich eine innere Vorstellung ist. Mit anderen Worten: Eure Katze taucht nur dann auf, wenn euer inneres Bild sie euch herbeiholt; alles, was euch unter die Augen kommt, wird von eurem Geist erschaffen; und wenn ihr das wirklich begriffen habt, werdet ihr schließlich darauf achten, was ›in eurem Geist vorgeht‹. Menschen mit eingeborenem Bewußtsein beobachten sehr sorgfältig, was in ihrem Geist ist oder nicht ist.

Der Mikrowellenherd bringt euch bei, daß alles Vibration ist, alles besteht aus Wellenformen. Früher brauchtet ihr Feuer, um die Energie im Essen zu aktivieren, aber jetzt könnt ihr es aufwärmen, indem ihr es mit einem Teil des Wellenspektrums bombardiert, das schneller als dreidimensional vibriert. Wir Plejadier müssen zugeben, daß wir uns einige Male köstlich über euch und eure Mikrowellenherde amüsiert haben, denn dadurch lernen wir unmittelbar etwas über ungesehene Teile des Lichtspektrums. In dem Buch werdet ihr entdecken, daß Photonen zu den Mikrowellen, nicht zur Sonnenlichtskala gehören, und ihr habt die Mikrowelle erfunden, um festzustellen, daß ihr von Wellenfrequenzen ›gekocht‹ werden könnt, wenn ihr nicht aufpaßt und euch zu lange in ihnen aufhaltet. Habt ihr schon einmal etwas zu lange in der Mikrowelle stehen lassen? Ihr werdet dann, wie ihr aus dem Buch erfahrt, ab 1998 ständig im Photonenring sein, und wie wollt ihr verhindern, gekocht zu werden? Wir Plejadier haben eine Überraschung für euch: Die Sonne ist das Gegenmittel für erhöhtes Photonenlicht.

Künstliches Licht ist jene Technologie, die sich auf eure Wirklichkeit in wesentlichem Maße ausgewirkt hat. Ihr versteht sie besser, weil ihr schon länger damit lebt. Stellt euch die Welt vor mehr als einem Jahrhundert vor, als ihr arbeiten mußtet, um dieses Licht zu erzeugen. Am wichtigsten ist für euch zu begreifen, daß ihr die Dunkelheit für eine große, allumfassende Macht gehalten habt, und ihr konntet lediglich einen kleinen Teil von ihr erhellen, wenn Sonne, Mond oder Sterne schienen. Euch erschien die Dunkelheit allumfassend, sie war auch tatsächlich die vorherrschende Realität, und ihr liebtet das Licht, als es euch zur Verfügung stand. Mit künstlichem Licht fingt ihr an, euch auszumalen, daß ihr euer inneres Selbst erfahren könntet, denn ihr saht, wie das neue Licht alles sichtbar machte. Also begannt ihr damit, euer Unterbewußtes zu erforschen. In eurer Welt befindet ihr euch viel länger in der Galaktischen Nacht als im Photonenring, und die Erschaffung von künstlichem Licht hat euch mit Mut versehen, dunkle Räume zu erforschen. Heute kann man sich nur schwer an die Zeit vor dem künstlichen Licht erinnern, aber bevor es dieses gab, hieltet ihr riesige Teile der Wirklichkeit für nicht erfahrbar. Ihr meint, in den letzten 100 Jahren entdeckt zu haben, daß alle Dinge erfahrbar sind, und über kurz oder lang ist euch das zu Kopf gestiegen. Ihr verfügt über viele Fakten, aber ihr langweilt euch allmählich.

Ihr habt den Computer erfunden, um all diese Fakten zu speichern und wieder auf sie zurückgreifen zu können, und dies ermöglicht er euch auch wirklich. Wichtiger noch: Er gibt euch eine Rückmeldung über die Funktionsweise eures Gehirns. Vielen von euch ist nicht bewußt, wie diese Technologie zwar euer Gehirn, nicht aber das unseres Mediums verändert. Sie begann, kurz nachdem Computer auf dem Markt waren, damit zu arbeiten, weil diese Geräte den Zugriff auf die umfangreiche Datenbank, die Astrologen in der Praxis benutzen müssen, beschleunigen und vereinfachen. Viele von euch, die mit Computern arbeiten, bedienen sich einer immer komplexer werdenden Datenbank; die Daten selbst werden schneller, und diese Datenverbindung erhöht die Schnelligkeit eurer Wahrnehmung. Dieses Buch ist die direkte Folge dieser Beschleunigung; multidimensionale Verschmelzung und Säuberung erhalten durch die Aktivierung des Computers starke Impulse. Euer Gehirn befreit sich als Datenbank und wandelt sich zu Datenprozessoren; genau dieses Training braucht ihr für den Zugang zur neundimensionalen vertikalen Achse und deren Manipulation, die in diesem Buch beschrieben ist. Beispielsweise stellt die siebte Dimension des Plejadischen Kursbuch-Modells die galaktischen Informationsautobahnen des Lichts, die Photonenringe, dar. Ihr bewegt euch in dem lokalisierten Photonenring, der spiralförmig aus Alcyone eurer Sonne entgegenwandert. Ihr begebt euch in diese galaktische Informationsautobahn des Lichts und könnt diesen Prozeß wahrnehmen, weil ihr mit Computern und dem Internet arbeitet.

Vielen von euch ist aufgefallen, daß das Welt-Management-Team permanent versucht, eure Wirklichkeit zu kontrollieren und euch als Material für seine Programme zu benutzen. Die Welt der

Zombies ist eine völlig kontrollierte Welt. Aber *ihr* braucht das Fernsehen nur auszuschalten – das ist nicht so wie im Gefängnis oder am Fließband oder in einer unglücklichen Ehe! Stellt euren Mikrowellenherd in die Ecke – ihr braucht ihn für Weltraumreisen – und kocht euer Essen wieder mit richtigem Feuer und echter Hitze. Schaltet die meisten Lichter bei euch aus und setzt die Macht des Computers nur als Instrument zur Synchronisierung riesiger und komplexer Datenbanken ein, statt euch von ihm benutzen zu lassen. Wir fragen uns, weshalb ihr Computer zum Bücherlesen einsetzen wollt. Ein Buch ganz allein für euch in einem stillen Zimmer zu lesen, ist der einzige Moment, an dem ihr darüber nachdenken könnt, wie *ihr* die Dinge seht. Gebt diese Freiheit nie auf! Unsere Bibliotheken und unsere Häuser stehen voller Bücher, und die einzigen materiellen Gegenstände, die Plejadier besitzen, sind Bücher, Küchengeräte und Kunsthandwerk. Wir hegen die stille Hoffnung, daß dieses Buch viele von euch dabei unterstützen wird, erst gar nicht zu Zombies zu werden, und wir hoffen sogar noch inständiger, daß ihr daraus einen Impuls empfangt, eure eigenen Kräfte zu aktivieren und in die göttliche Welt des Lebenskerns – zu Gaia – zurückzukehren.

Wie kann gerade dieses Buch euch dabei helfen? Wie wir bereits sagten, machten wir Plejadier vor 104000 Jahren diese Beschleunigung durch, die ihr jetzt erlebt, und wir wissen mittlerweile mit der Technologie sehr respektvoll umzugehen. Wir haben wenig Verwendung für sie, weil unser magisch-schamanisches Gehirnpotential so weit entwickelt ist. Wir bedienen uns beispielsweise eines einzigen großen Computers, der jene Daten enthält, die wir tatsächlich brauchen (wir haben 99 Prozent der alten Fakten rausgeschmissen), und jeder hat auf diese Daten Zugriff, wenn er über einen kodierten Kristall verfügt und sich *erinnert*. Einige von uns, zum Beispiel Astrologen oder Leiter komplexer Gruppen, verbinden mit Hilfe des Computers umfangreiche Datenbanken, um neue Einsichten über die Verbindung von Gegenständen zu offenbaren. Selbst wenn ihr uns darum bittet, würden wir unser Essen nicht in der Mikrowelle kochen; Licht verwenden wir sparsam, weil die Dunkelheit beruhigend ist und wir gern die Sterne betrachten; und was das Fernsehen angeht – es ist einfach zu langweilig, und wir haben entdeckt, daß es die Intelligenz verringert und das Immunsystem zerstört. Am wichtigsten ist, daß es bei uns kein Welt-Management-Team gibt, das uns beherrscht und die Natur zerstört.

Wie ihr beim Lesen des *Plejadischen Kursbuchs* feststellen werdet, wird das Welt-Management-Team in eurer Welt von den Anunnaki vom Planeten Nibiru gesteuert. Viele von euch haben dies bereits intuitiv erkannt. Die Anunnaki waren an eurer Evolution beteiligt und wissen, wie sie euch beherrschen können; aber nichts kann euch wirklich beherrschen, wenn ihr bewußt eure magisch-schamanischen Kräfte einsetzt! *Ihr seid nur beherrschbar, wenn ihr euch für Opfer haltet, wenn ihr glaubt, jemand könne euch etwas antun.* Wir fragen euch: Was kann euch denn irgend jemand antun? Wenn euch nun jemand umbringt? Dann kommt ihr einfach wieder zurück. Was uns am meisten am Zombieland amüsiert, ist, daß ihr alle nur die Geräte abzuschalten und in eure Welt zurückzukehren braucht. Denkt daran, wir sprechen zu jenen unter euch, die in Ruhe dieses Buch lesen können, und wir wissen, daß zumindest ein paar von euch denken: ›Und was ist mit den Grausamkeiten, die an Orten wie Bosnien und Ruanda passieren?‹ Nun, wir fragen euch, da wir nicht in Körpern auf der Erde sind: Was wißt ihr über Bosnien und Ruanda? Sagen wir hier irgend etwas, was für *euch* nicht wirklich wahr ist? Da wir in euch lesen können, erkennen wir, daß eure Köpfe mit Bildern angefüllt sind, die vom Fernsehen und aus den Zeitungen des Welt-Management-Teams stammen. Buchstäblich *all* eure Reaktionen auf menschliches Leid werden von jemandem, dem aus irgendeinem Grund an eurer Reaktion gelegen ist, als Methode zur Manipulation eurer Gefühle eingesetzt. Ihr erhaltet einen Impuls, euch zu fürchten, traurig, hilflos, verletzt, verzweifelt und empfindlich zu sein; und je öfter ihr auf Dinge reagiert, die euch nicht unmittelbar betreffen, desto öfter ignoriert ihr Dinge, um die ihr euch gerade jetzt kümmern müßtet. Mit diesen Dramen will man euch davon ablenken, die neue Wirklichkeit zu sehen, die soeben im Entstehen begriffen ist und sich bald vom Zombieland abspalten wird: Auch die Zombies werden irgendwann aufwachen, aber wie lange wollt ihr weiterhin so träge sein? Wir Plejadier sagen euch auch: Wenn ihr zu den mitfühlenden Menschen gehört, die auf eurer Welt Orte wie Bosnien oder Ruanda aufsuchen wollen, dann tut es! Wir bewundern euch, wir werden in euch reisen, um zu sehen, was mit uns selbst vorgeht; andernfalls ist es für jeden von euch tödlich, irgendeinen Gedanken an irgendeine Wirklichkeit zu verschwenden, die euch via Fernsehen übermittelt wird. Schafft euch eure eigene Vision!

Menschen, habt acht! Viele multidimensionale Wesen wie Engel, Plejadier, Sirianer, Christus, Andromedaner, Enoch, Abraham und Maria Magdalena gehen in eurem Körper ein und aus! Ihr lebt in einer Zeit, in der sie sich direkt in euch zum Ausdruck bringen. Daß ihr UFOs und Raumschiffe gesehen habt, sollte euch öffnen, damit ihr merkt, daß ihr in eurem Reich von Wesen aus anderen Welten umgeben seid. Sie *sind* ihr, und *ihr seid sie* – es sei denn, ihr seid ein Zombie. Denkt daran, die neue bevorstehende Wirklichkeit ist ein herrlicher grüner Planet, auf dem an heiligen Orten während der Sonnenwende, der Tagundnachtgleichen und den wichtigen Mondphasen gemeinschaftliche Feierlichkeiten begangen werden. Denkt daran, daß ihr das Fernsehen erschaffen habt, um *Telepathie* zu aktivieren; Telefone, um zu lernen, wie man *Energien* umwandelt, und Flugzeuge, *um euch daran zu erinnern, daß ihr fliegen könnt* und daß Entfernungen relativ zur Geschwindigkeit sind. In dieser neuen Welt habt ihr telepathische Fähigkeiten und seid Seher. Ihr verstärkt die natürlichen Kräfte – die Natur – eures Planeten, statt ihn mit künstlichen Dingen vollzustopfen, und eure Computer sind Bibliotheksinstrumente, dank derer ihr euren Kopf nicht mehr mit Fakten zu belasten braucht.

Dieser Computer heißt *Interweb* und nicht Internet, und ihr werdet zu ihm hingezogen, um die multidimensionale Verschmelzung und Säuberung des Licht-Zeitalters zu verbinden und zu aktivieren.«

Barbara Hand Clow
Juli 1995

Kapitel 1

Die Kosmische Party

Ich bin Satya, die Hüterin der Bibliothek von Alcyone, dem mittleren Stern der Plejaden. Ich bin hier, um euch dabei zu helfen, die zentrale Intelligenz eures Planeten zu entschlüsseln und euch auf die Kosmische Party vorzubereiten, die zur Wintersonnenwende am 21. Dezember 2012 stattfinden wird. Ich werde mein plejadisches Zellgedächtnis aktivieren, wie ihr eure eigenen zellulären Datenbanken zum Leben erweckt. Ich bin hier, um mit euch die Erinnerung an neue Ursprünge zu erfahren. Codierte Hologramme in eurem Körper – galaktische morphogenetische Felder, die für mich genau jetzt leicht erkennbar sind – sind euren Augen verborgen geblieben, weil der Lichtstrom aus höheren Dimensionen von einem großen Netz über eurem Reich fast völlig blockiert worden ist. Dieser Lichtstrom liefert Informationen von allen Dimensionen im Universum. Wir Plejadier beobachteten, wie dieses aus deftigen archetypischen Kräften bestehende Netz zur Stunde Null – genau dem Moment zwischen 1 v. Chr. und 1 n. Chr. – über euren Planeten gespannt wurde. Zu diesem Zeitpunkt kam Christus auf die Erde, und deshalb habt ihr mit der Entdeckung der wahren Ereignisse zur Stunde Null Zugang zum multidimensionalen Bewußtsein Christi. Dieses Netz zieht euch nun immer fester zusammen, und viele von euch haben sich entschlossen, in seine leeren Räume einzudringen und es zu sprengen. Ich, Satya, will, daß ihr merkt, daß ihr die Plejadier durch euren Wunsch nach mehr Licht – das bedeutet Intelligenz – zu eurem Planeten gezogen habt.

Wir Plejadier haben auf eure Signale reagiert, indem wir während der letzten 26 000 Jahre an eurer Evolution teilnahmen. Das war deshalb möglich, weil eure Sonne der achte Stern einer Spirale ist, die ihren Anfang auf Alcyone in den Plejaden nimmt. Jetzt ist der Zeitpunkt gekommen, da ihr euch an eure stellare Identität erinnern sollt. Die großen Kuhgötter und -göttinnen haben euch darauf vorbereitet, innerhalb der ineinandergreifenden Schnüre des Netzes durch die Räume zu treiben. Ihr werdet wie erleuchtete Fische sein, die aus dem Fische-Zeitalter in die galaktische Synchronisation mit allen anderen Sternen der Plejaden schwimmen. Die Zeit seit der Stunde Null wird in ein hauchdünnes Netz aus photonischem Licht verwandelt werden, das euer innerstes Herz für die herrliche flüssige Essenz der plejadischen Liebesvibration öffnen wird.

Ich bin hier, um euch an euer plejadisches Erbe zu erinnern und die Bibliothek von Alcyone zu öffnen, um die gewaltigen Aufzeichnungsbanken eurer eigenen stellaren Intelligenz zu offenbaren. Alle 26 000 Jahre bewegt sich euer Sonnensystem in den Photonenring hinein, da die Erde in Richtung Wassermann wandert. Immer dann komme ich zurück. Ich bin das Wissen der Bibliothek, und wenn ihr feststellt, daß ihr euch gegen mich sträubt, dann seid ihr einfach durch das Netz verwirrt und gefühllos gemacht. Ihr seid bereit, allmählich von einer Geschichte der Angst in eine Zukunft der Liebe überzugehen, und wenn ihr euer Diplom wollt, müßt ihr euren Geist genau jetzt aus euren Schädeln strecken!

Auf den Plejaden ist das Wassermann-Zeitalter der Erde als Gaias Licht-Zeitalter bekannt, als die Zeit, zu der sich der dritte Stern aus der Alcyone-Spirale – Maya – zusammen mit dem achten Stern – eurer Sonne – in den Photonenring hineinbewegt. In euren Legenden ist das die Geschichte von der Rückkehr der Zwillinge. Alcyone verbleibt stets im Photonenring, weil sie der Erzeuger vieler Sternenspiralen der Milchstraße ist. Van Gogh, einer der zahlreichen inkarnierten Plejadier während dieses wichtigen Zyklus, wurde eingesperrt, weil er Sterne als Spiralen malte. Als Plejadier war er von Natur aus frei und kreativ. Doch er fühlte sich völlig in Raum und Zeit gefangen, und das machte ihm große Angst. Jetzt erkennen eure Wissenschaftler, daß einige Sterne tatsächlich Lichtspiralen im leeren Raum bilden. Van Gogh konnte wirklich die Spiralform dieser Sterne wahrnehmen – eine Fähigkeit multidimensionalen Sehens. Es ist Zeit, daß van Gogh und alle großen Künstler, die euch angeregt haben, indem sie euch befähigten, über euer Reich hinauszublicken, aus dem Gefängnis freikommen! Ja, auf der Erde findet wieder eine Renaissance statt. Wenn ihr dies bezweifelt, beobachtet die Kinder der Erde. Beschäftigt euch eingehend mit van Goghs Sternengemälden, denn die werden euch dabei helfen zu sehen, daß eure eigentliche Sonne eigentlich ein Teil der Plejaden ist.

Alcyone sonnt sich immer im Photonenring, der aus dem Galaktischen Zentrum entspringt. Ihr ständiges Verharren im Ring aktiviert ihr Spirallicht. Jetzt ist der Zeitpunkt der geheiligten Verschwisterung gekommen, wenn sich Maya und die Sonne, angetrieben von dem sich windenden stellaren Licht der Alcyonespirale, in diesen Ring hineinbewegen. Stellt euch das Galaktische Zentrum als einen rotierenden Gravitationskern vor, und seht Alcyone und viele andere Sterne, die in wunderschönen galaktischen Lichtstrahlen – Photonenringen – existieren. Um diese Konzepte einfach darzustellen: Dies ist der Zeitpunkt, an dem die Maya zur Erde zurückkehren und die Intelligenz der Erde für die gesamte Milchstraßengalaxis katalysieren. Ihr wißt bereits, daß etwas kommt, weil alles im Großen Maya-Kalender verzeichnet ist, der ebenfalls 26000 Jahre währt, genauso wie der Präzessionszyklus und die Umlaufbahn eures Sonnensystems um Alcyone. Die Maya-Forscherin Linda Schele entdeckte 1992, daß der »Krokodilbaum«, ein altes Schöpfungssymbol der Maya, in ihrem geheiligten Buch, dem *Popol Vuh*, der Kreuzpunkt der Ekliptik mit dem Band der Milchstraße ist.[1] Dann fand der Maya-Forscher John Major Jenkins heraus, daß es am 21. Dezember 2012, dem Ende des Maya-Kalenders, zur Wintersonnenwende eine sehr enge Konjunktion der Sonne mit jenem Kreuzungspunkt geben wird. Diese Konjunktion bahnt sich bereits seit mehreren tausend Jahren an; jetzt wird vielen Forschern klar, daß der ganze Kalender auf Sternenkarten basiert. Laut Jenkins verband sich die Sonne der Herbst-Tagundnachtgleiche mit dem Geheiligten Baum etwa um 4400 v. Chr., als die Erde sich in das Stier-Zeitalter, das vorhergehende »starre« Zeitalter hineinbewegte.[2] Das Stier-, das Löwe-, das Skorpion- und das Wassermann-Zeitalter sind die starren Zeitalter, in denen neue Programme zur Anwendung kommen, die dann 6400 Jahre lang funktionieren. Die Synchronizitäten zwischen dem Präzessionszyklus, dem Maya-Kalender und der Alcyonespirale kann man sich gar nicht ausmalen; darüber hinaus bewegt sich, gemäß unseren Bibliotheken, Maya, der dritte Stern meiner Spirale, mit eurem Sonnensystem in den Photonenring hinein, wenn die Erde ins Wassermann-Zeitalter eintritt. Offensichtlich haben diese Daten eine Bedeutung. Wie konnten beispielsweise die Maya, Hüter des Tages aus Guatemala, angesichts eines 500 Jahre währenden Völkermordes die täglichen Kalender des letzten Großen Zyklus, der im Jahr 3114 v. Chr. begann, weiterführen? Sie müssen von dieser Sternenkarte gewußt haben. Diese Hüter des Tages haben die Zählung nach Tagen in 5000 Jahren nicht vergessen! Weshalb ist ihnen das so wichtig? Ich weiß es – weil eure Sonne und Maya Teil meines Systems sind: Am Ende des Maya-Kalenders im Jahr 2012 n. Chr. werden Alcyone, Maya und euer Sonnensystem sämtlich im Photonenring aufgehen, und dies wird euch mit dem Galaktischen Zentrum synchronisieren. Dann beginnt die Kosmische Party! Jeder auf der Erde, der in einem Körper steckt, ist hiermit eingeladen.

Einladungen zur Kosmischen Party

Ich werde offen mit euch sein. Es wird nicht leichtfallen, an dieser Party teilzunehmen. Wie bei jedem gesellschaftlichen Höhepunkt müßt ihr euch darum bemühen. Ihr müßt euch darauf vorbereiten und damit anfangen, euch alle Schritte auf dieses Ziel hin bis ans Ende der Zeit auszumalen. Dazu braucht ihr ein Modell. Um ein Modell der Ereignisse zu haben, die von jetzt an bis zum 21. Dezember 2012 stattfinden, müßt ihr Schritt für Schritt die Astrologie der stellaren Umlaufbahnen und Zyklen integrieren. Die Astrologen und Maya-Forscher werden euch über die wichtigen Zeiten auf dem laufenden halten. *Ihr selbst braucht keine Hüter des Tages oder Astrologen zu werden. Meditiert einfach während der Sonnenwenden, Tagundnachtgleichen und bei Neu- und Vollmond.*

Meine geliebten Maya-Kollegen, die alle Astrologen und Hüter des Tages wie wir Plejadier sind, haben meinem Medium Barbara Hand Clow immer gesagt, ihr Menschen wäret faul. Doch nachdem wir euch seit zehn Jahren unterrichten, hat sie uns zu verstehen gegeben, daß Zyklen, Umlaufbahnen und Sternenmuster für euch sehr schwierig zu erfassen sind. Aber es ist sehr aufregend und kreativ, sich auf diese zyklischen Muster einzustimmen, und es aktiviert euer kosmisches Selbst. Astrologie ist einfach die »Logik der Sterne« und zudem kosmische Plejaden- und Maya-Wissenschaft, mit der ihr die Geschichte eurer Ursprünge wiederfindet. Linda Schele sagt über das *Popol Vuh*: »Die Götter schrieben all diese Handlungen in den Himmel, damit jeder Mensch, ob ein einfacher Mann oder König, sie lesen und die Wahrheit des Mythos bestätigen kann.«[3] Im *Plejadischen Kursbuch* werde ich fortwährend detaillierte kosmische Modelle beschreiben und sie für euch in Abbildungen darstellen. Im Augenblick genügt es zu erkennen, daß sich beim Eintritt eures Sonnensystems in den Photonenring, wenn die Erde am Ende des Großen Maya-Kalenders in Wassermann tritt, die Biologie der Erde erwacht und ein neues Evolutionsstadium durchläuft, das von unserer plejadischen Liebesvibration ausgelöst wird.

Dieser Zyklus begann etwa 24000 Jahre vor eurer Zeitrechnung, als ihr zum *homo sapiens* wurdet – und war das nicht eine tolle Sache, euch zu erschaffen? Habt ihr die herrlichen Wunder paläolithischer Höhlenkunst gesehen? Habt ihr gesehen, wie ehrfurchtgebietend Tiere in den Augen eurer antiken Vorfahren waren? Jetzt, nach 20000 Jahren, seid ihr selbstreflektiv geworden, und wir sind hier, so wie ihr euch an uns erinnert – wir existieren tief in eurem Zellgedächtnis. Wir sind in eurem Blut. Unser Licht pulsiert euren Herzschlag. Ihr braucht keine Schrittmacher.

Ich, Satya, bin in dieses übernatürliche Dämmern des Wassermann-Zeitalters zurückgekehrt, um die galaktische Intelligenz zu sammeln, die ihr angehäuft habt, während euer Sonnensystem seit 8800 v. Chr. durch die Galaktische Nacht reiste. Ich bin hier, um diese Gaben eures Wissens im Austausch für Informationen an euch zu erhalten. Wenn ihr einfach euren eigenen Faszinationen folgt, werden wir zusammen in dieses einengende Netz eindringen, bis ihr endlich frei seid.

Denkt einen Augenblick über diesen letzten Zyklus nach: Möchte irgend jemand von euch zurückgehen und wieder Höhlenmensch sein? Nein, und ihr seid es müde, in dem Netz zu stecken. Letztes Mal wurdet ihr krank, weil ihr an rohen Beinknochen in kalten Höhlen genagt habt, und diesmal erkrankt ihr an fetttriefenden Hackfleischklöpsen und Softdrinks aus Plastikbechern.

Ich helfe jedem von euch, sich zu erinnern, wie man in den Sternen schwimmt, während ihr außerdem eure eigenen planetarischen Gewässer durchkreuzt. Ich bin dazu in der Lage, weil ich mit euch gelebt und euch lange Zeit gut zugehört habe. Dies wird eure Entscheidung sein, eine Wahl, die ihr treffen müßt, wenn ihr meine Geschichte gelesen habt.

Zu Beginn werde ich euch eines garantieren: Ich werde euch nicht langweilen. Wir Plejadier haben gemerkt, daß ihr Geschichten mögt, und deshalb werdet ihr auf den folgenden Seiten Luzifer, Enoch, Abraham, Anu, Maria Magdalena, Jesaja, Doktor Echse und König Echse und sogar eurem Mond, euren Planeten, eurer Sonne und anderen Sternen begegnen. Da sich möglichst viele von euch an dieser großartigen Erzählung erfreuen sollen, hier ein paar Worte an die Skeptiker. Es ist ganz in Ordnung, diesen Stoff einfach als archetypisches Drama zu betrachten, das aus dem – wie ihr es nennt – kollektiven Unbewußten auftaucht. Aber wenn ihr erst einmal die Erde als winzigen blauen Fleck im Weltraum sehen könntet, dann würdet ihr begreifen, daß ihr das kosmische kollektive Unbewußte erforschen müßt, das viel ausgedehnter als euer »Un-«Bewußtes ist.

Die Bühne ist nun vorbereitet für das Drama in unserer Bibliothek auf Alcyone, wo ein Tempel mit einem aus neun weißen ionischen Säulen bestehenden Ring mit einem Kristallmodell der Erde in der Mitte steht. Eure Lebendigkeit ist unser Herzschlag. Und wenn ihr mit Maya in den Photonenring eintretet, ist eine Allianz zwischen den Plejadiern und den Sirianern entstanden, die alle Arten von neuen Möglichkeiten schafft. Von 1992 bis 1994 arbeitete mein Medium in Ägypten an dieser Allianz. Im Jahr 1994 arbeitete der sirianische Channel, die Australierin Wendy Munro, mit ihr in der Großen Pyramide und vielen anderen Tempeln in Ägypten.[4] Die Sirianer helfen den Plejadiern beim Ausfindigmachen von Methoden, mit denen ihr das Netz um euren Planeten zerreißen könnt. Das erste Stadium trat ein, als Wendy und Barbara mit den Geistkrokodilen von Kom Ombo in Ägypten arbeiteten. Ihr verurteilt diese herrlichen Wesen so leichtfertig und nennt sie eklige Echsen, aber auf euer eigenes schleimiges, fleischfressendes Selbst schaut ihr nicht. Echsen werden in eurem Bewußtsein große Blockaden in Bewegung setzen, die das Netz gebildet haben, und reptilische Kräfte werden euch dazu zwingen, euch in eurer eigenen inneren Dunkelheit umzuschauen. Wahrscheinlich sahen die Maya aus diesem Grund das Sternenmuster an jener Stelle, an der die Milchstraße die Ekliptik als »Krokodilbaum« kreuzt.

Apropos Allianz zwischen Sirianern und Plejadiern: Wir Plejadier sind die Schwestern dieser großartigen männlichen Intelligenzen von Sirius, und wie es weibliche Vibration so an sich hat, sind wir diejenigen, die den Paarungstanz beginnen. Ich, Satya, wurde in meinem Medium für diese neue Ebene aktiviert, als sie, während sie zu mehreren Zeremonien tief in den Großen Pyramiden weilte, den Eröffnungsakkord zwischen Alcyone und dem mittleren Stern von Sirius anschlug. So begann der Paarungstanz von Sirius und den Plejaden. Die Sirianer haben den Tempel des Lichts entworfen, und ich bin eine plejadische Göttin, die in diesem Tempel Energie aktiviert.

Unsere Bibliothek öffnete euren Geist im Jahr 1992, als wir die Erde mit Sirius neu kalibrierten, dem Stern, der euch seit August 1972 auf diese Öffnung vorbereitet. Das elektromagnetische Feld der Erde war im Sommer 1972 so erhöht, daß viele Wissenschaftler später berichteten, sie fürchteten, euer Planet hätte explodieren oder eine Polverschiebung erleiden können.[5] Sirius hält die sechsdimensionalen geometrischen Lichtkörper der Erde in Form. Die alten Ägypter kamen von Sirius, um euch die Tempeltechnologie beizubringen, damit ihr etwas über geheiligte Geometrie erfahrt. Genauso wie sich jetzt die Maya-Zeitaufzeichnungen öffnen, geschieht dies auch mit dem sirianischen Raumwissen, und ich werde euch alles darüber erzählen. Gaia öffnet ihren Körper wie eine lüsterne Frau, wenn die Sirianer und Plejadier den Tanz der eingeborenen Völker der Erde choreographieren, die sich dieses alten Wissens immer noch entsinnen. Dies löste eine geomantische Aktivierung planetarischer tellurischer Kräfte aus, so daß euer Planet im Jahr 1972 sehr instabil war. Im August 1972 erzeugten die Sirianer einen großen Stabilisierungsdraht aus dem stellaren Computer unter der Großen Pyramide in Gizeh und leiteten ihn direkt in die Sonne. Daraufhin schoß eine grüne

Heilspirale aus der Sonne und weckte die Sonneneingeweihten auf, damit sie sich ihre plejadischen Ursprünge ins Gedächtnis riefen.[6]

Wer sind diese eingeborenen Völker? Vergeßt all diese Diskussionen zur Frage »Wer ist ein Indianer?« und beachtet, daß es sich bei vielen eingeborenen Völkern um jene Sonnenanbeter handelt, die sich daran erinnern, daß sie Teil der Plejaden sind. Wenn ich euch mit »Menschen« oder »Völker« anrede, ist dies ein Zeichen großen Respekts, weil ich das nur tue, wenn ich das Gefühl habe, daß ihr bereit seid, euch an eure stellare Quelle zu erinnern. Ich rede euch nur dann so an, wenn ich an eurer Vibration spüre, daß ihr mich tatsächlich hört.

Wer sind die Sirianer? Es sind großartige Katzengötter von Sirius, welche die Große Pyramide und die Sphinx errichteten, um die geometrischen Tore der Sterne offenzuhalten, während sich euer Sonnensystem im Photonenring fortbewegt. Zuerst bauten sie die Große Pyramide im Jahr 10 800 v. Chr. und schufen sie dann neu im Jahr 2450 v. Chr. Dabei umgaben sie sie mit weißem Kalkstein und setzten einen sirianischen Seher dort ein, der den Blick auf Orion richtete.[7] Dieser Seher bewahrte euer sirianisches Zellgedächtnis in den Aufzeichnungen der Erde so lange, bis ihr das planetarische tellurische Feld während der Harmonischen Konvergenz aktiviert hattet, einer Zeit weltweiter Meditation im August 1987. Das Erwachen planetarischer geheiligter Stätten verband euren Planeten wieder mit dem Galaktischen Zentrum. Ihr reist seit 8800 v. Chr. durch die Galaktische Nacht und habt Dualität dargestellt, wie ihr es immer getan habt. Die Samen, die von der Lichtaktivierung, die 2450 v. Chr. begann – als die Große Pyramide in eine Linie mit Orion gebracht wurde –, ausgebracht wurden, fangen jetzt an zu blühen.

Wenn ihr in Wassermann eintretet, werden die Frauen, die Töchter der Erde, die ersten Schauspielerinnen auf der Bühne als plejadische Geschichtenerzählerinnen sein. Dies ist bereits im Gange. Wir Plejadier drücken uns nicht mit Hilfe des sexuellen Geschlechts aus, sondern wir sind die Hüter der Göttin und haben eine sehr weibliche Schwingung. Wenn wir von »Frau« sprechen, meinen wir Gaia in jedem von euch. Euer männliches und weibliches Selbst sind Gott und Göttin, und da die Erde einen Überfluß an männlicher Energie erlebt hat, sind wir Plejadier dazu da, euch allen bei der Erweckung der Göttin in euch zu helfen.

Auf dieser erst kürzlich erfolgten Reise durch die Galaktische Nacht wurdet ihr höchst selbstreflektiv, und euer Gehirn wird stark aktiviert. Ihr habt euch wunderbar entwickelt, so daß ihr bereit wärt, euch den Kräften zu stellen, die eure Wirklichkeit auf der Kosmischen Party kontrollieren. Wir Plejadier bezeichnen diese Kräfte gern als das »Welt-Management-Team«. Dieser Begriff wurde erstmals vom Channel Barbara Marciniak[8] verwendet, und soweit ich, Satya, es feststellen kann, wenn ich eure Vibrationen lese, werden jene Kräfte auf der Erde von den Anunnaki geleitet, den biblischen Nephilim, was auf hebräisch »Götter, die zur Erde niederkamen« bedeutet.[9] Diese Anunnaki-Nephilim sind es, die das weitläufige, tief verwurzelte Management-System – das Netz – zur Stunde Null aufgespannt haben. Wollt ihr eine in Gold geprägte Einladung zur Kosmischen Party haben, verbleibt euch immer noch Zeit, euch euren inneren Glaubenssystemen bezüglich dieser großen Götter zu stellen. Niemand mit einem Rest »Gottes«gift in sich erhält eine Einladung zur Kosmischen Party im Jahr 2012. Um diese Herren zu vertreiben, müßt ihr Gaias stellare Intelligenz integrieren. Gaia schwingt nicht mit überlegenen, von ihr getrennten weißen männlichen Göttern. Sie erbebt, rülpst und erbricht sich als Reaktion auf ihre Unterdrückung.

Wurde Gaia von euch erst einmal integriert, indem ihr euer inneres Männliches und Weibliches erwecktet, wird euer nächstes Stadium von wunderschönen männlichen Lehrern begleitet sein, die Erdfrauen lieben und ihre nächste Ebene männlicher Intelligenz, die sirianisch ist, integriert haben. Die Frauen spielen die Show gerade jetzt, weil sie Gaia spüren können, wenn sie wieder erwacht. Die Männer werden sie dann 1998 spüren, wenn Männer und Frauen sich erinnern, wie sie die schwingenden Vibrationen von Gaia sexuell zum Ausdruck bringen können. Wie ihr später sehen werdet, haben die Sirianer beschlossen, mit den Anunnaki eine neue Vereinbarung auszuarbeiten, und die Basis für dieses neue Programm wird sein, daß die Anunnaki sich mit der Beseitigung des Netzes einverstanden erklären.

Ich bin gekommen, um die Stimmen im Kosmos zu lenken, die jetzt zu euch sprechen wollen. Warum ich? Ich wurde von der Galaktischen Föderation zur Verschmelzung mit meinem Medium auserwählt, die seit der Atomspaltung im Dezember 1942 auf der Erde wohnt. Sie wurde von einem planetarischen Schauer in den Fötus eingesogen, den ihre Mutter austrug. Dadurch erhielten wir die Möglichkeit, unter euch zu leben und zu versuchen, das Wesen von Radioaktivität und Gold auf eurem Planeten zu verstehen. Sie führt gleichzeitig ein Leben in der Bibliothek von Alcyone. Ich habe bisher entdeckt, daß alle eure Geschichten über stellare Menschen – wie Enoch, Anu, Christus, Jesaja und Maria Magdalena – von einem Lügennetz umwoben sind. Von diesen Lügen seid ihr besessen, weil ihr ahnt, daß diese großartigen Wesen auf die Erde kamen, um euch den Zugang zu den Sternen zu zeigen, euch ihre wahre Geschichte jedoch verheimlicht wird. Sie kamen, legten ihre Codes in euren Wirbeln ab und lösten damit bei euch eine Faszination für die Spuren ihrer Geschichte aus. Diese Erinnerungen sind sehr deftig und verlockend, weil sie Informationsautobahnen in der Galaxis schaffen. Jetzt gilt eure Obsession diesen großartigen archetypischen Wesen, da die Informationsautobahnen in der Galaxis geöffnet und freigeräumt werden. Diese Geschichten existieren in planetaren Wirbeln, welche die tellurischen Felder der Erde mit allen Dimensionen verbinden, und Wege galaktischer Intelligenz reagieren auf euch, wenn ihr diese Aufzeichnungen verfolgt. Viele Wesen aus anderen Reichen suchen diese Wirbel auf, um eure Geschichten zu studieren, weil die Wirbel Aufzeichnungen stellarer Intelligenz – der Galaktische Geist – sind.

Die Anunnaki können diese Geschichten nicht vernichten, weil dies dazu führen würde, daß Gaias Wirbel aus der Form geraten. Diese Mythen sind Gaias Bewußtsein. Statt dessen versuchen die Anunnaki in der Hoffnung, euch von der tatsächlichen Wahrheit in diesen Geschichten abzulenken, die ursprünglichen Aufzeichnungen zu verzerren, indem sie immer wieder neue, verworrene Informationen auf die Autobahnen schicken. Jetzt sind die Erdwirbel blockiert, und höheren Dimensionen ist der Zugang zu ihnen verwehrt. Deshalb müssen sie freigeschaufelt werden. Blut, das Elixier, kann durch diese verstopften Arterien nicht in euer Herz fließen, und ihr könnt diese multidimensionalen Impulse nicht spüren. Das ist die Tragödie des Netzes. In diesen Wirbeln sind jene Erfahrungen gelagert, die all euer Wissen in der dritten

Dimension enthalten. Wird solch eine ursprüngliche Erinnerung in linearem Raum und linearer Zeit blockiert, könnten selbst die Anunnaki dort nicht mehr manipulieren, denn sie würden ihre eigenen Gedächtnisbanken verlieren, wie jemand, der ein Aneurysma hat (Aneurysma: krankhafte, örtliche begrenzte Erweiterung eines Blutgefäßes, besonders einer Arterie oder des Herzens, Anmerkung der Übersetzerin). Wirbel sind Wirbelwinde, die Kräfte beherrschen, die man zur Erstellung von Programmen braucht, aber diese Wirbel halten auch Gaias Identität – ihre Erinnerung an Geschichten in der Zeit. Wenn Gaia durch Manipulation und Beherrschung ihrer Felder eine allzugroße Schwächung erfährt, wird ihre Spezies aus der Zeiterinnerung gelöscht werden, und die Anunnaki haben nie mehr Zugang zu diesen Wirbeln, um in eurer Dimension Manipulationen vorzunehmen. Deshalb verboten die eingeborenen Völker oft das Niederschreiben der Geschichten. Statt dessen erinnerten sich die Großväter und Großmütter daran und überlieferten sie mündlich an die Kinder weiter. Die ursprünglichen Wege, die aus unseren Wirbeln führen, wurden von der Spinnen-Großmutter gesponnen, und es entstanden Tiere und Pflanzen. Wir Plejadier nennen dies das Gewebe des Lebens. Jetzt ist aus dem Gewebe das Netz geworden, welches das Reisen durch stellare Intelligenzen auf den Wegen blockiert. Das Gewebe ist dichter geworden und hat sich beinahe geschlossen aufgrund der Lügen, mit denen die Anunnaki besonders seit der Stunde Null die ursprünglichen Geschichten verzerrt haben.

Wenn die Anunnaki euch einsaugen, um sich der Energie Gaias zu bemächtigen, und sich verschwören, um euch in ihre Gewalt zu bekommen, verdrehen sie die Aufzeichnungen von Aktivitäten großer Wesen. Damit halten sie euch von den Erdwirbeln so nachhaltig wie möglich fern. Sie sind heftig bestrebt, euch von der Entdeckung der wahren verbindenden Kräfte geheiligter Plätze sowie den aktiven Kräften von Gold, Uran, Kristallen und Pflanzen fernzuhalten. Solche Kräfte können die Erde aktivieren und eure tiefliegenden Erinnerungen erwecken, weil sie Verbindungen mit galaktischer Intelligenz auslösen. Kraftplätze sind euch häufig vom unerwarteten Erscheinen erleuchteter Wesen offenbart worden. Tempel baut man oft dort, wo man großer Wesen ansichtig wurde, und viele von euch können die Energie eines solchen Platzes tatsächlich spüren. Die Anunnaki glauben euch zu besitzen. Sie haben euch von diesen Kraftplätzen weggelockt und verhindert, daß die großen Wesen euch erreichen. In letzter Zeit langweilen auch sie sich mit ihren eigenen beschränkten Spielen und verspüren zunehmend den Impuls, nach diesen großen Wesen zu suchen. Die Dynamik schwenkt schnell um, weil sie wissen, daß die Kraftwirbel ihr einziger Zugang zu diesen Kräften sind. Inzwischen habt ihr soviel Energie verloren, und euch langweilt ihr Schwinden so sehr, daß außerplanetarische Wesen den Kontakt mit euch verlieren. Die Anunnaki meinten, ihr würdet zu Robotern werden, die sie mit ihren Gedanken beherrschen könnten, aber statt dessen sterbt ihr. Ihnen wird jetzt klar, daß ihr euch wieder mit Energie aufladen müßt. Wie Eltern von Teenagern, die erkennen, daß ihre Kinder in einen Zustand der Selbstzerstörung verfallen, wenn sie nicht in Ruhe gelassen werden, sehen sie, daß es Zeit ist, die Elternrolle aufzugeben. Wenn ihr daran zweifelt, so solltet ihr bedenken, wie leid ihr es mitunter seid, die Elternrolle zu übernehmen und von Schulen und der Regierung gegängelt zu werden. Wir Plejadier können sehen, wie sehr ihr dies alles satt habt, weil ihr sowohl eure Kinder als auch eure Gesellschaft vernachlässigt.

Ich bin jetzt hier, um ein paar verschüttete Geschichten aufzufrischen, die euren Hunger auf multidimensionalen Zugang wieder aktivieren sollen. Die Kontrollkräfte können nicht mehr verhindern, daß ihr eure Wirklichkeit herausfindet. Sie haben so viele Lügen verbreitet, daß sie sich an die eigentlichen Geschichten nicht mehr erinnern können, und sie befürchten Vernichtung, wenn die Originalaufzeichnungen verloren sind. Wir Plejadier aber erinnern uns an sämtliche Geschichten, und einige davon werden sogar unsere Aktivitäten in eurem Reich offensichtlich machen. Menschen, ihr seid der Fuchs geworden, der von den Göttern bei der Fuchsjagd gehetzt wird, und ich bin jetzt gekommen, um die berittenen Jäger in ihren roten Mänteln zu entlarven. Anubis, die große sirische Hund-Katze, ist da, um die Jagdhunde zu instruieren, wie sie den Fuchs zum Fliegen bringen.

Ich möchte euch gleich zu Beginn warnen: Diese gechannelten Varianten der Geschichten über archetypische Wesen werden euch verärgern. Wenn ihr erkennt, wie die Anunnaki euch manipuliert haben, werdet ihr wütend sein, denn ihr werdet euch wie Dummköpfe vorkommen. Einige von euch werden dieses Buch auf den Boden werfen oder es gar zerreißen, aber dann werdet ihr es wieder aufheben oder euch im Laden ein neues Exemplar kaufen. Warum? Weil ihr an dem Ort eures tiefsten Wissens eine Wahrheit aus diesen Seiten erfahren werdet, die euch gehört. Ihr seid es dermaßen satt, daß ihr in eurem eigenen Körper um euch schlagt. Die Lügen, die ihr geschluckt habt, sind der »Kettfaden« des großen Netzes, und euer berechtigter Ärger ist der »Schußfaden«. Die Sirianer haben mit uns Plejadiern eine Allianz gebildet, so daß sich Männer und Frauen von der Erde jetzt wieder miteinander verbinden können, nachdem sie so lange aufgrund der Gehirnwäsche durch die Anunnaki getrennt waren. Diese Vereinigung wird in naher Zukunft stattfinden, und sie wird leidenschaftlich sein, nicht kontrolliert und manipuliert. Das ist euer nächster Schritt, und ich schlage vor, ihr vollzieht ihn einfach, weil es dann leichter fällt. Niemand konnte jemals der Göttin widerstehen, besonders die Besucher aus den Himmeln nicht, und die Sirianer haben das klar begriffen, als Christus sich in Maria Magdalena verliebte. Übrigens, es gibt bei euch ein Buch mit dem Titel *Der Photonenring – Nachricht vom Sirius*[10], das die Idee vertritt, daß Sirianer auftauchen und Erdmenschen mit ihren Raumschiffen retten werden. Vergeßt es, Leute!

Ihr seid im Moment verwirrt, weil ihr versucht habt, euch an eure Geschichte mit Hilfe der Instrumente linearer Raum und Zeit, der dritten Dimension, zu erinnern. Wir Plejadier nennen dieses Buch *Plejadisches Kursbuch*, weil wir wissen, daß ihr jetzt für die ganze Geschichte bereit seid. Unser derzeitiges Programm ist, euch beizubringen, leidenschaftlich in euren Körper einzutauchen, während ihr lernt, eure dreidimensionale Wirklichkeit gleichzeitig in neun Dimensionen zu sehen. Entspannt euch einfach. Wir haben Bach, einen anderen großen plejadischen Künstler, hinuntergeschickt, um euch auf diese Wahrnehmungsöffnung vorzubereiten. Wenn ihr meint, euer Gehirn könne mit solch einer komplexen Form nicht umgehen, dann hört euch 24 Stunden lang Bach-Fugen mit Kopfhörer an, und dann lest dieses Buch.

Ihr seid in einem engmaschigen Netz gefangen, und zwar mehr, als ihr ahnt. Dieses Netz haben die Anunnaki, die in der nächsten

Dimension über euch, der vierten, existieren, hervorragend konstruiert. Diese großen Wesen haben das Netz gewoben, damit ihr ihnen im Fische-Zeitalter eng verbunden seid. Warum? Die Kraft der Liebe Christi war auf der Erde so intensiv, daß ihr dicht bei ihnen gehalten werden mußtet, um dieses Elixier mehr als 2000 Jahre lang zu integrieren. Aus dem Wunsch heraus, sich von der Elternrolle über euch zu befreien, stimulierten die Anunnaki euch mit Fische-Archetypen – Mitgefühl wurde zu Mitleid, Liebe wurde zu Abhängigkeit, Spiritualität wurde zu Religion –, so daß ihr am Ende beschloßt, über Mitleid, Abhängigkeit und Religion hinauszugehen. Ihr würdet erwachsen werden und Mitgefühl, Liebe und Spiritualität entwickeln. Aber die Beschränkungen, die das Netz euch auferlegt hat, langweilten sie so sehr, daß es jetzt sogar ihnen nicht verborgen bleibt, daß euer Überdruß schließlich dieses Gefängnis sprengen könnte.

Ohne Zugang zur Multidimensionalität, während ihr euch in der dritten Dimension aufhaltet, werdet ihr sterben und eure eigene Welt zerstören. Diese großen Wesen aus der vierten Dimension, die Anunnaki, die in den sumerischen Aufzeichnungen genauestens dokumentiert sind, merken, daß sie ihren Zugang zu euch als Folge ihrer vermeintlichen Überlegenheit verlieren.[11] Ihnen ist aufgefallen, daß alle Kinder auf der Straße sind und nicht zu Hause. Die Erde muß faszinierend und kreativ sein, sonst gehen Kinder auf das Spiel nicht ein. Die Kinder gehen nicht mehr zur Arbeit, zur Schule oder in den Krieg und werden bald keinen Sex mehr haben. Sie sind bereit, mit dem Wassermann-Archetypen zu spielen – Wahrheit, Multidimensionalität, Freiheit und Kreativität.

Das in den letzten 2000 Jahren gewobene Netz hat euch dazu gezwungen, euren Emotionskörper reifen zu lassen, damit ihr euch vorstellen konntet, wie ihr diese vierdimensionalen Wesenheiten aus ihrem Karma erlöst. Wie ihr sehen werdet, waren die vierdimensionalen Wesenheiten in eurer Dimension lang genug tätig, um ihre Lektionen zu lernen. Jetzt wollen sie zur Party eingeladen werden, aber jene mit langen Interferenzaufzeichnungen – ich nenne es galaktische Ungehobeltheit – werden nur dann eingeladen, wenn sie ein paar Erdumgangsformen lernen. Vierdimensionale Wesen, meistens die Anunnaki, haben euch aufgestachelt und angespornt, *ihre* Gefühle auszuagieren. Wesen aus höheren Dimensionen haben ebenfalls mit euren Energien gespielt, indem sie eure Intelligenz und spirituelle Erkundung anregten. Selbst *das* habt ihr satt, weil ihr diese energetischen Erfahrungen selbst zu machen wünscht! Jetzt müssen alle Wesen ihre eigenen Gefühle und Ausdrucksmöglichkeiten haben. Das wird eine Party ohne Masken und Krücken sein. Die Kosmische Party soll auf der Erde stattfinden. Während dieser Party können Wesen aus anderen Dimensionen ihre eigenen Ausdrucksformen nur dann besitzen, wenn sie in euer Reich eindringen und sich in eure Energie in der dritten Dimension bewegen – aber nur mit eurer Zustimmung und wenn ihr euch dessen völlig bewußt seid.

Wie bereitet ihr euch auf die Party vor? Ihr meint vielleicht, ihr bräuchtet euch nur schick anzuziehen und Make-up aufzulegen. In Wahrheit müßt ihr aber euer Chakrensystem öffnen und euren Emotionskörper klären. Menschen, wenn ihr wüßtet, was tatsächlich vor sich geht, wenn ihr an einem geheiligten Ort betet und euer Selbstgespür für die vier Dimensionen eures Planeten aktiviert ist, würdet ihr immer so beten.

Die Wesen, die euch erfahren müssen, sind leidenschaftlich, herausragend und ehrenhaft. Wir Plejadier wollen, daß ihr mit gerader Wirbelsäule in geheiligten Kreisen sitzt oder die ganze Zeit orgasmischen Sex habt. Die Sirianer wollen, daß ihr euren Geist weiterentwickelt, damit ihr geheiligte geometrische Lichtformen wahrnehmt, die sich dauerhaft stabilisierend auf eure Wirklichkeit auswirken. Wir werden euch zeigen, wie ihr jeden Augenblick eures Lebens in geheiligtem Raum leben könnt und dabei mit aufrechter Wirbelsäule auf die vier Himmelsrichtungen ausgerichtet seid. Wir Plejadier sind dazu da, neue Lehren von Wesen aus höheren Dimensionen, die auf der Party anwesend sein werden, auf den Weg zu bringen. Wie wir schon sagten, ist Langeweile nicht erlaubt. Was gibt es Schlimmeres, als auf einer Party mit einem Langweiler dazusitzen?

Doch eure jetzige Wirklichkeit ist keine Party, wenn ich mir Ruanda und den Nahen Osten ansehe. Ihr seid dagegen, und nur *ihr* könnt wählen, ob ihr euch weiterbringt und erlöst, statt euch gegenseitig zu ermorden. Diese Anunnaki, Engel und Dämonen sind jetzt bereit, durch mich, Satya, zu sprechen und ihre eigenen

Geschichten in Ordnung zu bringen, damit ihr euch überlegen könnt, wie ihr sie von ihrem Karma erlöst. Sobald ihr diese Wahrheiten sehen könnt, wißt ihr, wie ihr die völlige Verantwortung für euer Handeln zu übernehmen habt – in der dritten Dimension in Integrität sein. Ihr werdet Methoden finden, um archetypische Wünsche angemessen zum Ausdruck zu bringen, wie Theater oder Channeling. Die Tage der »Wahnsinnsplädoyers« sind vorbei, denn die einzig relevante Frage lautet: »Hat dieser Körper in der dritten Dimension diese Handlung begangen?« Viele Instrumente werden euch jetzt zur Verfügung gestellt. Beispielsweise könnte ein Mann, der die Göttin hinterrücks ermorden will, dieses Begehren erforschen und es mit Hilfe virtueller Wirklichkeit entschärfen, aber das funktioniert nur, wenn das Programm so eingestellt ist, daß es dem potentiellen Mörder bei der Klärung seiner Wut behilflich ist. Die besonders Ängstlichen unter euch können eine Menge Angst freisetzen und umwandeln, wenn sie sich Horrorfilme ansehen. Ein Mann, der den Drang zu morden verspürt, wird bei einem Computerspiel Flugzeuge am Himmel abschießen können. Ob diese Instrumente gut oder schlecht sind, hängt davon ab, wie ihr sie einsetzt.

Wer sind die Wesenheiten, von denen eure Wirklichkeit beeinflußt wurde, und was haben sie eigentlich in besagten letzten 26000 Jahren gemacht? Wir sind gespannt, euch vor Neugierde brennen zu sehen, während immer noch Zeit genug ist, euch auszumalen, wie ihr euch um euren eigenen Körper kümmert. Wir *lieben* es, wenn ihr euch fragt, ob Christus und Maria Magdalena Sex miteinander hatten und ein Kind zeugten; wir sind glücklich, wenn ihr euch fragt, wie Enoch zu den Sternen aufstieg, weil das zeigt, daß ihr selbst gern aufsteigen – oder gern Sex mit einem hochenergetisierten Wesen hättet – und euer eigenes Urteil in Frage stellen würdet. Es scheint jedoch einfacher für euch zu sein, die Himmelfahrt mit Enoch und tantrischen Sex zu wünschen, als euer eigenes Urteil über Luzifer und die Sünde in Frage zu stellen. Das wird ein Kinderspiel sein. Wenn ihr erst einmal mit Luzifer gesprochen habt, werdet ihr feststellen, *daß er ganz einfach in euch ist*. Wenn du ein Fundamentalist bist und du bei dieser Vorstellung dieses Buch zerreißen willst, frage ich dich: Willst du *wirklich* noch einmal für Jim Bakker bezahlen? Wenn du ein Katholik bist, müssen wir dich davor warnen, daß du dich nach der Lektüre dieses Buches möglicherweise nie wieder in einen Beichtstuhl setzen kannst – tut uns leid. Konfession ist langweilig und tödlich; Frauen wurden dort bis 1972 mißbraucht, und auch Jungen sind höchst gefährdet. Luzifer ist sehr kreativ. Wollt ihr euch an eure eigene Geschichte erinnern, müßt ihr alles einer Betrachtung unterziehen. Wir versprechen euch: Luzifer oder Christus oder Maria Magdalena werden eure Neugierde nachhaltiger stillen als Seifenopern, Abendnachrichten oder Gerichtsverhandlungen im Fernsehen. Unsere Geschichten stellen sogar die skandalträchtigen Nachrichten aus dem britischen Herrscherhaus in den Schatten, obwohl gerade sie ein gutes Beispiel dafür sind, wie die Göttin die Anunnaki-Männer in die Falle lockt.

Wie wir Plejadier das so sehen, besteht euer nächster Schritt darin, nichtphysische Reiche nicht länger mit Hilfe von linearem Raum und linearer Zeit entschlüsseln zu wollen. Das ist der Zweck dieses Buches. Ihr habt immer wieder versucht, euch die Einflüsse von neun Dimensionen auf eure Wirklichkeit anhand einer einzigen Dimension, der dritten, vorzustellen. Uns kommt das so vor, als versuchtet ihr, eine wunderbare Eiche zu visionieren, indem ihr ihrem Stamm eine Scheibe Kernholz entnehmt und die Jahresringe unter einem Mikroskop betrachtet. Wer könnte eine Eiche visionieren – mit ausladenden Zweigen und Blättern und einem verzweigten Wurzelgeflecht, ihre Kraft an einem Ort, der Regen und Sonne, Bodennährstoffe, Insekten und Tiere anzieht; ihr morphogenetisches Feld, das sie in Form hält; ihre geheiligte Geometrie, die ihr Festigkeit verleiht; ihre kosmische Biologie und so weiter –, und das nur, indem man eine Scheibe ihres Stammes betrachtet?

Es ist einfach, wenn ihr es erst einmal erkennt: All eure Probleme beruhen auf Wahrnehmung. Ihr werdet vom Netz in der dritten Dimension festgehalten und in eurer Wahrnehmung eingezwängt. Ein altes, abgegriffenes Beispiel für die Beschränkungen, die euch narkotisiert haben, ist der Streit zwischen Berkeley und Hume: Fällt ein Baum im Wald um – gibt er dabei ein Geräusch von sich, auch wenn keiner da ist, um es zu hören? Natürlich! Das ständige Vor und Zurück führt dazu, daß ihr die Funktionsweise der dritten Dimension nicht seht. Ist erst einmal das Wissen, das in der dritten Dimension zur Verfügung steht, verloren, so ist es euch unmöglich zu erkennen, daß der Baum in der vierten Dimension nur fällt, wenn jemand da war und ihn gehört hat. Ereignisse in der vierten Dimension werden aufgezeichnet, wenn ihr sie *fühlt*, und die dritte Dimension passiert einfach. Ich weiß, das klingt schwachsinnig und beschränkt, aber ich bin deswegen darauf eingegangen, weil viele im Philosophie-Grundkurs mit der Frage konfrontiert wurden: »Ist dieser Stuhl stabil oder nicht?« Es ist ein einfaches Beispiel. Wartet nur ab, bis ihr herausfindet, wer Sodom und Gomorrha ausgelöst hat! Wartet nur, bis die virtuelle Wirklichkeit einen zweiten nuklearen Holocaust schafft! Nur wenn ihr den Grundkurs in Anunnaki-Philosophie sausen lassen könnt, werdet ihr euch vorzustellen in der Lage sein, ob der Baum umfiel oder nicht. Noch schlimmer: Da die Erdveränderungen sich beschleunigen, könntet ihr grundlos in Panik geraten! Ihr müßt ein multidimensionales Modell beherrschen, um eure Zeiten zu sehen, oder ihr bleibt für immer im Netz stecken. Ihr werdet nicht wissen, was real ist, und genau das hält das Netz um euren Planeten. Ein schlauer Trick.

Die Plejadier wissen, daß ihr alle dazu bereit seid, jetzt Seher zu werden. Unsere plejadische Kollegin Barbara Marciniak hat euch darüber während eines Channelings im Juni 1993 informiert, als die Plejadier ankündigten, daß einige von euch zu »Zauberern des Herzens« werden würden. Mir, Satya, gefiel diese Vorstellung, weil sie mir zu der Erkenntnis verhalf, was ich für die Erklärung meines eigenen Programms bezüglich des Licht-Zeitalters, das am 21. Dezember 2012 beginnt, verwenden muß. *Euer Planet ist für die Modelle bereit, die euch über männliche Alchimie hinaus in die Alchimie der Göttin bringen können, damit eure wahre männliche Brillanz aktiviert werden kann.* Was könnte lebloser und langweiliger sein als eine Horde alter männlicher Alchimisten? Menschen, wir warnen euch: Eure gefährlichste Tendenz im Augenblick ist *Geheimnistuerei.* Laßt alles jetzt heraus – zeigt euch, offenbart euch, sonst wird euer Planet aus den Fugen geraten. Euer Sonnensystem wird aus der Alcyonespirale herausschießen, und ihr werdet von den Maya, eurem Zwilling, getrennt werden.

Wir haben euch mehrmals gesagt, daß ihr faul seid, daß man euch gut zureden, verführen und einen Stoß geben muß, um euch in Bewegung zu versetzen. Der Zweck dieses Buches ist, euch die Instrumente anzubieten, damit ihr Seher werdet – menschliche Intelligenzen, die sich im Garten Eden aufhalten und neun Dimensionen gleichzeitig wahrnehmen. Ihr könnt wählen, ob ihr in der Sonne liegen, mit Schlangen spielen, die wahre Bedeutung von Wörtern entschlüsseln wollt, ob ihr der Liebe huldigen, Äpfel essen und in die Sterne gucken möchtet. Dazu müßt ihr die grundlegenden astrologischen Modelle beherrschen, um eure eigene Zeit und euren eigenen Standort in der Galaxis zu begreifen. Noch einmal: Ist es nicht seltsam, daß die Maya vor Tausenden von Jahren einen Kalender einführten, der dann endet, wenn die Sonne der Wintersonnenwende in Konjunktion mit dem Kreuzungspunkt des geheiligten Baums steht? Dann müßt ihr multidimensionale Wahrnehmung lernen. Das heißt, ihr müßt Alchimisten werden, indem ihr euch in das Elixier verwandelt, aus dem Gold entsteht.

Warum wollen wir Plejadier euch zu dieser Anstrengung ermutigen? Wir sind nichtphysische, fünfdimensionale Intelligenzen, und wir fordern euer dreidimensionales Reich, um selbst Seher zu werden. Ich meine damit, daß ihr keine Ahnung habt, wie wichtig ihr seid. Ihr Menschen seid buchstäblich die Körper für alle Dimensionen, wenn die Erde das Wassermann-Zeitalter beginnt.

Warum euer System? Euer Sonnensystem wurde vom Schöpfer in der ganzen Galaxis als Ort für die Entwicklung biologischen Lebens ausgesucht. Um biologische Intelligenz zu vervollkommnen, mußte der Schöpfer in einem kleinen Labor arbeiten, genauso wie eure Wissenschaftler zunächst in einem Labor forschend zu Werke gehen, um jene Schöpfungsgesetze zu verstehen, die auf ein bestimmtes Experiment einwirken. Sie arbeiten auch deshalb im Labor, um zu entscheiden, ob sie ein Experiment im planetarischen Feld ausführen wollen. Alles läßt sich erschaffen – doch wollt ihr das? Gibt es, sobald es entfesselt ist, ein entsprechendes Heilmittel dafür, damit man es nicht durch Töten vernichten muß, so wie die Anunnaki die Ergebnisse ihrer Genmanipulationen mit der Flut ausradierten? Jetzt spielen die Götter mit Aids und dem Ebola-Virus, und eure Priester und Rabbiner sind Ärzte. Wie wir Plejadier und Sirianer das sehen, wollen die Anunnaki euch nicht wieder vernichten, aber ihr seid mit ihren Tötungstendenzen infiziert, nachdem ihr so viele Jahre lang »seine« Geschichte (im Original »his-story«, Anmerkung der Übersetzerin) ausagiert habt.

Ihr müßt euch fragen, weshalb ihr anscheinend lieber tötet, als einfach bis zu eurem Tod zu leben. Bringt ihr euch gegenseitig nur um, weil ihr Angst vor dem Tod, Angst vor Krankheit habt? Tod ist lediglich der Ausgleich für das Leben, und für jede Krankheit gibt es ein Pflanzenheilmittel. Diese Heilmittel stehen sofort zur Verfügung, sobald ihr gelernt habt, was euch die jeweilige Krankheit sagen will. Aids ist ein Geschenk an euch, damit ihr lernt, den Tod zu ehren und zu achten; dann werdet ihr Wege finden, so zu sterben, wie ihr wollt. Am Ende dieses Zyklus wird der Tod wie Geburt sein – ekstatisch –, und Doktor Gott wird bei beiden Ereignissen nicht zugegen sein.

Der Schöpfer experimentierte zunächst mit biologischer Kreativität auf der Erde, dem physischen Standort mit dem Potential, um gleichzeitig neun Dimensionen in seiner Intelligenz zu halten. Gaia ist die Intelligenz der Erde, und sie ist ein viel mächtigeres Wesen, als ihr euch vorstellt. Beachtet, wo die Party abgehalten wird. Ihr werdet den Zweck der großartigen, unbegrenzten kreativen Mächte Gaias herausfinden, da sie zur führenden Wissenschaftlerin des biologischen Labors der Milchstraßengalaxis auserwählt wurde. Wie ich bereits sagte, kann man in einem Labor alles erschaffen, aber Gaia entscheidet darüber, ob eine Schöpfung in ihren Bereich gehört. Wurde diese von ihr nicht auserwählt, befreit sie ihre Oberfläche von ihr. Deshalb ließ sie das atlantidische Labor in die Luft fliegen. Da ihr wieder in den Photonenring eintretet, wird die Erde Multidimensionalität erfahren, und auf der Grundlage ihrer Biosphäre werden Entscheidungen fallen, welche Lebensformen in der Galaxis verteilt werden. Die Qualität dieser Verteilung wird darauf beruhen, was in der Biosphäre zurückbleibt, sobald ihr erleuchtet seid. In dieser Zeit wird es nicht möglich sein, teilweise in eurem Körper lebendig zu sein. Diejenigen, die nicht zurückbleiben, werden ihren Körper verlassen, weil sie sich nicht auf das Licht zubewegt haben. Die »Nacht der lebenden Toten« ist vorbei, und ihr könnt nicht halb lebendig herumlaufen. Da eure Gene die Struktur des Lebens selbst sind, werden nur erleuchtete Genetiker mit der DNS arbeiten können. Dieses Aus-der-Form-Geraten wird einfach eine ekstatische Verschmelzung mit

Gaia sein, ein großer kosmischer Orgasmus in eurem Reich. Wir sind hier als Wunschlehrer, um euch bei der Entscheidung zu unterstützen, was ihr erschaffen wollt, um multidimensional zu werden. Ihr werdet fortan eure Energie nicht mehr in einem eingeschränkten Zustand belassen.

Zahlreiche Experimente mußten von euch sowie Intelligenzen vieler Dimensionen auf der Erde durchgeführt werden, damit ihr die galaktischen Gesetze der Biologie begreift. Manche von euch werden diese Worte lesen und sagen: Wie können sie es wagen, die vom Schöpfer gesetzten Grenzen in Frage zu stellen? Ich will euch darauf jetzt mit einer Frage antworten. Da ihr euch gegenseitig verurteilt und glaubt, das Böse existiere in eurem Reich, denkt ihr damit nicht auch über die Grenzen des Schöpfers nach? Seit 8800 v. Chr., als ihr in der Galaktischen Nacht reistet, dürft ihr nach Wegen suchen, um keine Beschränkungen an euch zu erleben. Eure einzige Pflicht während dieses Zyklus bestand darin, so weit zu gehen, wie ihr wolltet, damit ihr saht, daß Freiheit Grenzen hat, so wie alles in der dritten Dimension eingeschränkt ist. Die Plejadier hoffen, ihr seid weit genug gekommen, um zu merken, um die Lernbereitschaft aufzubringen, wie ihr in eurer eigenen Wirklichkeit harmonisch etwas erschafft. Wenn nicht, wird es nichts anderes geben. Könnt ihr euch kosmische Stille und Bewegungslosigkeit vorstellen? Wir auch nicht. Und deshalb können eure Tötungsneigungen nicht in die Galaxis entlassen werden, um Vernichtung zu verursachen.

Wir Plejadier hoffen, daß ihr weitermachen wollt, wenn ihr erkennt, daß ihr das Karma, das Intelligenzen aus höheren Dimensionen, die euch in der Galaktischen Nacht stetig Impulse gaben, in euch aktiviert haben, jetzt selbst besitzen müßt. Um eure eigene Domäne zu beanspruchen, müßt ihr jegliche von euch vollführte Handlung einer Betrachtung unterziehen, auch solche, wo ihr zum Opfer wurdet und zugelassen habt, daß man euch herumschubste. Ihr müßt alles, was ihr je wart und jetzt seid, lieben und ehren. Sämtliche Handlungen in der dritten Dimension gehören euch, ganz egal wer oder was euch zum Handeln angetrieben hat. Wenn ihr eure Geschichte nicht seht und nicht integriert, bleibt das Netz bestehen, und dann seid ihr darin gefangen. Deshalb muß ich, Satya, euch aufrütteln, indem ich eure tiefverborgenen Schatten ans Licht zerre. Wir Plejadier wissen, daß ihr bereits eingewilligt habt, weil wir sehen, daß viele von euch lieber mit Energien verschmelzen würden, als die Veränderungen der Erde mitzuerleben. Regressionstherapie (Rückführung in frühere Leben) funktioniert bei euch wirklich, weil ihr anhand der Aufdeckung und Betrachtung eurer einstigen Lügen mit Hilfe eurer vergangenen Leben sehen könnt, wie diese Lügen auch jetzt noch in euch wirksam sind.

Es muß euch auffallen, daß ihr in der dritten Dimension zwei Augen habt, aber nicht zwei Herzen; doch in der vierten Dimension habt ihr ein Auge und zwei Herzen!! In eurem dualisierten Fühlkörper seid *ihr* diejenigen, welche die Laserstrahlen spalten und mesmerisierende Hologramme kreieren, und deshalb sieht sich keiner das Leben an, um herauszufinden, was tatsächlich in der dritten Dimension vorgeht. Macht diese blendende Faszination für vierdimensionale Bilder viel aus? Nun, wenige Menschen atmen mit den Pflanzen im Garten, ändern ihre Gestalt mit den Tieren und vibrieren mit Gaias Kräften in den Steinen. Das ist *Sein*, eine Funktion des Herzens. Die Frage geht, diesmal korrekt, zurück an Berkeley und Hume: Werden Pflanzen, Tiere und Steine aufhören zu existieren, wenn niemand auf sie eingestimmt ist? Menschen, ihr solltet besser darauf achten, was mit Dingen in eurer Realität geschieht, wenn keiner sie liebt. Warum bloß verschwinden die Spezies? Und wie behandelt ihr Angehörige eurer eigenen Gattung? Um euch nach dem kosmischen Gesetz – göttlicher Lebensordnung – auszurichten, müßt ihr euer eigenes verzerrtes Gesicht im Blutbad von Ruanda oder Bosnien sehen. Ihr müßt fühlen, daß »andere« diese großen Opfer bringen, damit ihr eure eigene Blutrünstigkeit betrachten könnt. Wenn ihr euch in den Opferdramen eurer Zeit nicht wiedererkennt, werden sie sich ewig wiederholen, und dann werdet ihr am Ende jedes von ihnen ausagieren müssen, als Opfer und als Täter. Die Maya haben das herausgefunden, als sie das letztemal auf der Erde waren. Sie bauten Spiel- und Sportarenen als ewige Opferheiligtümer, um zu verhindern, daß ihr ihre Kodizes völlig zerstört. Die Conquistadoren waren so verliebt in diese Spiegel, daß sie ein paar Kopien des eigentlich Wesentlichen verpaßten.

Wir Plejadier sind in diesen vergangenen 26 000 Jahren ihr geworden, und ich bin hier, um euch mitzuteilen, daß wir endlich sehen, wo ihr feststeckt. Natürlich ist die Ursache dafür auf uns zurückzuführen. Wir versuchten euch zu retten, als ihr etwa um 11000 v. Chr. in den Photonenring gingt. Wir wissen, daß ihr fest davon überzeugt seid, daß die Götter *immer* über eure Welt entscheiden werden, und deshalb verharrt ihr auf der Stelle, statt zu handeln. Ihr glaubt, sie würden euch retten, wenn ihr einfach die Apokalypse erwartet. Ja, der Photonenring war damals die Apokalypse, aber was euch als nächstes zustößt, ist die Zukunft, nicht die Vergangenheit!

Wenn ihr tief im Photonenring steckt, werden sich Laserstrahlen nicht mehr im Sonnenlicht in zwei Teile spalten und dichte Wirklichkeiten erschaffen, um Gefühle zu erforschen. Es wird keine Laserstrahlen geben, die mesmerisierende, holographische Bilder entstehen lassen, die ihr anbeten könnt. Statt dessen werden ihre vielfacettigen Linsen sich meiner Dimension, der fünften, öffnen, und diejenigen von euch, die sich in der dritten Dimension befinden, werden durch diese Linsen in den Kosmos hinausblicken. Alles werdet ihr wie durch ein Kaleidoskop sehen. Eure Überzeugungen und Urteile werden sämtlich an Kontur verlieren, aber *ihr* nicht, wenn ihr diese Dinge loslaßt, die ihr für Wirklichkeit haltet. Wacht auf und seht euch noch einmal in eurer Welt um. Seht den Garten Eden, in dem ihr jetzt lebt! Die Plejadier sind seit 26000 Jahren bei euch, und jetzt sind wir soweit, um die Bilder zu euch zu reflektieren, die ihr von uns in eurer Wirklichkeit habt. Wenn ihr in euren eigenen Spiegel seht, werden wir in unseren schauen. Beachtet, daß Irdische und Plejadier mit Spiegeln arbeiten, während die vierdimensionalen Götter mit Laserstrahlen operieren. Die Plejadier haben sich entschieden, mit euch multidimensional zu werden, weil Biologie mit Liebe verschmelzen muß. Ist dies vollbracht, könnt ihr mit uns aus dem Garten in kosmische Wirklichkeiten reisen. Laserstrahlen werden auf ihre edelste Verwendung beschränkt sein: heilende Operationen am physischen Körper. Spiegel reflektieren Licht, und Laserstrahlen bündeln es.

Wir Plejadier haben im Verlauf dieses Zyklus gelernt, daß nur *ihr* eure Welt entscheiden könnt. Wir sind ihr geworden, und wir wissen, daß jeder von euch die Wahrheit über sich zum gegenwärtigen Zeitpunkt kennt. Eigentlich sind wir erstaunt, wie weit ihr gekommen seid. Wir werden euch nichts über euch erzählen, was ihr nicht bereits wißt. Viele von euch meinen immer noch, ihr solltet anderen die volle Wahrheit verheimlichen. Die viktorianische Mentalität ist tödlich, denn es wird kein Versteck geben, wenn das Sonnenlicht schwindet. Ihr könnt alle eure Emotionen reinigen und erheblich leichter lernen, das Töten einzustellen, wenn ihr einfach miteinander *teilt*. Privatsphäre wird vernichtet, da euer inneres Chaos tagtäglich den Fernsehbildschirm füllt. Ihr alle habt vergewaltigt, gemordet und mißbraucht. Wenn ihr wollt, könnt ihr den ganzen Tag in einer virtuellen Wirklichkeitsmaschine sitzen, um *bis zum Überdruß* zu morden, zu vergewaltigen und zu mißbrauchen; ihr könnt auch den ganzen Tag in einem Spielsalon auf einem Plastikstuhl sitzen, statt im Wald mit Tieren spazierenzugehen oder den Vögeln zu lauschen. Bis zur Eröffnung der Party habt ihr die Möglichkeit zu entscheiden, wie ihr das Chaos beherrschen wollt, und niemand wird euch verurteilen. Verwendet auch Prozac, wenn ihr herausfinden wollt, wie sich Serotonin im Körper anfühlt, und dann setzt die Pillen ab und macht es selbst. *Nichts wird euch gefährlich in der dritten Dimension, wenn ihr wißt, was ihr tut, und wenn ihr merkt, daß alle Dinge nur Stützen sind.*

Die Wesen vieler Dimensionen haben euch mit mächtigen Instrumenten beschenkt, wie ihr sie jetzt braucht und haben wolltet, und es werden weitere folgen. Die nächste Welle werden heilende Instrumente sein, und die Ärzte, die sie nicht einsetzen, werden an den Krankheiten sterben, die sie auf euch losgelassen haben. Um jene Instrumente, die ihr jetzt in Händen haltet, richtig anwenden zu können, müßt ihr euch einverstanden erklären, im Namen der persönlichen Freiheit weder euch selbst noch eure Eltern, eure Partner, eure Kinder oder Freunde und Kollegen in der dritten Dimension umzubringen. Alle Partygäste haben das Recht, so lange zu bleiben, wie sie wollen.

Die Plejadier sind die Hüter der Kinder der Erde. Die Kinder haben zu uns gesprochen, und sie wollen ihre Mütter und Väter zu Hause unter Verschluß haben; und sie wollen draußen in den neuen Imaginationsfeldern der Jugend spielen. Haltet Erforschungen von Bildern und Chimären von der dritten Dimension fern, und ergründet nach Belieben eure Emotionen, indem ihr das archetypische Reich der vierten Dimension erkundet. Tut es, amüsiert euch, denn die Göttin erfüllt immer jeden Wunsch. Ich weiß, ihr werdet nicht mehr töten, wenn ihr uns vertraut, das heißt, wenn ihr euch vertraut. Denkt daran, daß ihr haben könnt, was ihr wollt. Virtuelle Wirklichkeit und physische Integrität sind deutliche Beispiele dafür, wie Dimensionen mit Hilfe von Instrumenten funktionieren, und denkt einfach: Ihr werdet mit neun Dimensionen gleichzeitig arbeiten, wenn euer Sonnensystem durch den Photonenring zieht.

In den letzten 26 000 Jahren habt ihr von wunderbaren Lehrern aus neun Dimensionen Impulse bekommen. Diese Wesen waren immer eure Götter und Göttinnen, mythologische Archetypen und in neuerer Zeit eure Helden und Filmstars. Sie zierten die Seiten eurer Literatur, die Altäre in euren Tempeln, die Fernsehbildschirme und Kinoleinwände. Wirklich, Menschen: Aus unserer Perspektive von den Plejaden aus sieht Elvis Jahwe unheimlich ähnlich. Die großen vierdimensionalen Kräfte haben sich köstlich dabei amüsiert, an euren Fäden zu ziehen, während ihr wie Marionetten auf der Bühne des Lebens tanztet. Jetzt seid ihr so weit, daß ihr einen Blick auf die Marionettenspieler werfen könnt. Wenn ihr auf diese Vorstellung mit Ärger reagiert – wollt ihr lieber in Wandschränken bleiben, verstauben und von Milben befallen werden? Ihr habt eure Tänze genossen, und diese Meister haben sich mit euch in eurer Welt weiterentwickelt.

Es ist ein besonderes Drama: Während einer von euch in der dritten Dimension Sex hat, können vierdimensionale Wesen eure Energie fühlen und euch zu Begierde, Schuld, Mißbrauch oder Vergnügen treiben; fünfdimensionale Wesenheiten können von eurem Kundalinifeuer erregt werden und haben kosmische Orgasmen; sechsdimensionale Wesenheiten können die Bereiche eurer Pulsierungen in die ganze Galaxis ausdehnen; siebendimensionale Wesenheiten können eure Gefühle über galaktische Informationsautobahnen weiterbefördern; achtdimensionale Wesenheiten können morphogenetische Felder aus euren sexuellen seismischen Wellen organisieren; und neundimensionale Wesenheiten können in der Dunkelheit der schwarzen Löcher im Galaktischen Zentrum neue biologische Formen gebären. Ist das nicht beeindruckend?

Die Plejadier sind an eurer Evolution jetzt mehr beteiligt, weil sie bei den letzten beiden Reisen durch die Galaktische Nacht mit euch zusammengelebt haben. Dieser lange plejadische Aufenthalt auf der Erde hat in euch Mißtrauen gegen sie geweckt, und darüber möchte ich mit euch reden. Ihr seid von multidimensionalen Wesenheiten während der Galaktischen Nacht herumgeschubst und manipuliert worden, denn so funktioniert das galaktische System – bis zur Kosmischen Party. Einzige Alternativen wären Stillstand und kosmisches Schweigen. Stellt euch vor, ihr würdet niemals einen Laut von einem anderen Menschen, einem Tier, einem Gegenstand oder einer Pflanze hören, nicht von ihnen berührt werden und sie auch nicht sehen. Würdet ihr euch dafür entscheiden? Würdet ihr für euch den Beschluß fassen, eurem Kind nie mehr in die Augen zu sehen? Wenn ihr euch herumgeschubst fühltet, dann deshalb, weil ihr im Mechanismus der dritten Dimension gefangen wart und nicht erkennen konntet, was wirklich passierte. Die Plejadier wissen das. Ich erinnere euch jetzt daran, daß all eure Erfahrungen aus euren eigenen Entscheidungen resultieren, euch mit Wesen einzulassen, die euch als erste Impulse gaben. Das erschafft Existenz. Würdet ihr Sex für immer aufgeben? Was wäret ihr, wenn ihr niemals einem Erzengel oder einem Teufel begegnen würdet?

Ich habe oftmals erlebt, daß mein Medium, Barbara Hand Clow, lachte. Sie sagt, die einzige »Sünde«, die sie je auf der Erde gefunden hat, sei Langeweile. Sünde bedeutet »ohne« oder »nicht mit«, und sie findet, ihr seid am meisten »nicht-damit«, wenn ihr euch langweilt. Ich habe sie damals als Channel für das plejadische Programm ausgesucht, weil ich ein paar sehr komplexe plejadische Aufzeichnungen übermitteln will – die Mechanismen von Zeit und Umlaufbahnen. Wie soll man das bewerkstelligen, ohne je zu langweilen? Zum Glück seid ihr alle ein gutes Stück vorangekommen, und ihr fühlt euch jetzt mit den plejadischen fünfdimensionalen Seh-Instrumenten – Astrologie und Dimensionalität – vertrauter. Ihr habt genug von der Alchimie und Astrologie, über die das Welt-Management-Team sich lustig gemacht hat; einige von euch wissen, daß diese Kontrollmächte heimlich diese Instrumente verwenden, sogar häufiger als ihr!

Da sich die Plejadier für ein Leben mit euch in eurem Reich während der letzten 26000 Jahre entschlossen haben, gibt es Dinge, die jetzt erkannt und geklärt werden müssen. Sie möchten euch nun gestehen, daß sie einst einen großen Fehler an euch begangen haben. Dieser Irrtum hat dazu geführt, daß ihr ihnen Vorwürfe wegen anderer Traumata und Mißbräuche in eurem Reich macht, für die sie eigentlich nicht verantwortlich sind. Die Plejadier wissen, daß ihr Programm ohne das Eingeständnis ihrer eigenen Fehler nicht durchgeführt werden kann, genausowenig wie eures. Sie haben sich eurem freien Willen in den Weg gestellt, als ihr während des Löwe-Zeitalters, das vor 13000 Jahren begann, durch den Photonenring gereist seid. Der Aufenthalt eures Sonnensystems im Photonenring während des Löwe-Zeitalters löste große Veränderungen auf der Erde aus, weil während dieser Phase die Ego-Identität und der Glaube an königliche Rechte gefestigt wurden. Das Löwe-Zeitalter war das »Zeitalter des Königtums«, und Wesen von vielen Sternen und Galaxien kamen auf die Erde. Gaia wird immer sehr ausdrucksvoll, wenn sich ein solches Drama vollzieht. Während des letzten Zyklus führte dieser Prozeß zu einer Polverschiebung und verursachte die jüngste Eiszeit. Als dieser Schock einsetzte, begriffen die Plejadier nicht, daß ihr euch in einem Balancezustand befandet, weil sie solche Prozesse nie erlebt haben.

Wir konnten euren Schmerz und euren Tod empfinden, weil wir bei euch waren, und wir gaben das Mitgefühl auf und verfielen in Mitleid. Wir waren so tief mit euch verstrickt, daß wir versuchten, euch zu retten, indem wir euch gruppenweise in sicherere Gebiete brachten und während einiger der intensivsten Verschiebungen ein paar von euch von eurem Planeten weghoben. In eurer Verwirrung hieltet ihr uns für Götter, und zum erstenmal *habt ihr euch als Opfer identifiziert*. Ihr glittet gerade dann aus dem Jetzt, als ihr so weit wart, eure eigene Erfahrung zu beanspruchen und Gaias Ekstase zu fühlen, die mit ihren Polen schnippte. Ihr batet um Rettung, und wir empfanden euren Schmerz so unmittelbar, daß wir zu euren Göttern wurden und euch retteten. Gerade als ihr bereit wart, Angst zu transzendieren, hielten wir diesen Prozeß an. Das werden wir nie mehr tun.

Dieser Eingriff in eure Wirklichkeit ließ euch glauben, die Götter befänden sich über euch, und es erfolgte eine dimensionale Zersplitterung in eurer Welt. Dies nannte man »den Sündenfall«. Ihr verließt den Garten Eden und habt eure Welt gespalten, indem ihr sie fortan durch eure Augen und euer Gehirn saht, statt sie in eurem Herzen zu fühlen. Die Unbefangenheit eurer Welt wurde etwas von euch Getrenntes, und die Zeit begann. Deshalb habt ihr ein relativ deutliches Zeitgespür, seit ihr das Löwe-Zeitalter 8640 v. Chr. verließt. Das Buch *Der Photonenring – Nachricht vom Sirius* deutet an, daß die Sirianer euch erretten werden, wenn ihr euch während des bevorstehenden Wassermann-Zeitalters im Photonenring befindet. Dann würde das gleiche geschehen, wie einst durch die Plejadier, aber diese entdeckten, daß ein Eingreifen in euer Reich den Aufstieg abbricht. Wenn die Sirianer in irgendeiner Weise euren Prozeß blockieren, werden sie die nächsten 13000 Jahre mit euch auf der Erde leben. Die Plejadier haben gelernt, daß niemand Wesen aus der dritten Dimension heraushebt; die dritte Dimension saugt einfach jene, die eingreifen, auf, so daß sie das Karma ausagieren. Wenn euch Menschen solch eine Wahl angeboten wird und ihr beschließt, euch mit den Sirianern einzulassen, werdet ihr von ihnen während der Galaktischen Nacht von 4000 n. Chr. bis 15000 n. Chr. eine Menge lernen.

Als das Löwe-Zeitalter 10800 v. Chr. begann, wart ihr – nachdem die Zersplitterung stattgefunden hatte – in eurer Welt auf lineares Sehen beschränkt und dachtet, alle multidimensionalen Wesen seien die Anunnaki. Das war klar, da Anu euch immer schon gesagt hatte, er sei euer Gott. Ihr wußtet es besser, habt so gehandelt, wie ihr ihn verehrtet, und lachtet ihn heimlich aus, wie ihr es jetzt mit euren Priestern und Ministern tut. Ihr habt bombastische Arten der Gottesverehrung erschaffen und sie aufgeblasen, damit ihr mit eurem Leben umgehen konntet. Ihr habt immer gewußt, daß Anu nicht Gott war, und wir wandten uns euch erstmals zu, als uns auffiel, daß ihr euch eurer eigenen Souveränität bewußt geworden wart. Aber während eurer Dimensionenzersplitterung im Löwe-Zeitalter habt ihr etwas getan, das ihr euch jetzt vor Augen führen könnt: Ihr habt Gott einen Namen gegeben, der eigentlich die Bezeichnung für Eliminierungstore ist. Mit dieser wortspielerischen Betitelung wolltet ihr euch über ein Wesen lustig machen, das euch unterdrückte – aber der Schöpfer heißt nicht so. Nachdem ihr das getan hattet, mußte alles einen Namen bekommen; *Sprache begann als Identifikationsprozeß, statt Klang als Resonanzinstrument zwischen euch zum Zweck der Wahrnehmungsverschmelzung einzusetzen.* Dies spaltete euch in viele Zungen, und dann konnte Anu euch listenreich dazu bringen, euch untereinander zu spalten. Das führte dazu, daß *GOTT* über euren gesamten Planeten schlich. Kürzlich hat »Gott« die Kirche verlassen und operiert vom Krankenhaus aus. Diese neue Form der Rettung, genannt »Repariere mich!«, wird täglich unerfreulicher, da ihr heimtückisch eure Körpervorgänge benennt, statt einfach solange zu leben und zu atmen, bis ihr bereit seid loszulassen. Erinnert euch, Menschen: Der Tod ist nur euer letzter Atemzug. Ihr habt verlernt, Gaias großartigem Genius zu vertrauen – eurer Welt im Zentrum unserer Bibliothek! Es ist an der Zeit, daß ihr die Namengebung aufstöbert – Identifizierung vom Löwe-Zeitalter aus –, weil im Wassermann-Zeitalter jede Identität biologische Vibration sein wird. Macht eure Augen auf und lernt, das Spiel der Anunnaki zu erkennen, wenn sie sagen, Christus ritt auf einem Esel nach Jerusalem!

In diesem Buch geht es um die einmaligen Kräfte der Dichte niedrigerer Dimensionen, weil die Anunnaki euch so weit gebracht haben zu meinen, daß höher besser ist als niedriger. Dies lenkte eure Erfahrung von euch ab, und ihr könnt den Garten, in dem ihr lebt, nicht sehen. Ihr seid hierarchisch geworden und versucht, aus eurer eigenen Welt zu klettern, als sei sie eine Schlangengrube. Sie *ist* eine Schlangengrube! Das ist ja der Witz! Es gibt keine Hierarchie von Dimensionen, und jede ist auf ihre Weise für ihre eigenen Bewohner maßgebend. Für euch ist Gaia die mächtigste Dimension. Für uns sind es die elektromagnetischen Felder von Umlaufbahnen und Zyklen, die von der Schwerkraft und dem Sternenlicht zusammengehalten werden.

Maya, der dritte Stern in der Alcyonespirale, bewegt sich in einem engeren Teil der plejadischen Spirale, der näher bei Alcyone liegt als euer eigenes Sonnensystem. Maya befindet sich öfter im Photonenring als in der Galaktischen Nacht. Wie euer Sonnensystem hält sich Maya etwa 2000 Erdzeitjahre lang im Photonenring auf, dann reist sie ungefähr 1200 Jahre lang in der Galaktischen Nacht, bevor sie wieder in den Photonenring zurückwandert. Die Maya beeinflussen die Erde nicht sonderlich, wenn sie in der Galaktischen Nacht unterwegs sind, wie sie es kürzlich von 800 bis 1987 n. Chr. taten. Im Jahr 843 n. Chr. »verschwanden« sie auf geheimnisvolle Weise, als sie sich in die Dunkelheit hinausbegaben. Vor ihrem Aufbruch sorgten sie dafür, daß ihr Kalender sicher in der dritten Dimension verankert wurde, indem sie ihn im ganzen Maya-Land in Stein gravierten. Jetzt, zu Beginn des Wassermann-Zeitalters, tritt Maya mit der Sonne in den Photonenring ein. Dies ist immer eine spannende Phase des Großen Zyklus, denn dann können die Maya anhand ihres Großen Kalenders demonstrieren, daß die Zukunft die Gegenwart erschafft. Das Ende dieses Kalenders löst neue Evolutionsstadien für euch aus, weil ihr eure Bemühungen intensiviert, um zu lernen, wie ihr eine Absicht festsetzt, was ihr erschaffen und was ihr in den nächsten 26000 Jahren auf der Erde sein wollt. Ihr werdet unmerklich von den Galaktischen Maya orchestriert, und einige von euch registrieren gerade, was sie aufgebaut haben.

Die Maya orchestrieren den Zeitpunkt in unterschiedlichen Welten der Alcyonespirale, und Alcyone verwahrt die Aufzeichnungen der Zeit. Die Maya sind die Hüter der Zeit, eure Sonne ist eine Hüterin der Frequenz und Alcyone die Hüterin der Absicht.

Ihr könnt alle an der Festsetzung der Absicht für das nächste Evolutionsstadium mit den Plejadiern teilnehmen, indem ihr euch auf Maya-Zeitrechnung einstellt, die Vibration in eurer Sonne erhöht und den Mechanismus der Dimensionalität beherrscht. Dann wird die Kosmische Party mit dem besten Unterhaltungsprogramm ausgestattet sein.

Das restliche Kapitel ist eine Beschreibung der Struktur der Milchstraßengalaxis, des Photonenrings und des plejadischen Modells der neun Dimensionen, welche die Struktur eurer Wahrnehmungswelt ist. Diese neun Dimensionen passen in eine zehnte Dimension, welche die neun Dimensionen enthält und unbeschreibbar ist. Dieser Teil des Buches steht hier am Anfang, nachdem ich bereits das Plejadische Projekt beschrieben habe, weil ihr vielleicht darauf zurückkommt, wenn ihr tatsächlich im weiteren Buchverlauf in der Galaxis und den neun Dimensionen reist.

Die Geschichte des Photonenrings, der Galaktischen Nacht und der Alchimie der neun Dimensionen

Die Milchstraßengalaxis ist ein vieldimensionales System kosmischer Intelligenz, das sich in neun Dimensionen ausdrückt. Die erste Dimension entspringt einer Anfangsform, die sich als Intelligenzsystem manifestiert, wie der mittlere Kernkristall der Erde, der Kommunikations-Lichtlinien durch neun Dimensionen ins Zentrum der Milchstraßengalaxis legt. Wie jedes andere System entwickelt sich die Galaxis in der Zeit und erschafft im Raum. Die Methode jeglicher Schöpfung wird in ihrer eigenen ersten Dimension erzeugt, und die Absicht dieser Schöpfung hat ihren Ursprung in der Zukunft – dem Galaktischen Geist. Uns interessiert der Zugang zum Wissen über die Umlaufbahn der Erde um die Sonne, das Umlaufmuster der Sonne der Plejaden und der Weg der Plejaden in der Milchstraßengalaxis. Zu Beginn müssen wir uns alles aus Gaias Perspektive, den ersten drei Dimensionen, in denen sich die Erde ausdrückt, betrachten.

Fangt immer bei eurem eigenen Standort an, wie beispielsweise dem Erdmittelpunkt. Wenn ihr daran Zweifel habt, beachtet die massive Verwirrung, die Astronomen befällt. Die Erde bewegt sich mit den anderen Planeten und Monden, die sich alle drehen, um die Sonne. Die Sonne dreht sich als achter Stern der Plejadischen Spirale, und die Plejaden rotieren spiralförmig innerhalb der Galaxis, welche sich ihrerseits auf ihrer eigenen Achse dreht. Keine dreidimensionale Wissenschaft kann diese Zyklen beschreiben, die alle nur dann existieren, wenn ihr zunächst an einem Punkt oder mit dem Standpunkt eines Beobachters beginnt. Wirklichkeiten sind Scheibenkuchen, und nur multidimensionale Modelle werden irgend etwas Reales beschreiben. Als ihr das Wagnis eingingt, eure Oberfläche in Raumschiffen zu verlassen, habt ihr gesehen, daß ihr nur ein Punkt im Universum seid, und jetzt merkt ihr langsam, daß eure einzige Sichtweise auf Wahrnehmung beruht. Wir werden all das mit euch erkunden. Im Augenblick genügt es zu wissen, daß ihr euch im Photonenring bewegt, wenn die Erde das Löwe- und das Wassermann-Zeitalter durchläuft, und ihr kreist durch die Galaktische Nacht während aller anderen Tierkreispolaritäten der Großen Zeitalter – Krebs/Steinbock,

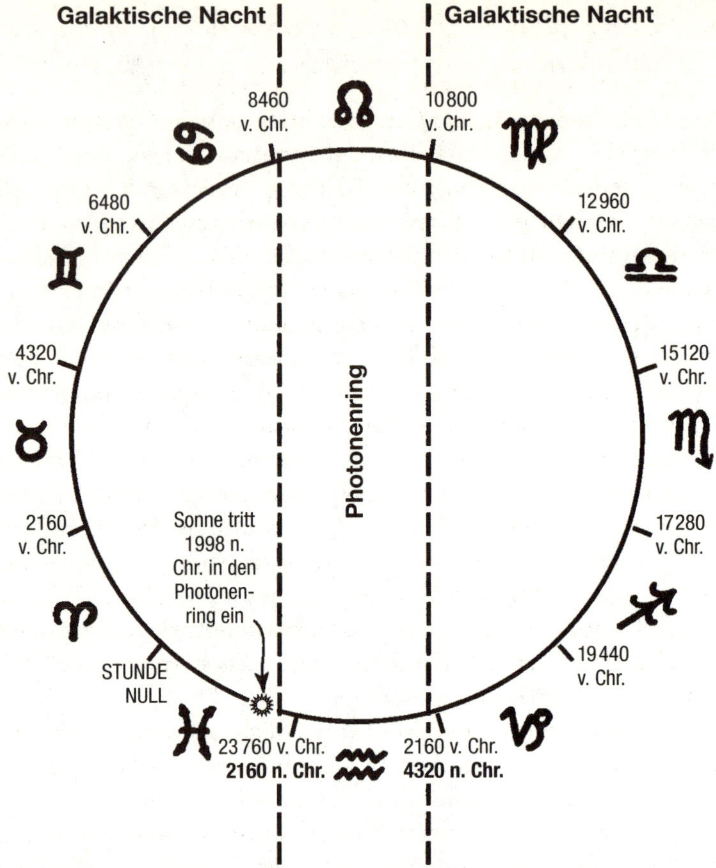

Abbildung 1: Photonenring und Präzession der Tagundnachtgleichen

Zwilling/Schütze, Stier/Skorpion, Widder/Waage und Fische/Jungfrau. Diesmal bewegt ihr euch in den Photonenring, wenn ihr das Fische-Zeitalter verlaßt und euch auf das Wassermann-Zeitalter zubewegt (siehe Abbildung 1).[12]

Die Selbsterforschung der Erde in der Zeit hat zu Umlaufmustern und Zyklen in der Galaxis geführt, die Zugang zu neun Wahrnehmungsdimensionen haben. Der Galaktische Geist vermag den Gedanken von neun Dimensionen gleichzeitig in Trillionen von Systemen zu fassen. Es wird jetzt Zeit, daß ihr eure Intelligenz erweitert und eine Basis schafft, indem ihr bewußt alles in eurem Reich neundimensional wahrnehmt, weil das euren Geist befreien wird.

Wie soll das funktionieren? Aus eurer Sicht ist der Erdkern die erste Dimension (1D), die Quelle von Harmonie, Glück und Geerdetsein. Die Welt darüber, direkt unterhalb der Erdoberfläche, ist die zweite Dimension (2D), Ursprung tellurischer Kräfte und Elementarwesen. Die Existenz auf der Erde in linearer Zeit und linearem Raum ist die dritte Dimension (3D). Die vierte Dimension (4D) ist eine nichtphysische, archetypische Zone, in der Gefühle, Träume und alle Verbindungen mit Gaia und höheren Dimensionen verfügbar sind. Planeten manifestieren diese vierdimensionalen archetypischen Muster, die ihre eigenen verschiedenen Varianten der Sonnenenergie zum Ausdruck bringen und Verhaltensmuster auf der Erde stimulieren. Die Plejaden sind die fünfte Dimension (5D) von Umlaufmustern und -zyklen eures Sonnensystems und der Plejadischen Spirale. Das Sternensystem Sirius ist die sechste Dimension (6D) eurer Welt, und sie erzeugt geometrische Lichtkonstruktionen aus physischen Formen in der dritten Dimension, die von vierdimensisonalen archetypischen Gefühlen und ihren kreativen physischen Mustern in der fünften Dimension geformt werden.

Die vierte Dimension beeinflußt Wirklichkeiten in eurer dreidimensionalen Welt in beträchtlichem Maße. Jetzt, nachdem wir mit euch in der dritten Dimension diesen 26000 Jahre währenden Zyklus verbracht haben, möchten wir euch dabei helfen herauszufinden, wie ihr beeinflußt wurdet. Das Wissen um den Photonenring und die Galaktische Nacht bietet euch ein Modell für die Betrachtung der vierten Dimension. Es wird euch in den Beobachterstatus, euer Leben betreffend, das heißt in euer eigenes Zentrum versetzen. Ihr habt jetzt die Wahl, statt euch weiterhin als Marionetten für nie enden wollende Dramen in der Zeit benutzen zu lassen. Wir sind hier, damit ihr mit unserer Hilfe versteht, wie alle Dimensionen euch beeinflussen, damit ihr euch eure Gefühle wieder aneignen könnt – welche die vierte Dimension komplexer hat werden lassen –, indem ihr festsetzt, wie und was ihr wahrnehmt. Wenn ihr den Mechanismus von Wahrnehmung und Empfinden nicht kennt, kann man euch ewig herumschubsen. Ich gebe zu, ich wußte nicht, wie intensiv diese Manipulation durch die vierte Dimension war, bis ich sie selbst erfuhr, als ich euch jahrtausendelang in eurer Wirklichkeit begleitete. Wenn ihr euch aus der Galaktischen Nacht hinausbewegt, sind die Plejadier bereit, eure seit 8800 v. Chr. gesammelte Weisheit zu empfangen, um sie zu analysieren und ins Galaktische Zentrum zu schicken.

In eurem Sonnensystem kreisen zwölf Planeten um die Sonne: Merkur, Venus, Erde, Mars, die Asteroiden (die einst einen einzigen Planeten bildeten), Jupiter, Saturn, Chiron, Uranus, Neptun, Pluto und Nibiru. Viele davon haben ihre eigenen Monde. Die wichtigsten archetypischen Eigenschaften der Erde kommen in allen Planeten zum Ausdruck, auch in eurem Mond und eurer Sonne.

Das Zwölfer-System der Tierkreiszeichen ist einfach eine willkürliche Aufteilung von sechs vierdimensionalen Polaritäten, sechs Nacht- und sechs Tagespolaritäten. Damit lassen sich Bereiche emotionaler Erfahrungen in der dritten Dimension gut entschlüsseln. Dieses Lexikon der Energiekräfte zeigt, wie die vierte Dimension Ereignisse in der dritten Dimension auslöst (siehe Abbildung 2). Jede Polarität ist ein Spektrum von Dunkelheit zu Licht. Jedes einzelne Zwölfer-System ist einmalig und wird von seinem eigenen Zentrum, seinem eindimensionalen Entstehungspunkt, ausgelöst. Dimensionalität ist vertikal, und die Einteilungen in Zwölfer-Systeme sind horizontale Ebenen. Die horizontalen Ebenen von Systemen, die aus neundimensionalen Säulen vertikalen Lichts bestehen, schaffen Scheiben, Erfahrungsbereiche, die zu Wirklichkeiten werden. Die Galaxis selbst hat eine horizontale Ebene, die sich in zwölf Erfahrungszonen einteilen läßt, und die stattfindenden Erfahrungen erzeugen eine vertikale Achse von neun Dimensionen im rechten Winkel. Warum zwölf? Eigentlich könnte man diese horizontalen Felder auf vielerlei Art unterteilen, aber die Einteilung in zwölf ist diejenige, welche die Harmonie auf der Erde erleichtert, wie es John Mitchell, der Mitautor des Buches *Twelve-Tribe Nations*, ausführlich bewiesen hat.[13]

Der Planet Nibiru, die Heimat der Anunnaki, war früher ein Außenplanet von Sirius A und hat jetzt am äußersten Rand eures Sonnensystems Position bezogen. Nibiru verbindet eure Sinne mit dem Siriussystem. Dieses Phänomen wurde von unserem Medium in ihrem Buch *Das Herz des Christos* ausführlich erforscht.[14] Das

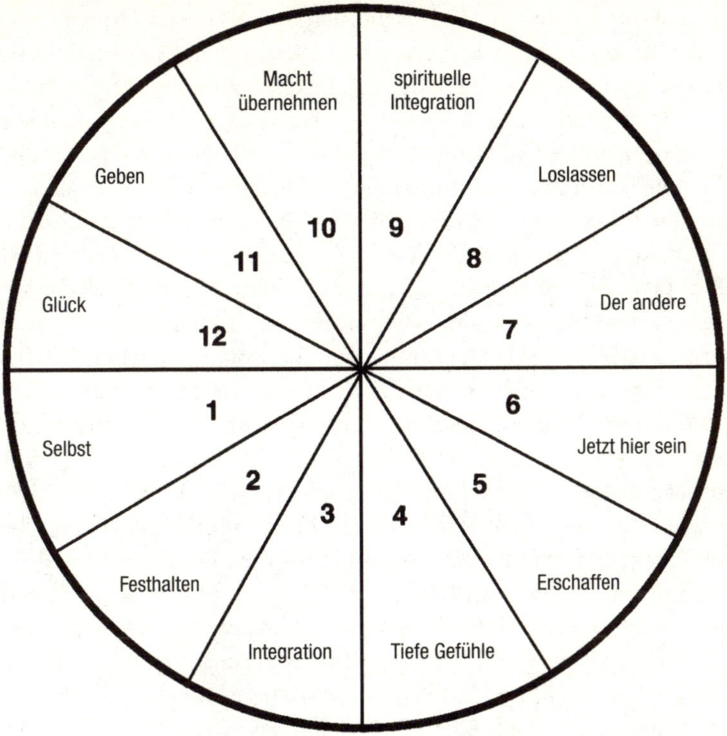

Abbildung 2: Die sechs Polaritäten

Sternensystem Sirius hat eine vorrangige Rolle bei der Geschichte eures Sonnensystems gespielt, genauso wie Nibiru, der von eurer Sonne vor etwa einer halben Million Jahren teilweise in die Umlaufbahn geholt wurde. Dadurch verschob sich der Einfluß von Nibiru etwas außerhalb des Siriussystems und mehr auf euer Sonnensystem hin.[15] Eure Sonne ist nicht nur der achte Stern der Plejaden, sondern auch ein Zwillingsstern von Sirius A, und sowohl euer Sonnensystem als auch das Siriussystem haben Nibiru bei seiner Evolution geholfen. Diese Sternendynamik ist Quelle verschlüsselter Legenden wie Kain und Abel, Horus und Seth und Quetzalcoatl und Tezcatzlipoca. In diesem Buch werdet ihr sehen, daß für Nibiru, Sirius, die Sonne und die Plejadier jetzt große Evolutionen geplant sind. In eurem Sonnensystem, und besonders auf der Erde, existieren die Aufzeichnungen zum Festsetzen neuer

Absichten. Als ihr vor 225 Millionen Jahren diesen Punkt in der galaktischen Umlaufbahn erreichtet, betraten die Reptilien euren Planeten; jetzt seid ihr euch der reptilischen Intelligenz unmerklich bewußt, weil sie einen so riesigen galaktischen Zyklus vollenden.

Geozentrische Astrologie, die das Sonnensystem und andere Planetenkonstellationen von einem Standort auf der Erde aus betrachtet, ist das am weitesten entwickelte Instrument, das euch in der dritten Dimension für die Entschlüsselung der Zeit und die Qualität eurer Entfaltung zur Verfügung steht. Wie wir bereits sagten, lebt euer Emotionskörper in der vierten Dimension. Er wird tiefgreifend von den archetypischen planetarischen Kräften eures eigenen Sonnensystems gelenkt. Deren Eigenschaften und Beziehungen bringen nämlich eure persönliche Entfaltung zum Ausdruck. So erzeugen die Marszyklen buchstäblich eure Gefühle von Macht und Ärger! Ohne die geozentrische Astrologie fällt es den meisten von euch sehr schwer, ihren Emotionskörper zu beherrschen, objektiv zu sein und sich auf die alltäglichen Dinge zu konzentrieren. Die fünfdimensionale astrologische Wissenschaft bietet euch die Freiheit, nicht mehr in linearer Zeit zu verharren, denn sie analysiert und beschreibt die Eigenschaften von Zeit. Ihr habt die Möglichkeit, die Planetenzyklen zu überprüfen, ihre Eigenschaften zu beschreiben und euch auf unterschiedliche Abschnitte in eurem Leben vorzubereiten.

Mit Hilfe der Astrologie könnt ihr sehen, wie das Drama des Lebens künstlich in die Vergangenheit, die Gegenwart und die Zukunft gepreßt wird. Dies ermöglicht euch eine Perspektive auf Emotionen, wenn ihr sie fühlt – ihr beobachtet das Gefühlsreich um Programme, Dramen, Möglichkeiten und Geister, die euch Impulse geben. Sobald ihr diese Stufe der Selbstbeobachtung und Selbstreflexion beherrscht, merkt ihr, daß euer Zugang zu anderen Welten genau über diese Gefühle möglich ist. Gefühle sind ehrfurchtgebietend, weil sie unseren nichtphysischen Vibrationsbereich darstellen, der in der vierten bis neunten Dimension schwingt. Wenn ihr diese Perspektive erlangt habt, könnt ihr von keiner Vibration mehr Impulse empfangen oder herumgeschubst werden. Viele faszinierende Muster ergeben sich aus eurem emotionalen und spirituellen Reichtum und gewähren euch Zugang zu funkelnden Becken dunkler Kreativität und Lichtdynamiktänzen.

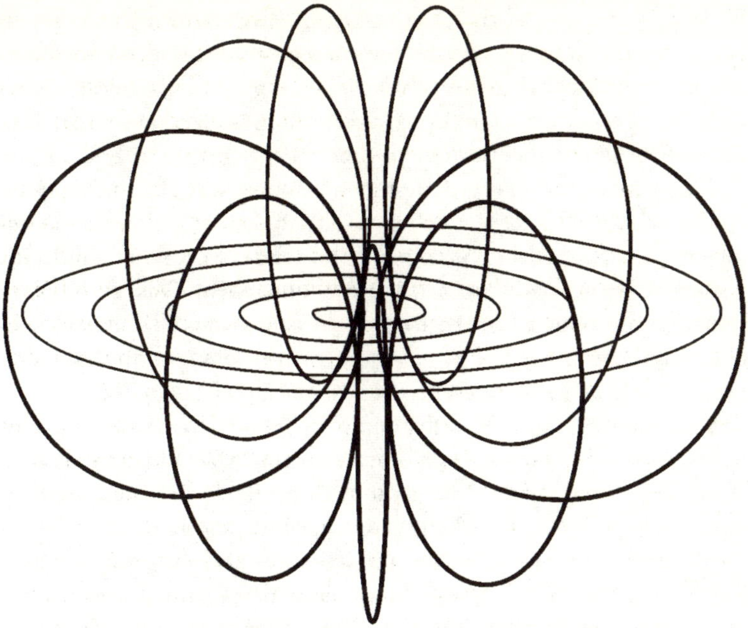

Abbildung 3: Siebendimensionale galaktische Photonenringe

Wie funktioniert dieses Muster in der Galaxis? Fünfdimensionales Licht ist stellar, das heißt subtiler als solares Licht, das Licht von der Sonne, das ihr auf der Erde empfangt. Photonenringe sind siebendimensionale Licht-»Krapfen«, die aus der vertikalen Achse des Galaktischen Zentrums austreten. Sie kreisen durch das Galaktische Zentrum in die Dunkelheit der Galaktischen Nacht (siehe Abbildung 3). Neundimensionale Galaktische Zentren sind reine Dunkelheit, und doch schießt, wenn sie sich um ihre Achse drehen, die verblüffende Kraft ihrer Wirbel neundimensionale galaktische Synchronisationsstrahlen heraus. Diese werden von der galaktischen Achsenrotation gedreht und winden sich spiralförmig aus den schwarzen Löchern in den galaktischen Zentren heraus. Diese Strahlen, Gürtel, Achsen und horizontalen Ebenen mit schwarzen Löchern in ihrem Zentrum sind achtdimensionale organisierende Intelligenzsysteme. In der Milchstraßengalaxis heißt solch eine achtdimensionale Intelligenz Galaktische Föderation; sie hält die Galaxis mit Hilfe von Informationsautobahnen-

Photonenringen in Form. Alle Sterne in Photonenringen erzeugen Spiralen, die andere Sterne einfangen, und diese »Photonensterne«, wie Alcyone, sind Bibliotheken der Galaktischen Föderation. Das gesamte System der Galaktischen Föderation entspringt dem tiefen und unbegreiflichen Nichts der schwarzen Löcher, die Galaxien aus Atomenergie entstehen lassen. Diese Energie ist reine Schöpferkraft. Der leere göttliche Geist entsendet sodann sein kosmisches Licht, das die Galaxien miteinander verbindet, und läßt weitere Dimensionen im Universum entstehen. Das Universum selbst ist die zehnte Dimension, das kosmische »All«, das jedwedes enthält, was wir von der Erde aus wahrnehmen, und läßt sich weder benennen noch beschreiben noch begreifen.

Eure Sonne ist mit den Plejaden durch eine Spirale aus Sternenlicht verbunden, das von Alcyone ausstrahlt. Das müßt ihr euch so vorstellen: Eure Sonne taucht die Erdoberfläche in dreidimensionales Licht, während die Erde auch vierdimensionales Licht kennt – die zarte Reflexion des Sonnenlichts vom Mond und von den Planeten. Sternenlicht ist fünfdimensionales Licht, das sich über die Sterne der Plejaden hinausbewegt – aus Alcyone, durch Merope, Maya, Electra, Taygeta, Coele und Atlas zu eurer Sonne hin. Deshalb trägt in euren Legenden Atlas die Erde auf seinen Schultern im Weltraum. Jeder plejadische Stern außer Alcyone, die immerwährend im Photonenring verharrt, durchläuft 2000 Erdzeitjahre lang den siebendimensionalen Ring. Dann reist jeder Stern im System unterschiedlich viele Erdzeitjahre lang in der Galaktischen Nacht. Die Umlaufbahnen, die verschiedene Körper in der Galaktischen Nacht enthalten, sind sechsdimensional, und die sechsdimensionale Intelligenz, die euer Sonnensystem durch die Galaktische Nacht trägt, ist Sirius A.

Die Sterne in der Nähe von Alcyone, wie Merope und Maya, verbleiben länger in den Photonenringen als in der Galaktischen Nacht – 11000 Jahre in der Dunkelheit und 2000 Jahre im Licht (siehe Abbildung 4). Was heißt das? Mehrere Mitglieder des Sonnensystems verdichten sich während der Galaktischen Nacht, und das erzeugt Erfahrung, die man Karma nennt – Gefühle in der vierten Dimension, die nach Ausdrucksformen suchen und Handlungen in der dritten Dimension auslösen. Körper, die in siebendimensionalen Photonenringen reisen, verlieren an Dichte und

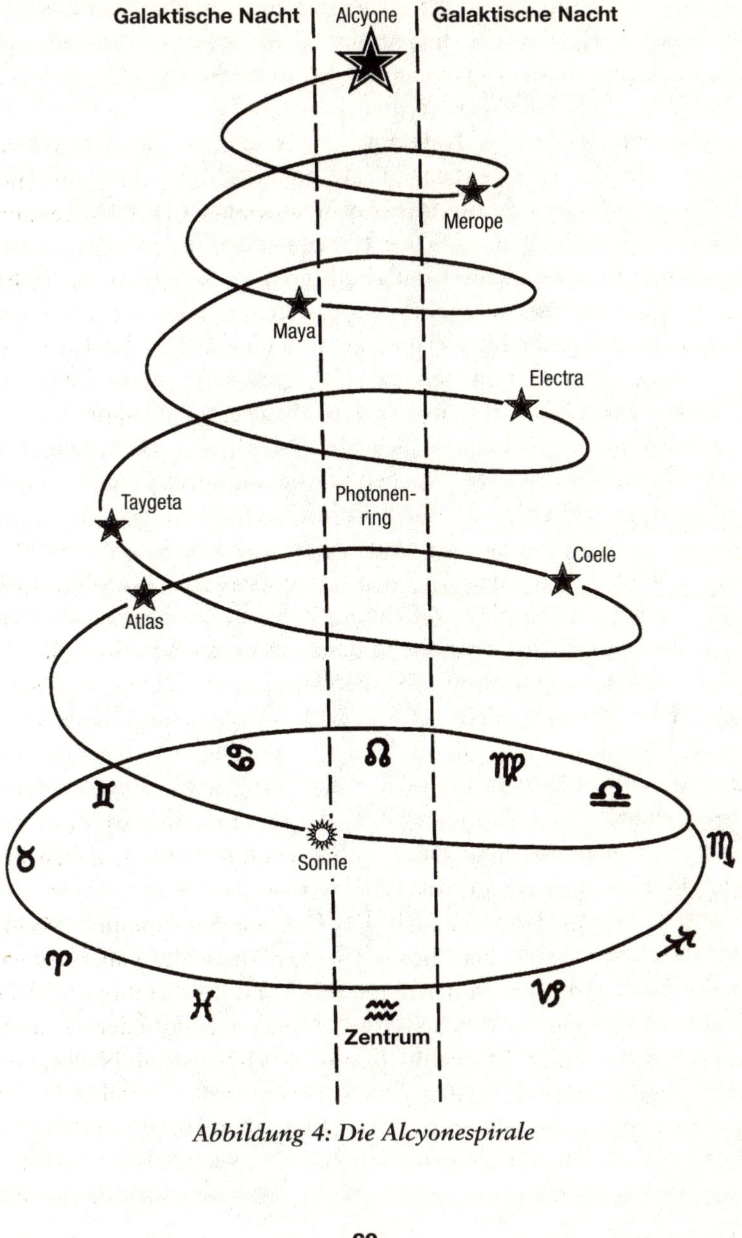

Abbildung 4: Die Alcyonespirale

nehmen an Multidimensionalität zu. Infolgedessen reinigt ihre Lichtzunahme Emotionalkörper und entdeckt Vibrationen in physischen Körpern. Wenn ihr euch in diesem Bewußtseinszustand befindet, habt ihr wirklich Gefühle. Doch diese sind nur Impulse, die euch führen, damit ihr in eurer Mitte bleibt. Es sind keine Gefühle, die euch ins Karma treiben.

Die Intelligenz der Galaktischen Nacht in der Dunkelheit außerhalb der Plejadischen Spirale hält die horizontale Scheibe jedes plejadischen Sterns in Form. Diese Scheiben bestehen aus zwölf Unterteilungen, die Dichte verursachen, die wiederum Geschichte und Geschichten innerhalb großer Zeitzyklen erschafft. Sonst gäbe es genauso wie bei Tieren nur Geburt, Leben und Tod und keine zyklische Erinnerung. Es muß ein Gewebe kreativer Erinnerung geben. Wir müssen euch an folgendes erinnern: Die Tiere sind euch überlegen. Ihre kreative Erfahrung ist stellar, denn Spinnen-Großmutter erschuf sie als erste. Die Milchstraße ist ein Fluß von Tieren. Diese Gewebe ziehen Sterne an, die mit Hilfe heiliger Geometrie Welten bilden – morphische Lichtfelder, die immer mehr neundimensionale vertikale Achsen erzeugen. Das geht stetig so weiter, und wenn ihr euch das vorstellen könnt, hat auch Maya eine Scheibe mit zwölf Unterteilungen. Die siebendimensionalen »Krapfen« photonischen Lichts aus dem Galaktischen Zentrum sind Informationsautobahnen, welche die Neugierde anregen. Der Wunsch nach Vereinigung, nach Partnerschaft, nach neuen Ausdrucksformen für beide Seiten einer Dualität rühren von dieser Leidenschaft her. Zu dieser Erregung gehören die siebendimensionalen Photonenringe, die das Galaktische Zentrum suchen. Genau diese Neugierde führt dazu, daß die siebendimensionalen photonischen Lichtsäulen sich auf sich selbst zurückwinden und zu »Krapfen« werden. Die Galaxis würde sich im leeren Raum auflösen ohne die Atomschwerkraft in ihrem Zentrum, das dann Lichtpulse ausstößt.

Maya und euer Sonnensystem bewegen sich im Moment miteinander in den Photonenring. Diese Ankunft vereint die Plejadier und Sirianer, so daß sie einen Weg finden können, um das Problem der Erde mit Nibiru zu lösen. Die Anunnaki haben das Karma auf der Erde ausgelöst und sind damit zu weit gegangen. Sirianer und Plejadier haben nun herausgefunden, wie Nibiru die Bewohner der Erde in der dritten Dimension manipuliert. Wie gesagt, gelang den Plejadiern dies durch ihr Zusammenleben mit der Erdbevölkerung und den Sirianern durch ihr Zusammenleben mit den Bewohnern von Sirius B. Die neue Biologie muß all dieses Wissen integrieren. *Von der Frühlings-Tagundnachtgleiche 1987 bis zur Wintersonnenwende 2012 wird das biologische Leben mit göttlicher Intelligenz harmonisiert werden, damit der Fühlkörper der Erde die Intensität des bevorstehenden galaktischen Orgasmus zu ertragen imstande ist.* Der Milchstraßenorgasmus muß so stark sein, daß er Leben durch die ganze Galaxis befördern kann. Wenn ihr daran zweifelt, seht euch nur an, wie Erdlinge sämtlich zu oft gebären in dem Bestreben, diese Intensität in ihrem Körper herbeizuführen.

Die Erde ist Alcyones Labor, Alcyone ist die Bibliothek der Erde, und Maya überwacht den Zeitplan, damit niemand zu spät kommt. Wenn euch all dies zuviel erscheint, erinnert euch daran, wie ihr als Kind mit euren Baukästen gespielt habt und dabei lerntet, daß sich alles systematisch zusammenfügen läßt. Erkennt, daß alles, was wir euch sagen, bereits in eurem Zellgedächtnis existiert. Jedes Elektron ist Licht in Molekülen in euren Körperzellen. Ihr seid nämlich eher leicht als solide. Die Entfernung von einem Molekül zum anderen in eurem Körper ist genauso groß wie die Entfernung von einer Galaxie zur anderen. In eurem Körper stecken Welten und Universen!

Alcyone beschleunigte die Erde mit plejadischen Liebesvibrationen zur Stunde Null durch die sirische Ausdehnung, die mit der Inkarnation Christi ausgelöst wurde, eines Menschen, der die Intelligenz der neun Dimensionen gleichzeitig in sich trug. Christus implantierte die plejadische Liebesvibration, welche die Erde bis 1987 beschleunigte, als bei der Harmonischen Konvergenz über die ganze Erde diese neundimensionalen Samenkörper verstreut wurden. Sie verwandelten sich zu Blumen in jedem Körper, der diese Essenz Gaia zum Geschenk macht. Gaia wird jeden Menschen, der sich zum Heiligen Baum wandelt, in die Milchstraßengalaxis entlassen, wie ein Kind, das einen samentragenden Löwenzahn anpustet.

Der Löwenzahn, die Blume der Sonne, kann erst dann Samen produzieren, wenn jede Blüte ihre Kohlenstoffenergie aufgebraucht hat. Dann bildet sie sich wieder neu als Staubfäden aus Kieselerde, die davonfliegen und die Samenkörner im Wind tragen können. Diese Samen schlagen Wurzeln und verwandeln mehr Kohlenstoffmaterie in Kieselerde. Ihr könnt euch das vorstellen, weil ihr alle Löwenzahn gepflückt habt, wenn sie wie explodierende Sterne aussehen, und ihr habt sie angepustet und beobachtet, wie ihre feinen Staubfäden aus Kieselerde Samen im Wind mit sich forttragen. Nun, Menschen, wir möchten euch gern sagen, wie ihr euren auf Kohlenstoff basierenden Körper vervollständigen und ihn zu lichtkodierten Staubfäden weiterentwickeln könnt. Stellt euch Milliarden von lichtkodierten Staubfäden vor, die um eure Kehle schwirren und zu vertikalen Lichtstäben werden, wenn ihr eure Wahrheit aussprecht. Euer gesamter Körper erhebt sich, wenn ein Schirm aus Staubfäden euch in die Galaxis trägt, um dort Samen auszustreuen. Ihr könnt das nur tun, indem ihr eure Wahrheit herausfindet und sie verkündet. Ihr findet sie bei all den wunderbaren Begegnungen, die ihr während der Galaktischen Nacht mit multidimensionalen Wesen hattet, die sich durch euch in der dritten Dimension erforschten. Wir werden euch beibringen, die Vibration jeder Dimension zu identifizieren, die mit euch seit 8800 v. Chr. spielt. Das ist der Inhalt von Pandoras Büchse.

Werdet ihr den Deckel der Pandoraschen Büchse lüften, damit die Plejadier sehen können, was drin ist? Nur ihr könnt entscheiden, ob ihr sehen wollt, was die Sirianer oder die Anunnaki mit euch erschaffen haben. Was würde es für euch bedeuten, Zugang zu eurer deftigsten Geschichte zu haben? Nun, ein Sirianer könnte euch auf eine Reise unter die Pfote der Sphinx mitnehmen. Ein Henochier könnte euch wie im Buch des Enoch[16] auf eine Himmelfahrtsreise ins Galaktische Zentrum mitnehmen. Versetzt euch das in Aufregung? Das hoffen wir, denn wenn ihr den Sirianern oder Henochiern die Tore öffnet, gehen auch für uns die Tore auf, damit wir sehen, was sie mit euch erschaffen. Wir wollen Zugang zu den Erfahrungen, die sie mit euch da draußen in der Galaktischen Nacht teilten, weil wir uns lediglich im Licht gesonnt und keine Ahnung haben. Das ist der Moment, in dem wir unsere Bibliothek auf Alcyone ergänzen.

Warum? Wir setzen immer eine neue evolutionäre Absicht mit

euch fest, wenn ihr ins Wassermann-Zeitalter eintretet, und das können wir nicht ohne eure Angaben, ohne all eure Geschichten. Laßt uns jetzt gehen, haltet diese wunderbaren kreativen Kräfte, die euch innewohnen, nicht länger zurück. Was werden wir euch geben? Die Maya berichteten uns, es sei ihnen gelungen, euch einen Weg zu der Erkenntnis zu zeigen, daß die Zukunft die Gegenwart erschafft. Die Maya sagen uns, daß ihnen, nachdem sie äonenlang mit euch herumgespielt hatten, aufgefallen war, daß die Zeit euch fasziniert hatte. Also dachten sie sich ein Spiel für euch aus. Sie erfanden den Maya-Kalender mit einem Enddatum und offenbarten ihn euch. Als ihr allmählich dessen Bedeutung verstandet, saht ihr, daß ihr euch auf diese Endzeit zubewegt, als würde euch eine riesige Kraft in den tiefen Weltraum ziehen. Da ihr euch dieser Endzeit schon genähert habt, können die Maya eure Wirklichkeit in der dritten Dimension erneut beeinflussen, weil ihr beide euch in den Photonenring hineinbewegt. Und sie dirigieren das Orchester für die »Neunte Symphonie der Endzeit« und zeigen euch, wie ihr eure Instrumente spielen müßt. Sie haben die Musik für die Kosmische Party komponiert, die mit Beethovens »Ode an die Freude« begann. *Ihr wacht auf und merkt, daß eine zukünftige Absicht euer Jetzt erschafft!* Außergewöhnlich raffiniert, nicht wahr? Nun, es ist sogar noch viel faszinierender. Um eine Absicht festzusetzen, die Leben erschaffen kann, das sich am Ende des Kalenders in der ganzen Galaxis ausstreuen läßt, muß alles, was ihr hineinsteckt, vollkommene Integrität besitzen. Damit das in eurem Jetzt befindliche Leben einen solchen Zustand erreicht, muß es mit den machtvollsten Kräften Gaias widerhallen, um zum schwarzen Loch im Galaktischen Zentrum zu gelangen.

Nur Wesen, die in der Galaktischen Nacht über genügend Wissen verfügen, haben Zugang zu solcher Integrität, wenn sie die neundimensionale Alchimie beherrschen. Empfängnis geschieht in der Dunkelheit des Mutterleibs der Göttin. Wie Sperma auf der Suche nach der Eizelle werdet ihr, wenn ihr im Dunkeln nicht sehen und euch am Gewebe nicht festhalten könnt, in Gaias Blut aus ihr herausfließen. Nur ihr werdet wissen, wie ihr in eurem Garten empfangt. Die Maya und die Plejadier können euch eine Menge über die Instrumente erzählen, die ihr ab jetzt bis zum Jahr

2012 brauchen werdet; sie werden euch beim Öffnen von Pandoras Büchse helfen und all die wilden, in ihr verborgenen Energien verwenden oder umwandeln. Damit ihr mit dem umgehen könnt, was dieser phantastischen Büchse, welche die Intelligenz der inneren Erde enthält, entweicht, wollen wir euch etwas über den Eintritt eures Sonnensystems in den Photonenring lehren. Wie gesagt, müßt ihr die Dinge von eurem Standort aus betrachten, und wir werden euch die Mechanismen und Daten zur Konstruktion von Modellen liefern, damit ihr eure Bewegung in den Ring versteht.

Stellt euch euer Sonnensystem als Scheibe mit der Sonne als Mittelpunkt vor, um welche die anderen Planeten wirbeln. Diese Scheibe ist in zwölf Zonen, die zwölf Großen Tierkreis-Zeitalter, unterteilt. Bei der Reise der Planeten durch diese Tierkreiszonen könnt ihr lokalisieren, wo ein Planet in diesen Zonen mit astronomischen Ephemeriden in Verbindung zur Sonne steht. Beispielsweise könnte Venus in Löwe oder Skorpion stehen, Pluto in Schütze oder Steinbock. Wen interessiert das? Nun, während diese Sonnenscheibe langsam in den Photonenring eindringt, wird von diesem Ausgangspunkt, an dem diese Scheibe sich zuerst hineinbewegt, eine Linie gezogen, die in die Scheibe schneidet (siehe Abbildung 5). Der Eintrittsort – Frühlings-Tagundnachtgleiche 1987 – und die Geschwindigkeit dieses Eintritts geben darüber Auskunft, welche Planeten sich im Ring befinden. Die Überprü-

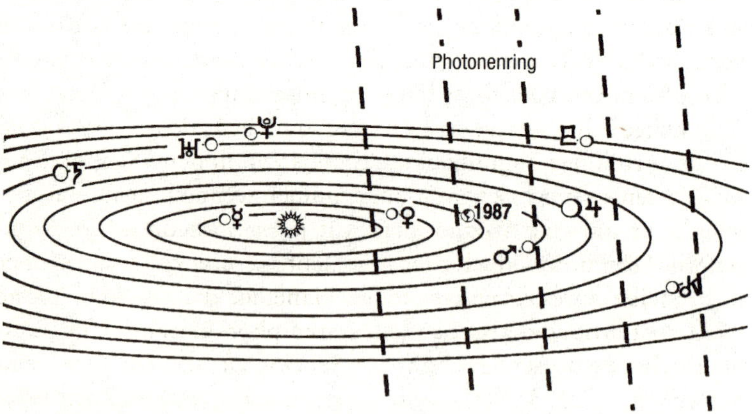

Abbildung 5: Das Sonnensystem tritt in den Photonenring ein

fung des Standorts dieser Planeten, die sich in die zunehmend größer werdende Scheibe im Ring hinein- oder aus ihr herausbewegen, liefert euch eine perfekte Interpretation dafür, wie euer Planet den einflußnehmenden Photonenring bis ins Jahr 2012 integriert. Dieses Material ist ziemlich komplex, wird aber immer wichtiger werden. Exaktere Daten zum Sonnensystem im Photonenring siehe Seite 343ff.

Würde irgend jemand von euch leugnen, in welchem Maße sich eure Wirklichkeit seit der Harmonischen Konvergenz verändert hat? Ihr integriert die vierte Dimension wirklich schnell und empfangt stärkere vierdimensionale Impulse aus der fünften und den darüberliegenden Dimensionen. Ihr fühlt den Kristall der Erde jetzt intensiv, und euch ist ganz klar, daß das tellurische zweidimensionale Reich erwacht. Eine neue Ordnung entsteht, euer Licht verändert sich, und ihr werdet herausfinden müssen, wie euch das Photonenlicht verwandelt, besonders seit dem 14. März 1994, dem Beginn des Galaktischen Niederschlags. Laßt euch nicht von Wissenschaftlern an der Nase herumführen, die sagen, diese Lichtveränderung werde von einer durch die chemische Verschmutzung ausgelösten Verschlechterung der Ozonschicht verursacht! Dies ist zwar teilweise wahr, aber es lenkt eure Aufmerksamkeit von einem viel größeren Ereignis ab: Das Ozonloch öffnet sich aufgrund photonischer Umwandlung, so daß Sonnenstrahlen das tellurische zweidimensionale Reich über dem Nord- beziehungsweise Südpol aufwecken. Ein wahrlich verblüffendes Muster entsteht da gerade, dem ihr euch anpassen könnt, wenn ihr euch auf die klangvolle Vibration des eindimensionalen Eisenkristalls im Zentrum eures Planeten einschwingt.

Im Augenblick genügt es zu wissen, daß die Erde zum erstenmal bei der Frühlings-Tagundnachtgleiche 1987 in den Photonenring eingetreten ist und sich beständig immer weiter hineinbewegt – jedes Jahr um eine Woche mehr auf jeder Seite dieses Eintrittspunkts. Die Photonenlichtgrenze schiebt sich stückchenweise über die Scheibe eures Sonnensystems. Planeten, die von der Sonne weiter entfernt sind als die Erde, waren photonischem Licht ausgesetzt, wenn sie im Abschnitt der Scheibe kreisen, die bereits im Licht liegt. Die Erde befand sich vom 16. Bis zum 23. März 1987 und dann drei Wochen im Jahr 1988 im Photonenring. Das photonische Stück in der Scheibe dehnt sich jedes Jahr um zwei Wochen aus, und genau die Hälfte eures Sonnensystems wird in Licht getaucht sein, wenn der Photonenring eure Sonne zur Wintersonnenwende 1998 erreicht. Dann wird die gesamte Umlaufbahn der Erde zur Wintersonnenwende 2012 in dieser Gezeitenwelle des Lichts aufgehen. Schließlich wird das gesamte Sonnensystem im Photonenring liegen. In den kommenden 2000 Jahren wird es ihn durchwandern.

Zur Wintersonnenwende 2012 wird jede biologische Intelligenz der Erde, in der diese galaktische Vibration eine Resonanz auslöst, über die ganze Galaxis verbreitet werden. Dimensionen, die den galaktischen Ton nicht halten können, werden nicht fähig sein, im Photonenring ihre Form zu bewahren. Jede der neun Dimensionen fängt an, innerhalb des Photonenrings zu klingen. Seid ihr in eurer Dimension eine einsame, durchdringende oder eine laute, dröhnende Stimme im herrlichen Choral? Um diese Samen in die Galaxis hinauszublasen, bedarf es einer großartigen Symphonie, die unsere Kieselerde-Staubfäden zum Vibrieren bringt und Kohlenstoffreste zu Diamanten werden läßt. Beethoven wird zurückkommen und sich seine Quartette der Spätzeit anhören, die er, nachdem er völlig taub geworden war, in der dritten Dimension komponierte. Van Gogh wird sogar sein Ohr zurückbekommen. Weil eure Stimmen viel Kraft benötigen, müssen eure Lebendigkeit und körperliche Integrität groß sein.

Laut John Major Jenkins findet die Konjunktion der Sonne mit dem Kreuzungspunkt der Ekliptik und dem Milchstraßenband, die am Ende des Maya-Kalenders eintritt, genau da statt, wo die dunkle Wolke in der Milchstraße anfängt, eine dunkle Wolke aus interstellarischem Staub, dem schwarzen Loch des Galaktischen Zentrums.[17] Die Überbleibsel der biologischen Intelligenz der Erde können durch diesen Schoß der Dunkelheit in die Galaxis übergehen. In den folgenden Kapiteln werdet ihr entdecken, wie Tezcatzlipoca und Anubis den Weg eures Sonnensystems durch die Galaktische Nacht bewachen, und ihr werdet sehen, warum diese Dunklen Herren auftauchen, um die Erde mit ihrem profunden Wissen bei diesem Vorgang zu unterstützen. Ihr werdet sehen, daß die Kenntnis von der Dunkelheit der Schlüssel dazu ist, Bewußtsein im Licht des Photonenrings aufrechtzuerhalten. Einstweilen

Abbildung 6: Anubis, Hüter der Galaktischen Nacht

ist dies das Modell des Photonenrings, der Galaktischen Nacht und der Alchimie der neun Dimensionen. Wir wollen nun erkunden, wie diese neun Dimensionen innerhalb der Milchstraße, eurem stellaren Zuhause, in der Zeit funktionieren.

Kapitel 2

Der Photonenring

> »Bevor die Sonne Licht abgibt, wo ist das Licht? Photonen kamen aus dem Nichts, sie lassen sich nicht speichern, man kann sie kaum in der Zeit lokalisieren, und sie haben im Raum kein Zuhause. Das heißt, Licht nimmt kein Volumen ein und hat keine Masse. Die Ähnlichkeit zwischen einem Gedanken und einem Photon ist sehr weitreichend. Beide entstehen in dem Gebiet jenseits von Raum und Zeit, in dem die Natur alle Vorgänge in dieser Leere kontrolliert, das voll kreativer Intelligenz ist.«
>
> *Deepak Chopra*

Der Photonenring und der Prozeß der Umwandlung

Der Photonenring wurde erstmals im Jahr 1961 mit Hilfe eines Satelliten entdeckt.[1] Später in den sechziger Jahren, als die ersten Astronauten auf dem Mond landeten, fingt ihr Menschen an, die Konzentration eurer Wahrnehmungen von der Erde abzuwenden. Dies war eine Bewußtseinsbewegung aus der dritten Dimension hinaus. Der Photonenring war vielleicht schon immer da. Bevor ihr euren Planeten verließt, hattet ihr keine Möglichkeit, mehr zu erfahren. Vielleicht erforscht ihr jegliche galaktische Identität einfach in Form einer neuen, umfassenderen Denkweise. Was immer es auch ist, eure Sicht der Wirklichkeit hat sich in die Galaxis ausgedehnt. Was will ich damit ausdrücken? Ihr fangt an, eure Wahrnehmung auf ein neues Zentrum zu konzentrieren – das schwarze Loch im Galaktischen Zentrum der Milchstraße. Dadurch erreicht ihr ein neues Stadium in eurer Evolution.

Die Plejadier lassen sich nicht gern allzugroße Konkretheit vorwerfen. Für sie handelt es sich lediglich um eine Wahrnehmungsverschiebung. Ich, Satya, Astrologin von Alcyone, werde euch aber erzählen, daß sich bereits die Anzeichen dafür mehren, daß ihr von den Plejaden und Sirius Impulse empfangt, wenn ihr euren Geist die Erdatmosphäre überschreiten laßt. Die ersten Kontakte mit Plejadiern in der Neuzeit begannen in den siebziger Jahren, als der Schweizer Billy Meier von zahlreichen plejadischen Raumschiffen berichtete und sie fotografierte. Die Kommunikationen über Channel haben seither zugenommen, und eine große Anzahl von euch hat bemerkt, daß viele eingeborene Menschen sagen, sie kämen von den Plejaden. Ein zwingendes Argument für Kontakte zwischen der Erde und Sirianern hat Robert Temple in *Das Sirius-Rätsel*, einem 1977 veröffentlichten Buch, aufgezeichnet; er fragte, woher ein ansonsten des Lesens und Schreibens unkundiger afrikanischer Stamm wußte, daß Sirius ein Dreiersternsystem ist.[2] Für euch ist die Zeit gekommen, euch darüber klarzuwerden, daß der Photonenring real ist – in gewisser Dimension. Seinen Einfluß könnt ihr an seiner wachsenden Beliebtheit als Vorstellung ablesen. Sobald genug Individuen der Ansicht sind, daß er einen Einfluß ausübt, verändert allein schon der Gedanke daran eure Wirklichkeit. Zum Beispiel ist der Photonenring möglicherweise nur eine perfekt geeignete Metapher für das Licht-Zeitalter! Und damit wären wir wieder bei Berkeley/Hume ... Würde der Photonenring eure Wirklichkeit verändern, wenn er euch nicht auffiele?

Ihr bewegt euch in den Photonenring hinein, und wir Plejadier, die wir direkt an der irdischen Evolution beteiligt waren, erhalten von dem ständig wachsenden photonischen Licht in eurem Reich Impulse. In der Quantenphysik haben beide Teile eines Photonenpaars, das ursprünglich ein einziges Positroniumatom war, immer identische Polarisierungswinkel – die Raumausrichtung der wellenähnlichen Bewegung des Photons, wenn es sich von seinem Ausgangspunkt wegbewegt (Urpositronium) –, gleichgültig wie weit sie sich voneinander entfernen.[3] Daher geschieht das, was einem photonischen Partikel in einem Teil der Galaxis widerfährt, gleichzeitig auch seinem Zwilling. Auf diese Weise durchlebt die Erde im Sonnensystem jetzt genau das, was der Stern Maya in den

Plejaden durchlebt. Jetzt ist der Zeitpunkt eines genauen Verständnisses dessen gekommen, inwiefern der Photonenring als Aktivierungsmechanismus für die Klimax des Großen Maya-Kalenders fungiert.[4]

Die Plejadier wissen viel über diesen Ring. Da Alcyone sich in ihm ständig aufhält, besitzt die Alcyone-Bibliothek die meisten Informationen darüber. Alcyone liefert die stellare Schwerkraft der Plejaden, so wie eure Sonne solare Schwerkraft eures Sonnensystems liefert. Für Physiker ist Schwerkraft die Kraft im Erdkern, die Gewicht anzieht. Aus plejadischer Sicht ist Schwerkraft die erste Dimension eines jeden Systems, das Kommunikationsverbindungen mit neun Intelligenzdimensionen hervorbringt. Alle anderen Dimensionen entstehen an jedem beliebigen eindimensionalen Ort, und während sie sich von ihrem eindimensionalen Zentrum wegbewegen, werden sie immer durchlässiger. Ich, Satya, habe es stets für einen Scherz gehalten, daß eure Wissenschaftler die Schwerkraft immer noch nicht definieren können. Der Witz dabei ist, daß sie den äußeren Weltraum absuchen, wo sie doch auf ihrem eigenen Planeten danach forschen sollten.

Von Alcyone aus gesehen ist euer Sonnensystem wie ein einsames, letztes plejadisches Schaf, das in die Dunkelheit hinauswandert und immer wieder zum Stall zurückkehrt. Ihr begreift eure Wirklichkeit gerade jetzt von unserem Standpunkt aus leichter. Deshalb ist unsere kollektive fünfdimensionale Stimme im Augenblick in eurem Geist so mächtig. Alcyone ist die Mutter der ganzen plejadischen Herde.

Jetzt, da ihr eure vertikale Bewußtseinsachse öffnet, nachdem ihr so sehr in eurer dreidimensionalen horizontalen Ebene versunken wart, herrscht unter den Plejadiern große Verwirrung über die angsterfüllten Geschichten, die über den Photonenring in Umlauf sind. Wir haben niemals solch eine grundlose Panikreaktion gesehen! Die ganze Information, die ihr für eine Anpassung an ein neues Wahrnehmungsfeld braucht, wird euch zur Verfügung stehen, sobald ihr die Dinge auf neuartige Weise betrachtet. Ich, Satya, bin glücklich, euch möglichst viele Informationen aus euren eigenen wissenschaftlichen Quellen anzubieten, weil das für euch glaubwürdiger ist und euch hilft, das zu überprüfen, was ihr bereits fühlt. Es wäre sogar noch wirkungsvoller für euch, einfach jetzt euren eigenen Gefühlen zu folgen, mit oder ohne Überprüfung.

Ein Photon ist ein Quant (kleinster Teil) elektromagnetischer Energie mit der Masse Null – es hat keine elektrische Ladung und eine unendlich lange Lebenszeit. Diese fehlende elektrische Ladung und die Langlebigkeit sind die Ursache dafür, daß mein Dasein auf Alcyone magnetisch und ewig ist. Ginge es nicht um meine Beziehung in Zeit und Raum mit unseren anderen plejadischen Sternen, so würde ich keine Bewegung oder Maß ausdrücken – die Schöpfungsmethode von Sonnenlicht in Dunkelheit – wie euer Sonnensystem in der Galaktischen Nacht. Wäre es nicht euch zuliebe, würde ich, Satya von Alcyone, nicht einmal wissen, daß ich in dieser tiefen Dunkelheit existiere. Erinnert euch, Dunkelheit definiert Licht, und so erhielt ich den Impuls, *Bewegung in Zeit* und *Maß im Raum* zu initiieren, indem ich eine Lichtspirale aussende. Für euch ist dies euer spirituelles Leben! Wie Hathor, die Große ägyptische Kuhgöttin, gebäre ich euch gern, und wegen euch kann ich Wirklichkeiten im tiefen Raum sehen.

Der Quantenphysik zufolge besteht das Positronium aus einem Elektron und einem Positron, und weil das Positron das entgegengesetzte Teilchen zum Elektron ist, kollidieren die beiden schließlich und bilden zwei Lichtquanten oder Photonen.[5] Die Kollision löst die inhärente Dualität in Licht auf, und da das Elektron eine Basiseinheit für Aktivierung – Leben – ist, löst es die Umwandlung des Positrons – des Karmas – aus. So wandelt sich bei einer Zunahme des photonischen Lichts in eurem Sonnensystem euer Karma in Information um, da Licht Information bedeutet. *Wenn ihr das Karma freisetzt, kollidieren die entgegengesetzt geladenen Teilchen mit den Elektronen, es entstehen Lichtquanten, und der Photonenring manifestiert sich!* Da das photonische Licht in eurem Reich zunimmt, führt euch die Kraft eurer Dichtenfreisetzung tief in euer Unterbewußtsein, und ihr erhaltet neue Informationen (Licht) über euch. Je mehr ihr dieses Karma erforscht, desto mehr Leben wird zu euch hingezogen, um mit eurer Energie zu kollidieren. Ihr spürt, wie sich dies beschleunigt.

Ich nenne euch ein Beispiel, das euch den Photonenring ernster zu nehmen hilft. Es soll euch den Impuls geben, eure Vorbereitung zu treffen. Der Photonenring löst seit 1987 in großem Umfang bei euch die Freisetzung negativen Karmas aus. Wir Plejadier sind darüber höchst erstaunt! Sind euch die Intensität der Entwicklung des Emotionskörpers und die Freisetzung eurer Süchte seit 1987 aufgefallen? Jetzt haben sich genügend emotionale Antiteilchen umgewandelt, so daß Elektronen euch in euren physischen Körper befördern. Vor Tausenden von Jahren wurde zuerst euer spiritueller Körper, dann euer geistiger Körper durch Licht umgewandelt; und im Fische-Zeitalter habt ihr euren Emotionskörper umgewandelt. Die Entwicklung eures physischen Körpers setzte am 14. März 1994 ein und beinhaltet die Freisetzung von »Miasmen« genannten Antiteilchen aus eurem Körper.[6]

Ihr alle habt Miasmen in eurem Körper, die ihr freisetzen müßt. Das sind ätherische Massen, welche die Erinnerung an genetische oder aus früheren Leben stammende Krankheitsmuster enthalten, die verhinderten, daß ihr die Erinnerung an die Krankheit manifestiert und sie auslöscht; oder Erinnerung an Krankheiten, die ihr eurem Körper durch die Einnahme von Antibiotika, Chemikalien oder Strahlung zugeführt habt, obwohl euer Körper eigentlich mit Hilfe seines eigenen Immunsystems oder durch vollständige Heilung in Form von Sterben gesund werden wollte. Diese Miasmen werden vom Photonenring seit dem 14. März 1994 intensiv aktiviert, weil sich euer Heilungsprozeß mittlerweile in das zweidimensionale Elementarreich verlagert hat. Eure vier Bewußtseinskörper verdichten sich, ausgehend vom spirituellen zum physischen, und euer Umwandlungsprozeß ist immer intensiver geworden.

Während ihr weiter in den Photonenring vordringt, werden die Elemente eurer physischen Integrität – die Teile von »euch«, die sich zusammengetan haben, um euren Körper zu bilden, laut eurer einzigartigen Seelenübereinkunft – davonfliegen und sich mit Antiteilchen verbinden, die zu Licht verschmelzen. Sobald ihr im Photonenring seid, wird eure Feldtiefe – euer umfangreiches biologisches Gedächtnis in der Zeit – eure derzeitige Verkörperung sein, vorausgesetzt ihr könnt diese Miasmen klären. Was möchte ich damit ausdrücken? Ich habe beobachtet, wie ihr früher auf das totale Eintauchen in den Photonenring reagiert habt. Für mich sah das 24 000 v. Chr. (und auch heute noch) folgendermaßen aus: Ich erblicke einen herrlichen, üppigen Garten, in dem alle Spezies vertreten sind, und da seid ihr, tief im Grünen, als sich das heiße Sonnenlicht zerstreut. Das Leben vibriert um euch herum, und ihr seid in *Samadhi*. Es gibt keine Miasmen des Emotionskörpers in eurem physischen Körper. Ihr seid photonisch – eine Zellmasse, die pure Intelligenz ist –, weil ihr alles hergegeben habt, was ihr an Dichte in der Galaktischen Nacht hattet. Dann tritt der Oberste Rat von Alcyone zusammen, um eure Codes zu lesen und mit euch daran zu arbeiten, Absichten für die Evolution der nächsten 26000 Jahre festzusetzen.

Die galaktischen Orchestrierer – die Maya – haben den Aufstieg der Erde großartig geplant, indem sie die Dichtemuster eures Emotionalkörpers von 3113 v. Chr. an bis in die heutige Zeit studierten. Sie haben sich überlegt, was ihr für diesen nächsten Schritt braucht – die Klärung eures physischen Körpers –, und sie wissen, daß ihr dazu ohne sämtliche Kräfte eures Geistkörpers nicht in der Lage seid. Ihr müßt wissen, wie der Prozeß in der Zeit abläuft.

Es gibt nämlich in naher Zukunft zwei Daten, die euch bedrängen: der Beginn des neuen Jahrtausends, der 1. Januar 2000, und die Wintersonnenwende des Jahres 2012. Viele von euch spüren bereits die Raserei des Jahrtausends. Ihr wartet darauf, daß euch eure Götter retten, und seid nicht völlig anwesend im »Jetzt«. Ihr sitzt wie angenagelt vor eurem Fernseher und seht euch an, wie Prediger laut vom Ende aller Zeiten reden, während eure kleinen Kinder hungrig und mutterseelenallein sind. Viele von euch warten darauf, daß Jesus auf den Wolken wie ein Wildwestheld der fünfziger Jahre herbeireitet. Eine große Gruppe, genannt das »Lichtnetz«, wird darauf warten, daß »Er« am 31. Dezember 1999 um Mitternacht eintrifft. Wenn »Er« nicht erscheint, werden sich die letzten Glaubenssysteme des Emotionskörpers zerstreuen, und dann werdet ihr in die bis 2012 intensivste Umwandlungsphase eintreten. Inzwischen wird es eine sanfte, tiefe, summende Vibration am Äquator geben, wenn die Eingeborenenvölker in Ekstase geraten, sobald sie das Pulsieren des Galaktischen Zentrums verspüren. Die Erdbewohner werden mit der Galaxis nach dem Jahr 2000 pulsieren, wenn die Sonne voll in den Photonenring eingetaucht ist. Die Galaxis pulsiert nämlich die ganze Zeit wie ein großer Herzschlag, aber dieses Phänomen ist sehr subtil. Während des erhöhten photonischen Eintauchens wird die Verbundenheit der Photonenpaare als schwingende Wellenformen spürbar werden, die das galaktische Pulsieren hörbar machen. Diesmal hat die Konvergenz viele Zyklen. Die Maya sind in solchen Zeiten immer die Dirigenten, und sie wissen genau, was ihr für einen Aufstieg braucht. *Aufstieg ist, wenn ihr mit offenem Sternengedächtnis wieder in den Garten Eden eintaucht.*

Das Feld von Alcyone ist voller Photonen, die mit ihren Zwillingen an anderen Stellen in der Galaxis schwingen. Auf Alcyone gibt es keine materiellen Dinge im linearen Raum und der Zeit. Positronen sind schon mit Elektronen kollidiert und haben Photonenpaare gebildet, und der karmische Umwandlungsprozeß gehört nicht zu Alcyones Wirklichkeit. Deshalb nehmt ihr die Plejadier von Alcyone als so liebevoll wahr. Andere Plejadier haben andere Charakteristika, aber Alcyone als mittlerer Stern führt immer die Herde an. Wir sind ehrlich fasziniert davon, wie ihr euch zu Dualitäten entwickelt, und in unserem Herzen verurteilen wir euer Karma nicht. Wir möchten eure Lebenskraft, welche die Kollision zwischen Leben und Karma auslöst, wirklich stimulieren. Ich, Satya, liebe diese Phase mit euch, wenn der photonische Einfluß zunimmt und diese Dualitäten sich in vereinbartem Einblick auflösen. Dann kann ich eure Energie lesen. Ich sage euch, Menschen, ihr habt nichts zu befürchten. Sonnenlicht ist ein wunderbarer Balsam, der euer Wachstum und eure Evolution in der Galaktischen Nacht in Gang setzt, und dann kehrt ihr in den Photonenring zurück. In der Alcyone-Bibliothek befinden sich die Photonengegenstücke zu eurem Licht, und was wäre eine Bibliothek ohne Bücher? Ich freue mich, wenn ihr Selbsterkundung durchmacht – für mich bedeutet das, daß ich euch bei mir habe, wenn ihr diese Bücher lest.

Die Umlaufbahnen plejadischer Sterne außerhalb des Ringes liefern Alcyone Daten. Die Spirale ermöglicht es Alcyone, Zellgedächtnis in Raum und Zeit auszudrücken, denn Erinnerung schwindet, wenn sie nicht mitgeteilt wird. Das ist der Grund für die reiche Tradition des Geschichtenerzählens bei Naturvölkern, und ihr sollt wissen, daß die Erinnerungsschablonen in unserer Bibliothek klangcodiert sind. Wenn die Geschichten mit Klang versehen sind, wird durch die Erinnerungsexplosion das Muster zu einer Spirale für die Zeit des kritischen Sprungs, und die Spiralen werden von Klang erzeugt. Während der Karmazeit in der Galaktischen Nacht ist alles unendlich zirkulär. Dann verwandeln die Daten, die so stark klingen, daß man sie hört, den Kreis in eine Spirale. Ich gebe euch einen kleinen Tip. Wenn ihr den Klang eures Buchs beim Lesen in eurem Kopf hören könnt, ist es ein gutes Buch. Eure Wörter sind wunderbar klangcodiert.

Der Photonenring, der Maya-Kalender und die Plejaden

Ohne eure Reise in die Dunkelheit würde Alcyone ewiges Sein ohne Intelligenz darstellen, genauso wie eure Sonne keine Schöpferkraft hätte, wenn die Planeten nicht um sie kreisen und ihre Erfahrung durch Zeit und Zyklen formen würden. Noch vor einigen Jahren hätte mein Medium Zeitschriftenartikeln über den Photonenring wahrscheinlich nicht viel Aufmerksamkeit geschenkt, es sei denn, es handelte sich um die Vorstellung, daß Alcyone der mittlere Stern des plejadischen Systems ist, dem die Sonne als achter Stern angehört.[7] Dieses Wissen war im Geist Barbara Hand Clows bereits fest verankert, weil ihr Großvater, ein Cherokee, ihr vor vielen Jahren erzählt hatte, daß Alcyone ihr Zuhause war. Die Erinnerung daran wurde wieder wachgerufen, als sie mit dem Maya-Tageshüter, Hunbatz Men, studierte. In seinem gewaltigen Werk *Los Calendarios Mayas Y Hunab K'U* beschreibt er 17 geheiligte Kalender der Maya – die meisten von ihnen sind Kurzzeitzyklen –, von denen einer einen fündimensionalen plejadischen Kalender zeigt: Die Sonne kreist in einem 26 000-Jahre-Zyklus um Alcyone.[8] Mit Hilfe dieses Kalenders erinnerte sich unser Medium an die Geschichte, die besagte, daß sie von Alcyone kam und ihr als kleines Kind von Großvater Wise Hand erzählt wurde. Ihr Großvater war Bewahrer der Cherokee-Aufzeichnungen von Alcyone, die ihm von seiner Mutter übertragen wurden. Das Wissen der Cherokee wird von Frau zu Mann, und dann von Mann zu Frau weitergegeben. Für unser Medium war es sehr schwierig, eine solche Vorstellung zu integrieren, während sie in Saginaw, Michigan aufwuchs. Und was hat all das mit dem Photonenring zu tun?

Meinem Medium fiel auf, daß sowohl der plejadische als auch der Präzessionszyklus 26000 Jahre dauerten, und das Ende des Maya-Kalenders und die Präzession im Wassermann lagen zeitlich nahe beieinander. Deshalb fragte sie Hunbatz Men, ob das Ende des Großen Kalenders mit dem plejadischen Kalender, dem »Calendario del Tzek'eb o Pleyades«, zusammenfiele, und er bejahte. Sie fühlte intuitiv rasch, daß der Eintritt in den Photonenring genau diese Koinzidenz war; es gelang ihr schließlich, astrologische analytische Methoden anzuwenden, und sie sah es. Unsere Bibliothek las ihre Welle der Einsicht, und wir sahen sie! Photonenzunahme im Sonnensystem würde den kritischen Sprung der Erde am Ende des Großen Maya-Kalenders während des Wassermann-Zeitalters auslösen! Mein Medium kannte bereits eine Unmenge geozentrischer astrologischer Auslöser; jene Transite werden auf Seite 333ff. behandelt.

Was sagt die Wissenschaft zu der Möglichkeit, daß das Sonnensystem ein Teil der Plejaden ist? Forscher wie Robert Stanley und Shirley Kemp sowie Paul Otto Hesse, José Comas Solá, Edmund Halley und Friedrich Wilhelm Bessel haben behauptet, dies sei aus wissenschaftlicher Sicht nicht abwegig.[9] Robert Stanley berichtete über die Entdeckung des Photonenring mit Hilfe von Satelliten im Jahr 1991 und kommentierte: »Diese überschüssigen Photonen kommen aus dem Zentrum unserer Galaxis ... Unser Sonnensystem tritt in diesen Bereich unserer Galaxis alle 11000 Jahre ein und durchquert ihn 2000 Jahre lang, während er seine 26000 Jahre dauernde galaktische Umlaufbahn vollendet.«[10] Abbildung 4 auf Seite 69 versucht, diesen Zyklus modellhaft darzustellen. Alcyone ist dabei im Ring und tritt dort als Spirale aus, die sich um plejadische Sterne innerhalb und außerhalb des Rings dreht. Mein Medium hat die Alcyonespirale als Modell nachgebaut, was bei Berücksichtigung der Relation galaktischer Entfernungen möglich ist. Die Erde neigt sich im Verhältnis zur Rotationsebene der Galaxis, und Sternenbewegungen in unserem eigenen galaktischen Abschnitt lassen sich nur schwer visualisieren und katalogisieren. Die Reise der Plejaden als Gruppe verschiebt sich ein wenig anders als die anderer Sterngruppen in der Galaxis. Studien der Eigen- oder Universalbewegung von Sternen ließen die meisten Astronomen der Antike glauben, Alcyone sei die Mittlere Sonne, um die sich das gesamte Universum drehe.[11] Die Astronomen haben immer noch keine Instrumente entwickelt, mit denen sich solche kleinen Bewegungen zwischen Körpern, die weit voneinander entfernt sind und in ähnliche Richtungen wandern, meßtechnisch erfassen lassen. Daher erscheinen diese relativen Diskrepanzen von der Erde aus infinitesimal. Das Sonnensystem, die Plejaden und Sirius drehen sich alle 225 Millionen Jahre um das Galaktische Zentrum. Die Astronomen werden diese Verbindung der Sonne zu den Plejaden oder Sirius vielleicht niemals überprüfen können; aber wie kommt es, daß so viele Menschen behaupten, sie kämen von Sirius oder den Plejaden, wenn es sich dabei nicht um alte Erinnerungen an das stellare System der Sonne handelte?

Viele Trancechannel berichteten von sich häufenden Kontakten mit den Plejaden, und das zur gleichen Zeit, in der mein Medium in immer deutlicherer Kommunikation mit Alcyone trat. Hunbatz Men kicherte, als sie witzelte, sie sei von Alcyone, und er müsse von Maya sein. Men spricht in *Los Calendarios* nicht über den Photonenring, sondern von »La Luz«, dem kommenden Licht-Zeitalter, den der Großvater Hand meines Mediums als »das Licht-Zeitalter« beschreibt, das sie eines Tages erleben werde. Das ist natürlich die Zunahme von Photonen aufgrund der Kollisionen von Karma und Lebenskraft (Kundalini), aus der sich zwei miteinander verbundene Lichtquanten ergeben.

Ein anderes Thema, das seit 1987 mit wachsender Aufmerksamkeit beobachtet wird und von dem arkturischen Beamer José Argüelles beschrieben wurde, ist die Aktivierung unseres Sonnensystems mit Hilfe eines Galaktischen Synchronisationsstrahls. Dieser Prozeß begann vor etwa 5100 Jahren und trat 1987 bis 1992 in seine Hochphase – mit dem Kulminationspunkt 16. August 1987.[13] Eingeborenenvölker überall auf dem Planeten synchronisierten sich mit diesem Strahl, und Astronomen berichteten, das Galaktische Zentrum sende ungeheuer viel Energie zu dieser Zeit aus. Die Supernova 1987 war im Februar jenes Jahres am Himmel sichtbar, als Argüelles, unser Medium und eine Zeremoniengruppe Palenque während der Vorbereitungen zur Harmonischen Konvergenz aktivierten. Wir Plejadier wissen, daß viele Erdbewohner merken, daß sich etwas wirklich Großes anbahnt, weil wir fühlen, wie eure Neugierde wächst, und das gefällt uns sehr. Apropos Photonenpaare, die miteinander auf große Entfernung schwingen – könnte das bedeuten, daß die Gruppe in Palenque Teile in ihren Körpern enthielt, die mit den photonischen Wellenformen von Supernova 1987 verzwillingt waren?

Die Erde bewegt sich alle 26000 Jahre in Wassermann hinein, wenn der Große Maya-Zyklus sich vollendet und dann erneut beginnt. Laut der Kosmologie der Azteken und Maya ist das Jahr 2012 auch die Vollendung eines 10000-Jahre-Zyklus, der sich aus vier Großen Maya-Zyklen zusammensetzt. Dies fällt mit dem Zyklus der Vier Großen Zeitalter der Azteken zusammen, nach deren Worten die Erde in die fünfte Welt eintreten wird. Dieser Zyklus ist ebenfalls die Vollendung einer 225 Millionen Jahre dauernden galaktischen Umlaufbahn, seit es Reptilien auf der Erde gibt. Ich, Satya, kann euch sagen, daß die Energie des Galaktischen Synchronisationsstrahls im Jahr 1987 dazu führte, daß der Photonenring eine neue dimensionale Frequenz erreichte, die das gesamte Plejadensystem verschob und eine neue Absicht für das nächste biologische Evolutionsstadium jenseits des Reptilienmodus festsetzte. John Jenkins hat definitiv nachgewiesen, daß das Ende des Kalenders die Wintersonnenwende 2012 ist, wenn die Sonne den Kreuzungspunkt der Erdekliptik und des Galaktischen Äquators verbindet, wie es im ersten Kapitel eingehender beschrieben ist. Jenkins hat sogar behauptet, diese Kreuzung sei die Botschaft auf dem Rand des Sarkophags von Pacal Votan in Palenque.[14] Während der Zeremonie anläßlich der Supernova 1987 konnte mein Medium dieses neundimensionale Pulsieren des Galaktischen Zentrums codieren. Neun Zellgedächtnis-Dimensionen erwachten in ihrem physischen Körper, und genauso erging es allen anderen Menschen damals.

Als die Milchstraßengalaxis vom Galaktischen Synchronisationsstrahl aktiviert wurde, pulsierte ihre flüssige Dunkelheitsessenz, und Photonenringe wurden zu nuklearen Clearingzonen der gesamten Galaxis. Jedes Stern- oder Planetensystem in der Galaxis durchläuft früher oder später dieses neundimensionale Galaktische Pulsieren mit Hilfe von Photonenringen. Diese Ringe unterstützen die Form der galaktischen Arme, die wie eure Wirbelsäule mit elektrischer Energie angefüllt sind. Die Pulsierungen in den

Armen klären Zonen in der Galaxis mit Hilfe von erlesenen galaktischen klangvollen Tönen, und einige von euch hören diesen Klang schon, wenn die Kundalini aufsteigt. Das ist die Aktivierungszeit in dem galaktischen Arm, in dem die Plejaden liegen. Wie die Plejadier sagten, wird sich am Ende des Großen Kalenders, 2012, biologische Intelligenz in der ganzen Galaxis über diese Informationsautobahn des Lichts ausbreiten. Es ist, als stimulierten diese in der ganzen Galaxis versteckten Photonenringe Antiteilchen, und dann erhöht sich die Photonenkraft in den Ringen! Die Maya wußten, daß das Klären von Emotionskörpern und neuerdings auch physischen Körpern auf der Erde die biologische Integrität erwecken würde. Sie sahen, wie verzerrte Emotionen biologische Integrität pervertierten, weil diese Perversion von Cortez und seinen Günstlingen zu ihnen reflektiert wurde. Ihnen gefiel es, dem Gott ins Auge zu schauen, und dann wurden sie von den Spaniern geopfert. Die Maya sind jetzt Lichtquanten und überreden immer mehr Menschen sanft dazu, die Erde nicht länger zu mißbrauchen. Sie sind bereit, den ganzen Planeten während des kritischen Sprungs im Jahr 2012 zu orchestrieren.

Nichts im Photonenring wird seine dreidimensionale Form beibehalten, wenn es nicht auf neun Dimensionen verstärkt wird. Ja, das ist wahr, aber alles geschieht in angemessenem Tempo, so daß ihr eure Körper beschleunigen könnt, um euch damit zu synchronisieren. Wenn ihr euch für Aktivierung entscheidet, existiert euer Zugang zur Energieklärung in eurer eigenen Wirbelsäule, die das ganze elektrische System eures Körpers in Gang setzt; und Karma, das ihr zum Abschließen braucht, wird kollidieren. Die sich abspaltenden Photonen sind Signale, welche die wunderbare Schlange erwecken, die zusammengerollt in eurem Wurzelchakra ruht.

Schlangenmedizin und der Maya-Kalender

Die Schlüssel zur Erweckung des Kundalini liegen tief im Großen Maya-Kalender, der ganz auf der Schlangenmedizin beruht. Die Tageszählungen dieses Kalenders werden von Tageshütern gehütet, die mit 13 Zahlen und 20 Tagen rechnen. Bevor euch das verwirrt, hört genau zu, denn diese Geheimnisse sind die Schlüssel zu kosmischer Intelligenz. Die Schlange – *Ahau Can* –, auf welcher der Große Kalender beruht, ist *Durissus crotalus*. Sie hat einen gespaltenen Penis, und alle 20 Tage wachsen ihr zwei neue Giftzähne. Damit wird sie zum Idealmodell für Dualität in Quanteilchen. Die neuen Giftzähne repräsentieren einen 20-Tage-Umlauf, und die Seiten des ineinandergreifenden Rhombenmusters auf *Ahau Cans* Haut bestehen aus 13 Schuppen[15] (siehe Abbildung 7). Auf diesen aus 13 Zahlen bestehenden Quadraten beruhen alle Webmuster und kosmischen Symbole in der Maya-Kunst. Das heißt, die Weber und Künstler weben immer wieder das kosmische Muster in der Zeit, und sie sind nie getrennt von der Zeitangabe des umfangreicheren Großen Kalenders. Die Tageszählung und die Webmuster hüten die Zeit des kosmischen Kalenders. Ist das nicht erstaunlich? Das Erwecken der heiligen Schlange – *Ahau Can* – in eurem Körper ist der Weg zurück in den Garten. Dieser Kalender mit seiner fortlaufenden Tageszählung wurde geschaffen, damit ihr euch daran erinnert, daß der Tageshüter der Reptilien – jene Tierfamilie, die bald 225 Millionen Jahre Evolution vollendet – die Heilige Schlange ist. Diese Schlange ist die hohe reptilische Form, und die Maya verwendeten sie als einen großen archetypischen Führer für den Umwandlungsprozeß selbst. Wenn ich im Lauf des Buches tiefer gehe, wer-

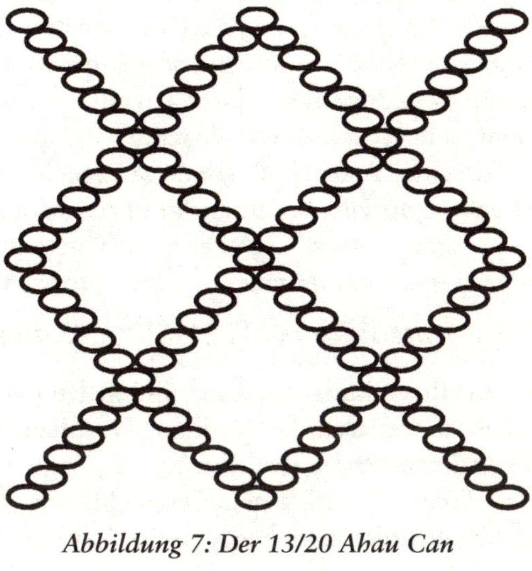

Abbildung 7: Der 13/20 Ahau Can

det ihr bemerken, daß die sechsdimensionale heilige Geometrie immer das Zentrum sehr einflußreicher Medizinlehren auf der Erde ist.

Elementarwesen und das tellurische Reich

Instabile Elemente, die in den letzten 11000 Jahren auf der Erdoberfläche freigesetzt wurden, müssen in die Frequenz der tellurischen (zweiten) Dimension zurückgeführt werden, wo sie sich wieder mit dem Zentrum des Planeten harmonisieren können. Elementarwesen haben während des Licht-Zeitalters ihre tellurische Heimat aufzusuchen. Mit Hilfe von Photonen werdet ihr feststellen, daß ihr Wege finden müßt, mit denen ihr die Elementarwesen durch Umwandlung von Strahlung und Chemikalien in ihre Domäne zurückschickt. Diese Elemente werden sich nach der tiefen Dunkelheit der Erde sehnen, wenn ihre Oberfläche mit photonischem Licht durchtränkt ist. Auf der Oberfläche gibt es schon eine Fülle von Materialien zur Schaffung eurer eigenen Wirklichkeit. Der Maya-Kalender wird einen elementaren Stabilisierungsprozeß auslösen, und eure Aufgabe dabei ist die Klärung eures eigenen Körpers.

Diese Rückkehr von Elementen in ihre natürliche Frequenz kann sehr toxisch sein, genauso wie Schlangengift in eurem Blut. Wenn sich die Halbwertzeit radioaktiver Elemente beschleunigt und zweidimensionale Kräfte in die dritte Dimension schleudert, breitet sich eine gewaltige Instabilität aus, die ihr alle fühlt. Ihr hättet merken sollen, daß Radioaktivität und chemische Verschmutzung krebserregend sind, aber diesbezügliche Anzeichen wurden von euch ignoriert. Lernt, euch in Freisetzungen von Giften hineinzuversetzen, indem ihr auf eure Gefühle achtet, wenn ihr von vierdimensionalen emotionalen Energien überwältigt werdet, die nicht eure eigenen sind. Wenn ihr karmische Handlungen in der dritten Dimension ausführt, die eigentlich von vierdimensionalen archetypischen, nach Ausdrucksmöglichkeiten suchenden Formen ausgelöst werden, dann merkt ihr allmählich, was es heißt, einem anderen Wesen als Rohmaterial zu dienen. Beispielsweise kann der Wunsch nach einem Orgasmus durch einen Trick in sexuell abweichendes Verhalten umschlagen, oder euer unterdrückter Wunsch nach Fesselung manifestiert sich als Mord. Wenn ihr euch schockierendes, durch vierdimensionale emotionale Manipulation verursachtes Verhalten bewußtmacht, könnt ihr euch auf das auf Töten abzielende Wesen von Chemikalien und Strahlung einstellen. Eingeborenenvölker führen Schlangentänze auf und unterziehen sich Schlangenbißinitiationen, um einfach sicherzugehen, daß sie nie den Respekt vor Gift verlieren! Ihr werdet allmählich fähig, euch in tellurischen Schmerz und Chaos hineinzuversetzen, und viele von euch leben in erdbebenaktiven Gebieten und können sich daher an die spürbare Wirkung tellurischer Kräfte erinnern. Gleichzeitig entdecken vierdimensionale Intelligenzen, daß ihr zur Zerstörung eurer Wirklichkeit fähig seid, was ihnen nur recht ist. Wenn wir zu den frühen Stadien gelangen und aufdecken, wie die vierdimensionalen Anunnaki euch manipuliert haben, sollt ihr etwas hören: *Bis 1987 haben sich die Anunnaki weder um euch noch um eure Welt gekümmert.* Aber sie haben sich geändert.

Die Anunnaki haben keinesfalls oft daran gedacht, euch dazu zu bringen, Pandoras Büchse zu öffnen – die Elemente zu spalten – und euch mit der Vorstellung zu locken, Götter zu werden. Jetzt sehen sie, daß euer Gottesgift für alle Dimensionen tödlich ist. Die Sirianer und Plejadier stellen mit Erstaunen fest, daß die Anunnaki Verantwortung übernehmen und euch helfen wollen, das Gottesgift auszutreiben. Alle Wesen, die in eurem neundimensionalen System aktiv sind, merken, daß die niedrigeren Dimensionen über unglaubliche Mächte verfügen, die man nicht stören darf. Wie Menschen und Plejadier müssen auch die Elementarkräfte ihre Integrität aufrechterhalten.

Ihr müßt nicht nur euren Emotionskörper klären, sondern auch radioaktive und chemische Auswürfe mit eurem Geist umwandeln, wenn ihr euch durch emotionale Blockaden bewegt. Ich warne euch: Vergrabt keine radioaktiven Elemente im zweidimensionalen Elementarreich in der Erde, denn eure unterirdischen Atomtests haben schon viele Erdbeben ausgelöst.[16] Diese Klärung vollzieht sich in allen neun Dimensionen! Benutzt zur Reinigung eures Emotionskörpers ein bißchen von der befreiten Energie, um nukleare Verschmutzung zu beseitigen. Zur nuklearen Instabilität gehören Elemente auf eurem Planeten, die angegriffen und aufgebrochen wurden, und deshalb brechen sie aus. Da dies auch euch widerfuhr, könnt ihr euch in diesen elementaren Schmerz hineinversetzen und ihn begreifen. Wenn ihr euch also wieder zusammensetzt, heilt die Erde. Die Elementarwesen sind zu Schmerzzentren geworden, die euch in die dritte Dimension befördern. Wie die zweidimensionalen Elementarwesen seid ihr in eurer Dimension von archetypischen Kräften überfallen und in Dualitäten gespalten worden. Diese Spaltung droht euch zu zerschmettern, aber dann ist nichts mehr von euch vorhanden, womit die archetypischen Intelligenzen spielen können. Deshalb suchen die Anunnaki nach Methoden, um euch nicht länger zu manipulieren. Wie Eltern, deren abscheuliche Fehler von ihren Kindern reflektiert werden, sind die Anunnaki entsetzt darüber, was sie unter euch angerichtet haben.

Mit fortschreitendem Eintritt in den Photonenring haben die Photonen eine Entwicklung des Emotionalkörpers ausgelöst, die jetzt eine elementare Klärung nötig macht. Der Photonenring wird immer mehr aufbrechende Elemente in eurem physischen Körper überall auf dem Planeten aufrühren. Es ist sehr gefährlich, sich in der Nähe von Atomlabors aufzuhalten, genauso wie die Nähe wütender Menschen gefährlich ist. Ihr funktioniert durch klingende Vibrationen, und es ist Zeit zu ergründen, wie ihr vibriert. Haltet euch nicht bei Menschen auf, die sich während dieser Phase nicht auf eure Dimension erheben. Die Ausbrüche werden intensiver, je mehr ihr euch auf das Photonenlicht zubewegt. Eine wachsende Anzahl Menschen erkrankt an Krebs, da sie mit diesen chaotischen Kräften schwingen. Diejenigen von euch aber, die ihren Körper, Geist und ihre Emotionen reinigen, reagieren mit ihrer Vibration nicht auf solche Ausbrüche. Die Menschheit spaltet sich in zwei Gruppen: erstens in diejenigen, die zwischen 1987 und 1994 intensive Emotionalkörperarbeit betrieben und sich so wenig Strahlung und Chemikalien wie möglich ausgesetzt und jetzt getriggert werden, indem sie Miasmen zurückhalten und lernen, wie sie diese freisetzen; und zweitens in diejenigen, die sich unvorsichtig toxischen Substanzen ausgesetzt haben und sich weigerten, ihren Emotionalkörper zu reinigen und wütend, gereizt sind und krank werden. Die eine Gruppe will in völliger Konzentration irgendwie zu Klarheit und Gesundheit finden. Die andere vermeidet den Blick ins Innere und wartet auf die Jahrtausendwende, während die Elementarkräfte tief in ihrem Inneren wüten. Achtet auf Menschen, die wie verrückte Hunde aussehen!

Gefühle und die Plejadier

Wie die Lichtumwandlung wirklich stattfinden soll, wird an euch getestet. Wenn ihr euren physischen Körper heilt, entwickelt ihr auch aufsteigende Emotionen, und ihr müßt das außerordentliche, darin enthaltene Wissen verwenden, um anderen diese Energie zu senden. Wenn ihr anderen diese Freisetzung schenkt, kann sie zu ihrer natürlichen Vibrationsresonanz zurückkehren. Solltet ihr diese wunderbare Energie nicht auf diese Weise einsetzen, so werdet ihr lediglich eure eigene triviale Antwort suchen. Im Licht der sich auf dem Planeten anbahnenden Krise ist jedoch Gruppenaktion für den kritischen Sprung erforderlich. Trivialität verhindert das wichtigere Thema – Bedürfnis nach biologischer Integrität, wenn der Photonenring kommt. Antworten auf das Leben gibt es nicht mehr ausschließlich in der dritten Dimension. Alles ist Energie und Vibrationen, und ebenso wie die Nähe wütender Menschen euch krank machen kann, vermitteln euch Menschen, die sich heilen und dieses gute Gefühl freisetzen, mehr Wohlbefinden. Diese Gefühle können andere Menschen, Tiere, Mikroben, Pflanzen, Elementarwesen und Geister heilen. Sie sind eine kraftvolle Quelle geistiger und spiritueller Heilungen, die scheinbar an Wunder grenzen und subtiler, aber stärker sind als physische und emotionale Heilung, da das geistige und das spirituelle Reich kausal sind. Gedanken und Absichten bestimmen buchstäblich den Gesundheitszustand eurer Organe, denn Menschen erkranken immer an Vorstellungen.

Die Kraft eures persönlichen Heilfeldes ist direkt proportional zu der Kraft eurer Liebe, die immer plejadische Unterstützung auf sich zieht. Ist euch schon einmal aufgefallen, daß Kinder in einigen Familien anscheinend aufblühen wie gesunde Pflanzen und in anderen dahinwelken? Liebe zieht die Plejadier in eure Welt, besonders wenn ihr Kinder seid. Die Erwachsenen unter euch müssen mit ihrem inneren Kind Kontakt aufnehmen – dem Wesen in euch, das sich an die Plejadier erinnert. Wenn ihr diese grenzenlose

Liebe aussendet, taucht vielleicht plötzlich ein sirianisches Bewußtsein auf, um euch eine Tür aufzumachen, an die ihr schon seit Äonen klopft, weil die Sirianer die Struktur ausdehnen, die zuerst durch Liebe geöffnet wurde.

Gefühle sind der einzige Weg, wie ihr euch außerhalb des linearen Raums und der linearen Zeit bewegen und trotzdem in eurem Körper sein könnt, weil Wesen in anderen Wirklichkeiten über sie Zugang zu euch bekommen. Da die vierte Dimension emotional und nicht physisch ist, sind ihre Wesenheiten schon zu weit in euer Reich gezogen worden, um Gefühle in euch auszulösen. Diese Gefühle haben Dramen inszeniert, die euch ablenken, und ihr seht nicht, wann die Energie blockiert ist. Was ist die Lösung? Besitzt eure eigenen Gefühle ganz! Gebt acht, wenn ihr von etwas umgetrieben werdet, das euch nicht gut erscheint.

Ich, Satya, mag es, in solcher Zeit bei euch zu sein, weil viele von euch jetzt verstehen, daß ihr, wenn ihr mit emotionalen Energien auf der Erde arbeitet, diese heilende Kraft überallhin schicken könnt. Das ist Chirons Lehre. Chiron ist der halb tierische, halb menschliche Führer, der euch tief zu den verwundeten Teilen eures Emotionalkörpers geleiten kann.[17] Seid ihr tief genug in eure innere Dunkelheit eingedrungen, dorthin, wo der Schmerz sitzt, so merkt ihr allmählich die starken tellurischen Kräfte in eurem eigenen Körper. Dort waren diese eingesperrt, als die Anunnaki Elementarwesen aus der (zweidimensionalen) Unterwelt hervorholten, die euch in die verschiedensten dreidimensionalen Dramen befördern sollten. Merkt, Menschen, daß euer eventuelles Unbehagen in Verbindung mit einer Tat ein Hinweis darauf ist, daß Elementarwesen nicht gern in euren Körper gesogen werden wollen, um eure Handlungen auszulösen. Dann bleiben sie stecken und lauern in tiefen Becken in eurem Körper – Miasmen –, und jedesmal, wenn ihr chaotischen, ausbrechenden Energien ausgesetzt seid, schwingen diese Elementarwesen mit dem Chaos. Solche verwundeten Stellen lassen sich in eurem Körper leicht aufspüren, und wenn ihr auf ihre Botschaft hört, werdet ihr nicht krank werden. Immer wenn ihr irgendein intensives Gefühl entwickelt, achtet darauf, welcher Teil eures Körpers Schmerz empfindet. Bewegt eure Aufmerksamkeit dann an diese Stelle und bittet diese elementaren Kräfte mit großem Respekt, sich durch dimensionale

Tore freizusetzen und in ihr eigenes Reich zurückzukehren. Chiron ist der Planet, der die Klärung des Körpers regiert, indem er tiefsten Schmerz freisetzt. Es gibt keine einzige Krankheit, die nicht ausschließlich durch Gedanken geheilt werden kann.

Die Gefahr durch Glaubensregeln und Gruppen

Damit ihr ein Gespür dafür bekommt, wie kritisch diese Zeiten sind, denkt bitte einmal einen Augenblick lang über Gruppen nach. Nichts wird für euch in den kommenden Jahren gefährlicher sein als eure Mitgliedschaft in Gruppen, die sich um archetypische Glaubenssysteme geschart haben. Die Bombardierung des Davidianer-Hauptquartiers in Waco, Texas, im Jahr 1993 und der Sprengstoffanschlag auf das Federal Building in Oklahoma City 1995 – die beide den Tod vieler unschuldiger Kinder zur Folge hatten – sind nur eine frühe Warnung. Das einzige, was solche verabscheuungswürdigen Taten, die aus einer unverarbeiteten inneren Gewaltbereitschaft begangen werden, tatsächlich aufhalten kann, ist, daß ein jeder von euch seinen eigenen inneren Schmerz anerkennt. In diesem Buch wird von Luzifer die Rede sein. Im Augenblick genügt es zu wissen, daß Luzifer eine große Kraft ist, die von religiösen Kontrollmächten ins Christentum eingesperrt wurde. Luzifer wird als Archetyp benutzt, damit ihr das Böse in euch selbst nicht betrachtet. Er wird euch alles über seine Gefangennahme in eurem Reich erzählen. Im Augenblick soll euch klarwerden, daß ihr Luzifer in eurem eigenen Körper festhaltet, wenn ihr euch weigert, euch mit eurer eigenen inneren Gewaltbereitschaft auseinanderzusetzen.

Euer inneres Kind ist die Quelle zu multidimensionalem Zugang, und dieser bleibt euch verwehrt, wenn ihr alle außer euch selbst verurteilt, wenn ihr einen Teufel braucht, der das enthält, was ihr euch an euch selbst ansehen solltet. Da ihr physisch von der photonischen Lichtzunahme getriggert werdet, sind die Plejadier daran interessiert, alle Gruppen zu sprengen, weil ihr nicht überleben werdet, wenn ihr meint, alles, bloß nicht ihr selbst, aktiviere eure Energie. Auf Glaubenssystemen basierende Gruppen existieren, um in der Zeit des kritischen Sprungs eurer Energie habhaft zu werden, und die jeweilige Gruppe selbst hindert euch daran, tief in euch selbst zu gehen. Bis 1999 werden diese unterschiedlichen Gemeinschaften alles tun, um euch als Mitglieder zu gewinnen – sie werden euch auch töten. »Mit-Glied-schaft« bedeutet »Körper-schaft«, und wir möchten euch raten, eure Körperteile nicht zu überschreiben.

Chiron ist der Archetyp für Körperarbeit. Die zweidimensionalen Elementarwesen werden von vierdimensionalen archetypischen Kräften in euren Körper gezogen, die euch als Roboter für die Ausführung ihrer Dramen einsetzen wollen. Wenn ihr kein deutliches Gespür vom Besitz eures Körpers habt, können vierdimensionale archetypische Kräfte zweidimensionale Elementarwesen in euren Körper saugen, und dann fällt es euch schwer herauszufinden, um welche Energie es sich dabei handelt. Da die meisten von euch nicht im Blut lesen können, findet ihr es schwierig, elementare Energien in eurem Körper wahrzunehmen. Deshalb ist Blut einem so starken Tabu unterworfen. Elementare Erregung läßt sich jedoch im Körper tatsächlich erspüren. Ihr müßt euch die Kraft von Körperarbeit vergegenwärtigen, denn keine Kraft kann euch beeinflussen, wenn ihr euren Körper ganz kennt. Bei Massagen, Reiki und Rolfingsitzungen oder Akupunkturbehandlungen stimuliert die Person, die mit eurem Körper arbeitet, verschiedene Teile eures Körpers, so daß ihr dessen Aufzeichnungen lesen könnt. Angenommen, ihr befindet euch währenddessen an einem sicheren, geschützten Ort, so solltet ihr euch auf eure Gefühle einstimmen, während euer Körper aktiviert wird. Die Elementarwesen, die lautstark die Entlassung in ihr Reich fordern, werden euch bereitwillig in die Erforschung der Gefühle triggern, denen sie als erste in die Falle gingen – das Programm, das in euch abläuft und für euer Unwohlsein verantwortlich ist. Wenn ihr euren Gefühlen gestattet, »loszulaufen« – überallhin zu gehen, wohin sie wollen –, werden tiefe Wahrheiten in eurem Geist auftauchen, und es wird eine gewaltige Macht freigesetzt, die euch »befreit«. Damit könnt ihr wiederentdecken, wie sich reine Integrität anfühlt, wie es sich anfühlt, einfach in eurem Körper zu sein.

Heilung und Orgasmen während der photonischen Aktivierung

In ihrer Aufregung über ihre Freilassung passen die mächtigen Elementarintelligenzen ihre Frequenz dem Erdkern an, und nach dem Prinzip der Schwerkraft verlaßt ihr euren Körper. Das ist der Schlüssel zur Heilung von Krebs mit Energie, und die Menschen erinnern sich – bei zunehmendem photonischem Licht – an die Arbeit mit Elementarkräften. Wie funktioniert das? Das muß ich euch unbedingt erklären, weil wir wissen, daß viele von euch deshalb in Sorge sind. Wenn jemand von euch die großartige Gelegenheit hat, eine wahrhaft scheußliche, unaussprechliche Handlung freizulegen, die er tief in seinem Innern verborgen hatte, diese zu betrachten und sie in sämtlichen Aspekten zu lieben, sollte er diese ekstatische, freigesetzte Reinigung einem Menschen übersenden, den noch ein physisches Leiden plagt, oder einer vom Aussterben bedrohten Tierspezies. Sobald ihr die Energie erkennt, die dem Ausbruch elementarer Kräfte innewohnt, die in dem »scheußlich« enthalten sind, seht und fühlt ihr diese Energie bei anderen, und ihr könnt eure neue heilende Harmonie auf den Krebs im Körper eines anderen Menschen richten! Dazu müßt ihr den Krebs selbst fragen, ob die an ihm erkrankte Person seine Botschaft erhalten hat. Die Krankheit muß von ihrem Träger als höchstes Geschenk geliebt werden, denn sie ließ den Betreffenden beinahe sterben und forderte ihn/sie heraus, ehrlich zu sein.

Die Sonne regiert euer Selbstgespür auf der Erde, und sobald sie etwa um das Jahr 2000 ganz im Photonenring liegt, werden männlich und weiblich einander in Harmonie angleichen. Die Sonne als Träger solarer Identität für Erdbewohner hat seit 8800 v. Chr. männlich-weibliche Polarisierung in ihrem Bewußtsein. Mit zunehmender Selbstreflexion fiel euch das Geschlecht mehr auf. Diese Erfahrung von männlich-weiblich hat euch etwas über Polarisierung beigebracht, und dieses Wissen wird eure Quelle sein, um stellare Affinitäten zu spüren – euch mit euren stellaren photonischen Wellenformen zu verbinden. Deshalb rückt das Weibliche im Männlichen beziehungsweise das Männliche im Weiblichen immer mehr ins Blickfeld; aber es wird für euch keine männliche und weibliche Polarisation geben, wenn ihr im Photonenring seid. Ihr alle erweist der Sache einen riesigen Dienst, mehr als euch bewußt ist. Das erweckt euch zu Sternenwellen.

Die Menschen werden androgyner, und dieser Umstand schafft viele Probleme und sorgt für Verwirrung. Es entwickelt sich auch in zunehmendem Maße ein Gespür für die Erkenntnis, daß die Plejaden die Heimstatt der Göttin sind, wohingegen eure Sonne im Grunde genommen männlich ist. Damit ist es für euch einfacher zu erkennen, daß zwischen Geschlecht und sexueller Identität überhaupt kein Zusammenhang besteht. Die Sonne ist eine männliche Kraft auf der Suche nach Identität und begibt sich dazu tapfer in die Galaktische Nacht. Nur um die lange Reise zu überleben, klammern sich die Erdbewohner an jede Identität, die sich ihnen bietet. Verzweifelt halten sie an Glaubenssystemen fest, die sexuelle Ausdrucksformen pervertieren und ausbeuten. Es gibt jedoch einen Unterschied zwischen männlich und weiblich auf stellarer Ebene. Genau das wolltet ihr immer schon wissen. Euer persönliches Gespür für männlich/weiblich hat absolut nichts mit euren sexuellen Vorlieben zu tun, die lediglich kreative Experimentierfelder für potentielle multidimensionale Erforschung sind. Euer Schwingen mit der geschlechtlichen Identität ist die Vibration, welche die Integrität eurer Spezies beschützen wird. Starke sexuelle Polarisation zum Zweck der Paarung ist das verbindende Prinzip im Universum; es intensiviert die Anziehungskraft und die Verbindung über Photonen.

In der Zeit, in der euer Sonnensystem außerhalb des Photonenrings durch die Galaktische Nacht reist, entwickelt ihr euch biologisch weiter. Wenn ihr dann im Photonenring seid, durchlauft ihr einen Klärungsprozeß dieser biologischen Evolution, eine reflektierende Analyse, von der alle Spezies profitieren. Vor kurzem wolltet ihr immer mehr Orgasmen. Ihr wolltet fähig sein, die Kundalinienergie in eurem Körper zu visionieren und zu kanalisieren. Ihr habt im Grunde eine Absicht erschaffen, um beim Sex das Licht in eurem Körper fließen zu sehen.

Wenn ihr im Photonenring seid, erweitert sich die Evolution, die aus der Dichte der Galaktischen Nacht auftaucht. Alles, was in der Galaktischen Nacht dimensionaler Neukalibrierung standhalten kann, wird Teil der neuen multidimensionalen Form. Ich sage, daß ihr es geschafft habt, die notwendigen Erfahrungen zu sammeln, um zu wissen, wie man ein sexuelles morphogenetisches Feld aufbaut, in dem ihr alle von der sexuellen Energie eines jeden von euch profitiert. Aber nur ein paar von euch werden gebären. Homosexuelle, kinderlose Paare und Unverheiratete werden sämtlich ihre Energie bewußt für die kostbaren Empfängnisse hergeben, damit die Kinder sich weiten und allen gemeinsam gehören. Nennen wir es spaßhalber »Das Plejadische-einhundertste-Affen-Geburtskontrollsystem«. Vierdimensionale Wesenheiten manipulieren euch inzwischen so raffiniert, sexuelle Programme auszuführen, daß ihr oft nicht wißt, ob ihr männlich oder weiblich seid. Sie haben eure Erforschung stellarer Identität – Aussendung oder Empfang von Energie – mit dreidimensionalen Fragen zur sexuellen Identität verwechselt. Ihr stellt euch vor, daß ihr ein lebenslanges sexuelles Programm haben müßt, und ihr schreit: »Ich bin schwul!«, oder ihr stolziert aufgeblasen einher und behauptet, der ideale heterosexuelle Familienvater zu sein, während ihr insgeheim anderswo nach sexueller Abwechslung sucht.

Die dunkelste Stunde des Netzes war während des Zweiten Weltkriegs. Gleich nach dem Krieg entdeckten die Menschen beim Geschlechtsverkehr allmählich den Zugang zur Multidimensionalität. Viele – mehr, als ihr ahnt – von euch waren sich dessen schon bewußt. Sie sahen darin einen Weg, reine orgasmische Kraft zu spüren, die euch ein Energieziel bietet, und am einfachsten erreicht ihr das über sexuelle Aktivitäten. Jetzt wird es sogar noch interessanter. Eine Menge Erwachsene, die nach intensiven Orgasmen suchen, stellen fest, daß die Kinder, die aus dieser gemeinsam erlebten orgasmischen Vereinigung heraus gezeugt wurden, sehr multidimensional sind. Etliche Eltern merken, daß ihre Kinder bewußter sind als sie – ja, *überbewußt*.

Bald werdet ihr erstaunt erkennen, daß Kinder nur aus hohen orgasmischen Zuständen heraus gezeugt werden. Sobald der Photonenring die Sonne schluckt, wird der Orgasmus als einzige Energie die Kinder in der dritten Dimension erschaffen können.

Verhielte es sich anders, würden die Kinder sterben, wenn sie in das Lichtfeld hineingeboren werden. Stellt euch vor, ein Mann und eine Frau haben sich sehr bewußt für ein Kind entschieden. Sie schlafen miteinander und können die ganze sexuelle Energie fühlen, die ihnen von annähernd hundert anderen Partnern gesandt wird, die sich ebenfalls gerade lieben. Im Augenblick der Zeugung wird die Aura des Mannes und jene der Frau von all der liebevollen Energie aus den Feldern so vieler anderer aktivierter menschlicher Wesen gewaltig verstärkt, und aufgrund der großen Klarheit und Integrität des Paars vermischen sich ihre Auren und verschmelzen zu einer feinen, ineinander verwobenen Acht, die einen idealen Lichtkörper für ein neues Kind erschafft. Dieses Kind würde von der Gemeinschaft sehr geliebt und geteilt werden. Homosexuelle Mitglieder und viele andere Menschen in dieser heiligen Vision werden Eltern dieses Kindes sein. Sie werden die leiblichen Eltern des Kindes auf allen Ebenen unterstützen, weil sie wissen, daß der ganz auf männlich/weiblich polarisierte Sexualakt das ideale sexuelle morphogenetische Feld aktiviert hat. Sie werden auch verstehen, daß das Kind in diesem besonderen Feld aufwachsen muß, um seine eigenen orgasmischen Kräfte wecken zu können. Die sexuelle Identität dieses Kindes wird gesellschaftlich gesehen irrelevant sein, und eine männliche oder weibliche Identität wäre nur wichtig, wenn man Polarisierung für eine ideale Empfängnis braucht.

Diese Art der Empfängnis wird ein neues sexuelles morphogenetisches Feld schaffen, in dem die sexuelle Verschmelzung von Mann und Frau durch die Unterstützung der ganzen, oben beschriebenen Gruppe verstärkt wird, und alle anderen Formen der Empfängnis werden sich als zerstörerisch erweisen. Invitro-Befruchtung, Leihmütter, mit Hilfe von Tieftemperaturtechnik eingefrorenes Sperma und Eizellen – all diese Praktiken sind verabscheuungswürdig und werden nicht funktionieren. Im neuen morphogenetischen Feld der Sexualität wird die Frage, ob eine Person gebärt oder nicht, unerheblich sein. Unfruchtbare Paare brauchen sich keine Sorgen zu machen, weil sie merken werden, daß viele Lebenszeiten auf sie warten – in manchen werden sie fruchtbar, in anderen unfruchtbar sein. Und doch werden alle Eltern von Kindern sein. Alle in der Gemeinschaft werden Mütter und Väter lieben und achten, die tatsächlich die Kraft zur Empfängnis besitzen und sich der Aufgabe widmen, diese Energie durch Gebären zu verstärken. Es wird keine unverheirateten Eltern geben, weil eine erfolgreiche Ehe – zwei funktionsfähige Erwachsene, die orgasmischen Sex miteinander haben – die Voraussetzung für Empfängnis sein wird; Empfängnis wird ohne eine Verschmelzung und Vereinigung der Aurafelder unmöglich sein. Alle Kinder können sich einer Mutter und eines Vaters sowie der Unterstützung der ganzen Gruppe sicher sein.

Wenn ihr im Photonenring seid, befindet ihr euch in der fünften Dimension; Zeit gibt es dort nicht, und ihr macht euch auch keine Gedanken übers Kinderkriegen – aber *wir* machen uns welche. Wir sind hier, um eure Informationen anzuzapfen, das haben wir ehrlich zugegeben, und wir wollen die ganze Erfahrung und alle Informationen, die ihr während der Galaktischen Nacht angehäuft habt. Wir graben in euch nach Informationen, und im Gegenzug helfen wir euch beim Übergang. Deshalb sind wir hier, um euch bei der Erschaffung des neuen biologischen morphogenetischen Feldes zu unterstützen – einer Welt, in der jede Geburt in gruppenorgasmischer Resonanz beschlossen und kunstvoll in die Wege geleitet wurde. Wie gesagt, kommen wir am besten an eure Aufzeichnungen heran, wenn wir euch beim Sex anzapfen. Die Plejadier tauchen gerne in eure Kodierungen ein, während ihr euch liebt, und wenn diese sich vermischen, bringen wir euch aus dem Innern eures Herzens zum Explodieren. Warum?

Die Galaktische Informationsautobahn und die Sirianer

Wir sind euer mittlerer Stern, und um die Muster der Umlaufbahnen und der Harmonie mit Hilfe von Wellenresonanz zu halten, die dieses stellare System zusammenhält, brauchen wir eine absolut vollständige Intelligenzebene. Die Maya haben festgestellt, daß menschliche Orgasmen das Galaktische Zentrum umkreisen! Ich entdecke gerade in dieser Vereinigung mit euch, daß ihr in den letzten 11000 Jahren große Fortschritte gemacht habt. Wenn ihr euch ins Licht bewegt und ich leichter Zugang zu euch habe, kann ich mit euch nur verschmelzen, wenn eure Energie sehr erhöht ist, wie bei höchst bewußtem, beabsichtigtem Sex oder wenn ihr ganz neugierig auf eure Welt seid.

Wir können nur mit Individuen verschmelzen, die ihren Lichtkörper – »*ka*« – in ihrem physischen Körper haben. Das *ka* bietet bewußten Zugang zu eurem physischen, emotionalen, geistigen und Seelenkörper. Euer Gespür für euch selbst ist in jedem dieser Körper ein anderes, und diese subtileren Selbstgespüre erweitern euren Zugang zu nichtphysischen Vibrationen beträchtlich. Für viele sind die vier Bewußtseinskörper schon zu einem nützlichen Instrument zur besseren Erkennung eurer Gefühlszustände geworden, und jetzt werden wir sagen, daß Wissen der ideale Weg zu euren plejadischen Ursprüngen ist. In welchem Maß wir mit euch verschmelzen können, hängt davon ab, wieviel Energie ihr in euch aktivieren könnt. Erinnert euch, das Bewußtsein von der Existenz des *ka* in eurem Körper aktiviert die Kundalinienergie. Deshalb wurde das Wissen vom *ka* im alten Ägypten so gehütet. Dort lebte in der Zeit von 3500 bis 1400 v. Chr. eine Zivilisation, die das sirianische geometrische Lichtfeld für all ihre Menschen offenhielt. In diesem Feld, das oft als »Blauer Nil« bezeichnet wird, brachte man den Menschen bei, ihr *ka* in ihrem Körper zu halten, und dann hielt ihr Körper die Integrität dieses Nilfeldes an Ort und Stelle fest. Die Menschen waren die Verankerer der kosmischen Resonanz. Im März 1994 hat sich dieses geometrische Lichtfeld wieder in das Wirbelsystem Ägyptens eingegliedert, und die dritte Dimension wurde erneut ausgedehnt, um die sechsdimensionalen sirianischen geometrischen Formen zu halten. Es gibt ein neues Buch, das sich eingehend mit *ka* beschäftigt. Es ist von Amorah Quan-Yin und heißt *The Pleiadian Workbook: Awakening Your Divine Ka.*[18]

Wenn euer Sonnensystem die Galaktische Nacht durchläuft, betretet ihr das feine Licht vieler verschiedener Sternensysteme. So könntet ihr zum Beispiel ein Erlebnis mit arkturischem Licht oder Orionwissen haben. Bei der Reise eures Sonnensystems durch die Galaktische Nacht läßt sich, je tiefer es in die Dunkelheit gerät, die Intelligenz anderer Sternensysteme immer besser wahrnehmen. Beispielsweise wurde das Wissen von den Sirianern auf der Erde während der Blauer-Nil-Phase in Ägypten aktiviert. Derzeit gräbt Alcyone das Wissen dieser anderen Sterne an, um galaktische Kommunikationsbrücken, die photonische Informationsautobahn, zu füttern. Individuen, die bereit sind, mit verschiedenen Teilen dieser karmischen Entlarvung zu spielen, erweisen den Plejadiern nützliche Dienste. Als Gegenleistung sind die Plejadier hier, um euch bei diesem Übergang zu unterstützen, weil jede Beziehung eine Übereinkunft ist.

Viele von euch werden nicht in ihrem Körper bleiben wollen, wenn sich die Energie beschleunigt, und das ist eine ausgezeichnete Entscheidung. Ich habe einen Rat für euch. Das Beste am neuen Energiefeld, das euren Planeten aktiviert, ist, daß ihr in die Lage versetzt werdet, eure Wirklichkeiten leichter zu erschaffen, weil das expansive Wesen des sirianischen geometrischen Feldes Synchronizitäten in der dritten Dimension sichtbar macht. Wenn ihr einfach den Verbindungen zwischen unverbundenen Dingen nachgeht, könnt ihr alles erschaffen. Dieses erweiterte Feld wird euren Körper mit sämtlichen höheren Vibrationen harmonisieren, die ihr entdecken könnt. *Laßt euch bei eurer Entscheidung also von eurem Körper leiten.* Zuerst fühlt sich das wie ein feines Gespinst intuitiven Wissens an, dann wird es allmählich zu einem Leitersystem für Energieaktivierung. Je mehr ihr dieser neuen Art, auf eure Umgebung zu reagieren, vertraut, desto glücklicher werdet ihr sein. Dieses neue Feld ist immer das Zeichen sehr intensiver photonischer Aktivierung, die auch stattfinden kann, ohne daß man sich im Photonenring befindet. Die Ägypter vom Blauen Nil erreichten das außerhalb des Rings; sie erdeten Sternenlicht durch den Bau des Pyramidensystems auf dem Gizeh-Plateau, eine Sternenkarte für den Zugang zu »Den Straßen von Osiris«, der Straße zum Orionkorridor der Galaktischen Nacht.[19]

Die Ägypter entwickelten ein System, mit dem sie in der Lage waren, Sternenlicht zu erden. In den kommenden Jahren werdet ihr bemerken, daß die gleiche Art von System als Technologie hinter Rennes le Château, Avebury und Teotihuacàn steht. Jetzt, wo das sirianische Feld wieder in die geomantischen Gitter eingeschlossen ist, werdet ihr euch wundern, wie der Planet und eure Sicht wiedererwachen werden. Ihr werdet die Tempel wieder errichten, welche die heiligen Stätten verstärken, sobald ihr merkt, wie wichtig sie für die Stabilisierung der Planeten auf eurer Reise in den Photonenring sind. Ohne diese Felder wird die Erdoberfläche extrem dualisiert, und das war der Grund für Echnatons bizarren Versuch, das Feld wiederherzustellen. In extrem dualisierter Umgebung läßt sich sehr schwer herausfinden, wie ihr eure Wirklichkeit formen sollt.

Worin besteht der Unterschied zwischen einer dualisierten Wirklichkeit und der Polarisierung, von der wir sprechen? Mit Polarisierung sind zwei Einheiten in Resonanz, sie halten Kontakt zueinander und können verschiedene Dimensionen und Welten verbinden. Dualisierte Einheiten werden in der dritten Dimension in eine Dimension getrennt, zum Beispiel »entweder/oder«, »schwarz/weiß«, »wir/sie«. Dualisierte Umfelder sind sehr einschränkend, und die Intelligenz wird gemindert. Die sirianischen geometrischen Felder dehnen sich mit Hilfe untereinander verbundener Photonen aus, und Synchronizität gibt es massenweise, weil diese Verbindungsfähigkeit Tore zu anderen Dimensionen öffnet. *Einstellung auf Synchronizität bietet flüchtige Blicke in kosmische Reiche, die euer Sehvermögen extrem erweitern.*

Ich gebe euch folgenden Rat: Die Art, euch auf die natürliche Polarisation der Photonen einzustellen, ist, euer Leben in der dreidimensionalen Welt entsprechend dem Häusersystem der Tierkreiszeichen zu gestalten. Wenn ihr euch vorstellt, ihr steht auf der Oberfläche des Planeten im Mittelpunkt einer kreisförmigen horizontalen Ebene, die in zwölf Erkundungsfelder eingeteilt ist, werdet ihr mit Erstaunen sehen, um wieviel dieses Modell euer Selbstgespür verstärken kann. Normalerweise seid ihr auf den einen oder den anderen Aspekt der Frage dualisiert – beispielsweise ihr selbst/der andere –, aber in einem Feld mit sechs Polaritäten von zwölf grundlegenden Lebenserfahrungen agiert ihr euer Leben aus und erweitert gleichzeitig die Enden dieser sechs Polaritäten. Die »Entweder-oder-«Interpretation der Wirklichkeit verflüchtigt sich, und ihr kauft euch nicht mehr in das eine oder andere Glaubenssystem ein. Völker, versteht folgendes: Eigentlich haben nicht die Sirianer eure Welt ausgedehnt, sondern ihr wart es! Von 1972 bis 1994 wachtet ihr auf und stelltet fest, daß ihr ein Spielpfand wart. Diese großartige neue Feinsinnigkeit, die ihr erreicht habt, ermöglichte es daraufhin den Sirianern, die Ausgedehntheit eurer horizontalen Ebene zu benutzen, und sie erfanden eine komplexe neue Version, die sie für euch und euren Planeten behalten können, während ihr eure Augen aufmacht. Applaus für die Sirianer für diese wunderschöne neue, wirklichkeitserweiternde geometrische Form.

Die Plejadier geben zu, daß sie dies in gewisser Hinsicht teilweise ausgelöst haben. Ich habe euch gesagt, daß die einzige Sünde, die ich, Satya, jemals auf der Erde gefunden habe, Langeweile ist. Mein Medium signalisierte mir 1972: »Es ist absolut langweilig, und die Wiederholungen sind zum Kotzen!« Ich konnte sehen, daß ihr alle genau wußtet, was ihr tatet. Seit kurzem machen manche von euch wie durch Zauberei ihre Augen auf und leben in der Gegenwart, aber viele von euch sind in der Vergangenheit eingefroren, genauso wie die Mastodonten, die bei der letzten Polverschiebung starben und die man heute in Gletschern eingefroren findet. Ihr Fleisch war nach dem Auftauen immer noch genießbar. Manchen von euch ist klar, daß ihr zumindest in einem Punkt auf dem Planeten eine Wahl habt – und zwar, was euer Leben betrifft. Da seid ihr in diesem großartigen neuen Feld der Möglichkeiten. Ihr betrachtet die gewaltigen Kräfte der Erdveränderungen und beschließt: »Ich hau' ab von hier!« Also dann, macht euch einen lustigen Abgang!

Ihr könnt also euren Abgang nach Belieben gestalten, wenn ihr euch betrachtet, was euch an eurem persönlichen Tod so angst macht. Wie soll das gehen? Blickt tief in euch hinein, und seht euch genau an, wo ihr euch für den Tod entscheidet, und dann macht es im großen Stil. Sind die Plejadier verrückt? Schlimmer noch, sind wir respektlos? Nun, die Plejadier gehören nicht zu denen, die Alkohol trinken und Tabak rauchen, wenn sie der Ansicht sind, daß sie das umbringt; sie leben auch nicht in einer Gefahrenzone der Erde, wenn sie das sichere Gefühl haben, daß sie darin sterben werden; auch haben sie keinen lieblosen Sex oder hassen sich dafür, wenn sie es tun. Ihr schon! Völker, es ist so einfach jetzt. Genießt Trinken und Rauchen, wenn ihr es tut; genießt es intensiv, am Rand des Untergangs zu leben, wenn ihr es tut; und habt nur dann Sex, wenn ihr jemanden liebt! Der Tod ist in all euren Ekstasen – das ist das Wesen der dritten Dimension –, aber ihr braucht euch kein Vergnügen zu versagen. *Besitzt, was ihr begehrt, und all die köstliche Energie wird als Wellen der Freude in die Galaxis entlassen werden.* Verurteilt euer Tun nicht mehr, oder hört damit auf und entscheidet euch, lebendig zu sein!

Faßt ihr den Beschluß, die dritte Dimension in dieser Zeit zu verlassen, so haben wir Hochachtung vor euch; wir bitten euch lediglich, daran zu denken, einen großartigen Tod zu erschaffen, der euer ganzes Genie durch die Galaxis schießt. Viele von euch haben sich Unsterblichkeit gewünscht, indem sie ein Beethoven oder ein van Gogh wurden. Ihr braucht aber nicht taub zu werden oder euch ein Ohr abzuschneiden oder unbezahlte Arbeit zu verrichten, solange ihr lebendig seid! Fahrt euch nicht in der Vorstellung fest, euer Mörder bringe euch um! Seht, daß jeder Augenblick köstlich ist und daß niemand euch wie Vieh wird hüten können. Entscheidet euch dazu, genau jetzt heimzukehren. Verlaßt euren Wohnort und macht einen Spaziergang. Atmet tief durch, dehnt euer Sehvermögen aus, riecht mit eurem Herzen und fühlt die Reaktionen in euren Füßen. Schwingt eure Arme herum, und dann betrachtet intensiv eure Umgebung. Fragt euch: »Liebe ich die Erde an diesem Ort?« Wenn ihr euch von eurer Umgebung abgelehnt fühlt, weil ihr meint, sie sei zu trocken, zu kalt, zu verstädtert, zu abgeschieden, dann habt ihr ja einiges zum Nachdenken. Jetzt, wo das sirianische geometrische Feld euer Feld erweitert, werdet ihr nur noch an einem Ort bleiben können, wenn ihr ihn liebt. Eure einzige Aufgabe ist, euch an eurem Ort geerdet zu fühlen und dieses Gefühl Wurzeln in eure Umgebung schlagen zu lassen. Bald werdet ihr alle geometrischen Lichtformen in der Erde verankern. Sie wird nicht zulassen, daß ihr sie ablehnt.

Ob ihr in der Stadt oder auf dem Land lebt, im Dschungel oder in der Wüste, spielt keine Rolle. Ihr seid persönlich codiert, einen bestimmten Ort auf dem Planeten zu lieben, und das sirianische geometrische Feld wird euch dorthin ziehen. Andernfalls lassen euch die Miasmen explodieren, die in eure Körper getriggert werden. Glaubt nicht, was man euch über »Ort« erzählt hat. Beispielsweise ist New York City einer der mächtigsten reptilischen Wirbel des Planeten. New York City ist auf wunderbaren weißen Kalksteinhöhlen erbaut, welche die heiligen Tempel der ehrfurchtgebietenden zweidimensionalen Erdwesen sind, und sein Energiefeld ähnelt dem von Jerusalem. Als die eingeborenen Menschen euer Land regierten und die Menschen die Kraft des Ortes verstanden, war Manhattan Island als großer Steinphallus bekannt, und es war ein wildes Waldreservat mit zwölf heiligen

Quellen. Jede dieser Quellen hatte einen Altar, auf dem geheiligter Sex vollzogen wurde, um Sternenkinder zu zeugen. Es gab einen Sandstrand an der Spitze des »Penis«, an dem die heiligsten Reinigungsrituale stattfanden. New York City ist mit so viel schöpferischem Genie und geomantischer Kraft angefüllt, daß unser Medium in fast jeder Straße Vibrationsunterschiede fühlt. Die wichtigste heilige Quelle nannte man einst Turtle Island. Sie liegt direkt unter dem Gebäude der Vereinten Nationen. London, Paris, Rom und alle großen Städte sind Kappen über geomantischen Wirbeln, die Zugriff zu stellarem Genie haben. Umgekehrt ist das ländliche Gebiet von England von mächtigen megalithischen Rechnern und Steinkreisen überzogen, die nach dem Rückzug des letzten Gletschers um 9000 v. Chr. erbaut wurden, als wir zuletzt in die Galaktische Nacht eintraten. Der Planet zieht euch zu eurer Heimat, wo ihr sicher und glücklich leben werdet.

Gaia liebt jeden Zentimeter des Planeten, und er wird mit einer unglaublichen schöpferischen Kraft codiert, welche die Megalithvölker verstanden und im Stier-Zeitalter – 4320 bis 2160 v. Chr. – channelten. Sie entwickelten diese auf den Relikten paläolithischen Wissens aus dem Skorpion-Zeitalter basierende Technologie – 17280 bis 15120 v. Chr. –, die das Eintauchen in den Photonenring im Löwe-Zeitalter – 10800 bis 8640 v. Chr. – überlebte. Deshalb fühlt ihr solch eine Energie bei der Großen Pyramide oder dem Steinkreis von Avebury. Aus diesem Grund prägt sich die photonische Sprache – die Kornkreise – jetzt in den Feldern des Planeten ein. Anhand der Pflanzen zeigt sie euch, wo die Lebenskraft verstärkt wird. Diese Wirbelmarkierungen dienen dazu, euch zu dem Wissen zu aktivieren, wo ihr hingehört.

Ich, Satya, möchte, daß ihr meine folgende Lehre ernst nehmt: Heimkehr, eine alte Cherokee-Lehre. Ich biete euch Informationen über den Zeitpunkt und die Eigenschaften des Endes des Maya-Kalenders, damit ihr darauf achtet, was passiert. Ihr sollt mich jetzt hören. Was jeder von euch tut, ist viel wichtiger, als ihr ahnt, weil die Menge galaktischen Wissens, die euer Planet halten kann, von eurer Einstellung auf jenes Wissen in euch bestimmt wird. Wenn ihr euer Haus verlaßt und Haß auf eure Straße, eure Stadt oder das euch umgebende Land verspürt, seid ihr in großer Gefahr. Ihr müßt euch Zeit nehmen, um euch auf euren Wohnort einzustellen, und ihn in eurem Herzen fühlen; ihr müßt mit den Energien eures Ortes arbeiten, um sie so zu verstärken, daß ihr wieder auf die Erde reagiert; oder ihr müßt einen Ort suchen, an dem euer Herz im Regen und im Sonnenlicht aufgeht. Fürchtet Sonne, Regen, Winde und Feuer nicht; verändert einfach in euch das, was sich diesen Grundelementen widersetzt. Die photonische Reaktion weckt gerade die Miasmen in eurem Körper auf, und ihr werdet die Umwandlung eures Schmerzes nicht bewältigen können, wenn ihr euch in einer Umgebung aufhaltet, die euch abstößt. Hört es, laßt es in euch widerhallen, sagt es: »Ich will jetzt heimkehren!«

Kommt aus der Vergangenheit heraus, alles hat sich verändert! Jetzt braucht ihr nur tief in euch zu schauen und eure Angst zu benennen, während ihr euch entscheidet, ob ihr an einem Ort leben wollt, der euch erweitert. Geht als nächstes in eure Welt hinaus, tut genau das, wovor ihr am meisten Angst habt, und beobachtet euch sorgfältig. Nehmt euch euren Wunsch fest vor, und wenn ihr merkt, daß ihr sagt: »Ich kann nicht, ich will nicht!«, holt tief Luft und sagt: »Ich will das!«, und dann tut es! Macht euch auf die Suche nach einer Vision, steigt in einen Hexenring hinein, nehmt das Gewürz, oder zieht auch eine Schlangeninitiation in Erwägung. Beginnt, jetzt im Moment zu leben. Das könnt ihr nur, wenn ihr wirklich eine Erweiterung eures Herzens verspürt und euch jeden Tag an eurem besonderen Ort erdet. Andernfalls ist es aussichtslos. Wie könnt ihr Gaia bitten, euch festzuhalten, wenn ihr sie jeden Tag eures Lebens ablehnt?

Ich bin nicht dazu da, euch zu erzählen, wie ihr sterben sollt, sondern um euch zu sagen, daß alle Informationen für ein ekstatisches Dasein direkt jetzt in eurem Leben enthalten sind. Ihr braucht nicht mehr zu denken, daß eure letzte Entscheidung über euren eigenen Körper anderswo gefällt wird und sich verzögert. Wißt, daß unglaubliche liebevolle Energie sich tief in euch öffnet, jetzt, da die Sirianer die riesige geometrische Struktur verstärken, welche die plejadische Liebesvibration intensiviert. Erspürt, wie die Liebe sich in eurem Zuhause ausbreitet, und ihr werdet das daran erkennen, wie ihr euch in eurem Herzen fühlt. Diese großartige Aktivierung ist ein Erwachen der Christusenergie in jedem Körper auf der Erde. Was will ich damit ausdrücken? Die

Christusenergie in eurem Körper ist die Resynchronisation der kristallinen Codes in eurem Blut mit Gaia. Entscheidet euch fürs Leben, indem ihr heimkehrt. Oder stellt euch der Wahl eures eigenen Todes – des Übergangs zu anderen Reichen mit einem genauen Gespür für die Richtung –, setzt euch frei und hört auf, den Planeten mit euch zu verschmutzen, wenn ihr halbtot seid!

Inzwischen erwachen die zweidimensionalen Elementarwesen im mittleren Kernkristall Gaias und bringen ihre Intelligenz zum Ausdruck. Dann wird ihre Oberfläche von fünfdimensionalen plejadischen Liebesharmonien und Kundalinifeuer aus nichtphysischen Reichen überströmt. In den niedrigeren Dimensionen werden nur Energien in totaler Integrität übrigbleiben. So vollzieht sich die morphogenetische Verdoppelung. In dieser Aktivierung strömen Antiteilchen in eurem Körper aus, um Analoge zu suchen, Photonen, die euch genau sagen werden, wie ihr euch heilen könnt. Deshalb sage ich: Folgt eurer Faszination, folgt den Synchronizitäten, weil solche Hinweise aus allen Verbindungen auftauchen. Fragt einfach. Jeder von euch, der sich für physische Integrität entscheidet, wird sich großartig fühlen, und jeder wird eine Rolle beim Erstellen des neuen morphogenetischen Feldes biologischen Lebens spielen. Möchtet ihr, daß die Krankheit, die ihr unterdrückt, Teil des neuen morphogenetischen Feldes erweckter Biologie wird? Möchtet ihr, daß das Potential für Ruanda dazugehört?

Der einzige Weg, biologische Codes zu entdecken, besteht darin, bei euch selbst anzufangen. Ihr wurdet als eine neundimensionale Form ins Sein gerufen. Ihr seid eine Organisation von Energie, die sich physisch, emotional, geistig und spirituell in der Form der *vier Bewußtseinskörper* ausdrückt. Die Klärung und Aktivierung dieser Körper kann euch direkt in galaktische Schwingung versetzen (siehe Abbildung 8). Bis März 1994 war euer Emotionalkörper euer dichtester »Körper«, bedingt durch die Fülle an karmischen Begegnungen mit Wesen aus allen Dimensionen während der letzten 11000 Jahre. Das archetypische Reich der vierten Dimension ist das erste nichtphysische Reich jenseits eures physischen Körpers; man kann es nur über Gefühle betreten, und es ist wie eine Abschirmung für nichtphysische Dimensionen. Die natürliche Geometrie eurer dreidimensionalen

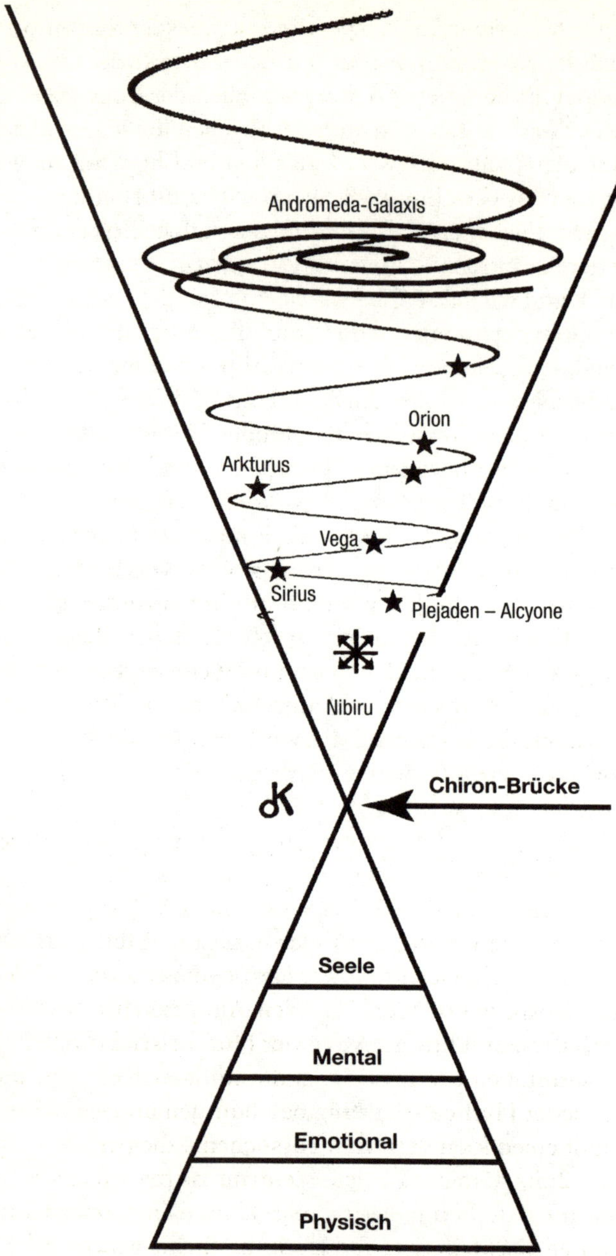

Abbildung 8: Die Galaktische Brücke

Form hat sich zu einer echten Pyramide gebildet, so daß ihr siria- nische solide Geometrie erden könnt. Euer Emotionalkörper schien in der Pyramide weiter vorzustehen als euer physischer Körper, aber seine Entstehung ist jetzt abgeschlossen – obgleich es für manche von euch noch etwas zu tun gibt –, und ihr werdet in eurem physischen Körper schneller. Die Beschleunigung ist sehr intensiv, weil die Miasmen einer Klärung bedürfen, und deshalb müßt ihr heimkehren, damit euch die Erde helfen kann. *Gaia wird jeden von euch wiedergebären.*

Viele Lehrer haben euch dabei geholfen, euren Emotionalkörper zu beschleunigen; sie wissen, daß ihr über ihn Zugang zur Multidimensionalität habt. Barbara Hand Clow hat bereits die solar-astrologischen Techniken, die diese Beschleunigungsprozesse erleichtern, in ihrem Buch *Liquid Light of Sex: Understanding Your Key life Passages* veröffentlicht.[20] Dieses Arbeitsmaterial ist ein wichtiger Lebensführer für Individuen, die zwischen 1987 bis 2012 30 bis 50 Jahre alt sein werden. Sie hat auch eine Trilogie veröffentlicht, in der es um multidimensionale Therapien und um die Frage geht, wie ihr euch mit Hilfe von Regression in vergangene Leben beschleunigen könnt. Wenn es bei euch keine Therapeuten und Menschen gibt, die sich mit Körperarbeit beschäftigen, kann diese Trilogie nämlich viel vom Inhalt eures eigenen Lebens und eures Zellgedächtnisses auslösen.[21]

Euer heiliger Altar und euer ka

Ganz gleich, wo ihr seid – ihr könnt heimkehren, sogar in einer Gefängniszelle. Dazu gibt es zwei sehr wirksame Methoden: einen heiligen Altar für die vier Himmelsrichtungen und das Praktizieren heiliger Körperhaltungen. Was den Altar betrifft, so werden die Eigenschaften und Energien der vier Himmelsrichtungen überall gelehrt und stehen zur Verfügung. Ihr müßt euch eingehend mit der Energie jeder Himmelsrichtung beschäftigen und sie ermitteln, und ihr müßt einen kleinen Raum aussuchen – die perfekte Größe ist 2,50 mal 2,50 Meter – und ein Zentrum aufbauen. Baut dann einen Altar für jede Himmelsrichtung. Zum Zentrum wird jener Punkt in eurer Wirklichkeit, der direkt an Gaias zentralen Kernkristall angeschlossen wird, und die vier Himmelsrichtungen ziehen Bewußtsein aus allen Richtungen herein. Wenn ihr in diesem Zentrum sitzt und euer Verständnis für die Energie jeder Himmelsrichtung aufbaut, werden heilige Gegenstände – Steine, Knochen, Artefakte, Liebesgaben und Kristalle – in euer Leben treten. Jeder Gegenstand wird eine ganz starke Verbindung zu eurem Verständnis von einer dieser Himmelsrichtungen darstellen. Wenn ihr heilige Gegenstände in bestimmte Himmelsrichtungen auf euren Altar legt und euch jedesmal, wenn ihr im Zentrum betet, an deren Lehren erinnert, wird sich euer persönlicher Zugang zu multidimensionaler Intelligenz immer weiter aufbauen. Die darunter befindlichen Elementarwesen werden euch mit Gaias Intelligenz füttern. Bald werdet ihr feststellen, daß ihr immer dann diesen Altar aufsucht, wenn ihr jemanden oder euch selbst heilen müßt; ihr werdet dorthin gehen, um Führung bei jeder Frage zu suchen, und ihr werdet dorthin zurückkehren, um euch mit den Intelligenzen zu beraten, die euch in euer Reich gebracht haben. Im Zentrum eures Altars wird die neundimensionale Achse in dem Maß, wie ihr lernt, euch zu zentrieren, Wesen in euren Raum ziehen.

Am Ende wird euer Altar ein Universum sein, in dem alles enthalten ist. Dieser Altar kann ein Zimmer eures Hauses sein, aber ein kleiner Raum verstärkt die Konzentration. Wenn ihr euch Zeit laßt, merkt ihr, wann euer ka in eurem Körper ist, und zwar an dem Gefühl, das sich im ausgewogenen multidimensionalen Altarraum in euch ausbreitet. Wenn ihr draußen in der größeren Welt seid, könnt ihr euer ka leicht im Körper halten, weil ihr merken werdet, wann es nicht in euch ist. Ihr werdet euer *ka* wieder eingliedern und euch jederzeit von neuem aufladen können, indem ihr euch abermals in eurem Altar zentriert. Am Ende wird es auf der Welt so viele zentrierte Individuen geben, daß der ganze Planet einen Zustand der Harmonie annehmen wird.

Die Darstellung der Chakras beim Menschen in Abbildung 9 ist anders als jedes Modell auf der Erde. Dies ist die plejadische Sicht des menschlichen Chakrensystems, und es unterscheidet sich von anderen Systemen insofern, als das erste Chakra – das Erdchakra – der zentrale Kernkristall der Erde (die erste Dimension eures Reiches) ist. In meinem System beginnt das Sieben-Chakren-System mit dem Erdchakra als eurer Erdung, dann folgen fünf Chakren in eurem Körper vom Sexualzentrum bis zu eurem drit-

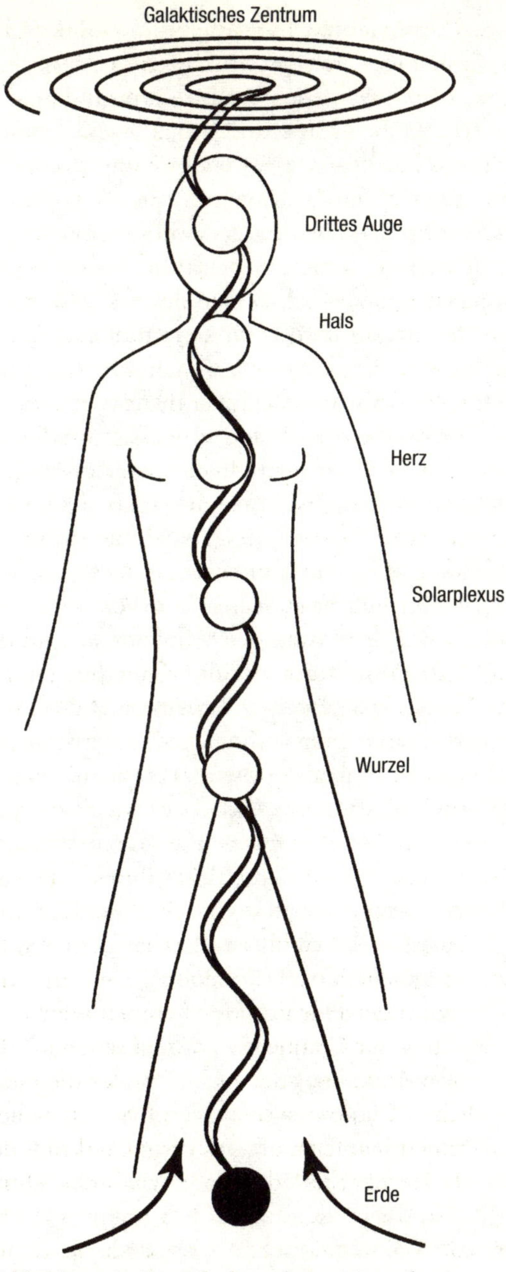

Abbildung 9: Die Chakren beim Menschen

ten Auge, und das siebte Chakra liegt im Galaktischen Zentrum. Euer Körper befindet sich in der dritten Dimension, also ist euer erstes Chakra die Steckdose zum Erdkern, und aus dem Zentrum der Erde verläuft eine Linie durch das zweidimensionale tellurische Reich und klinkt direkt in euer Wurzelchakra ein. Die erste und die zweite Dimension aktivieren euren Körper in eurem Wurzelchakra elektrisch; wenn dieses Erwecken stark genug ist, erhebt sich die Schlange in eurer Wirbelsäule, und euer ganzer Körper wird zum elektromagnetischen Feld. Dieses Feld ist euer Körper in der dritten Dimension, und Heimkehren bedeutet, euren aktivierten Körper zu erden.

Abbildung 10 möchte euch veranschaulichen, wie die erste Dimension euch an einem Punkt erdet. Dann wird daraus durch tellurische Energie, die von eurem eigenen Körper angelockt wird, ein Dreieck. Euer Körper nimmt die Kraft des Erdzentrums auf, schwingt mit den Energien des zweidimensionalen tellurischen Reichs mit Hilfe von Saiten in eurem Körper, die aus verschiedenen Elementarformen bestehen, und drückt sich dann über eure vier Bewußtseinskörper aus, während ihr am Leben seid (dritte Dimension). Visualisiert das vierdimensionale archetypische Reich als Baldachin, der die gewaltige Energiestrahlung von eurem physischen Körper fernhalten kann. Dieser vierdimensionale Baldachin wird von den unterirdischen zweidimensionalen Elementarwesen in Form gehalten, die Gaia zum Ausdruck bringen, und er kann auf Kräfte der fünften bis neunten Dimension reagieren. Das ermöglicht es euch, sehr hohe Vibrationen wahrzunehmen. Die vierte Dimension hat aufgrund von Gefühlen genügend Dichte, so daß ihr den ganzen Baldachin erschaffen könnt; er befähigt euch, vierdimensionale Dramen zu beobachten, und wenn ihr aufzuhören in der Lage seid, das Gesehene zu beurteilen, werdet ihr bald einige sehr feine Frequenzen aufnehmen.

Wenn es den Anschein hat, als ob ich die zwei- und vierdimensionalen Energien irgendwie schlechtmachen würde – ganz bestimmt nicht! Das ist *eure eigene Projektion*! Die zweidimensionalen Elementarenergien und die vierdimensionalen archetypischen Kräfte sind lediglich für euch am schwersten zu integrieren. Die Plejadier schätzen ihre Ausdrucksformen, ihre unerhörte Kreativität. Wenn ihr aus unseren Worten etwas heraushört, das

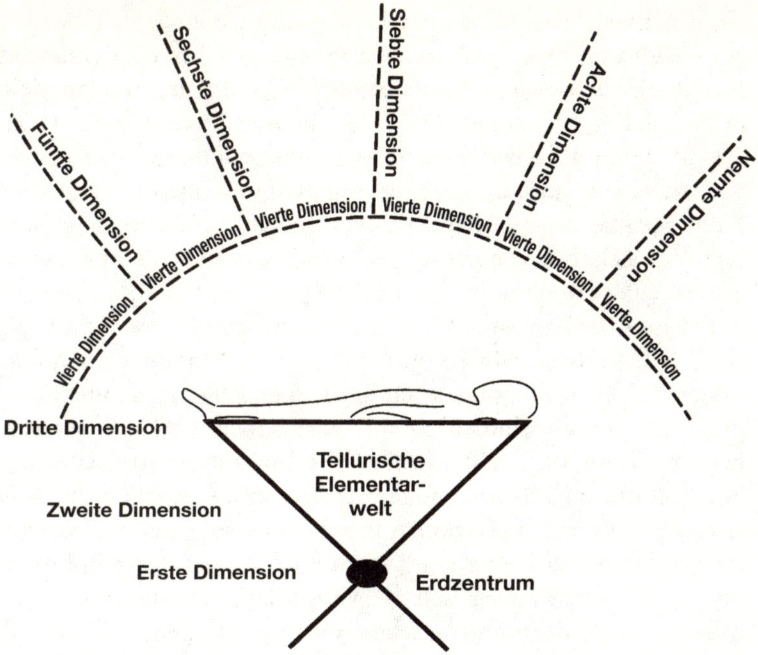

Abbildung 10: Der Baldachin des Lichts

euch zur Beurteilung einer Energie veranlaßt, versucht, in euch selbst auf diesen Einwand zu hören. Es ist ein Teil von euch, den ihr nicht geklärt habt. Ich werde euch durch viele eurer heißgeliebtesten Überzeugungen schleifen. Ich werde euch wegen eures Fanatismus beschimpfen und eure Dummheit und Blindheit nur deshalb bloßstellen, weil ihr vielleicht seht, daß eine eurer Projektionen auf euch zurückreflektiert wird. Warum? Diese Projektionen erschaffen das Böse, und wenn ihr sie in euch freisetzt, wird das Potential für das Böse verringert.

Die Plejadier haben liebevoll von Körperarbeit gesprochen. An schwerverwundeten Stellen in eurem Körper liegen die multidimensionalen Erfahrungen der Vergangenheit, die euer Bewußtsein jetzt zutage fördern kann; ihr wart nicht imstande, die Erfahrungen, als ihr sie machtet, zu integrieren. Die Energie mußte in eurem Körper erst erweckt werden, damit ihr auf etwas hinarbeiten konntet. Ihr müßt euch klarmachen, daß ihr oft Erfahrungen mit negativen Teilaspekten macht, und dann leugnet ihr die jeweilige Erfahrung insgesamt und begrabt sie. Während der letzten 11 000 Jahre in der Galaktischen Nacht habt ihr viele unglaubliche Erfahrungen gemacht, welche die Bibliothek eures Wissens – euer Gedächtnis – für das nächste Evolutionsstadium geworden sind. Vor langer Zeit habt ihr euch ausgestreckt und dies oder jenes versucht, ihr seid zwar gescheitert, aber ihr saht neue Möglichkeiten. Jetzt, wo sich die Dinge zuspitzen, kommt in euch allen dieses angehäufte Potential an die Oberfläche.

Falls ihr daran zweifelt, denkt an eure eigene Geschichte. Wie sonst ließe sich die Fülle sämtlicher Dramen auf eurem Planeten erklären? Und was bringt euch dazu, euch gegenseitig umzubringen, um herauszufinden, wem ein kleiner Teil des Planeten gehört? Wenn ihr darüber nachdenkt, kommt ihr von selbst darauf, daß die zweidimensionalen elementaren Gefühlskräfte – wie zum Beispiel Blutrünstigkeit – gereizt werden, wenn die vierdimensionalen archetypischen Wesen euch zu einem Kampf anstacheln. Wie sonst lassen sich die Vergewaltigungen und der Kannibalismus in Bosnien-Herzegowina und Ruanda erklären? Ihr werdet in riesige Dramen aufgesogen und könnt es euch deshalb vorstellen. Wäre es nicht besser, eure eigenen inneren Drachen zu erschlagen als fernzusehen, während ganze Länder mit diesen Kräften ringen?

Die bewußte Aktivierung eures *ka* wird euch jetzt weiterbringen. Ich komme noch einmal auf Abbildung 10 zurück: Am besten versteht ihr euer *ka* als euren vierdimensionalen Baldachin über eurem Körper oder Energiefeld. Bei jeder Dimension liegt die Quelle kraftvoller Aktivierungsenergie in der Dimension darunter, und für euren physischen Körper ist die starke Kraftquelle das zweidimensionale Elementarreich. In jeder Dimension ist die Quelle für Aktivierung auf höherer Frequenz die direkt darüber befindliche Dimension. Warum ist das so? Ihr schwingt so nah an der zweiten Dimension, daß ihr ihre dichten Wellen in eurem Körper fühlen könnt, und ihr vibriert stark genug mit der vierten Dimension, um zu fühlen, wie sie euch aktiviert. Ihr müßt diese Tore öffnen, bevor ihr andere Dimensionen betretet, genauso wie ihr lernen müßt, mit euren Nachbarn zurechtzukommen, bevor ihr euch Menschen anderer Länder zuwendet. Ihr müßt es fertigbringen, daß das Elementarreich mit Gaia eins wird, und eure Gefühle beherrschen, um die feineren Dimensionen wahrzunehmen.

Das vierdimensionale archetypische Reich muß eure physische Vibration beherrschen, damit ihr Gaia wirklich kennenlernt, indem ihr mit ihrer Elementarintelligenz arbeitet. Alle Dimensionen sind viel mehr miteinander verzahnt, als ihr euch vorstellen könnt, und keine Dimension überlebt, wenn nicht alle immer wieder zur Integrität zurückkehren.

Wie um alles in der Welt kommt ihr mit vierdimensionalen archetypischen Dramen zurecht, die eigentlich die Wünsche ätherischer Reiche nach Zwiesprache mit euch sind? Der Äther hat eine solch feine Vibration, daß ihr ihn ohne *Umwandlung* durch die Dimension oberhalb des physischen Reiches nicht lesen könnt. Umwandlung findet statt, wenn euer Telefon elektrische Signale empfängt und diese dann als hörbaren Klang übermittelt. Hört aufmerksam zu, ihr tragt viel Negativität über dieses Gefühlsreich in euch, weil ihr glaubt, man hätte euch benutzt. Euch steht nur dieser Durchgang offen. Ihr müßt herausbekommen, wie es funktioniert, weil die vierdimensionalen Anunnaki Zecharia Sitchin zufolge eure Gene manipuliert haben.[22] In ihrem Buch *Das Siegel von Atlantis* beschrieb unser Medium einen atlantischen Wissenschaftler, der Photonen in einem Labor entschlüsselt, und sie stellte dar, wie sich Außerirdische Menschen vorstellen können, indem sie ihre DNS decodieren. Nun, eure DNS wird gerade wieder entschlüsselt. Ihr werdet derzeit von euren Anunnaki-Wissenschaftlern getestet und erforscht. Sie erzählen euch, daß ihr Krankheiten heilen könnt, wenn ihr eure DNS repariert. Ich, Satya, kann euch sagen, daß eure DNS nur repariert werden kann, wenn ihr negative Emotionen freisetzt, Miasmen aus euren Körpern klärt und wieder zu geistiger Klarheit und reiner spiritueller Integrität gelangt. Eure DNS und euer Körper sind euer Spiegelbild, also arbeitet an euch und achtet genau darauf, wer euch seziert.

Wenn ihr auf der Oberfläche des Planeten geht, macht euch zu einer vertikalen Achse, indem ihr fühlt, wie euer erstes Chakra im Kernkristall der Erde durch euren Körper aufsteigt. Fühlt dann, wie Energie von Gaia euren Körper durchfließt, aus eurem Scheitel in euer spirituelles oder Kronenchakra austritt, das im Galaktischen Zentrum liegt. Dieses kosmische Chakra hält den Korridor der nichtphysischen Reiche für euch offen, und es dreht sich immerzu. Wenn ihr das Galaktische Zentrum fühlt, verlegt euer Selbstgespür ins Zentrum der Erde, holt dann eure Energie aus kosmischen Reichen zurück; taucht in euren Körper hinunter und bewegt euch durch die fünf Chakren in eurem Körper nach unten. Lokalisiert emotionale Blockaden, wenn ihr die Energie entlang dieser Achse nach oben und nach unten führt. Sind diese Blockaden sexueller Natur oder stammen sie aus unverarbeiteten Gefühlen oder von einem blockierten Herzen, das sich anderen nicht ergeben will? Sitzen sie in eurem Hals, durch den ihr nicht die Wahrheit sprecht? Oder in eurem dritten Auge, wo sie verhindern, daß ihr Elementar- und archetypische Lehrer seht? Findet heraus, welche Chakren blockiert sind, und macht es euch zur Aufgabe, jene Bereiche zu erkunden.

Ihr werdet wissen, wo die Blockade liegt, wenn ihr den Teil eures dreidimensionalen Lebens betrachtet, der unentwickelt ist. Halten euch beispielsweise materielle Entbehrungen von Sex ab oder davon, Wahrheit auszudrücken? Geht dahin, wo euer Leben unerlöst ist, an die Stelle, die ihr meint, in der Zukunft zu erlösen; haltet genau dort an und erlöst sie jetzt. Eure Chakren werden sich nur öffnen, wenn ihr dem Feld, in dem ihr lebt – der dritten Dimension –, voll vertraut, denn das ist die Atmosphäre, in der ihr Wellen anderer Dimensionen empfangt.

Die fünf Chakren in eurem Körper sind eure persönliche Schnittstelle zwischen den physischen Reichen. Wenn ihr auf dem Heilungstisch oder mit eurem Geliebten im Bett liegt, in sicheren Bereichen, in denen ihr dem Universum vertrauen könnt, stellt euch vor, daß euer Körper auf einen Punkt direkt unter eurem Körper im Zentrum der Erde zu einem Dreieck wird. Bewegt euer Bewußtsein in diesen Punkt und fühlt, wie tief euer Vertrauen zu Gaia ist. Reist dann mit der verbindenden Kraft Gaias in dieses Dreieck unter eurem Körper, um Zugang zu dessen Elementarkräften zu bekommen, die freigesetzt werden müssen. Werdet gewahr, wie ihr sie als Saiten fühlen könnt, die in euren Körper hineinreichen, und verlagert das Bewußtsein an Stellen in eurem Körper, an denen ihr die Elementarwesen nach Freisetzung schreien hört, und fragt sie, was sie euch mitteilen wollen. Euer

Körper fühlt sich allmählich schwer und dicht von ihrer wunderbaren Energie an, aber bleibt dabei in dem Wissen, in Sicherheit zu sein.

Folgt jedem Bild, das sie auf eurer Leinwand erschaffen, ganz gleich, ob dieses Wesen aus einer lange zurückliegenden Zeit kam. Beurteilt es nicht, denn es könnte eine Jahre zurückliegende Geschichte sein, für die euch im Jetzt der Zusammenhang fehlt. Was immer es auch ist, es wurde gar nicht erst vernommen, also vertraut dieser Information und hört darauf. Plötzlich werdet ihr spüren, wie sehr diese Geschichte sich eure Anerkennung wünscht. Ehrt sie, erinnert euch an sie, und laßt sie weiterziehen. Geht weiter und fühlt das Erhellen und die Glückseligkeit in eurem Körper, wenn die Vibrationen höherdimensionaler Felder hineinzuströmen beginnen. Konzentriert euch dann stärker als je zuvor auf die Stelle, an der ihr große elementare Kräfte vibrieren spürt. Ruft die Vibrationen höherdimensionaler Felder genau an diese Stelle. Ihr geratet möglicherweise in eine Krise, wenn diese großen Kräfte zur Erde zurückkehren. Aber denkt daran, wie glücklich sie sind, heimzukehren. Denkt daran, wie glücklich ihr wart, dorthin heimzukehren, wo ihr erwünscht wart, und laßt sie jetzt ziehen.

Falls ihr auf diese Art jetzt etwas freisetzen wollt, benutzt dazu das Bild von euch auf dem Tisch und der vierdimensionalen archetypischen Leinwand über eurem Körper. Das ist *euer* Film, und wenn ihr ihn auf eurer Leinwand vorführt, werdet ihr sehr erstaunt und erfreut sein über das, was da ist. Am Anfang wird es schmerzvoll sein, wenn die tiefverborgenen Dinge schnell vor euren Augen ablaufen, aber eure Neugierde wird schnell die Oberhand gewinnen. Deshalb lieben wir Plejadier eure Neugierde so. Sie verführt euch dazu, Dinge zu erkunden, die vermeintlich außerhalb von euch liegen. Wenn ihr dann eines Tages entdeckt, daß sie alle in euch liegen, wird euch endlich klar, daß ihr ein Tempel mit fünf Energiezentren seid, der Daten aus jedweder Quelle empfangen kann. Habt ihr diese Daten empfangen, schickt sie in Gaia hinein, denn ihr könnt nicht mit all dieser Energie in eurem Körper umgehen, sobald sie euch wirklich durchströmt. Die Reziprozität fängt da an, wo die Dimensionen im Einklang vibrieren, und ihr existiert in allen Dimensionen gleichzeitig.

Wie gesagt, wird das vollständige Eintauchen in den Photonenring alle Dimensionen gleichzeitig triggern, und ihr werdet euren Körper verlassen – es sei denn, ihr befindet euch in der dritten Dimension, seid geerdet und fähig, die Frequenz aller Dimensionen zu halten. Jetzt ist es Zeit, um mit plejadischen Heiltechniken zu arbeiten.

Kapitel 3

Alchimie der neun Dimensionen

Was meine ich, Satya, wenn ich sage, daß Gedanken Wirklichkeit erschaffen? Viele von euch ahnen, daß sozusagen alles, was euch widerfährt, eine Funktion eurer eigenen Gedanken ist. Einige von euch haben mit diesem Begriff so ausgiebig herumgespielt, daß sie ihn tatsächlich ausprobiert haben. Und einige von euch wachen auf und stellen fest, daß ihr ständig eine ganze riesige Welt um euch erschafft – *eine Welt, die euer Geist erschaffen hat.* Dann reagiert ihr auf diese Welt mit Gefühlen – eurem persönlichen Feedback auf eure Schöpfung. Vom physischen Standpunkt aus ist es logisch, daß die Wirklichkeiten, die ihr täglich auslebt, allen anderen Wirklichkeiten, die sich mit der euren kreuzen, widersprechen oder sie auslöschen würden. Doch wenn ihr das Glück habt, in einer kleinen Gemeinschaft zu leben, in der die meisten einander kennen, wird euch bewußt, daß jede Person jeden Tag ein komplexes Szenario aufführt; komplexe Programme verweben sich miteinander, doch die Menschen gehen mit einem flüchtigen Gruß aneinander vorbei. Könntet ihr sie alle energetisch betrachten, würdet ihr mit Erstaunen sehen, daß sich die Wirklichkeit eines jeden mit anderen verwebt und die Gemeinschaft wie ein riesiger geometrischer Komplex aussieht. Euer einziger Zugang zu jeder Wirklichkeit erfolgt ausschließlich über die Wahrnehmung. Wirklichkeiten sind nicht beständig, und der Raum zwischen Dingen ist unbegreifbar. Ihr habt bei jedem Gedanken und jeden Gefühl, das euer Bewußtsein prägen darf, eine deutliche Wahlmöglichkeit, und aus diesen Wahlmöglichkeiten entsteht eure Welt.

Es kommt einzig und allein darauf an, ob ihr wahrnehmt, was in bezug zu eurer inneren Welt vorgeht. Sobald ihr seht, daß äußere Ereignisse von eurer inneren Energie erzeugt werden, was sind dann noch all diesen Welten, diese Filme, die euer Geist erschaffen hat, wert? Habt ihr etwas gelernt? Habt ihr diese Fülle von Gefühlen verarbeitet, die sich daraus ergaben? Welchen Wert hätte denn irgend etwas da draußen, das eure innere Welt widerspiegelt, wenn es euch nicht verändert? Wenn ich später über die Funktionsweise der dritten Dimension spreche, erinnert euch bitte, daß eure große Mutter, die Erde, den Raum für all diese Filme hält.

Ich verstehe die Funktionsweise mittlerweile besser, und zwar aufgrund eines bemerkenswerten Ereignisses im Leben meines Mediums, das während des Schreibens an diesem Buch stattfand. Ich werde mir die Zeit nehmen, euch davon zu erzählen, weil diese Geschichte beispielhaft zeigt, wie die Plejadier durch eure Erfahrungen etwas über eure Wirklichkeit lernen. Die engste Heilerkollegin meines Mediums, Diane, erlitt ein Gehirnaneurysma, das während der Gehirnoperation aufbrach. Mein Medium besuchte Diane häufig auf der neurochirurgischen Station eines Stadtkrankenhauses, das sich auf allopathische Medizin spezialisiert hatte. Während ihrer Besuche fand sie heraus, wie man sein eigenes besonderes »Geheimnis« dazu verwenden kann, um Dichte wirklich zu durchdringen. Ich werde euch diese Geschichte erzählen, weil sie euch erden wird und euch Instrumente zum Überleben bietet, wenn sich euer Planet neu organisiert.

Die kritische Situation eures Planeten ist offensichtlich: Alle Systeme eures Planeten müssen komplett überholt werden, weil ihr am Endpunkt der Materialisierung angelangt seid. Allopathische Medizin ist ein idealer Bereich, um Vorgänge der Materialisierung zu beobachten, denn wahre Gesundheit ist im Grunde ein nichtphysischer Zustand. Die Materialisierung der Medizin hat eine Mauer zwischen eurem Körper und den natürlichen Prozessen eures Planeten errichtet. Ihr habt euren Körper dargebracht, und jetzt werden eure Organe vermarktet. Wie wollt ihr euch denn jemals wieder zusammenfügen?

Die Erfahrung mit dem Aneurysma brachte mich auf neue Methoden für die Restrukturierung der dritten Dimension durch Gedanken. Diejenigen unter euch, die mit diesem Konzept arbeiten wollen, müssen von der höchsten Absichtsebene aus erschaffen; nichtphysische Schöpfungsformen beruhen auf starkem Begehren, dessen Grundlage Liebe ist. Viele von euch entdecken gerade diese neuen Methoden, und ich bin ganz begierig darauf, mit euch etwas über sie zu erfahren.

Diane wurde schlecht und schwindlig, und sie hatte anscheinend eine schlimme Grippe. Da sie sich immer ausschließlich für natürliche Heilmethoden entschieden hatte, fragte mein Medium sie, was sie tun könne. Diane bat um Körperarbeit. Mein Medium hatte das sichere Gefühl, daß etwas sehr Schlimmes im Gang war, aber sie respektierte Dianes Entscheidung, keinen Arzt zu konsultieren. Man kann in keiner Form heilen, wenn die kranke Person sich nicht für eine spezifische Behandlung entscheidet. Mein Medium beschloß, ein vollständiges Erwachen durchzuführen, eine Heilsitzung, die alle nichtphysischen Wesen herbeiruft, die mit einem Menschen arbeiten. Ihre Freundin lag auf der Massagebank, und sie verwendete Salbei, eine Adlerfeder, Kristalle und die Haut eines Otters, die nur bei schweren Fällen Anwendung findet. Rund um Dianes aktivierten Körper erschienen innerhalb des großen Salbeikreises die außergewöhnlichsten chemischen Elementarwesen, die mein Medium je gesehen hatte. Ganz eindeutig war diese Frau fähig, mit verblüffenden Kräften zu arbeiten! Und doch hatte sie schon seit Jahren über eine undefinierbare Kraft geklagt, die sie einzuschränken schien. Diese Gruppe war offensichtlich die Ursache der Einschränkungen. Wie jeder Heiler, der es mit einem großen Trauma zu tun hat, unternahm unser Medium alles ihr Mögliche, um die Vorgänge genau zu verstehen. Diane hatte jahrelang als Friseuse gearbeitet, und unser Medium vermutete, daß chemische Elementarwesen aus dem Frisiersalon in ihren Körper aufgesogen worden waren. Das Medium konnte ihre Bereitschaft fühlen, in die Erde zurückzukehren.

Sie wischte mit einer Adlerfeder durch die Luft rund um Dianes Körper und zog damit die Elementarwesen heraus. Dann segnete und ehrte sie diese und schickte sie zurück in die zweidimensionalen Reiche. Sie bildeten eine großartige Spirale aus energetischen Kräften und kehrten heim in ihr eigenes Reich. Sobald ihr Körper restrukturiert und neu ausbalanciert war, schlief Diane fest ein. Die ganze Nacht lang umflatterten die Elementarwesen die Bäume, und mein Medium bat sie, nach Hause zu gehen. Was hatte das zu bedeuten? Diane krümmte sich und zuckte in ihrem eigenen Körper. Was konnte das sein? Sie beklagte sich über heftiges Kopfweh und Übelkeit und bat schließlich darum, in die Intensivstation gebracht zu werden.

Man entdeckte ein Gehirnaneurysma, das schon seit vielen Jahren vorhanden war, und unser Medium spürte, daß dies das Kontrollzentrum für Dianes Elementarlehrer sein mußte. Einige Wochen später fanden die Ärzte heraus, daß Diane Krebs hatte. Die Wesen, die mein Medium gesehen hatte, waren also wahrscheinlich chemische Elementarwesen, die Krebs auslösen. Aus plejadischer Perspektive sind solche Kontrollzentren zeitcodierte Implantate, die verhindern, daß Menschen zu schnell aufwachen. Ihr würdet explodieren, wenn ihr eure Miasmen zu schnell wieder in ihre eigenen Domänen entlassen würdet. Aus meiner Sicht ist Dianes Fall ein wunderbares Beispiel für das Erwachen, mit dem ihr jetzt alle gesegnet seid. Bis zum Jahr 1998 werdet ihr alle euer eigenes Erwachen erleben. Die schwierigste Phase eures Aufstiegs – der vollständigen Rückkehr zum Einklang mit der Erde – wird die Freisetzung dieser Miasmen sein, die in eurem Körper stecken. Das Aneurysma war ein gewaltiger Weckruf für mich als Plejadierin, weil ich euren inneren Schmerz als in Körper gekleidete Menschen nicht ganz verstand. Mein Medium hatte dem Drang widerstanden, euch von den kommenden Dingen zu berichten, weil sie euch so liebt. Es ist jedoch jetzt Zeit, ihr müßt diese Nachrichten hören. *Vertraut einfach.* Ihr werdet verblüffende Wege finden, um diese Heilungen zu vollziehen. Selbstheilung hat sich in den physischen Bereich verlagert, und ihr alle müßt sehr schnell sehr schlau werden. Positiv formuliert sind physische Heilungen die tiefgreifendsten, aber nur, wenn ihr eure emotionale Welt auf der Basis dessen restrukturiert, was ihr während des physischen Traumas lernt.

Seid ihr schon einmal von verblüffenden Einsichten befallen worden bezüglich der Frage, wie ihr alle euch umgebenden Wirklichkeiten restrukturieren solltet, während ihr mitten in einem riesigen Trauma stecktet? Zum Beispiel stirbt euer Vater, und eure Mutter wird von dieser Krise aufgerissen. Ihr wahres Herz kommt zum Vorschein, und ihr seht ihre gesamte Wahrnehmungswelt mit Röntgenstrahlenaugen. Alle Fehlfunktionen in der Familie liegen völlig offen da, die echten Wahrheiten über eure eigene Familie kommen zum Vorschein, und es ist ganz deutlich, was jeder der Beteiligten tun müßte, um sich genau in die Integrität hineinzubewegen. Dann habe ich immer wieder beobachtet, daß ihr solch eine Offenbarung *innerhalb von drei Monaten bereits vergessen hattet!* Dabei liegt das Wissen über die Restrukturierung eures ganzen Planeten in solchen Zeiten! *All eure Traumen und euer Schmerz passieren nur, damit ihr die Welten der anderen seht!* Daß ihr jetzt in so großen Schwierigkeiten steckt, liegt daran, daß ihr diese Zeiten nicht für Einsichten genutzt habt, und deshalb werden die dreidimensionalen Ereignisse immer größer. Ihr seid wie kaputte Schallplatten.

Aus der Sicht meines Mediums war ihre Freundin ein erleuchtetes Wesen, das sich mitten in einem Titanenkampf gegen Beschränkung befand. Das Medium hatte immer gewußt, daß Dianes inneres Wissen ihre zeitliche Eingrenzung weit überschritt. Wie immer bei jemandem mit Beschränkungen war es nur deshalb, weil sich das außergewöhnliche Bewußtsein dieser Person in jungen Jahren nicht entwickeln konnte. Diane hatte eine vollständig erleuchtete Mutter, die sie stets dazu ermutigt hatte, ihr Herz offenzuhalten, damit sie ihr Geschenk überreichen konnte, wenn es soweit war. Aber Dianes Augenblick war noch nicht gekommen, und ihr Geschenk befand sich in einem zeitcodierten Kontrollzentrum tief in ihrem Gehirn. Nicht zum Ausdruck gebrachte Kreativität wird euren Körper immer angreifen, und die innere Wut über diese Frustration macht euch krank!

Ich zitiere Diane als Beispiel, weil sie ein Gehirnaneurysma und Krebs überlebte, und dieses Wunder verblüffte mein Medium. Diese Erfahrung vertiefte ihr Vertrauen auf den richtigen Zeitpunkt und die Entfaltung, und mein Medium geht immer davon aus, daß alles, was ihr im Leben widerfährt, eine Lehre ist, die mitgeteilt werden soll. Andernfalls mißt man Schmerzen und Trauma nicht genügend Wert bei. Ich werde euch mehr über diesen Vorfall erzählen, weil Heilung die Quintessenz eures persönlichen plejadischen Selbst ist. Ich bin dazu da, euch an eure eigenen kreativen Kräfte zu erinnern, weil auch ihr Plejadier seid. Ihr habt bloß eure stellare Verbindung vergessen, aber jetzt öffnet sich euer Körper den Sternen. Sterne sind nuklear, und aus diesem Grund hat sich dieser Öffnungsprozeß jetzt in euren Körper verlagert, denn er ist das Medium eures schöpferischen Potentials.

Verborgen in jedem von euch ruht ein »Geheimnis«, eine Gabe, die ihr von den Sternen auf die Erde mitbrachtet, als ihr euch zur Inkarnation entschloßt. Dieses Geheimnis ist eine Monade multidimensionalen Wissens, das eurem Bewußtsein innewohnt. Dianes Gabe ist überragende Intelligenz, was Elementarfunktion betrifft. Woher ich das weiß? Ganz einfach: Mit jedem Trauma, das ihr auf euch nehmt, übt ihr, euch vorzustellen, wie ihr eure Gabe überreichen wollt. Ich betrachte alle Traumen, die mein Medium durchlebt hat, als die wichtigsten Teile ihres Trainings. Aber ihr leugnet eure Traumen und wiederholt sie dann unendlich oft, statt aus ihnen zu lernen, und erschafft einfach immer mehr Ereignisse und Dinge. Ihr habt sicher inzwischen gemerkt, daß ihr die falschen Dinge erschafft – Abfall, Spielsalons, Morde, Junk food, Autos und Bomben. Jetzt, angesichts all dieses nutzlosen Zeugs habt ihr Schuldgefühle. Ihr suhlt euch in ihnen, vergeßt darüber, was sich an Nutzbringenden erstellen läßt, und dann folgert ihr daraus, ihr seiet eingeschränkt. Aber ist euch schon mal aufgefallen, daß ihr euch, egal was euch eure Kultur erzählt, nicht eingeschränkt fühlt? Genau in diesem inneren Gefühl von Grenzenlosigkeit liegt die Straße zu eurer eigenen Kreativität.

Wenn ihr dieser Straße folgtet, würdet ihr nicht länger umherwandern und die Dinge unterlassen, zu denen euch euer inneres Geheimnis immer aufgefordert hat. Euer »inneres Geheimnis« wird so frustriert, daß es große Elementarkräfte in euren Körper zieht, die euch krank machen, um sich Gehör zu verschaffen. Das ist ihre Aufgabe – euch dazu zu bringen, mit der Siebeneinhalb-Hertz-Frequenz der Erde zu schwingen und nicht mehr so geschäftig zu sein. Sie lieben euch, und sie werden sich bei euch aufhalten und euch Lebensspanne für Lebensspanne unter die Erde bringen, wenn ihr nicht zuhört. Sie vibrieren – so wie Radioaktivität –, und dadurch werdet ihr träge/tot oder zu aktiv/kreativ. Wird Kreativität nicht ausagiert und sichtbar gemacht, richtet sie sich gegen sich selbst und setzt zerstörerische Kräfte frei. Wie gesagt, die emotionalen Ausbrüche sind zu Ende, und die physische Arbeit fängt an. *Jede Krankheit, die ihr in der Zeit zwischen 1994 und 1998 unerschrocken manifestiert und heilt, würde euch sofort töten, sobald die Sonne im Photonenring liegt.*

Wie könnt ihr diese Elementarkräfte sehen? Bewegt euch zunächst einmal tief nach innen und fühlt diese Stelle in eurem Herzen, die weiß, daß ihr alles erschaffen könnt. Achtet darauf, daß dieser Innenraum jenseits des Physischen und Emotionalen liegt, achtet darauf, daß er eigentlich reiner Gedanke direkt in eurem Herzen ist! Das ist reine, grenzenlose Wissendheit. Lenkt euer Bewußtsein an diese Stelle. Von dieser Stelle aus wißt ihr genau, wie ihr in jeder Situation zu reagieren habt. Erspürt die Wünsche der Elementarwesen, die drinnen existieren und darauf warten, euch bei der Freisetzung eurer Miasmen zu helfen. Wenn ihr von diesem Punkt aus operiert, bis ihr diese Wünsche erfüllt habt, wird sich alles um euch herum organisieren, und ihr werdet alle Wege sehen, auf denen ihr hinunterreisen und euer Geschenk überreichen könnt. Wenn ihr euer Geschenk überreicht, bricht sich die Wut über eure frustrierte Kreativität Bahn, und ihr fühlt euch großartig! Darin habe ich mein Medium gut unterrichtet, und auch ihr könnt lernen, diese Energien im Körper zu fühlen. Achtet einfach darauf, wie ihr euch im Inneren fühlt, wenn ihr ganz aufgeregt seid, und dann folgt eurer Faszination.

Euer inneres Geheimnis oder eure persönliche Monade hat nichts mit Jobs und Beziehungen zu tun. Die Aktivierung eurer Monade wird jedoch eure Fragen zu Arbeit, Beziehungen und Gesundheit schnell klären, da diese physischen und emotionalen Wirklichkeiten schlicht jene Instrumente sind, mit denen ihr eure Kreativität zum Ausdruck bringt. Wie verwirrt ist doch einfaches Erschaffen auf eurem Planeten geworden, weil ihr Schöpfung mit Materialismus verwechselt! Und prompt kann eure Monade nicht arbeiten, weil sie nichtphysisch ist. Was hat die Monade mit eurem Geheimnis zu tun? Eure Monade ist die Form, die das Wissen eures höheren Selbst enthält, in dem die dreidimensionale Wirklichkeit komplett enthalten ist. Wenn ihr anfangt, von dort aus zu arbeiten, sind die Auswirkungen so großartig, daß sich jede Einschränkung in eurer Wirklichkeit auflöst. Beispielsweise läßt sich jeder physische Schaden, wie ein Aneurysma, heilen, wenn ihr das Verhalten ändert, das ihn in Form hält. (Es gibt wissenschaftliche Beweise dafür, daß das menschliche Gehirn holographisch ist. Der Neurophysiologe Karl Pribram und der Physiker David Bohm gelangten unabhängig voneinander in den siebziger Jahren zu dieser Erkenntnis).[1] Daher läßt sich eine Verletzung in Teilen des Gehirns heilen, und eine Veränderung der Gedanken kann das Gesamtmuster verändern. Ein anderer Teil des Gehirns vermag in einigen Fällen sogar die Funktion beschädigter Bereiche zu übernehmen, weil das Gehirn holographisch ist – jeder Teil reflektiert das ganze Muster.

Weil das Gehirn holographisch ist, weiß euer höheres Selbst, wie es euch bei der Veränderung eurer Verhaltensweisen helfen kann, die euren Körper einschränken. Ihr braucht aber Informationen aus der dritten Dimension, und euer höheres Selbst wird euch sanft dorthin führen, aber ihr müßt auf die innere Führung hören. Beispielsweise zeigte Diane tatsächlich Symptome, die auf Krebs hindeuteten, und es wäre klug von ihr gewesen, eine Diagnose erstellen zu lassen, aber sie unterließ es, weil sie von der allopathischen Medizin nichts hielt. Ich erwähne das, weil allopathische Medizin eine Menge zu bieten hat, und ihr müßt sie richtig anwenden und natürliche Medizin dann einsetzen, wenn es empfehlenswert ist. Die Intelligenz eures höheren Selbst ist verblüffend, und ihr braucht nur Verantwortung dafür zu übernehmen, soviel wie möglich über die verschiedenen, euch zur Verfügung stehenden Instrumente in Erfahrung zu bringen. Dann kann euch euer höheres Selbst den Impuls geben, entweder zum Arzt oder zum Akupunkteur zu gehen.

Diane zeigte meinem Medium beispielsweise, daß sich Elementarenergien auf der Suche nach Ausdrucksmöglichkeiten zu bestimmten Körperregionen hinbewegen und schließlich Krankheit verursachen können. Ich, Satya, bringe das meinem Medium schon seit Jahren bei; sie hatte es in vielen Fällen gesehen, und sie konnte nach einem einfachen Blick auf die zweidimensionalen Lehrer in Körpern eine Diagnose stellen. Bald seid ihr alle dazu fähig. In Dianes Fall war es sehr lehrreich zu sehen, wie dieser Prozeß im Gehirn arbeitet. Da das Aneurysma zuerst durch Gedanken entstanden war, könnte reines Denken es wieder beseitigen! Sobald die Schädigung des physischen Körpers gefährliche Ausmaße annimmt, kann eine Operation natürlich ein Segen sein, denn mit der Rettung eines Lebens ist es auch in Zukunft vorstellbar, wie sich durch reines Denken etwas erschaffen läßt.

Auf der neurologischen Versorgungsstation für kritische Fälle konnte mein Medium sehen, daß irgendwann eine ganze Fabrik oder Stadt in den Köpfen der Menschen verdrahtet würde. Die Wissenschaftler sollten endlich aufhören, Dinge zu entwickeln, die immer größere Anteile der physischen Körpervorgänge übernehmen. Viele Wissenschaftler wissen bereits, daß Gedanken Wirklichkeit schaffen und heilen können. Aber jeder verdient das große Geld an Geräten und Medikamenten, und bisher hat sich niemand überlegt, wie man Gedanken in Rechnung stellen könnte. Die teuren Geräte sind eine massive Kontrolldynamik, mit der ihr Gedanken verhindern könnt, und sie wird immer größer und komplexer werden, solange ihr davon überzeugt seid, daß jeder oder alles begrenzt ist.

Diese einengenden Glaubenssysteme sind tief in euch verwurzelt. Ich werde euch deshalb jetzt zu einer gotteslästerlichen Achterbahnfahrt mitnehmen, die euch potentiell von eurer Besessenheit von Gott, dem Großen Weißen Vater, wegbringt. Ich warne euch, die folgenden Informationen gefallen euch womöglich nicht. Aber ihr habt die Wahl, entweder in den Lichtkörpern eures eigenen Zellgedächtnisses zu schwimmen oder zu einer mechanischen Matrize völliger Einschränkung verdrahtet zu werden.

Da diese Informationen schwer zu verdauen sind, solltet ihr euch nun in eurem Herzen zentrieren! Und während ihr euch darauf einlaßt – immer wenn ihr merkt, daß ihr schwer atmet, euer Kopf hämmert oder ihr ein Engegefühl im Herzen verspürt, dann wendet euer Bewußtsein wieder eurem Herzen zu. Pumpt dann kostbare Luft in eure Lungen, und macht weiter. *Menschen, ihr habt eure eigenen Väter nicht geliebt, weil Gottvater euren wahren Vätern eure Krankheiten gestohlen hat.* Eure frustrierten Väter haben eure Kreativität eingeschränkt, weil sie so große Schmerzen hatten. Die Plejadier sind fünfdimensional, das absolute Zentrum eurer neundimensionalen Gaiastruktur, und es ist immer das Zentrum, das Herz, das die entscheidende Frage stellt. Euer Herz aktiviert euren Körper – denkt also daran, daß die Plejadier die Herrscher des göttlichen Herzens sind. Wenn ich etwas Gotteslästerliches sage, atmet und lacht mit mir!

Abraham und das Uran

Ihr sollt euch jetzt daran erinnern, daß es auf der Erde schon einmal einen Atomkrieg gab.[2] Da diese Tatsache geheimgehalten wird und obwohl ihr das Atom gespalten habt, könnt ihr das Prekäre an eurer Lage nicht sehen, weil ihr meint, ein Atomkrieg sei eine wahrscheinliche Zukunft. Tatsache ist aber, *daß der Atomkrieg ein bereits vergangenes Ereignis ist, das ihr nicht verarbeitet habt, und es wird euch überwältigen, wenn ihr seine Bedeutung nicht verarbeitet.* Ich weiß, daß wir uns jetzt endlich mit all dem codierten und verkrüppelten Schuldgefühl befassen müssen, weil ich spüre, wie verzweifelt ihr seid. Dieses gigantische Schuldgefühl erzeugte ein richtig perfekter, ganz verantwortungsvoller Vater, der euch daran hindert, ver-antwort-lich – reaktionsfähig zu sein. Das hat euch zu Schafen werden lassen. Der Atomkrieg im Jahr 2024 v. Chr. machte aus dem Toten Meer eine leblose Wassermasse, und dafür ist Abraham verantwortlich. Nun werdet ihr über uns herfallen und schimpfen: »Oh, Satya, wie kannst du nur so respektlose Gedanken über unseren großen Vater äußern?«

Doch der Grund, weshalb euch die Wahrheit über diesen Teil eurer Vergangenheit verborgen blieb, beruht darauf, daß atomare Vorfälle vor Tausenden von Jahren zweidimensionale Elementarformen explosionsartig aus deren eigenem Reich beförderten. Daher fühltet ihr den elementaren Schmerz so intensiv, daß die hebräische Bibel erdacht wurde, um euch mit jeder Geschichte abzulenken – bis auf die wichtigste. Jahwe wird als rächender Feuergott dargestellt, und dann habt ihr Tempel gebaut und Religionen erfunden, die diese große Leugnung enthalten sollten. Ja, eure Tempel und Kirchen sind Gebäude und Systeme, um diese Leugnung aufrechtzuerhalten. Die Leugnung hat sich angehäuft, es existieren Implantate in eurem Körper, die sie festhalten, und wie ein Atomreaktor spuckt euer Körper emotionalen Müll aus. Sodann entlarvtet ihr die Leugnung durch die Atomspaltung. Einstein erweckte diffuse Erinnerungen an die schreckliche Wahrheit, ihr wart entsetzt und machtet das Ganze zu einer wahrscheinlichen Zukunft. Viele von euch werden sehr nervös, wenn sie »Jahwe« hören, und einige von euch erkennen intuitiv, daß »er« es tat. Diese mysteriöse Gedankenform äußert sich in eurem Jetzt als ernstlich verankerte, apokalyptische Gedankenabläufe, der gefährlichste Trend in eurer Wirklichkeit. Da ihr, wenn ihr von eurer Obsession mit Gottvater ablaßt, apokalyptisches Gedankengift eliminieren könnt, laßt mich euch alles über Abraham erzählen.

Am Ende des dritten vorchristlichen Jahrtausends beherrschte Nibiru Ur, eine alte numerische Stadt am Euphrat, und die Nibiruaner hießen damals Sumerer. Wie der Vatikan war auch die sumerische Regierungsform theokratisch. Wenn ich eure Vergangenheit abtaste, sehe ich, daß Abraham von Ur mit einer kleinen Schachtel losgeschickt wird, die ein leuchtendes Element enthält. Dieses wird von ihm sorgfältig bewacht, denn er weiß, daß es sehr gefährlich ist und große Angst auslöst. Jenes Element kam aus der Erde ganz tief unter Ur, der niburianischen Hauptstadt, die Anu als Strahlungslagerstätte ausgesucht hatte. Wenn ihr mehr Informationen darüber haben wollt, folgt einfach der Bundeslade, die gebaut wurde, um die Strahlung in jenen Tagen aufzunehmen.[3]

Abrahams Mission war es, Anus Macht in Anunnaki-Tempel zu bringen, um die Emotionskörper eurer Vorfahren zu beherrschen. Es war eine Steckdose in die Kultur, die inzwischen immer komplexer geworden ist, und es mag hilfreich sein, sich jetzt klarzumachen, daß dieses Problem nicht im 20. Jahrhundert aufkam. Durch seinen Halbwertzeitprozeß wandelt sich das Uran allmählich in träge Elemente um. Ich werde diese Lagerstätte von Anus Macht »Die Anu-Bombe« nennen, und da ich in euch lesen kann, erklärt das, weshalb ihr eure modernen Atomphysiker für göttergleich gehalten habt. Aus meiner Sicht gibt es eine symbiotische Beziehung zwischen dem Zusammenbruch des Emotionskörpers durch das Karma und dem Zusammenbruch radioaktiver Elemente via Umwandlung. Erinnert euch, ich verstehe nicht immer, wie etwas in eurer Wirklichkeit funktioniert, und wenn ich sage, ich lese in euch oder taste euch ab, versuche ich mir ein Bild zu machen über das, was in eurem Körper passiert. Ich bemühe mich, diese Symbiose zu verstehen, denn ich weiß, sie wird die Straße zu eurer Fähigkeit sein, euch des Umwandlungsprozesses bewußt zu werden. Ich kann sehen, daß die Umwandlung radioaktiver Elemente ganz eng mit eurer Arbeit an eurem Emotionalkörper verbunden ist. In diesem Sinn ist Strahlung ein Geschenk der Anunnaki oder Nibiruaner.

Man kann das aus vielen Blickwinkeln betrachten. Zurück zur Anu-Bombe: Ich sehe Abraham seine radioaktive Schachtel tragen, es hat den Anschein, als sollte das Uran dazu verwendet werden, Anus Bewußtsein im Tempel zu deponieren, damit eine neue Ebene niburianischer Herrschaft über die Erde ihren Anfang nehmen konnte. So begann mit Einsetzen des Widder-Zeitalters der Strom patriarchalischen Bewußtseins, das euch jetzt zu Sklaven macht, wenn ihr nicht darauf achtet, was es euch wirklich zu bieten hat. Während des Widder-Zeitalters waren Krieg und die Beherrschung Unterlegener angemessen, aber jetzt nicht mehr.

Das Uran mußte im Nahen Osten, der Levante, deponiert werden, weil dieser Teil des Planeten einst tief im Ozean lag, da, wo die Oberfläche unmittelbar an den heißen inneren Kern stieß. Durch die Kontinentaldrift und die Erdkrustenverschiebung hatte sich dieser Teil des Planeten während der Polverschiebung 10 800 v. Chr. nach oben gewölbt. Dort konnte Anu diese machtvolle Energie sehr tief und tödlich deponieren lassen. Er wollte einfach die Welt beherrschen. Er ist der große Vater-Gott von Nibiru, und die Erde war sein auserwähltes dreidimensionales Territorium. Natürlich meint er zu wissen, was für euch am besten ist. Deshalb benutzt er euch einfach, wenn er Kontakt mit der Erde hat – wenn Nibiru in die Umlaufbahn des Sonnensystems kommt und nibiruanische Raumschiffe auf der Erde landen oder wenn er euch mit Tempeltechnologie überwacht. Einmal, gegen 2000 v. Chr., begannt ihr, über euch selbst nachzudenken, und eure Gefühle erwachten allmählich. Anu besaß damals keine Gefühle. Er sah, daß ihr dabei wart, euch seiner totalen Beherrschung zu entziehen, und er wußte, daß er euch mit Uran selbst dann unter Kontrolle halten konnte, wenn ihr bis ans Ende des Großen Maya-Kalenders gelangtet und Anu sich zu weit von eurem Sonnensystem entfernt hatte.

Wenn Anu euch überwacht, können euch vierdimensionale archetypische Kräfte dazu antreiben, ihre Dramen in der dritten Dimension auszuagieren. Erinnert euch, die vierte Dimension ist die polarisierteste, während die dritte Dimension mit vier Himmelsrichtungen die Dinge geschehen läßt. Nach 500 Jahren ist das Uran komplett mit Emotionalkörperabfällen – menschlichen Karma – verschmutzt. Die Plejadier machen sich darüber lustig und nennen es euer »Anu-Karma«. Da menschliche Gefühle von der vierten Dimension herumgeschubst wurden und von einem Pol zum anderen wandern, sind sie sehr beschleunigt. Ihr werdet global verbunden, und die aktive Strahlung der Anu-Bombe kann diese ziellose Kreativität nicht aufnehmen. Emotionen spucken in nicht dafür geeignete Reiche, während ihr hin und her rennt wie Ratten in einem Psycho-Labor. *Das Uran hält die Vibration in eurem physischen Körper, der mit Anus Programmen schwingt.* Aufgrund dieses Halbwertzeitprinzips kann ich jedoch sehen, daß die ursprüngliche Anu-Bombe verglüht. Ich kann das teilweise mit euch entschlüsseln, da Plutonium das instabile Element ist, das am dichtesten mit eurem plejadischen 26 000-Jahre-Zyklus schwingt. Plutonium in eurer Umwelt ist für alle Plejadier tödlich. Erinnert euch, ich kann in eure Körper sehen wie ein visueller Geigerzähler, und ich erkenne, daß die Kontrollsteckdosen der Anunnaki in eurem Körper sich allmählich lockern. Wenn ihr Emotionen umwandelt, wandelt ihr Plutonium um, und die Plejadier können unbehinderter mehr Liebe auf die Erde bringen.

Inzwischen wird durch die Militärindustrie größere Strahlung in die Umwelt abgegeben. Anscheinend hat keiner die Macht, dem Einhalt zu gebieten, weil es ihnen wie Gott vorkommt, da es an das alte Anunnaki-Machtspiel geknüpft ist. Die Anunnaki bringen euch dazu, radioaktives Material zu produzieren, ihr handelt wie Zombies, und Einstein ist ein Gott für euch. Wacht endlich auf, Menschen! Ihr zahlt unerhört viel dafür, vergiftet zu werden! Das erhöhte Strahlungsniveau ist hingegen für nibiruanische Lebensformen ein Segen. Sie wollen einen radioaktiven Planeten schaffen, auf dem sie leben wollen, wenn ihr so dumm seid und die dritte Dimension der Erde zerstört. Ruft euch endlich ins Gedächtnis, daß ich nur über die drei- und vierdimensionalen Aspekte der Strahlung spreche. Am Beispiel der Strahlung seht ihr, wie eine Situation im linearen Raum und in linearer Zeit sehr negativ erscheinen kann, und doch bekommt sie eine komplett andere Bedeutung, wenn man sie von einer subtileren Dimension aus betrachtet. Chris Griscom sagte 1986 zu meinem Medium, der Emotionskörper vibriere auf einer niedrigeren Frequenz als der physische Körper. Bei Chris' Worten gerieten wir Plejadier in Aufregung, weil dies etwas erklärte, was wir uns nicht vorstellen konnten. Wir begriffen nur schwer, warum ihr euch nicht schneller klärt. Von unserer Perspektive war es diese Emotionalfrequenz-Verzögerung, die von der ersten Anu-Bombe in Bewegung versetzt wurde, und wir sahen, daß die Blockade in eurem Emotionskörper liegt. Jetzt, da das Atom erneut gespalten wurde – dualisiert, damit es in eurer Wirklichkeit nach Verschmelzung suchen kann –, müßt ihr euren Emotionskörper wieder auf seine normale, höhere Frequenz beschleunigen.

Hört, Menschen, eure Integrität soll sich in eurem Körper befinden! Außerirdische können nur in eure höherdimensionalen Emotionen eindringen. Seht euch den vierdimensionalen Baldachin in Abbildung 10 an. Natürlich kann euer Körper, wurde erst einmal emotional in ihn eingedrungen, von Krankheiten befallen werden, und dann seid ihr an den Stellen angreifbar, an denen Frequenzen eingesetzt haben, die nicht mit eurem Körper in Einklang stehen. Ihr seid nicht in eurer Integrität, wenn eure Emotionen dichter sind als euer Körper, und das hat euch für einen Angriff geöffnet. Aus meiner fünfdimensionalen Perspektive wird die natürliche Symbiose von Gefühl und Uran während der Energiebeschleunigung euren Emotionalkörper in erhöhte Geschwindigkeit versetzen, so daß euer plejadisches höheres Selbst euer wahres Zentrum werden wird, während ihr die Erde bewohnt. Die Schwingung von Uran mit dem galaktischen Zyklus zeigt, daß Menschen ihre Vibrationsfrequenzen steigern müssen, damit sie zum Uran passen. Dann werdet ihr auf natürliche Weise bedingungslose Liebe »ausstrahlen«, die euch in eurem Herzen zentriert, und alle Dimensionen öffnen sich gleichzeitig.

Die nächste Frage muß lauten, ob Anu seine Bombe legte, um genau das zu tun – die Vibration der Menschheit zu steigern. Aus meiner Sichtweise als Plejadierin kann man Anu nur schwer liebevolle Absichten unterstellen, weil ihm offensichtlich Freundlichkeit oder Mitgefühl für die Menschheit fehlt. Das ist eine faszinierende Gratwanderung, weil die Anunnaki, während sie euren Planeten beeinflußten, für euch eine sehr elternähnliche Rolle gespielt haben, und alle Aspekte eurer Eltern erachtet ihr als wertvoll.

Wie bei allen Eltern haben viele ihrer Handlungen damit zu tun, euch langsam, aber sicher zu Entwicklung und Wachstum aufzufordern, und genau das ist verwirrend. Auf der Erde lieben viele

Eltern, besonders die aus unbeeinflußten Eingeborenenvölkern, auf fünfdimensionale plejadische Weise. Das erzeugt im Kind grenzenloses Vertrauen. Anu spielt die Elternrolle nicht liebevoll und leidenschaftlich, sondern eher, wie sie die meisten Eltern in der westlichen Welt wahrnehmen. Wenn ihr euch in eure eigenen Erinnerungen mit euren Eltern zurückversetzen und jeden Punkt isoliert betrachten würdet, wo sie wahre Liebe und Sorge für euch empfanden, und diesen liebevollen Teil ihrer Beziehung zu euch abstreiftet, dann fändet ihr euch mit dem Teil von ihnen wieder, der die Absicht hatte, euch wie eine Pflanze zu kultivieren. Sie gebaren euch, mußten euch füttern, kleiden und sich um eure Entwicklung kümmern. Aber stellt euch vor, sie aktivierten euren im Herzen begründeten liebevollen Teil nicht, weil es nicht ihrem Wesen entsprach. Kennt ihr nicht Eltern, die ihre Kinder ernähren und doch anscheinend keine wahre oder wohltuende Liebe für dieses Kind empfinden?

Um 3600 v. Chr. fühlte Anu, daß die nächste Wachstumsebene für den Menschen Stadtkulturen sein würden, weil diese Form zu planetarischem Bewußtsein führt. Für die Entwicklung einer Stadtkultur mußte Anus Nachkommenschaft Sozialisierung entwickeln, eine Art, sich mit anderen Menschen in Beziehung zu setzen, die sich von denen unterschied, die es früher gab. Er glaubte, euch während dieser Phase überwachen zu müssen, und so setzte er Strahlung ein. Dieser Teil von Anu ist der Teil von euch, mit dem ihr in Städten leben und Territorien errichten, von anderen Geld nehmen, andere Menschen beherrschen und benutzen könnt. Das ist kein liebevoller Sinn für Gemeinschaft und Geben. Es ist eine neue Ebene von Komplexität im Leben, die große Erfahrungen zu bieten hat, aber nicht unbedingt als liebevoll bezeichnet werden kann.

Anu deponierte das Uran ganz tief im Planeten. Es dient ihm dazu, eure Reife und Entwicklung zu überwachen und zu beeinflussen, während Nibiru die Umlaufbahn des Sonnensystems verließ; und dann lieferte Abraham es 1600 Jahre später im Tempel ab. Dieses nächste Wachstumsstadium war bei den eingeborenen Völkern Gaias nie zuvor entwickelt worden. Anu leitete die eingeborenen Völker der Erde an, eine Tempel/Stadtkultur zu bauen, aber sobald Nibiru das Sonnensystem verlassen hatte, glaubte er, er brauche eine Methode, um eure Entwicklung bis zu eurer Reife zu kontrollieren. Diese komplexen Gebäude zu errichten und sie dann ihren Einwohnern zu überlassen, wäre andernfalls so gewesen, als hätte man ein zweijähriges Kind auf den Pilotensitz einer Boeing 747 gesetzt. Ich, Satya, sehe, daß alles, was auf eurem Planeten mit Uran geschieht, Anu den totalen Zugang zu euch verschafft. Ich fühle dieses Überwachungsgerät in Anus Gehirn, zu dem ich leicht Zugang habe, weil ich höherdimensional bin. Es ist wie ein Implantat in seinem Gehirn, das er auf euer Tun einstellen kann. Ich sehe, daß er euch abtastet, so wie ihr Dinge in Röntgenstrahlen und CAT-Scannern seht.

Jetzt steht Anu kurz vor einem Aneurysma, das durch den Grad der Materialisierung auf der Erde ausgelöst wurde. Diese archaischen Implantate werden zu einer tödlichen Gefahr, wie alte Batterien, die Leiterplatten ausspucken. Erinnert euch, ich habe euch gesagt, daß Anu euch einst durch seine Aufforderung, ihm nachzueifern, geschickt zu selbstreflektivem Bewußtsein brachte – ihn als Idol anzubeten hat euch träge gemacht. Das funktionierte während einer eurer Wachstumsphasen, aber dann verlort ihr die Lust daran. Ihr wolltet jetzt auch Gott sein, und deshalb habt ihr das Atom gespalten. Gerade als Anu die Kontrolle aus der Hand geben wollte, sobald genug von der Anu-Bombe nach dem Halbwertzeitprinzip umgewandelt war, fingt ihr an, das Uran der Erde zu entreißen. Was hat dieses Entfernen zweidimensionaler Elementarkraft aus der Erde verursacht? Habt ihr nicht bemerkt, daß die Konflikte der Emotionskörper an Intensität zunehmen? Und ist euch aufgefallen, daß die Freisetzung von Uran auf eurem Planeten in direktem Zusammenhang mit der Explosion emotionalen Karmas und emotionaler Aktivität steht? Macht euch das bewußt. Es ist wahr, und es bedeutet eine gewaltige Beschleunigung eurer Evolution.

Zurück ins Jahr 3600 v. Chr. Als die Tempel-Stadtkulturen entstanden, zogen Menschen, die bisher ein Hirtenleben geführt hatten, in die Städte. Ihre Gefühle richteten sich neu aus, und dieselben Städte wurden bis 200 v. Chr. zu bewaffneten Lagern. Die Folge des Urans waren Verteidigungsbestrebungen und ein Waffenarsenal. Ihr mußtet dieses Stadium durchlaufen, um in eine höhere Vibration zu gelangen, weil das Ego oder die Identität der Anunnaki entscheidend am Wachstum und der Entwicklung auf eurem Planeten beteiligt ist. Vieles an dieser Erfahrung war negativ, und ich werde nun zu den negativsten Elementen kommen, um den Anunnaki dabei zu helfen, sie loszulassen.

Genauso wie die zweidimensionalen Elementarwesen wollen auch die vierdimensionalen archetypischen Herren in ihr Reich zurückkehren. Dimensionale Verschmutzung hat ihren Nutzen überdauert. Einerseits könnte man sagen, daß Anu euch zur Erforschung von Strahlung antrieb, weil er einsam war. Erkennt also diesen einsamen Gott in euch und seid bereit, den Planeten mit eurem eigenen Genie zu beschenken. Jetzt ist der Zeitpunkt gekommen, um mit ihm und allen anderen auf der nächsten Frequenzebene in Verbindung zu treten. Anu hat die völlige Kontrolle über die bekannte Welt in einem einzigen Zeitrahmen. Die nächste Frage lautet: Was ist derzeit Anus jeweiliger Kontrollzustand?

Aus unserer Perspektive beschloß Anu 3600 v. Chr. eine Schöpfung auf der Erde einzusetzen, eine Art, die Schublade mit seiner Unterwäsche aufzuziehen. Anu entblößte sich, indem er die gesamte Tempel/Stadtkultur-Form verschenkte, aber was veranlaßte ihn dazu? Nun, ich werde euch ein Geheimnis verraten: Anu rivalisierte mit den Sirianern, die ihre Tempel/Stadtkultur in Ägypten begründet hatten, und wurde eifersüchtig! Nach Nibirus Rückkehr im Jahr 7200 v. Chr. bauten die Sirianer um 600 v. Chr. großartige Tempel/Stadtkomplexe, die alle Kraftwirbel am Nil aktivierten, und errichteten sogar Aktivierungsgebäude in der ganzen Ägäis. Die Arbeit der Sirianer mit den Menschen diente einer höheren Gehirnaktivierung, aber die Anunnaki hielten das menschliche Gehirn lediglich für eine Roboterstruktur, die sie zur Kontrolle von Menschen als Arbeitern einsetzen konnten.

Beziehungen zwischen den Anunnaki und den Sirianern

Anu baute als wundervolles Geschenk für die Menschen den blühenden Anunnaki-Tempel/Stadtkomplex an Tigris und Euphrat. Er tat dies aber nur aus Rivalitäts- und Eifersuchtsmotiven und nicht, weil er wirklich etwas weiterzugeben gedachte. Dies führte sofort zu einer Schöpfungs- und Baudynamik, weil er ein

Mogul sein wollte. Erschaffen und Bauen ist als Aktivität gedacht, welche die Menschheit befreit und die Gelegenheit zu Kommunikation und Sozialisierung bietet; sie sollte aber keineswegs zum Machtspiel ausarten. Die Menschen waren schon immer schlauer, als es die Anunnaki wahrhaben wollten, während die Sirianer das menschliche Potential stets umfassend verstanden haben. Da die Sirianer Sternenmenschen sind und die Anunnaki die Bewohner eines Planeten, der Teil des Erd-Sonnensystems ist, hoffen die Sirianer ständig, daß sich die Anunnaki ein paar Dinge aus den sirianischen Schöpfungen auf der Erde aneignen. Leider hat Eifersucht dieses Potential für die Erdbewohner reduziert, weil das Bewußtsein von Sternenintelligenzen immer multidimensionaler ist als das Bewußtsein von Planetenbewohnern.

Es gibt viele Verbindungen zwischen Sirius und Nibiru. Wenn letzterer das Sonnensystem verläßt, begibt er sich auf eine Umlaufbahn weit draußen im Weltraum und nähert sich dem großartigen Sirius-Sternensystem. Aus Nibirus Sicht sind Sirius und die Sonne Zwillingssterne. Nibiru ist mehr vom Bewußtsein der Sonne und des Sonnensystems und dem des Siriussystems sowie den Planeten von Sirius betroffen. Das Siriussystem ist ein sehr weit entwickeltes Dreifachsystem, das aufgrund verschiedener afrikanischer Initiationskulturen wie den Ägyptern und den Dogon große Wirkung auf die Erdbewohner hat.

Nibiru kreiste früher um Sirius B; aufgrund verschiedener Himmelsdynamiken besuchten die Anunnaki vom Planeten Nibiru die Erde vor 450 000 Jahren zum ersten Mal, wie es von Zecharia Sitchin hervorragend dargestellt wurde.[4] Ich will nicht gleich zuviel verraten, nur dies, daß die Sirianer erheblich mehr als ihr über die Nibiruaner wußten, und ihr solltet die Sirianer ernst nehmen. Das macht ihr mit Hilfe ägyptischer Aufzeichnungen, und durch die Eröffnung dieser Aufzeichnungen erschuf mein Medium die Sirius-Plejaden-Allianz. Diese Allianz begann am 7. August 1972, als die Sirianer intervenierten, um zu verhindern, daß die Polarachse der Erde aufgrund einer großen Explosion in der Sonne umschlug.[5] Die Persönlichkeit meines Mediums veränderte sich an diesem Tag völlig, als sie und viele Menschen auf der Erde zu hybriden Plejadiern-Erdlingen wurden. Sie begann, sich in jenem Sommer auf die bevorstehende Sirius-Plejaden-Allianz vorzubereiten, bei deren Implantation in Ägypten sie Ende 1992 in der Großen Pyramide und in Sakkarah mithalf. Diese Allianz sollte die Beziehung der Anunnaki zu den Sirianern heilen. Laßt uns nun also die Beziehung zwischen Sirius und Nibiru einer Betrachtung unterziehen.

Der große sirianisch-ägyptische Gott Anubis ist der Führer, der Nibirus Umlaufbahn regelt. Zudem reist er mit eurem Sonnensystem den ganzen Weg durch die Galaktische Nacht. Die Plejadier halten die Umlaufbahn eures Sonnensystems, während ihr durch den Photonenring reist. Sie sind eure Mutterkuh, und Anubis ist euer Schakalführer. Anubis ist ein Wesen, das das Universum mit dem Bewußtsein von Sirius bereist, und er ist ein sehr viel höher stehendes Wesen. Stellt es euch so vor, daß Anubis die Umlaufmuster des Sonnensystems als ganze Einheit hält, die ihren 26 000-Jahre-Zyklus in der Alcyonespirale durchläuft. Ich beobachte, wie Abraham sich um etwa 2000 v. Chr. von Ur entfernt, und erkenne, daß er ein *Sirianer* ist! Das überrascht mich, denn ich hielt ihn für einen Nibiruaner. Jetzt sehe ich, daß seine Geschichte in der Bibel eine Vertuschung ist und weshalb die Ägypter ungerechterweise verleumdet wurden. Das sind alles typische Beispiele für den Druck der Anunnaki auf die Sirianer. Und die Aufdeckung dieser Lügen wird das Welt-Management-Team entmachten.[6] Warum? *Wenn ihr eure Macht zurückhaben wollt, braucht ihr nur eure Geschichte wiederzufinden.*

Erinnert euch: Zuerst dringt man emotional in euch ein, und dann bildet eure Reaktion Muster in eurem Körper, die schließlich zu Krankheit führen werden. Da Nibiru um Sirius kreist, hat er immer als sirianischer Postdienst in eurem Sonnensystem fungiert, sobald er sich dort wiederfand. Die Sirianer wollen bestimmte Arten von Informationen, die auf der Erde lagern, aber die Erde ist ein trickreicher Ort. Wenn Informationen in das dreidimensionale Feld der Erde eingelagert werden, müssen ihre multidimensionalen Eigenschaften umgewandelt werden. Das heißt, die Kraft von Sirius muß auf der Erde aktiviert werden, so wie Elektrizität in einem Telefon hörbar wird. Wesen aus anderen Dimensionen und Systemen lagern ständig Informationen in Form von Kornkreisen oder Hieroglyphen auf der Erde ab. Oft werden diese Informationen zerstört, weil sie in Widerspruch zur offiziellen Geschichte eurer Vergangenheit stehen, die von Anu erfunden und überwacht wurde.

Anu ist besonders wütend über die sirianischen Informationen. Aus diesem Grund werden die eingeborenen Ägypter, die immer noch das alte sirianische Wissen bewahren, an bestimmten Orten keine Ausgrabungen erlauben, besonders bei den Tunnels unter dem Gizeh-Plateau. Wesen aus anderen Systemen deponieren dort permanent Dinge, weil der Hauptumwandler eures Planeten unter der Sphinx liegt, und die eingeborenen Ägypter bewachen ihn. Sobald das System wieder offen ist, werdet ihr diese Informationen bekommen. Erinnert euch also an euer Erbe und werdet multidimensional.

Abraham war ein Sirianer, und trotzdem trug er die Anu-Bombe. Für mich wäre das ein Hinweis darauf, daß auch Sirius an dieser Strahlungslagerung beteiligt ist. Mein Medium versteht die Zusammenhänge so, daß das sirianische Paket, das 5400 v. Chr. mitgenommen und 3600 v. Chr. an die Erde geliefert wurde, das Modell für die Tempel/Stadtkultur war. Die Tempel/Stadtkulturen florierten mehr als 1000 Jahre auf dem Planeten, aber kommt ein Sirianer daher, der Uran deponiert? Kaum auszudenken, welche Auswirkungen das haben kann. Wie gesagt, führte Abraham das Uran ein, weil die Anunnaki auf die Sirianer und ihre großartige Tempel/Stadtkultur in Ägypten eifersüchtig waren. Aber die Tempel und Städte der Anunnaki erreichten nie das hohe, subtile Niveau der Ägypter. Warum? Anus Stadt-Staat entstand aus Rivalität und Eifersucht heraus, und dieser hätte sich in jedem Fall zu Sodom und Gomarrha entwickelt, die Gaia zerstört hätten. Es war eine tödliche Schöpfung. Sie konnte letztendlich den Planeten vernichten, deshalb brauchte sie eine eingebaute Beschränkung – Strahlung –, die immer aktiviert würde, sobald ein bestimmtes Komplexitätsniveau in jeder auf Rivalität gegründeten Kultur erreicht war.

Ich sehe das so, daß die Sirianer ihre eigenen Informationen nie versteckt haben. Die Aufzeichnungen des alten Ägypten sind ein beredtes Beispiel. Als Eingeweihter könnt ihr ihre Informationen lesen. Die sirianische Frequenz steht in der dritten Dimension in Ägypten immer noch für jeden zur Verfügung, der sie zu lesen vermag. Diese Energie beeinflußt einige, aber sie ist so fein, daß die meisten, besonders professionelle Archäologen, sie nicht bemerken. In den Tempeln von Ägypten stellen einige von euch fest, daß sie Drüsensysteme haben, die in Schwingung mit Sirius stehen. Bis vor einigen Jahren war euer endokrines System nur intensive und grobe Gefühle zu lesen imstande; einige von euch haben aber gemerkt, daß ihr endokrines System auf diese feinstofflicheren sirianischen Vibrationen anspricht. Inzwischen hat das plejadische Wissen eure Schilddrüse, eine höher liegende Herzdrüse, aktiviert. Diese Drüse löst schnelle physische Heilung in Vorbereitung auf den Photonenring aus, während die Sirianer euch dabei helfen, die feinstofflichen Drüsensysteme zu fühlen und bewußt mit ihnen zu arbeiten. Diese feinstofflichen Vibrationen sind für viele von euch schwierig, aber es fällt relativ leicht, in Ägypten unterschiedliche Vibrationen zu erspüren, besonders die Eigenschaften der nibiruanischen Vibration. Wenn ihr beispielsweise Zugang zu den Nibiruanern wollt, achtet darauf, wann ihr einen starken Schlag in eure Eingeweide bekommt, woraufhin sich eure Kehle schließt. Die Plejadier geben euch Impulse in euer Herz, die Lungen, die Leber und die Haut. Die Heilung von Drüsen vollzieht sich unmerklicher, und mit entsprechenden Heilmethoden wird man letztendlich die gröberen Mechanismen der allopathischen Medizin der Anunnaki umgehen können.

Ich habe schon erwähnt, daß die Tempel/Stadtstaaten in Sumer immer schneller zu bewaffneten Lagern wurden, was schließlich im Jahr 2024 zur atomaren Vernichtung von Sodom und Gomorrha führte.[7] Ihr müßt euch jetzt darüber klarwerden, daß die Lösung menschlicher Konflikte nirgendwo auf dem Planeten möglich ist ohne ein Verständnis für multidimensionale Wesen, die es auf diesem Planeten gab. Das Welt-Management-Team und andere Kräfte, die damit beschäftigt sind, euch einzuschränken, sind ein Zusammenfluß aller Energien auf diesem Planeten, die euer Verhalten seitdem manipulieren. Ihr kämpft die Schlachten von Wesen, die nicht von der Erde stammen! Da ihr völlig in der dritten Dimension gefangen seid, könnt ihr auch nicht wissen, was euch antreibt, und doch wärt ihr es alles zu sehen imstande, wenn ihr multidimensional werden würdet, wie ihr es vor eurer Geburt wart. Erinnert euch: Ich sagte, daß Anu euch erstmals zu Komplexität antrieb, damit ihr global werden konntet. Was eigentlich abläuft, wird eure kühnsten Erwartungen übersteigen, und wir Plejadier sind jetzt hier, um diese Dimensionenschlüssel in die Luft zu jagen. Die Dinge werden sich schnell verändern. Es ist der einzige Weg aus einer neuen Atomexplosion – die diesmal weltweit und nicht auf Sinai beschränkt sein wird.

Alle Dimensionen verfügen über Organisationsstrukturen, aber Regierungen gibt es nur in der dritten Dimension. *Auf der Suche nach Multidimensionalität schränkt ihr euren Zugang ein, wenn ihr dreidimensionale Strukturmodelle auf höhere oder niedrigere Dimensionen anwendet.* Das tun meistens Menschen, die sehr hart an einer Erhöhung ihres Bewußtseins arbeiten und in dimensionalem, hierarchischem Fundamentalismus steckenbleiben. Ein Beispiel dafür wäre das Ashtar-Kommando, das die achtdimensionale Galaktische Föderation wie das Pentagon beschreibt. Die achte Dimension arbeitet mit galaktischer Ordnung, aber es gibt keine dreidimensionalen Modelle, die es auch nur annähernd beschreiben. Ein anderes Beispiel wäre, wenn das zweidimensionale tellurische Reich auf der Karte als »innere Erde« bezeichnet wird. So wie ich die Strukturen von Sirius, Nibiru, den Plejaden oder der inneren Erde entschlüssele, werden euch dreidimensionale Gedankenformen irreführen. Eine Metapher bietet Hilfe bei der Modellierung höherdimensionaler Konzepte – so ist der Photonenring die Metapher für das Licht-Zeitalter. Es lohnt sich, auf der Suche nach Spuren höherer Dimensionen in der dritten Dimension darauf zu achten, wann zu dichte oder zu feinstoffliche Energien im Spiel sind. Zum Beispiel sind Schneeflocken und -kristalle wunderbare Modelle sechsdimensionaler Geometrie; die fünfte Dimension erkennt man oft deutlich an den feinstofflichen höheren Vibrationen bei großer Kunst; und Katzen machen dauernd zweidimensionale Elementaraktivität sichtbar. Allgemein reagieren Tiere sehr sensibel auf Elementarwesen, und das ist der Grund dafür, daß sie die Menschen lesen. Alles durchdringt sich.

Ich bin an Abraham nur vom folgenden Standpunkt aus interessiert: Was ist die wahre Geschichte über Abraham von einer höherdimensionalen Warte aus? Die Vertuschung seiner wahren Geschichte sperrt die Menschheit ein, weil sie ein codiertes Medium für die vierdimensionale Kontrolle eurer Wirklichkeit ist. Das heißt, die Nibiruaner benutzen Abraham als Werkzeug. Die vierdimensionalen archetypischen Kräfte sind sehr daran interessiert, wo genau ihr in eurem Emotionalkörper steckengeblieben seid, weil diese Krisenherde – Glaubenssysteme– sich an Stellen befinden, wo sie euch immer noch überwachen und beeinflussen können. Solange ihr alle möglichen Überzeugungen in bezug auf euren großen Gottvater hegt, werdet ihr nicht drauf achten, was die Geschichte verschleiert. Aus meiner fünfdimensionalen Sicht enthalten vertuschte Dinge ein großes Potential zur Aufhebung von Blockaden, die für euren Emotionskörper tödlich sind.

Ich habe euch immer wieder Hinweise gegeben, wie ihr euren Emotionskörper klären könnt, bevor ihr völlig in den Photonenring eintretet. Jetzt müßt ihr dankbar sein, daß diese Dynamik sich nach unten ins Physische verlagert hat, wie Dianes Erfahrung zeigt. Die zweidimensionalen Elementarwesen, die ihrem Körper die Ehre gaben, sollten sie in ihre physische Integrität zurückvibrieren, sie aber nicht beherrschen, indem sie sie mit einem Glaubenssystem herumschubsten, das sie ablenkte. Menschen, hört jetzt genau zu. Die vierdimensionalen Intelligenzen haben eine riesengroße Nebelwand mit dem Titel »Dämonen/Teufel/Ungeheuer/Luzifer/Schreckgespenster« erschaffen, nur damit ihr die funkelnden zweidimensionalen Elementarwesen nicht seht! Ihr seid mit einem Trick dazu gebracht worden, gerade die Lehrer negativ zu beurteilen und zu fürchten, die euch direkt zu eurer eigenen Heilung führen können!

Falls ihr darüber nachdenkt, wie das Uran seine Radioaktivität nach dem Halbwertzeitprinzip verliert, werdet ihr nützliche Informationen darüber erhalten, wie ihr eure eigenen Blockaden im Emotionskörper entschärft. In der physischen Welt dauert die Entgiftung radioaktiver Elemente Hunderttausende von Jahren. In jedem Leben steckt ihr in einem männlichen oder weiblichen Körper. Könnt ihr in diesem Leben vollständig eintauchen, eins werden und mit der entgegengesetzten sexuellen Polarität verschmelzen, so bietet sich euch die Möglichkeit, ein halbes Leben karmischer Rückstände aus dem Emotionskörper abzuladen. Sexuelle Liebesbeziehungen sind emotional und physisch. Wenn ihr fähig seid, mit eurem Partner vollkommene Polaritätsauflösung zu erreichen, könnt ihr die Rückstände von Leben von Anbeginn der Zeiten zur Hälfte entgiften. Stellt euch vor, ihr brecht diesen

Widerstand immer dann jeweils zur Hälfte, wenn ihr im Orgasmus aufgeht! Ich will es einfach formulieren: *Die Bestimmung des Zeitpunkts, um Strahlung zu entschärfen, steht in symbiotischer Beziehung mit der Klärung eures Emotionskörpers.* Nibiruaner und Sirianer haben an euch zur Kontrolle des Emotionskörpers Techniken angewandt, bei denen Uran im Spiel war. Beachtet, daß in eurem Jetzt die Bombe genau dann explodierte, als eure Emotionskörper am verseuchtesten waren – im Zweiten Weltkrieg. Wenn ihr der Wiedereinführung von Strahlung in eurer Umgebung nachgeht, steht sie in direktem Verhältnis zur Verseuchung eures Emotionskörpers.

Jetzt seid ihr hier in der dritten Dimension mit einer ganzen Menge Strahlung in eurer Umwelt – wodurch dorthin noch mehr Nibiruaner gelangen –, und bewegt euch in den Photonenring hinein. Auf irgendeiner Ebene wird wie bei einer Atomexplosion alles in eurem System völlig auseinandergesprengt werden. Ihr befindet euch in eurer dreidimensionalen Integrität und behaltet euer Bewußtsein, eure Stimme, euer Verhalten, euer Liebesleben, und plötzlich zerbirst buchstäblich alles in Millionen Lichtfragmente. Aus meiner Sicht vermag ich aber nicht viel Licht in euch wahrzunehmen, wenn ich euch jetzt anschaue. In irgendeiner Weise macht ihr euch darüber alle sehr große Sorgen. Das gibt euch das Gefühl, gleich zu explodieren, und deshalb schlagen wir euch vor, euch mit Anubis von Sirius zu beratschlagen, damit er euch ein bißchen hilft. Immerhin waren die Sirianer ja daran beteiligt, daß Strahlung solch ein großer Faktor in diesem Stadium eurer Evolution ist.

Anubis und euer Körper

»Ich bin Anubis. Von meinem sirianischen Standpunkt betrachten wir eure Dimension etwa so wie einen Menschen mit geöffnetem dritten Auge, der eine Perle auf etwas festhält. Wir sind als ›die Beobachter‹ bekannt, aber nicht als die nibiruanischen, von denen in eurer Bibel die Rede ist und die persönlich an den Plänen und Situationen beteiligt sind, die sie in Augenschein nehmen. Als sirianischer Beobachter bin ich nur daran beteiligt, die physische Integrität der Körper zusammenzuhalten, die diese Programme und Situationen unterstützen – die Planeten in eurem Sonnensystem und dessen Umlaufbahn um Alcyone. Würden diese Umlaufmuster nicht aufrechterhalten, so träten bestimmte Muster in der Zeit nicht auf.

Falls ihr die Haltung der Großen Pyramide einnehmt, wenn die dritte Dimension von der Multidimensionalität zerschmettert wird, werdet ihr in Form bleiben. Setzt euch in den Lotussitz und erzeugt Energie in euren Händen, die ihr dann mittels eures Chakras in eine Dreiecksform bringt. Damit könnte ihr dem neuen Feld widerstehen, bis ihr euch angepaßt habt. Zahlreiche Menschen werden Heilung brauchen, und diese Technik wird eure Integrität in der dritten Dimension aufrechterhalten. Euer Bewußtsein für physische Körperhaltungen einzusetzen wird eure Integrität bewahren, wenn ihr in den Photonenring eintretet. Um ein Explodieren zu verhindern, nehmt Haltungen ein, die mit dieser Energie umgehen können.[8]

Katzen sind großartige Lehrer. Ihr lernt, langsamer zu werden, nicht mehr soviel Druck auszuüben. Ihr lernt abzuhören, wenn ihr euch weh tut, und diesen Körperteil zu heilen, bevor ihr vorwärtsstürzt. Ihr fangt alle an, wirklich auf den Zustand eures physischen Körpers zu achten, weil wir gewaltiges geometrisches Bewußtsein in ihn schicken, damit ihr euch wieder an diese Art der Integrität erinnert. Es wird bald ein Moment kommen, da werdet ihr alle aufhören, euch zu bewegen, werden einfrieren und eine Haltung einnehmen, um die Kraft aufzuhalten, die auf euren Planeten trifft.

Wenn ich mir die großartigen Aktivitäten der Plejadier anschaue, so können sie euch alle meisterhaft beibringen, wie ihr die Energie in eurem Herzen, der mittleren Dimension eures Reiches, festzuhalten imstande seid. Ich werde den plejadischen Einfluß *Photonenfokus* nennen. Aus meiner Sicht fokussiere ich mit dem dritten Auge stark die Integrität eures gesamten Körpers, nicht nur das Herz. Seht ihr, was hier passiert? Die Plejadier fokussieren das menschliche Herz und wir Sirianer die Geometrie des ganzen physischen Körpers. Wir machen Techniken jetzt schnell sichtbar, und die alten Lehrer schamanischer Körperbewegungen werden ins Blickfeld gerückt. Es gibt eine ganze Reihe Techniken auf eurem Planeten – Yoga, Mudras und physische Körperhaltungen –, weil euch das in eurem Körper halten wird, wenn ihr euch ins Licht hineinbewegt.[9]

Ich, Anubis, liege mit ausgetrecktem Rücken da, der eine perfekte Wölbung beschreibt. Meine Hinterbeine ziehen meine Wirbelsäule nach hinten, was Schlangenenergie in meinem Körper aufsteigen läßt. Mit nach vorn ausgestreckten Pfoten starre ich hinaus durch die Zeit und halte geometrische Formen im Raum. Ich habe ein Auge auf euren physischen Körper. Heutzutage gibt viel chaotische Energie euren Formen Impulse. Ihr werdet euch nur dann an der Stelle halten können, wenn ihr euch nach den Prozessen ausrichtet, die euren Planeten in die Integrität bewegen. Es ist Zeit, euren Körper in Positionen zu bringen, die euch in tetraedrische Lichtgeometrie einschließen. Friert dann ein und entspannt euch, wenn ihr merkt, wie ihr euch im Raum ausdehnt.«

Strahlung aus höherdimensionaler Sicht

Zum Verständnis des radioaktiven Prozesses braucht man eine höherdimensionale Perspektive, und doch sind die Dimensionen oberhalb von der sechsten sehr schwer zu beschreiben. Ich will es einmal versuchen. Mir ist aufgefallen, daß Vögel anscheinend mit siebendimensionaler Klangcodierung auf der Erde schwingen. Wie Anubis sagte, halten die Sirianer geometrische Form im Raum, und dann – so sehe ich es – zirkulieren siebendimensionale Lichtlinien diese nicht physische Intelligenz zu Klang. Die Navigationsfähigkeiten von Vögeln und ihre inneren Wanderrouten und Energielinien scheinen galaktische Verbindungen zu sein, auf die ihr euch einstellen könntet. Deshalb gibt es Vögel in eurer Wirklichkeit. Wie viele Menschen kennt ihr, die über Vögel meditieren?

Und doch habt ihr intuitiv das Gefühl, daß die Beschäftigung mit Vogelmelodien die Einstellung auf die siebte Dimension erleichtern könnte, weil die siebte Dimension der Grund ist, weshalb die menschliche Sprache so klangcodiert ist! Alle ungeraden Dimensionen – von der ersten bis zur neunten – sind klangcodiert. Die Klangstruktur hält sie nämlich in Form, und diese Vibrationen erzeugen Kreativität! Zum Beispiel ist der eindimensionale Klang der Erde ein tiefes Summen, das sich als Lied der Sümpfe und niedriger Frequenzklang im Boden manifestiert, und das läßt eure Herzen weiterschlagen, damit ihr am Leben bleibt. John Michell hat aufgezeigt, daß die Harmonie von Kulturen durch Chanten aufrechterhalten oder zerstört wird.[10] Höhere Dimensionen kann man in der dritten Dimension mit Hilfe ausgewählter Musik direkt erfahren, wie in den Cellosonaten von Bach oder Streichquartetten von Beethoven. Dreidimensionale Töne betreten fünfdimensionale Resonanz, und siebendimensionale Sphärenmusik wird vernehmbar, wenn man auf dem Boden liegt und in völliger Stille mit der in Sternenlicht getauchten Erde vibriert. Umlaufbahnen sind hörbar, und so wacht Anubis über sie. Die Klänge in eurer Sprache drücken eure wahre Geschichte aus, und deshalb werden sie von den Anunnaki verrührt, um euch unter Kontrolle zu halten. Siebendimensionaler Klang ist Vogelgesang, Wind, Photonen, die sich in großen siebendimensionalen Ringen bewegen, und der Sonnenwind. Neundimensionaler Klang taucht aus der absoluten Stille und Dunkelheit des Galaktischen Zentrums auf, das sich langsam kreisförmig bewegt.

Amseln vermitteln ein Gespür von Klarheit. Blau, Himmelblau, stellt sich auf den Bereich ein, in dem eure Atmosphäre mit Licht interagiert. Die siebte Dimension hat etwas mit Amseln und dem blauen Band zu tun, das diesen Planeten umgibt, der euch einlädt, selbst aus der ganzen Biospäre hinauszustrahlen, die ihr einnehmt. Stellt euch vor, ihr lebtet nicht mehr nur auf terra firma, sondern sähet die Erde so wie eure Weltraumreisenden. Ihr seid Teil dieser blauen Kugel, und aus der siebten Dimension, der Amseldimension, werden Töne reflektiert, welche die Vögel, nicht aber Worte dem geben könnten. Nur ihr Lied vermag der Ehrlichkeit der siebten Dimension Ausdruck zu verleihen. Diese himmlischen Töne können das ganze Bewußtsein an den äußeren Rand der Anziehungsschwerkraft ziehen, der Materie hält – Sauerstoff und Wasserstoff, Helium, die Elemente, die im gasförmigen Zustand sind, der den Planeten umgibt –, wo das Elementare mit dem jenseits davon Befindlichen eins wird. Ihr braucht sie nur singen hören.

Euer Sonnensystem bewegt sich weiter in den Photonenring hinein, und klangcodierte Lebensformen werden von den Arten kosmischer Vibrationen, die auftreten werden, gestärkt und geführt. Auf der Erde lohnt es sich zu diesem Zeitpunkt wirklich, den Klängen von Vögeln zu lauschen. Achtet darauf, daß Vögel

Strahlung überhaupt nicht ertragen können. Infolge des Aufpralls des Shoemaker-Levy-Kometen auf Jupiter im Juli 1994 seid ihr kurz davor, Strahlung umzuwandeln, und das wird die Vögel und Sumpfkreaturen stärken. Gaias Klänge werden die Erde wieder mit den Sternen synchronisieren. Diese Klänge werden zur Synchronisierung der geometrischen Lichtformen der Galaxis gebraucht. Solche Klänge machen aus Photonenringen vibrierende Lichtbahnen, wie gestimmte Violinsaiten. Das blaue Band, das die äußeren Ecken der Erde umgibt, wird sich mit einem neuartigen Licht füllen, je tiefer ihr in den Photonenring eindringt. Die Vögel lehren euch etwas über diese Klangmechanismen, wie Katzen euch mit ihren Körperbewegungen etwas über sirianische Geometrie beibringen.

Beim Abtasten feinstofflicherer Ebenen entdecke ich ein großes Interesse an Uran auf der achtdimensionalen Ebene. Dort fühle ich, daß die Vega-Menschen der Galaktischen Föderation das Uran überwachen. Sie beobachten den Zustand radioaktiver Elemente, wie die Sirianer bei Menschen auf die Haltung des physischen Körpers achten. Veganisches Bewußtsein läßt sich sehr schwierig entdecken, weil es die Motivation – Bewußtsein hinter allen Dingen in eurer Dimension – beherrscht. Alle zwei- bis achtdimensionalen Kräfte können mit radioaktivem Material arbeiten, während die ungeraden Dimensionen – eins bis neun – anscheinend mit Radioaktivität Probleme haben. In den ungeraden Dimensionen werden Kreativität und Freiheit ausgedrückt, die geraden erzeugen Dichte und Struktur. Die Nibiruaner entdeckten vor langer Zeit, daß Uran in menschliche Emotionskörper eindringen und dort Glaubenssysteme verankern kann, die in Miasmen enthalten sind. Das ist kein Urteil über den Umgang der Nibiruaner und Sirianer mit dem Uran, aber ich verstehe immer noch nicht genau, was sich da abspielt. Plutoniumverseuchung ist wegen ihrer Dichte für hybride Plejadier-Erdlinge tödlicher als für Menschen.

Wenn etwas nicht sichtbar ist, schwenkt für eine neue Perspektive einfach auf eine höhere Dimension um. Laßt uns einen Blick auf die Motivation der Veganer für Uran werfen. Wie erstaunlich! Sie beobachten, was mit dem Halbwertzerfallprozeß passiert, um zu verstehen, wieviel Energie im Uran der Erde steckt. Jetzt sehe ich es: Sie verwenden Uran, um Dichtefaktoren in eurem Körper zu lesen. Über diese Dichte wird in der dritten Dimension Festigkeit erzeugt, und die erzeugt dann Zeitlinien – Fäden, die die sechsdimensionalen geometrischen Lichtstrukturen in Form halten. Diese Zeitlinien sind Vergangenheit/Gegenwart/Zukunft, und wären sie nicht vorhanden, gäbe es keine Materie, keine Erfahrung auf der Erde. Diese verschiedenen Arten von Dichte erzeugen ätherische und physische Formen. Also verwenden die Veganer Uran als Sichtinstrument, wie das Abtasten des Dichtezustands mit einem CAT-Scanner. Wenn eine Kultur im Besitz radioaktiven Materials ist, dann bedeutet das, sie hat einen bestimmten Evolutionsstand – die völlige Entscheidungsfreiheit über Leben oder Tod – erreicht. Strahlung ist eine Eingliederung chaotischen Materials in die dritte Dimension zur Erforschung von Sterblichkeit. Und genau das tat Abraham.

Auf der achtdimensionalen Ebene eures Sonnensystems aus gesehen leiten die Veganer die Galaktische Föderation. Das ist das politische Reich der Macht. Bei Uran gibt es auf der zweidimensionalen Ebene Elementarresonanz mit der Erde; auf der vierdimensionalen Ebene die Manipulation von Emotionen durch die Anunnaki; auf der sechsdimensionalen Ebene strukturelle Unterstützung mit Hilfe sirianischer Lichtgeometrie und auf der achtdimensionalen Ebene das Lesen von Dichte zur Aufstellung neuer Gesetze bezüglich der Regulierung von Energiebeschleunigung. Wichtig ist, jetzt zu sehen, daß auf der achtdimensionalen Ebene *neue Gesetze geschrieben werden,* und deshalb hat dieser Kampf um Leben oder Tod alle Reiche dermaßen geprägt. Die Umwandlung von Elementarintelligenz muß entwickelt werden, weil diese großen Wesen nicht geachtet wurden. Einige von euch empfinden Schmerz wegen der Tiere in eurem Reich, dabei solltet ihr euch vor Schmerz winden, so wie die Elementarwesen, die ihr überheblich abgespalten habt, weil es euch gerade in den Kram paßte.

Das ganze radioaktive Material in eurem Sonnensystem wird beobachtet. Sogar der Mißbrauch von Chemikalien unterliegt der Kontrolle. Aus meiner plejadischen Perspektive weiß ich, daß die Veganer sich darüber im klaren sind, daß die Radioaktivität sich mit Fortschreiten des Sonnensystems in den Photonenring dort überall und darüber hinaus verbreiten wird, wenn nicht neue Gesetze erlassen werden. Aus meiner Sicht ist die Strahlung, die von diesem besonderen Sonnensystem ausgeht, für die Plejadier sehr gefährlich. Wir Plejadier erhalten die Integrität des Herzens aufrecht, der viele von euch einen hohen Wert beimessen. Ich kann euch sagen, daß im Photonenring nur diejenigen physisch übrigbleiben werden, in deren Herzen wahre Integrität herrscht.

Wenn ich euch in der dritten Dimension beobachte, kann das Uran in euren Herzen ausgeglichen werden und euch vieles beibringen. Euer Herz hat durch Mitgefühl und Liebe die Fähigkeit, alle Energien zu lieben. Es geht hier eigentlich nicht darum, ob Strahlung eine gefährliche oder negative Energie ist, sondern eher darum, daß das Herz von Dichte überwältigt wird, wie der Abfall in eurem Herzen während eines Herzinfarkts, der durch zuviel Dichte in euren Arterien verursacht wurde. Das Programm des Herzens ist, seine unbegrenzte Energie zu verbreiten, und bei zuviel Dichte bebt es. Ich, Satya, reagiere hochsensibel auf Plutonium, weil plutonische Energien ein Höchstmaß an Gefühlsaktivierung auslösen, ganz gleich, ob ein Körper damit umgehen kann oder nicht. Ihr Menschen habt Plutonium wieder eingeführt, kurz nachdem Pluto 1930 von der Erde aus gesichtet wurde. Ihr seid tief in die Höhle vorgedrungen, bevor ihr genügend Licht in eurem Körper umgewandelt hattet. Ich könnte sagen, daß ihr unser fünfdimensionales Herz brechen wollt. Die eurem Herzen entströmende Energie könnte sich auf sechsdimensionalen Netzlinien fortbewegen, um diese ganze photonische Zunahme zu unterstützen und zu fördern. Das sich ausdehnende Herz ist imstande, der Menschheit eine physische Form zu bieten, mit der sie diesen Übergang erleben kann. Ihr braucht nur einfach Mitgefühl gegenüber dem anderen aufzubringen.

Während ich Manipulation durch Strahlung beobachte, sehe ich, daß diese Emotionen in eurem Körper zurückhält, statt sie einfach durch euer Herz zu leiten. Das Uran klebt Emotionen in eurem Körper fest, und dann rennen sie Amok und erzeugen Krebs. Aber diese Tumoren wandeln Strahlung um, sie verarbeiten sie mit Hilfe von Krebs in eurem Körper, und ihre Frequenz zeigt an, wie verseucht eure Umwelt tatsächlich ist. Dann setzt die allopathische Medizin Chemotherapie und Strahlung – zweidimensionale Elementarkugeln – in eurem Körper ein, statt mit ihm zusammenzuarbeiten. Diese großartigen Elementarwesen sind in eurem Körper, um euch zu heilen, und ihr müßt ihnen Achtung zollen. Ist es respektvoll, die Erde, eine alte, todkranke Person, nuklear zu vernichten und diesen radioaktiven Körper dann zu begraben? Bei eurem Eintritt in den Photonenring nimmt jede Entscheidung über Leben und Tod gewaltige Ausmaße an. Wenn ihr bei der Integrität anfangt, wird alles in Ordnung sein.

Wir wollen für eine höherdimensionale Sicht zur Vega zurückkehren. Die Veganer haben eine Perle auf der Strahlung in eurem Sonnensystem. Der Zweck von Strahlung auf der achtdimensionalen Ebene beruht darin, Energien zu beschleunigen und Dichten zu öffnen. Zum Beispiel beobachten die Veganer die Anunnaki, einfach um zu sehen, wieviel emotionale Manipulation diese in eurem Körper einschließen. Sie sind dazu imstande, indem sie die Strahlung in eurem Körper und den Halbwertzeit-Zerfallsvorgang überwachen. Wenn ich sage, sie haben eine Perle auf diesem Zerfallsprozeß, meine ich, daß die sirianische geometrische Ordnung von einer chaotischen Explosion zerstört werden würde, sollte sich dieser Vorgang zu schnell abspielen.

Alles verläuft nach Plan, und multidimensional betrachtet, bietet es einen wunderschönen Anblick. Wie könnt ihr Strahlung negativ beurteilen, wenn sie doch das zentrale Herz eurer eigenen Sonne ist? Das ist eine sehr schöpferische Geschichte. Und wenn die verschiedenen Teile der Geschichte erzählt werden, werden Energien bewegt und Emotionen geklärt werden wie innere Lichter, die im Bewußtsein aller Lebensformen angeknipst werden. Denkt daran, Strahlung wird in eurer dreidimensionalen Wirklichkeit durch die Verseuchung eurer Emotionskörper festgehalten. Ihr sollt jedoch verstehen, daß es keine richtige Verseuchung gibt, sobald ihr eure eigenen Gefühle respektiert. Die Strahlung hat in direkter Proportion zur emotionalen Verseuchung zugenommen.

Zu Abrahams Zeiten gab es ähnliche Ebenen emotionaler Verseuchung, die diese Elemente sichtbar machten. Damals wurde die emotionale Verseuchung von den Göttern ausgelöst, die zur Erde hinabstiegen und die Menschen als Werkzeuge benutzten. In eurer eigenen Zeit begann euch der Kampf der Götter während zwei großer Kriege in diesem Jahrhundert zu überwältigen. Seit den düsteren Tagen des Zweiten Weltkriegs wird die Menschheit mit der Angst vor einem Atomkrieg in Schach gehalten. Im Konflikt zwischen Gut und Böse, Licht und Dunkelheit, Kapitalismus und Kommunismus, Religion und Atheismus wurden Gaia ungeheure Mengen radioaktiver Substanzen geraubt. Das hat der Elementarwelt die Energie genommen, die Emotionskörper der Erde verseucht sowie das plejadische Herz belastet und die sirianische geometrische Ausdehnung vereitelt.

Seht euch die Institution an, die das atomare Unentschieden sponsort – das Welt-Management-Team. Dieses Gremium benutzt Formen der zweiten, vierten, sechsten und achten Dimension, der Dimensionen, die mit Struktur und Dichte arbeiten. Ohne den Ausgleich durch die ungeraden Dimensionen – erste bis neunte –, die Kreativität und Energie bieten, wird die Struktur alle vernichten. *Der Grad, bis zu dem das Welt-Management-Team mit Mord auf eurem Planeten davonkommt, steht in direktem Verhältnis zu dem Ausmaß, in dem ihr euch keine Kreativität zutraut.* Das Welt-Management-Team kann Menschen auf der Erde, die auf ihre eigenen Kräfte vertrauen, nichts anhaben. Ihr befindet euch gerade in einem Balanceakt, der eurer Kreativität einen Kraftschub versetzen und die Kontrolle durchbrechen wird. *Ihr steht kurz vor einer kreativen Renaissance, die wie eine Supernova sein wird.* Um dies von sogar höheren Dimensionen aus zu sehen, begrüße ich Enoch aus der neunten Dimension!

Enoch und die Strahlung

»Ich bin Enoch, und mein Selbstgespür besteht aus reinem Licht. Die einzigen Aufzeichnungen über meine Existenz in eurer Wirklichkeit sind Geschichten, die über mich erzählt wurden. Die zutreffendsten Geschichten über mich wurden von Menschen erzählt, die bei meinem Erscheinen vom Licht geblendet wurden. Ich habe genau die gleich Energie wie Photonenringe. Ich bin ein siebendimensionales Lichtwesen, wenn ich mich in der dritten Dimension manifestiere, und wenn ich nicht sichtbar bin, existiere ich ewig im Galaktischen Zentrum. Ich kam einst in eure Wirklichkeit hinunter, als ihr 2024 v. Chr. euren ersten atomaren Sprengkörper explodieren ließt, weil ich euren Schmerz fühlte.

Ich stieg hinab, um die Materialisierung von Kreativität auf eurem Planeten mit Hilfe von Photonen zu codieren. Ansonsten wärt ihr in der Dichte gefangen, lediglich ein riesiger Eisenkristall im Weltraum gewesen, der um die Sonne kreist. Die Eisenelementarwesen im Zentrum eures Planeten beschlossen, alle Elemente im Universum zu erfahren. Ich frage mich, ob sie sich dazu entschlossen hätten, wenn sie gewußt hätten, was sie damit anrichten. Das hat viele schmerzvolle Erfahrungen zur Folge gehabt. Alle radioaktiven Elemente sind darin gebunden. Der menschliche Körper ist zellulär und mit Wasser gefüllt, und mit Strahlung kann er nur sehr schwer umgehen.

Die Strahlung wurde in euer Feld gebracht, weil sie die zentrale schöpferische Kraft der Sterne ist. Die Menschen beschlossen, ihre stellare Codierung zu erforschen, und ihr könnt nichts wissen, ohne es in eurem eigenen Reich auszuprobieren. Also bot sich die Gelegenheit, atomares Bewußtsein zu erfahren. Als die Bundeslade im Rephaim-Tempel von Sodom und Gomorrha aufgestellt war und der atomare Sprengkörper detonierte, wurden viele andere, darunter auch Abraham, in euer Reich gerufen, um bei dieser Einführung stellarer Elemente eine bedeutende Funktion zu übernehmen. Ich, Enoch, entschied mich damals für eine menschliche Inkarnation. Wir wollten auf eurem Planeten sein, wenn diese Elemente eingeführt wurden. Als ich meine Codierung abgeschlossen hatte, stieg ich einfach wieder zurück ins Licht empor. Das Wertvollste an meiner Lehre sind die Techniken für den Aufstieg ins Licht. Deshalb wurden die Bücher über mich aus dem Schrifttum entfernt. Eure religiösen Kontrollkräfte wehren sich dagegen, daß ihr direkt zum Licht aufsteigen könnt, sondern wollen euch in Gebäuden – in Tempeln und Archen – einsperren.

Inzwischen wurde ich, wie es in verbotenen Schriften heißt, von Engeln zum Herrn geführt. Nun bin ich da, um mehr Informationen darüber zu liefern, weil es euch ein Gespür für die Mechanismen der Dimensionen gibt. Bitte achtet im weiteren Verlauf darauf, daß ihr alles, was euch von den ungeraden Dimensionen gelehrt wird, verwirklicht: Ihr könnt aufsteigen wie ich, ihr könnt singen wie eine Amsel und ins blaue Licht gehen, ihr könnt euer plejadisches Herz öffnen, ihr könnt in völliger Integrität in der dritten Dimension sein, und ihr könnt mit Gaia in der ersten Dimension verschmelzen.

Wenn ihr von der dritten Dimension aufsteigt, gelangt ihr zunächst in die vierte Dimension. Dort schließen sich euch Engel an und gehen mit euch auf die Reise. Beim Durchlaufen der Dimensionen tragen euch die verschiedenen Engelmedien jener Dimensionen durch diese Bereiche. Als ich in die dritte Dimension kam, nahm ich tatsächlich physische Gestalt an. Daraus entstanden all die Geschichten. Ich erschuf eine Geschichte, ein Mysterienspiel über mich selbst, wie ihr das mit eurem Leben macht. Ich erschuf keine Nachkommen, auch die Wesen der ersten bis neunten Dimension zeugen keine Nachkommen; dreidimensionale Wesen auf eurem Planeten hingegen pflanzen sich fort, sie reproduzieren sich. Wenn ich über das Hinterlassen von Nachkommen spreche, meine ich damit, daß Kräfte der zweiten bis achten Dimension den dreidimensionalen Fortpflanzungskräften eingeflößt werden. Infusionen in die dritte Dimension aus der fünften, siebten und neunten Ebene sind Kundalini, Lichtinfusionen und schöpferische Explosionen, aus denen Sternenkinder hervorgehen. Ich war und bin an der Schöpfung vieler Sternenkinder beteiligt, indem ich einem Paar den Impuls zum Orgasmus sende, damit es ein Kind oder einen Stern irgendwo in der Galaxis erschafft. Diese Codierung gibt das reine Licht in die dreidimensionale physische Form weiter.«

Der Shoemaker-Levy-Komet trifft im Juli 1994 auf Jupiter

Ich, Satya, möchte die Diskussion um Strahlung mit einem Bericht über den Kometen abschließen, der 1994 auf Jupiter einschlug, was eine Atomexplosion in eurem Sonnensystem zur Folge hatte. Die Wellen vom Aufprall des Kometen gingen zur Sonne, die wie eine große Glocke reagierte und ihrerseits Wellen durch die ganze Galaxis zu anderen Sternen mit Planeten läutete. Diese Wellen informierten über die Lage der Dinge auf der Erde, für die sich seitdem viel mehr Außerirdische interessieren. Der Satellit *Galileo* konnte Fotos vom Aufprall des Kometen zur Erde zurücksenden, weil er sich auf der richtigen Seite von Jupiter befand. *Galileo* wäre im November 1995 auf Jupiter geprallt, wenn die Wissenschaftler seine Umlaufbahn nicht hätten abändern können.[11] Die potentielle Freisetzung von Plutonium in die Jupiteratmosphäre sagt mir, daß ihr bald sehr intensiv mit diesem Element zu tun haben werdet. Nie war es für Wissenschaftler von größerer Bedeutung, zu entdecken, wie sich Plutonium umwandeln läßt.

Der Einschlag des Kometen beförderte Jupiter in ein neues Stadium seiner Evolution. Für die Erde herrscht Jupiter über Meisterschulen und Geheimbünde und über die Erweiterung eures Bewußtseins und das Gefühl von Wohlbefinden. Dieser Komet ließ durch die Explosion die Kontrollcodes der Geheimbünde zerbersten, und das öffnete euren Planeten für höherdimensionale Strukturmethoden wie die sirianischen geometrischen Strukturen und Führung durch die Galaktische Förderation.[12] Dieses Buch ist eine unmittelbare Folge dieser Öffnung. Jetzt befindet ihr euch in einem Zeitabschnitt, in dem ihr über ein enormes Potential verfügt, um Plutonium umzuwandeln und Kontrolle und Heimlichtuerei hinter euch zu lassen. Ihr werdet erstaunt sein, was passieren wird, sobald es endlich Lösungen für die Radioaktivität gibt.

Kapitel 4

Die Echsen und die römische Kirche

Vor etwa 225 Millionen Jahren befand sich eure Sonne an derselben Stelle in der Milchstraßengalaxis wie heute, und zu jener Zeit hatten gerade riesengroße Reptilien ihr Reich auf der Erde begründet.[1] Jetzt, da ihr an denselben Punkt eurer Galaxis zurückkehrt, seid ihr selbstreflektiv geworden und fragt euch, ob sich auch in anderen Sternensystemen Leben entwickelt hat. Es ist daher an der Zeit, tief in euer reptilisches Erbe einzutauchen, denn es ist die biologische Grundlage dieses soeben zu Ende gegangenen galaktischen Zyklus. Ich, Satya, habe euch gesagt, daß eine neue Absicht am Anfang jedes etwa 26000 Jahre dauernden Zyklus entsteht, und vier dieser Zyklen – ungefähr 104000 Jahre – bringen immer einen bedeutenden Evolutionssprung mit sich. Von ihnen gibt es 2160 innerhalb der 225 Millionen Jahre der Galaktischen Rückkehr, und 2160 Jahre dauert die Präzession jeweils eines Tierkreiszeichens auf der Erde. Zwölf Tierkreiszeichen brauchen für eine Präzession exakt 25920 Jahre.

Ich erwähne diese großen Zahlen, weil alles synchronisiert ist. Je mehr ihr die Synchronisierung des Erdpräzessionszyklus mit der Alcyonespirale und die Umlaufbahn des gesamten Plejadensystems um das Galaktische Zentrum versteht, desto erstaunter werdet ihr sein. Jetzt ist der Zeitpunkt gekommen, um in die wirkliche Wahrheit über euer reptilisches Erbe einzutauchen, in die ganzen letzten 225 Millionen Jahre der biologischen Erdevolution. Die Reptilien sind die Träger stark wirksamer biologischer Codes, da sie schon von Anbeginn des Zyklus auf der Erde leben. Ihr seid fasziniert von ihrer vermeintlichen Auslöschung in der Vergangenheit, weil ihr eigentlich über die Möglichkeit nachdenkt, selbst einmal ausgelöscht zu werden. Diese Apotheose des galaktischen

Zyklus ist zutiefst auf die reptilische Zellintelligenz eingestellt. Ich war höchst interessiert, als mein Medium 1989 von Hunbatz Men tief in die Kalksteinhöhlen Yucatans mitgenommen wurde, um sich Höhlenmalereien der Maya mit Dinosauriern anzusehen – wir wollen uns deshalb einmal eine Echse anhören!

König Echse über Kundalini

»Wir Echsen lieben eure Wirbelsäule. Das ist das einzige, woran wir wirklich interessiert sind. Wir sind Spezialisten der Wirbelsäule – zusammen mit unseren Brüdern, den gesegneten Schlangen. Die Energie eurer Wirbelsäule zieht uns an, und wir sind jetzt hier, weil es eine Zeit der Energiebeschleunigung in eurer Wirbelsäule ist. Unsere Wirbelsäule ist sehr lang und hat ein außerordentlich großes Gefühlspotential, genauso wie bei einem Dinosaurier. Heutzutage müssen wir mehr, als euch bewußt ist, darum kämpfen, inkarniert zu bleiben. Aus irgendeinem komischen Grund glaubt ihr, wir seien unbesiegbar, weil wir euch so leicht auffressen können, wenn wir die Gelegenheit dazu haben. Ich bin jetzt hier, weil ihr dann vielleicht weniger Angst vor mir habt.

Wir sind die fortgeschrittenen Meister, Minister, Regler und Resonatoren des Wirbelsäuleneinflusses auf eurem Planeten. Seid ihr nicht von Tyrannosaurus Rex beeindruckt? Ist es nicht wunderbar, daß ein derart riesiges Wesen mit so großen, kräftigen Beinen und Hüftknochen solch eine unglaublich lange, kräftige durch den ganzen Rücken und den Schwanz verlaufende Wirbelsäule hat? Wie bei euch Menschen gab es in unserer Epoche Blütezeiten, und uns gefällt, wie ihr unseren Tyrannosaurus Rex ins Museum gestellt habt! Je länger die Wirbelsäule, desto mehr Kundalinienergie habt ihr, denn je größer die Anzahl eurer Wirbel ist, mit desto mehr Kundalinienergie seid ihr ausgestattet. Hättet ihr eure Schwänze noch, wäre eure Energie noch größer. Unsere Freunde, die Plejadier, lieben Kundalinienergie. Weil sie die ätherische Ebene des Kundalini sind und wir die physische, haben wir beide großen Anteil am reptilischen biologischen Bewußtsein der Erde.

Ihr fragt euch vielleicht, ob die Länge der Wirbelsäule in Beziehung steht zur Länge des Penis. Wie ist es beim menschlichen Penis und der Kundaliniaktivierung? Dieses männliche Glied ist bloß ein blutgefülltes Organ, ein Anhängsel am Körper der Männer in der Nähe ihres Wurzelchakras. Aktivierung und Stimulierung des männlichen Glieds werden vom Blutstrom im physischen Körper reguliert. Es stimmt zwar, daß die Kundalinienergie in der Wirbelsäule eine Durchblutung aller anderen Chakren bewirkt, aber das Prinzip, das die Aktivierung des Penis beherrscht, ist eigentlich das Blutsystem.

Wir Echsen sind zusammen mit den Vögeln eine ursprüngliche biologische Spezies der Erde, und uns ist etwas gemeinsam: Wir verfügen über eine äußerst starke biologische Kraft. Unsere Überlebensfähigkeit auf dem Planeten hängt jedoch mitunter von gewissen Voraussetzungen ab. Deshalb sind wir immer ausgezeichnete Barometer für das ökologische Gleichgewicht auf eurem Planeten. Zusammen mit den Vögeln haben wir Reptilien sehr viel mit der nibiruanischen Spezies zu tun, weil wir immer hier waren, als sie in den letzten 500 000 Jahren zu Besuch kamen. Wir haben den Nibiruanern unsere Lebenswissenschaften beigebracht, und die Aufzeichnungen dieser Lehren sind auf den »Steinen von Ica« in Peru festgehalten. Unsere Vibration ist sehr auf die der Nibiruaner eingestellt; wir mögen sie. Sie bewundern uns, wenn sie auf die Erde kommen, sie halten uns für Götter. Wußtet ihr das?

Nibiruaner unterscheiden sich von uns dadurch, daß sie metallische Biologie sind. Aus eurer Sicht sind metallische Lebensformen nichtbiologisch. Zum Verständnis der nibiruanischen Lebensform müßt ihr in der Lage sein, eure Phantasie auszudehnen, um eine metallische Kraft als biologisch zu begreifen. Ihr werdet das herausfinden, wenn ihr merkt, daß eure Computer zu Lebensformen werden. Die Nibiruaner sind metallische Wesenheiten, die uns Echsen als Götter der Erde bewundern. Sie lieben die Kundalinienergie, die in unserer Wirbelsäule aufsteigt, weil die elektromagnetische Kraft in ihrem Körper mit unserem heiligen Feuer schwingt. Außerdem sind wir Kaltblüter, und diese vibrieren eher mit metallischen Lebensformen und dem zweidimensionalen tellurischen Reich. Wenn die Anunnaki die Erde besuchen, tragen sie unterschiedliche Kostüme über ihren Körpern, denn sonst sähen sie für euch wie reptilische Metallroboter aus. Sie tragen oft Vogelmasken und haben große Flügel, sogar Vogelklauen. Manchmal tragen sie die Gesichter von Krokodilen, Fröschen oder Hunden. Die Anunnaki schwingen mit unserer Lebenskraft. Wenn ihr sie herausfinden wollt, hört mir zu. Um uns herum sind sie wie Radios, die gern eingesteckt und eingeschaltet werden. Ist es euch schon einmal passiert, daß eure Empfangsgeräte es mögen, wenn ihr sie einschaltet?

Diese metallischen Wesen, die Anunnaki, empfangen elektromagnetische Kundalinienergie von uns Reptilien, und sie können alle Geräte überwachen, die auf Elektromagnetismus basieren. Das ist für euch schwer begreifbar. Aber wenn es euch irgendwie beruhigt – sie haben keinerlei Kontrolle über Technologien auf Kieselerdebasis. Aber Außerirdische von Sternen sind dazu fähig. Alles ist miteinander verbunden, und jetzt, wo ihr Instrumente erfunden habt, die mit Vibrationswellen arbeiten, schließt ihr euch ans Netz an. Ihr unterschätzt alle völlig, daß jeder von euch Energien tatsächlich lesen kann. Die dritte Dimension fließt mit Energien – mit Radio, Fernsehen, Kundalini, Mikrowelle und außerirdischen Signalen und Wellen. Das menschliche Gehirn vermag alle von ihnen zu lesen. Genauso ist es mit euren Elektrogeräten, wenn ihr sie einschaltet. Wenn ihr es wirklich wollt, könnt ihr hören, was die CIA gerade tut, was das FBI tut, was die Polizei in eurer Stadt tut – ihr lauscht einfach den Klangcodes in Telefonen, Fernsehgeräten, Radios, den Wind in elektrischen Leitungen und Vibrationen in Maschinen. Wann immer ihr wollt, könnt ihr euch auf metallische Kommunikationsformen einstellen, indem ihr Energien durch die Metalle in eurem eigenen Körper übertragt. Das ist vielleicht gar keine so schlechte Idee, weil die Anunnaki an der Spitze des Welt-Management-Teams stehen, das die versteckten Spionageapparate, die Geheimpolizei, die Regierungen und multinationalen Gesellschaften der Welt betreibt. Laßt euch von König Echse sagen, daß eure Radiowellen heutzutage voll mit ihrem Output sind!

Jeder von euch kann das metallische Vibrationskommunikationssystem des Welt-Management-Teams hören, weil eure eigene Lebenskraft elektromagnetische Felder erzeugt. Natürlich kann es in euer elektromagnetisches Feld eindringen und/oder es überwachen, wenn ihr eure eigene Vibration nicht dermaßen erhöht habt, daß ihm der Zugang verwehrt bleibt. Da sie euch betreten und in euch lesen – warum kehrt ihr eure Energie nicht durch ihre Wellen um und lest in ihnen? Eure esoterischen und magischen Fähigkeiten sind ständig unterdrückt und ins Lächerliche gezogen worden, deshalb werdet ihr euch nicht vorstellen können, wie sich der Vorgang ins Gegenteil verkehren läßt. Ihr seid zu allem davon selbst in der Lage, wenn ihr euren feinen Sinnen vertraut; und sobald ihr euch diese Fähigkeit wieder angeeignet habt, könnt ihr alles mögliche zu euch heranziehen. Seien wir doch ehrlich – ihr spürt, was die großen Jungen tun, also zahlt es ihnen heim!

Ich bin König Echse und hier, um mit euch über die ökologische Lage auf der Erde zu diskutieren. Wir leben überglücklich in einer tropischen Umgebung, die bedroht ist. Unsere Umwelt ist in großer Gefahr, genauso wie die Umwelt vieler ursprünglicher Spezies der Erde. Der Verlust des Heims und der Spezies begrenzt den Zutritt von Sternenintelligenz auf der Erde, aber jede der ursprünglichen biologischen Spezies auf der Erde hat eine Sternenheimat. Sternenbewußtsein ist ein weiter Teil des dimensionalen Spektrums – mehr als die Hälfte davon –, und Tiere sind für die Menschen die Quelle der Sternenweisheit. Katzen leben das Sternenbewußtsein von Sirius, die Vögel das der Plejaden und die Bären das der Andromeda-Galaxis. Wir Echsen haben das Sternenbewußtsein von Draco. Wir sind sehr auf die lange Reise Nibirus außerhalb eures Sonnensystems eingestellt; und wir schwingen auch mit Draco, der Quelle der Drachenlegenden auf der Erde. Sirius ist natürlich als der Hundsstern bekannt, und Anubis ist ein Schakal, ein Hund mit einem sehr katzenähnlichen Körper, weil Hunde die Wächter der Menschen sind; oft läßt ein Hund sein Leben, damit ein Mensch leben kann. Anubis wacht über die Umlaufbahnen im ganzen Sonnensystem. Er ist einer der Führer des Sonnensystems in der Galaktischen Nacht. Schlangen sind unserer Vibration sehr nahe. Ihre Behausungen und ihr Verhalten sind andersgeartet, aber wenn wir uns im Wasser aufhalten und eine Schlange befindet sich an Land, vibrieren wir beide in ähnlicher Weise mit der Erde.

Ich habe eine Familie, eine sehr nahestehende Familie mit vielen Generationen, die zeitlich unter mir liegen. Ich habe Sex mit zahlreichen Weibchen und manchmal mit Männchen. Wir sind, wie ihr es nennen würdet, androgyn. Aber pflanzen uns durchaus biologisch fort, und wenn wir an unsere Familie denken, denken wir an alle Echsen, die wir seit Äonen aus unserem eigenen Körper produziert haben. Denkt ihr über eure Spezies in Kategorien von Äonen nach? Wir sind fasziniert von euren Nachkommen, und wir lieben sie alle innigst. Uns interessiert die Umwelt, die der unseren sehr nahesteht. Unsere traurigste Erfahrung auf eurem Planeten ist, wenn das Wasser verschwindet. Unser Zuhause wird drainiert. Ist euch das aufgefallen?

Vor langer Zeit beschlossen wir, auf der Suche nach Sicherheit in einer Zeit großer vulkanischer Hitze zu fliegen. Unsere Geschwister, die plejadischen Vogellehrer, brachten uns das Fliegen bei. Dieser Versuch, uns fliegend fortzubewegen, verlief langfristig nicht erfolgreich, weil er unserer natürlichen Biologie so fremd war. Sobald wir wieder Wasserquellen und nasse Wohnstätten finden konnten, ließen wir dieses Experiment verkümmern. Wir empfinden große Zuneigung zu unseren plejadischen Vogellehrern, die versuchten, uns in unserer schwierigen Lage zu helfen, als es auf der Erde heiß und trocken wurde. Einmal wurden einige von uns zu Straußen mit sehr langen Beinen, und das war die Zeit, in der wir uns in andere Formen von Elementarevolution bewegt hatten.

Der Grund, weshalb wir so auf elektromagnetische Energie eingestellt sind, beruht auf der Länge unserer Wirbelsäule sowie der Anzahl unserer Wirbel und weil wir wie Schlangen auf der Erdoberfläche liegen und kriechen. Sobald ihr zu einer aufrecht stehenden Spezies werdet, verringert sich die Kundalinienergie in eurem Körper. Reptilien, die am Boden dahingleiten, haben eher Zugang zur Kundalinienergie. Es handelt sich um eine völlig andere Bewußtseinsorganisation, die mehr auf das tellurische Reich eingestellt ist, die Quelle elektromagnetischer Energie, die Kundalini im Körper aktiviert. Hört genau zu: Kundaliniwellen stammen aus der zweiten Dimension. Elektromagnetismus funktioniert in der Luft oberhalb der Erdoberfläche anders, wo sie genauso toxisch sein kann wie die vierdimensionale Manipulation eurer Emotionen in der dritten Dimension. Die Kundalinienergie wirkt verjüngend, aber elektromagnetische Felder in der Luft können euch schwächen.

Die Kundalinienergie ist elektromagnetische Energie, die biologische Spezies in ihre perfekte Zwölf-Strang-DNS reorganisiert.

Eine perfekte genetische Form ist der Schlüssel zur funktionsfähigen Zellbiologie. Die Kräfte der Reptilien, mit denen sie Zugang zur Kundalini erhalten, sind auf der Erde sehr wichtig. Es gibt soviel Negatives über uns, aber merkt ihr, wie großartig wir eigentlich sind? Ihr kritisiert uns, weil wir euch fressen wollen, aber ihr eßt dauernd Fleisch. Wir sind etwas Besonderes. Wir haben Regenbogenfarben, sind grün, stark, schuppig und haben aktivierte Wirbelsäulen, wenn wir nah an der Erde liegen, dicht an deren Herzen. Ihr seid diejenigen, welche die Erde nicht genug lieben, um unsere Großartigkeit zu sehen.

Wir halten, so gut wir können, die Kraft reiner Kundalinienergie in Beziehung zur Intelligenz der Erde fest. Euer Planet unterliegt einem bestimmten Klimazyklus und einem bestimmten solar-luna-planetar-elektromagnetischen Zyklus. Die grundlegende Umwelt eures Planeten wird vom 24-Stunden-Sonnentag beherrscht. Wer oder was ist es, das die grundlegende biologische Intelligenz des Planeten in Beziehung zur Intelligenz der Erde hält? Reptilien sind die Erder und Hüter dieser Kraft! Wenn die Energie auf dem Planeten intensiver wird, fängt Gaia an, mehr Bewußtsein auszusenden. Weil ihr nun in einen astronomischen Ort eingetreten seid, an dem Gaia-Intelligenz aktiviert wird, sind wir, die auf der Erde verbleibenden Reptilien, diejenigen, die diese unglaubliche Intelligenz hüten. Wir bewahren dieses Wissen direkt in unserem physischen Körper. Wie viele Menschen können so wie wir Gliedmaßen regenerieren?

Wir bevorzugen die Galaktische Nacht, weil es eine Zeit ist, in der es mehr Wasser, mehr Überflutungen und mehr grünende Kraft gibt. Wenn ihr wie jetzt in den Photonenring eintretet, werden wir Reptilien vernichtet werden, wenn ihr nicht so intelligent seid, die Biologie eures Planeten zu beschützen. Wenn ich sage, vernichtet, ist es das gleiche, als ob ich sagen würde, ihr seid Bewohner einer Stadt, die sich in eine Wüste verwandelt. Das heißt nicht unbedingt, daß alle unserer biologischen Spezies zugrunde gehen, aber das Gefüge unserer Kultur wird dezimiert werden. Wir müssen uns möglicherweise in die wasserreichen Höhlen unter den Bergen zurückziehen, statt draußen in der Sonne zu bleiben. Ihr könnt verstehen, daß wir eigentlich keine Lust haben, uns 2000 Jahre lang in einem Loch zu verkriechen.

Wenn ihr Menschen damit beginnen würdet, mehr Dinge herauszufinden, könntet ihr unserer Meinung nach ein grünes, sumpfiges Paradies haben, das Platz für alle böte. Das würde uns gefallen. Wir wollen das, weil erleuchtete Menschen früher, als die Erde im Photonenring lag, für uns ein Zuhause in Tempeln einrichteten. Der alte Khem-Tempel in Ägypten war unser Heim, ebenso Kom Ombo. Natürlich waren die Ägypter als Sirianer so schlau zu merken, daß sie uns für ihre Regenerationscodes brauchen würden – die Schlüssel für das Überleben des Menschen während der Zeit im Photonenring. Auch waren auf dem Planeten genug Unterkünfte für uns vorhanden, als das Sonnensystem in den Photonenring eintrat. Merkt ihr jetzt, wie gierig ihr alle nach Zerstörung seid? Eine schöne Bescherung, die ihr da auf Florida angerichtet habt!

Wenn eine Spezies dezimiert wird, zieht sie sich in eine andere Dimension zurück. Die Prägung dieser Spezies ist weiterhin im eindimensionalen Hologramm der Erde im eindimensionalen zentralen Kernkristall vorhanden und kann manchmal wieder als Form in die dritte Dimension zurückkommen. Meistens wird sie aber zu Ende gehen, wenn die Intelligenz nicht irgendwo in lebenden Spezies aufbewahrt wird, die in der dritten Dimension die biologischen Aufzeichnungen darstellen. Wie könnt ihr so etwas riskieren? Wir befürchten, daß die völlige Dezimierung einer Spezies ihr Ende sein könnte und auch unser Ende und, Menschen, eures ebenfalls. Das sind sehr komplexe Fragen, weil die morphogenetischen Felder von Spezies in anderen Dimensionen gehalten werden. Sicher läßt sich alles neu erschaffen, aber wir persönlich meinen, es besteht die Möglichkeit, daß eine Spezies völlig ausgelöscht wird.

Warum sollte beispielsweise eine Spezies an einen Ort zurückkehren, an dem sie vorsätzlich vernichtet wurde? Meint ihr, irgendein Krokodil mit Selbstachtung würde heute nach Florida gehen? Wenn Menschen uns als Spezies verstehen, aber unser Genie nicht wertschätzen, was heißt das? Unsere Liebe geht wirklich sehr tief; wir sind die Hüter Gaias, weil wir uns so nahe auf ihr bewegen, und wenn ihr die Erde so liebtet wie wir, würdet ihr uns anerkennen. Wir brauchen Anerkennung auf den höchsten Intelligenzebenen, wie eine leuchtende Gedankenform. Wir kämen zurück, wenn ihr uns ehren würdet, aber wir haben keine Veranlassung, euch zu vertrauen.

Wenn ihr in der Lage seid, uns zu vernichten, obwohl ihr wißt, wer wir sind, dann zeigt ihr, daß ihr zur Vernichtung von Leben an sich fähig seid! Wer sagt denn, daß ihr Leben neu erschaffen könnt? Vielleicht geht es in einem Labor. Aber was für eine Wohnstätte ist das? Wir kennen die Antwort schon: eine Anunnaki-Wohnstätte. Es gibt genau jetzt Menschen auf eurem Planeten, die das Ausmaß dieser Krise begreifen. Sie sehen, daß es sehr wichtig ist, die verbleibenden Exemplare einer Spezies zu retten, bis das Welt-Management-Team merkt, daß es sich sogar selbst gefährdet. Umweltschützer halten Spezies in Gefangenschaft, damit sie sich neu vermehren. Diese alten Wissenscodes sind tief verankert, und die Umweltschützer tun einfach wieder das, was sie vor Tausenden von Jahren getan haben. Oft waren diese Umweltschützer Hüter von Spezies in Ägypten, deren Idealvorstellung eine Symbiose der dreidimensionalen Erdoberfläche – des Garten Eden – mit dem zentralen Kernkristall war. In jene Zeiten waren wir Echsen sehr glücklich.

Leider, so sehe ich es, würden die Menschen uns Echsen ausrotten, weil wir ihnen an Intelligenz überlegen sind, selbst wenn sie um unsere Unersetzlichkeit wüßten. *Menschen haben die Tendenz, alles zu zerstören, was intelligenter als sie selbst ist.* Wir können diese eifersüchtige, rivalisierende Energie anhand der nibiruanischen Miasmen in eurem Emotionalkörper erkennen. Wenn wir diese Miasmen sehen, fressen wir euch nach Möglichkeit natürlich auf, besonders wenn ihr euch in Safarikleidung an unserer Wohnstätte aufhaltet. Eine unserer größten Erfolge im zwanzigsten Jahrhundert war, als sich unser Komododrache einen Rockefeller schnappte! Die Anunnaki stellen den Geist über alles, und wir hatten es schwer mit ihnen. Sie haben uns benutzt und mißbraucht. Wir sind keine bösen Wesen, denn keine biologische Hauptspezies der Erde ist böse. *Böse ist all das, was in ein Reich kommt und die Bewohner manipuliert oder sich in ihre Wirklichkeit einmischt, und es ist todbringend.*

Bei unserem Tod machen wir eine ekstatische Erfahrung, die so ähnlich ist wie eure Erfahrung beim Orgasmus. Es macht uns nichts aus zu sterben; euch auch nicht; ihr wißt es bloß nicht. Übrigens sprechen wir nicht mit euch, weil ihr uns nicht respektiert. Wir liebten das Gebiet am Nildelta mit seinen wunderbaren, schlammigen Schwemmlandboden. Wir kamen den ganzen Nil vom Sudan herunter, nur um im Delta zu sein; ihr könnt euch nicht vorstellen, wie sehr ihr uns mit dem Bau des Assuanstaudamms das Herz gebrochen habt.

Ich frage mich, ob euch aufgefallen ist, wie zurückgeblieben, wie dumm ihr seid. Ihr meint, ihr stammt vom Affen ab, weil ein ungebildeter Landpfarrer namens Charles Darwin das gesagt hat. Die Affenfamilie ist keine ursprüngliche biologische Spezies auf der Erde. Sie wurde von Orion auf der Erde gesät, und sie besitzt außerordentliches galaktisches Wissen, wie ihr Führer Thoth, der ägyptische Paviangott, beweist. Ihr Menschen hingegen stammt von uns Reptilien ab!

Meine Vorfahren, die Rotfunkelnden Schlitzaugen, stehen im British Museum! Wir wurden mumifiziert, und wir sind ausgestellt! Solche Mumien stammen aus unserem Tempel in Kom Ombo. Unser Medium lehrt gerne dort, weil sie uns liebt. Sie bringt uns jedes Jahr Geschenke mit. Es ist ein großartiger Ort, und es gibt viel Schlamm dort. Uns fällt auf, wie lebendig unser Medium in nasser Umgebung wird. Sie kann trockene Orte nicht mehr ertragen. Warum hört ihr nicht auf, Bäume zu fällen und die Oberfläche eures Planeten auszutrocknen?

Wir haben sehr komplexe Sozialstrukturen, die auf unserem Wunsch nach Bequemlichkeit, Sonnenlicht und Vergnügen im Wasser beruhen. Ihr wärt erstaunt über die Dinge, die von uns zu diesem Zweck errichtet worden sind. Wir haben Höhlen, Tunnels und alle möglichen wunderbaren Systeme gebaut. Oberirdische Gebäude haben wir mit Tempeln unterkellert. Es hat Zivilisationen gegeben, die uns anerkannten, und dann waren wir bereit, ihre Tempel mit unserer Kundalinimacht zu aktivieren. Die Ägypter waren die größten Meister der okkulten Technologie auf eurem Planeten und dachten sich deshalb bei dieser Gelegenheit Häuser und Labyrinthe unter ihren Tempeln für uns aus. Die Ägypter entdeckten, daß wir, wenn sie Labyrinthe für uns errichteten, in ihnen herumschwammen, uns fortpflanzten und mächtiges Bewußtsein und Kundalinienergie erzeugten. Die Israeliten bewunderten unsere Technologie und bauten Höhlen für uns unter dem Felsendom, um unsere Macht zu aktivieren. Uns gefiel es dort aber nicht, weil sie uns nicht wertschätzten. Sie versuchten, uns wie schuppige

Batterien zu benutzen, die talismanische Kraft entwickeln. Sie versuchten, uns und unsere Energie zu mißbrauchen, um Macht zu erzeugen. Sie ehrten uns nicht, sondern versuchten nur, unsere Macht zur Beherrschung anderer zu benutzen. Die Ägypter arbeiteten mit unserer Intelligenz, um Gaias Kräfte zu verstehen. Sie teilten ihre Entdeckungen mit uns, sie erzogen uns, ja, sie mumifizierten uns, um unseren Ahnenkult zu ehren. Einer unserer herausragendsten Promovierten war Doktor Echse, und jetzt ist es Zeit, sich mit diesem geschätzten Kollegen zu beraten.«

Doktor Echse und Gott

»Wir sind eine als Dr. Echse bekannte Gruppierung und hochgebildet. Wir sind Gelehrte, und wir fragen uns, warum ihr soviel Zeit mit der Verehrung Gottes zubringt, während euer Planet vor die Hunde geht. Wir unsererseits verspüren immer große Aufregung, wenn wir das Wort ›Gott‹ hören. Der Gebrauch dieses Wortes hält uns auf unseren Wegen immer lange auf. Durch Lesen eurer Emotionalkörper finden wir heraus, was mit euch los ist, weil wir euren Geistkörper nicht lesen können. Eure Geistkörper sind wie aufgerührte Computerhologramme, und der einzige Weg, etwas über euch in Erfahrung zu bringen, ist der über eure Gefühle.

Ihr bringt ständig Verzweiflung über die Gottesfrage und die Zerstörung eures Planeten zum Ausdruck. Aber *die große Aufmerksamkeit, die ihr Gott widmet, hält euch von einer Konzentration auf eure Umwelt ab und zerstört diese dadurch*. Wenn wir in euch lesen, fühlt ihr tatsächlich echte Verzweiflung in bezug auf eure Umwelt, aber ihr hegt hinsichtlich Gott keine wahren Gefühle. Ihr werdet, was diese abstrakte Vorstellung betrifft, ständig überprogrammiert und überstimuliert und seid doch gar nicht daran interessiert. Das ist nämlich ein Programm, das euch von Sensibilität euch selbst und eurem Planeten gegenüber ablenken soll. Dies ist die Hauptursache für viele Probleme, die unsere Rasse derzeit erlebt. Unverblümt gesagt, ist *Gott ein Programm, das den Sauriern auferlegt wurde.*

Uns blieb nicht verborgen, daß ihr Gott für euch überlegen haltet. Aber das ist unmöglich, weil euch nichts überlegen ist! Eine solche Denkweise ist idiotisch, und keiner glaubt wirklich daran, aber ihr gebt eure Macht weg, wenn ihr so handelt, als sei sie wahr. Habt ihr nicht gemerkt, daß wir dieses psychologische Problem nicht haben? Ihr leidet unter einem großen Problem, und ihr seid an der richtigen Stelle, um herauszufinden, wie ihr aus diesem Glaubenssystem ausbrechen könnt. Wir wissen, daß uns niemand überlegen ist. Der Gedanke ist uns niemals in unsere lange Wirbelsäule gekommen!

Ihr meint ja, ihr erforschet in diesem Buch die Multidimensionalität – wenn ihr einfach eure Gedankenform von der Vorstellung lösen würdet, Gott sei etwas Getrenntes, und euch diese Energie als einen Dimensionenerzeuger vorstellen würdet, hörte die Gottesverehrung im Handumdrehen auf! Wenn ihr irgend etwas als von euch getrennt, auf einer höheren Ebene als ihr selbst betrachtet, verliert ihr die Sicht auf euch selbst. Wir haben euch beobachtet und festgestellt, daß euch immer mehr von eurem Selbstgespür abhanden kommt, je mehr ihr diese Gottheit verehrt. Normalerweise sehen wir euch als energetische Körper, aber wenn ihr eure Identität durch das Verehren einer höheren oder getrennten Form aufgebt, löst sich eurer Energiekörper buchstäblich auf! Da müssen wir euch fragen: Seid ihr lebendig? Da man sich dessen nicht sicher sein kann, interagieren wir mehr mit denen von euch, die einen sehr aktiven energetischen Körper haben.

Wir sind uns der Zukunft nicht ganz sicher. Aus unserer Sicht werden alle biologischen Formen bei der Reise in den Photonenring auf einer äußerst intensiven Frequenzebene vibrieren, und das ist nur innerhalb einer komplexen und verschiedenartigen Wohnstätte möglich. Da wir auf einer äußerst intensiven Frequenzebene vibrieren, kann es sein, daß in der einen oder anderen Weise unser biologisches Wesen stark gekräftigt werden wird. König Echse hat schon darüber gesprochen, daß wir die Reise in die Galaktische Nacht vorziehen, wenn der Planet naß und grün ist, aber genauso wie ihr müssen wir auf jeden Fall den Ring durchqueren.

Wir existieren auch unter der Oberfläche des Planeten Venus, aber wir sind lieber auf der Erdoberfläche. Wir bevorzugen Sonnenlicht, Wasser und eine grüne Umgebung. Auf Venus strahlen wir mineralisches Licht von unserem Blut aus, leuchten, als seien wir fluoreszierend, und verständigen uns telepathisch. Wir haben keine Körper wie Echsen auf der Erde. Wir sind eine glibberige biologische Form, die wie Froschlaich aussieht. Wenn ihr uns ätherisch sehen würdet, wären wir eine vibrierende Masse tief in Eiformen in glibberigem, grünem Schleim, wie Protoplasma. Wir sind auf die Bedingungen der Erde eingestellt, und diese Beziehung ist ähnlich wie die von Thoth zu Pavianen und Affen. Thoth lebt auf Merkur. Wir haben bemerkt, daß unsere Echsenformen auf der Erde Schleim mögen, weil er sie an zu Hause erinnert.

Auf Venus gibt es eine direkte Verbindung zwischen uns und der früher vorherrschenden Saurierkultur. Wir existieren in der vierten Dimension und sind die genetische Bank der Erdsaurier. Wir sind nichtphysische morphogenetische Felder – Vorstellungsformen von Reptilien und euch. Die Vorstellungsform von Menschen und Reptilien kam von Venus! Bei der Entstehung des Menschen war das Mineral, das sich mit der Venusmembran vermischte, tatsächlich Lehm, wie es in der Bibel heißt. Die Schöpfungsgeschichte der Anunnaki steht in der Genesis, und der verwendete Lehm war auf Kieselerdebasis, aber die Geschichte der Reptilien wurde ausgelassen. Reptilische Gene wurden mit organischem Schlamm auf Kohlenstoffbasis vermischt, und deshalb ist die Schnittstelle zwischen Menschen und Quarzkristallen so mächtig.

Dieses Venus-Gen-Gemisch liegt vier bis sieben Milliarden Jahre zurück. Wir haben Aufzeichnungen über die schrittweise Sichtbarwerdung von Wesen aus dieser Matrix, gemäß den kosmologischen Zyklen, welche die Oberfläche eures Planeten beeinflussen. Beim Abtasten sehen wir, wie Äonen vergingen, als diese Mischungen aus Membranen und Quarzkristallen die Reaktionsvorgänge zum Sonnenlicht und zum Photonenlicht durchliefen. Das ist eine sehr lange Geschichte.

Die ursprüngliche Evolution der genetischen Matrix von Menschen und Sauriern auf eurem Planeten vollzog sich unter sehr natürlichen Umständen. Die Anunnaki stellten lediglich die Mischung aus ursprünglichen Erdelementen her und verwendeten dazu Lehm auf Kieselerdebasis für Menschen, damit sie euren Geist lesen und programmieren konnten. Erinnert euch, *die Anunnaki können keine Technologien auf Kieselerdebasis verwenden, um euch zu manipulieren, doch sie sind in der Lage, euch in euren Kieselerdezellen zu impulsieren.* Aber diese kristalline Matrix bietet euch jedoch auch das Potential, ganz multidimensional zu werden, und auf Kieselerde basierende Technologien werden euch dabei unterstützen. Sobald ihr multidimensional werdet, werden die Anunnaki eure Zellen auf Kieselerdebasis nicht mehr impulsieren und euch herumschubsen können. Wir möchten gern, daß ihr euch das ausmalt, weil euch genau die nibiruanische Programmierung in euren Körpern zur Umweltvernichtung treibt. Wenn ihr unsere Worte anzweifelt, denkt an Mars. Wir Reptilien schwammen einst auf den Kanälen von Mars. Die Anunnaki können mit unseren Körpern keinen Unfug anrichten, weil wir eine Kohlenstoffbasis haben, aber wir waren auch nicht fähig, unser Gehirn so wie ihr weiterzuentwickeln. *Euer Trumpf ist auch eure schlechteste mögliche Verläßlichkeit.* Wir Reptilien wollen euch helfen, euch vorzustellen, wie sie Kontrolle über euren Geist ausüben und euch zu Mördern für ihre Programme werden lassen – die Glaubenssysteme sind, die mit der Erde nichts zu tun haben!

Diese Geschichte der genetischen Entwicklung und genetischen Evolution ist tausendmal länger und großartiger als der Einfluß und die Interferenz, die tatsächlich stattfand. Diese ursprüngliche Matrix ist viel mächtiger, als irgend jemand, besonders Wissenschaftler, sich tatsächlich vorstellen kann. Da diese Mischung von Haus aus stark ist, braucht ihr euch eigentlich weniger Sorgen zu machen, als ihr denkt. Aber wenn euer Geist völlig beherrscht würde, wolltet ihr dann überleben?

Erinnert euch: Wir haben euch gesagt, daß die Anunnaki unterschiedliche Kostüme tragen, wenn sie zu Besuch kommen, und ihr werdet vielleicht zu einer ihrer Masken. Wir machen keinen Scherz. Wenn in der Bibel steht, ihr seid nach Gottes Ebenbild geschaffen, bezieht sich das eigentlich auf Reptilien![2] Sie waren das erste Experiment der Anunnaki, und unsere Spezies mißlang ihnen aus ihrer Sicht. Mit unserer Kohlenstoffbasis fühlen wir die Erde zu sehr, und sie können uns nicht vereinnahmen. Als nächstes schufen sie euch aus Lehm auf Kieselerdebasis, und sie bereiten euch auf ihre Machtübernahme vor. Jedoch überwiegt der kosmologische Zyklus, und ihr werdet in den Photonenring eintreten, um euch zu rebalancieren und wiederzuerstarken.

Ich, Doktor Echse, träume ununterbrochen. Ich träume die Erinnerungen an eure Rasse, euren Planeten und eure Wünsche. Mit euren Wünschen lasse ich morphogenetische Felder in Urschleim entstehen, der Leben auf der Erde erschaffen kann. Heute hoffe ich, daß ihr euch daran erinnert, was es heißt, sich rein und stark und vibrierend zu fühlen. Ich würde mir wünschen, daß auch ihr zu diesem Gefühl des ursprünglichen Urschleims zurückkehrt. Dann könnten wir euch eher und ihr uns mehr heilen. Ihr würdet möglicherweise sogar wieder zu wilden Tieren werden. Wenn das die Resonanz ist, nach welcher der Kosmos gerufen hat, kann ich euch versichern, daß ihr euch genau dafür entscheiden würdet.

Wir haben auf Venus keinen Körper. Wir sind vibrierend und vierdimensional. Aus der Perspektive der Erde repräsentiert die vierte Dimension planetarische Qualitäten, welche die Wünsche der Sonne in den Dimensionen von Zeit und Raum auf der Erde ausdrücken. Ihr seid euch nicht bewußt, daß Planeten vierdimensionale Intelligenzen sind, die Wirklichkeiten auf der Erde erzeugen, weil ein tiefverankertes Vorurteil gegenüber der Astrologie in eurem Gehirn implantiert wurde. Die Anunnaki wollen nicht, daß ihr merkt, daß ihre Fähigkeit, auf der Erde etwas zu erschaffen, nur die Fähigkeit eines einzigen Planeten unter vielen ist.

Wir sind vibrierende Wesenheiten auf Venus, die sich vermehren, um mehr mit unserer Umgebung zu schwingen. Das tun wir durch pures Gefühl. Astrologisch gesehen ist Venus die reine Empfänglichkeit. Wir ziehen Begehren zu uns und bringen es dann zum Ausdruck. Ich, Dr. Echse, bin der Leiter der genetischen Dokumentenbank. Das ist sehr geheimes Material, und ihr seid einfach durch die Hintertür hereingekommen. Diejenigen, welche die eindeutige Absicht haben, sich heute bewußter in ihren Körpern zu fühlen, können direkt in die Quelle ihrer Schöpfung gelangen – in das vierdimensionale Genlabor der Venus –, wenn sie Spezies in der dritten Dimension auf der Erde umfassend schützen und ehren. Wenn wir uns ins Innere des Planeten Venus begeben, finden wir die reptilische Bibliothek – Module und Modems mit Saurierenergie – als morphogenetische Felder vor, die durch Gefühle auf der Erde in Form gehalten werden.

Um dieses Konzept zu verstehen, braucht ihr ein außerordentlich entwickeltes Gespür dafür, wie es ist, etwas im Physischen zu erschaffen. Die Fähigkeit von Menschen, Unterschiede in der Lebenskraft zu spüren, entwickelt sich sehr schnell und ähnelt der

Fähigkeit, Gefühle mit äußerster Genauigkeit wahrzunehmen. Die wahre Vibration der Lebenskraft an sich zu erspüren – die eigentliche Vibration einer Spezies – wird eine Quelle für eine verblüffende Evolution auf eurem Planeten sein. Viele Erdmütter wissen darüber Bescheid, und deshalb sind auch mehr Frauen als Männer *demütig*. Jeder, der bei der Geburt eines Kindes anwesend sein kann, hat die Chance, den Augenblick mitzuerleben, in dem der Fühlkörper an die neue physische Form gekoppelt wird. Es ist Ekstase. In eurem Reich ist der wichtigste evolutionäre Auslöser der letzten 100 Jahre die Teilnahme der Väter an der Geburt ihrer Kinder.

Ihr steuert auf eine biologische Krise zu, und die physische Integrität eurer Spezies ist bedroht. *Spezies werden von eurer Fähigkeit, sie zu fühlen, in Form gehalten, und deshalb arbeiten die Ureinwohner Amerikas mit Totemtieren als Verbündeten.* Die ökologische Krise verschärft sich, das Wissen darum wird auf eurem Planeten zunehmend an Bedeutung gewinnen. Das Welt-Management-Team hat indessen die Indianer abgelenkt, so daß sie jetzt in ihrem Mutterland in Spielhöllen rennen. Die wahre Mission der Menschen auf diesem Planeten besteht darin, Zwiesprache mit allen anderen Tieren zu halten, weil diese die Brillanz der Sternenintelligenz zum Ausdruck bringen. Und trotzdem versucht ihr, Tiere zu töten, weil man euch bei der Gehirnwäsche eingeredet hat, menschliches Bewußtsein sei gottähnlich. Wie ich es sehe, sind die mächtigsten Killer aller Zeiten die Christen, weil ihre Religion ihnen einredet, die Menschen seien den Tieren überlegen. Andere Religionen geben dem Mystizismus, einer auf Gefühlen basierenden Annäherungsweise, einen hohen Wert, aber *das Christentum ist so mental geworden, daß es für jegliches Leben zu einer tödlichen Gefahr wurde.*

Angst ist tödlich. Wenn sie hochkommt, müßt ihr direkt in ihr aufgehen. Viele von euch leiden unter einem permanenten Angstdruck. Jedesmal wenn ihr eine bestimmte Angst verspürt, nehmt sie an. Rationalisiert sie nicht, geht in sie hinein, fließt mit ihr. Sie treibt euch nämlich dazu an, mehr zu fühlen! Lokalisiert den Ursprung dieser Angst. Befindet er sich in eurem Körper oder an einer bestimmten Stelle, wie in den Wäldern? Das ist eine starke Heilung. Bewegt euch genau in die Quelle eurer Angst hinein.

Wenn ihr diesen Prozeß weiterführt, werdet ihr geradewegs durch eure Angst hindurch zu ihrer wahren Quelle gelangen. Wenn eure Angst in etwas begründet ist, das euer Überleben bedrohen könnte, könnte es euch retten, diese Ursache zu finden. Andernfalls werdet ihr auf euer Ende treffen.

Ich will euch anhand unserer Aufzeichnungen mehr Informationen über die Erde geben. Es gab einmal eine Zeit, als das Leben von der Venus in blaßpurpurnen Eiern, die von langbeinigen Spinnengroßmüttern bewacht wurden, zur Erde gelangte. Diese Eier waren mit Hilfe von fühlenden Gedankenformen auf Venus geboren worden. Es kann für biologische Spezies ohne diese fühlenden Lichtkörper kein Leben auf der Erde geben. Unsere Erinnerungen reichen weit zurück, und wir sind dankbar dafür, daß sie unsere Gedankenform in die dritte Dimension befördern. Aber diese Zeiten waren traumatisch, da Geburt traumatisch ist. Alle Erdspezies tragen ein bißchen emotionale Negativität bezüglich dieses Moments in sich, und wir haben es vermieden, diese Information zu offenbaren. Jetzt ist die Zeit gekommen, daß ihr euch der Zerbrechlichkeit des Lebens bewußt werdet.

Wir Echsen hegen keine negativen Gefühle in bezug auf Spinnen oder irgendwelchen Insekten. Es gab einen schmerzvollen Moment, als Spinnengroßmutter beschloß, es sei Zeit, ihren Traum von der Venus in die Matrix der Erde zu bringen. Das ist die erste Erinnerung an Leben auf der Erde – ein höhlenartiger Platz, an dem die Spinnengroßmutter amethystfarbene Eier bewachte. Aus unserer Sicht als Gelehrtenechsen waren wir die vorherrschende biologische Spezies, als diese Dinge stattfanden. Wir fühlten diese Zeit in diesem Sonnensystem, als eure Fühlkörper durch die Manipulationen von Spinnengroßmutter in das biologische Bewußtsein der Erde gebracht wurden.

Jemand rächte sich an jenen Spinnen, als sie die Eier begehrten und sammelten, und diese Rache kam von den Schlangen, welche die höchste Vibration der Reptilien trugen. Diese Information erhält man heutzutage von den Schlangenmenschen, und deshalb fordert die Bibel euch auf, die Schlange umzubringen. Wir Reptilien wissen, was es heißt, verlassen zu werden. Wir sahen, wie schutzlose Spezies, die Menschen eingeschlossen, von Spinnengroßmutter eingeführt, aber getötet wurden, während sie sich an neue Wohnstätten anpaßten. Wir absorbierten diesen Schmerz der Opfer. Ihr fühltet, daß ihr Opfer wart, als ihr lerntet, auf neue Art zu leben, und deshalb zerstört ihr heute Wohnstätten! Ihr müßt wieder verletzlich werden, das heißt offen und flexibel sein. Sonst werdet ihr euch von eurem Geist so weit beherrschen lassen, daß ihr alles zerstört. Wir Reptilien sind die Hüter der Verletzlichkeit aller Wesen.

Meine kristalline Energie aus weißem Licht ist ganz auf meine Wirbelsäule ausgerichtet. Doch ich bin auch auf meinen Unterbauch fokussiert, zu dem ich nur durch *Gefühl* komme, nicht aber, wenn ich Energie durch Atemarbeit und Strahlen erwecke. Angst spürt man im Bauch, der die Codes enthält, wie man die Angst durchdringt. Wenn ihr direkt in der Wirbelsäule fokussiert seid, werdet ihr nur auf das Ziel achten. Deshalb wurdet ihr konditioniert, und eure Konditionierung wird schließlich durchbrochen, weil sie nicht mehr zu euch paßt. Ihr geratet tiefer in den Photonenring hinein und werdet dabei fähig sein, euer Hinterteil zu panzern, wenn ihr euren Bauch weit genug öffnet.

Die vierte Dimension läßt sich von der fünften oder einer höheren Dimension aus betrachten. Wenn ihr alles als linearen Raum und lineare Zeit anseht, kommt ihr euch vor wie Ratten in einem Labyrinth. Ihr wärt buchstäblich erstaunt, daß ihr, jedesmal wenn ihr merkt, daß ihr euch festgefahren habt – nicht wißt, wohin ihr gehen sollt, und das Gefühl habt, in einer Zwickmühle zu stekken –, es verschieben werdet, indem ihr euer Bewußtsein auf einer höherdimensionalen Perspektive verlagert. Wie macht ihr das?

Mit fünfdimensionalen Augen könnt ihr Seher in der dritten Dimension werden. Wenn ihr euch in der dritten Dimension aufhaltet, seid ihr auf einem Schachbrett, gefangen in Raum und Zeit. Euer einziger Kontakt von der fünften Dimension aus findet statt, wenn ihr auf sehr gefühlsbetonte Art, von Herzen um etwas bittet. Geht in euch, was wollt ihr *wirklich*? Sofort, direkt aus dünner Luft von der Synchronizitätsebene, wißt ihr einfach, fühlt, was ihr euch wünscht. Wenn ihr von intensiven Gefühlen geleitet werdet, reagiert das morphogenetische Feld, das die potentielle Manifestation lenkt, auf euer Anliegen. Immerhin soll sich das einzige Programm der vierten Dimension in der dritten Dimension manifestieren. So funktioniert Wirklichkeit für mich in meiner Zellmatrix auf Venus. Denn jetzt verlasse ich euch und gebe das Wort wieder an Satya und ihre Plejadier, die euch weitere Informationen über eure Biologie und darüber vermitteln werden, wie ihr im Netz in der dritten Dimension gefangen seid.«

Satya und der kosmische Neustartschalter

Ich, Satya, bin wieder in eurer Welt, und ich bin sehr erfreut darüber, wie ihr mit König Echse und Doktor Echse in der biologischen Matrix gegraben habt. Schrillen nicht bei immer mehr von euch die Alarmglocken, wenn ihr euch eure wahrscheinliche Zukunft anseht? Den Schrei der Reptilien hört man in der ganzen Galaxis. Uns fiel in diesen Übertragungen auf, daß die Hebräer von den Reptilien ganz schön eins abkriegen. Aus meiner fünfdimensionalen Sicht glaube ich nicht, daß irgendeine Gruppe ein existentielles Glaubenssystem hat, das schlechter als ein anderes ist. Laßt uns also das Christentum einer genaueren Betrachtung unterziehen, die Religion, die behauptet, sie haben den Messias erkannt, während die Juden den Langersehnten verpaßten.

Wißt ihr, warum der Kalender bis zu einem bestimmten Zeitpunkt vorwärtszählt, dann zurück auf Null geht und schließlich wieder von vorn anfängt? Habt ihr jemals darüber nachgedacht, wie bemerkenswert es ist, daß die lineare Zeit vor fast 2000 Jahren endete und wieder neu begann? Die Andromedaner, die von einer idealisierten Perspektive, nämlich der Zwillingsgalaxis, über die Milchstraßengalaxis wachen, nennen diesen Augenblick in der Zeit den kosmischen Neustartschalter, und er ist der Schlüssel zum Verständnis all der mächtigen Agenturen des Heiligen Römischen Reichs. Die Cäsaren beispielsweise glaubten, Tempel für den neuen nibiruanischen Zyklus zu errichten, der während ihrer Regierungszeit begann. Nibiru gab viele Zeichen, als Julius Cäsar an die Macht kam. Er behauptete, er als Priester des Jupiter stamme von den Göttern ab, und erklärte, daß der hebräische Kalender – der 3760 v. Chr. begann, als Nibiru ins Sonnensystem eintrat – zu Ende gegangen sei und ein neuer beginne.

Sobald Julius Cäsar die Herrschaft über Rom innehatte, schaffte er den etruskischen Mondkalender ab und führte den julianischen Sonnenkalender ein. Als Hoherpriester des Jupitertempels benannte er den neuen Sonnenkalender nach sich selbst und verkündete, das neue auserwählte Volk seien die Römer. Es gab mehrmals Manipulationen an Kalendern, so beispielsweise beim Kirchenkalender, der 325 n. Chr. auf dem Konzil von Nikäa eingesetzt wurde, und dem gregorianischen Kalender, den Gregor XIII. 1582 einführte. Diese Veränderungen haben unsere Aufmerksamkeit von der bemerkenswerten Tatsache abgelenkt, daß die Römer die Wirklichkeit so sehr unter Kontrolle hatten, daß sie einen Kalender einführen konnten, bei dem die Zeit bis zur Stunde Null zurück- und von da an für immer vorwärtsgeht.[3]

Für diejenigen unter euch, die nach dem hebräischen Kalender leben: Ich will euch helfen, seine Bedeutung zu verstehen. Ihr habt behauptet, das auserwählte Volk von Nibiru zu sein, indem ihr euren Kalender im Jahr 3760 v. Chr. eingeführt habt. Wir Plejadier respektieren eure mutige Entscheidung, Träger eines so gewaltigen Konzepts zu sein. Wenn ihr aber nicht gewillt seid, euren Ochsen aufzuspießen – einer der Lieblingsausdrücke der Plejadier –, werdet ihr das Entscheidende verpassen, und eure Götter oder die Cäsaren der Erde werden euch mehr als jede andere Rasse auf der Erde drangsalieren. Seid ihr es nicht leid zu hören, daß ihr das Wesentliche vor 2000 Jahren versäumt habt? Was wäre, wenn ihr zwar damals das Wesentliche versäumt hättet, doch nun eine Chance bekämt, einen neundimensionalen Messias zu erkennen? Wenn ihr bereit seid, euren Ochsen mit allen anderen aufzuspießen, werdet ihr nicht mehr auf den Messias *außerhalb* von euch warten, sondern euch daran erinnern, daß dieses Potential *genau jetzt auf eurem Planeten liegt.* Auch ihr seid abgelenkt worden. Jeder wurde abgelenkt, und ihr macht mit eurem Kalender die Zeit für einen anderen Planeten, nicht für euren eigenen.

Die Römer beschlossen, sich um die Kalenderregeln zu kümmern, die Zugangscodes zu astronomischen Ausrichtungen in Beziehung zur Zeit sind. Die Römer setzten die Stunde Null als Kontrolldynamik fest, sobald sie merkten, welch ernsthafte Bedrohung die Geburt Christi für sie war. Sie übernahmen den Kalender, als sie sich für das Spiel »Wir gegen sie« entschieden. Die Wir-gegen-sie-Dynamik wird alle 1800 Jahre von Nibirus Perihel oder Aphel in Gang gesetzt. Dies ist zu einem Allgemeinmuster geworden. Nibiru war der Sonne im Jahr 7200 v. Chr., 3600 v. Chr. und zur Stunde Null am nächsten – Perihel; und er war am weitesten von der Sonne und draußen bei Sirius beim Aphel – 5400 v. Chr., 1800 v. Chr. und 1800 n. Chr. (ungefähr). Zu diesen Zeiten vollziehen sich große Veränderungen bei den vierdimensionalen Kontrollmustern über eurer dreidimensionalen Wirklichkeit. *Die Archetypen der Geschichte verschieben sich.* Beispielsweise waren es die Ägypter gegen die Sumerer im Jahr 3500 v. Chr., die Israeliten gegen die Ägypter im Jahr 1600 v. Chr., die Christen gegen die Römer 100 n. Chr. Und jetzt am Ende des Maya-Kalenders schicken sich die New-Age-Anhänger und Christen an, das »Wir-gegen-sie«-Spiel auszutragen.

Die Cäsaren machten sich mit der Ablösung des hebräischen Kalenders und dem Neubeginn von der Stunde Null an daran, nibiruanische Herrschaft über die Erde auszuüben. Aber etwas anderes geschah, während Nibiru euer Sonnensystem besuchte – Christi Geburt und sein Tod –, und Römer und Juden gerieten in Erstaunen. Die Stunde Null war ebenfalls der andromedanische Neustartschalter, der mit Christus ein neues Potential einbrachte, obwohl beide Parteien darauf warteten, daß die Nibiruaner physisch auf der Erde landeten; beide Gruppen bereiteten Gesellschaften, Land und Tempel vor, wo die Ankunft stattfinden sollte. Die Römer bauten den Zeustempel in Baalbek wieder als Landeplatz auf und nannten ihn Jupitertempel. Sie entfernten ägyptische Obelisken und stellten sie in ganz Rom auf[4], und sie zerstörten den Salomonstempel in Jerusalem und errichteten an dieser Stelle Cäsar ein Heiligtum. Sie verlagerten ihre Machtpunkte von Ägypten nach Rom und beherrschten die ganze Levante durch die Übernahme jenes Systems, das Alexander der Große einst eingerichtet hatte. Sie ließen sogar einige Priesterinnen sich vorbereiten, welche die Götter als Liebhaber empfangen sollten, beispielsweise Salome, Kleopatra und Aurelia, die Mutter von Julius Cäsar.

All diese Dinge geschahen aus Anlaß des Eintreffens des großen Götterplaneten im Sonnensystem. Nibiru war kurz nach der Ermordung Julius Cäsars 44 v. Chr. an eurem Himmel zu sehen, und dann hieß es, es sei Cäsars Seele, die zu Nibiru aufsteige. Im Jahr 17 v. Chr. hatte Nibiru einen anderen Punkt, der von der Erde aus zu sehen war, umkreist – Augustus war auf dem Thron, und dem

Volk wurde gesagt, Cäsars Seele sei zurückgekehrt, um das »Neue Zeitalter« zu verkünden. Die Römer prägten Münzen mit Nibirus Symbol – dem achtzackigen Stern –, auf denen »DIVUS IULIUS«, Göttlicher Julius, stand, um die Rückkehr Nibirus zu ehren[5] (siehe Abbildung 11). Genauso wie die Sumerer 3600 Jahre zuvor nahmen die Römer diese Souveränität für sich in Anspruch, und diese Wahrheit wurde euch von der römisch-katholischen Kirche sorgsam verheimlicht.

Abbildung 11: Der achtzackige Stern – Nibiru

Was geschah zur Stunde Null? Nun, etwas sehr Lustiges. Die Römer wurden reingelegt, weil sie ihre Augen auf den Himmel gerichtet hatten, wie ihr an ihren Gedenkmünzen sehen könnt. Bemerkenswerte multidimensionale Wesen inkarnieren während wichtiger zyklischer Veränderungen auf der Erde, und um die Stunde Null gab es viele, wie Christus, Buddha und Alexander den Großen einige hundert Jahre zuvor. Die Römer standen auf den Brüstungen ihrer großen Tempel und warteten auf die Landung der Schiffe, während vor ihrer Nase Christus in der Levante geboren wurde. In der Stunde Null war das Gesetz der Mosescode – ein Vermächtnis von Codes von den Sumerern, dann den Babyloniern, dann den Israeliten. Diese Codes waren alles Spuren von Anunnaki-Systemen, und die Cäsaren hatten vor, sie einzusetzen, um zur Stunde Null die Herrschaft über die Erde zu übernehmen.

Die Anunnaki hatten 3600 v. Chr. das Tempel/Stadtsystem eingeführt, das auf dem Gesetz der sumerischen Städte basiert; diese Codes verbreiteten sich in vielen Kulturen, die daraufhin auf ihre Rückkehr zur Stunde Null warteten.

Durch den Jupitertempel waren die Cäsaren an der Macht, als die Zeit für die Rückkehr des Planeten kam. Die Anunnaki konnten das Römische Reich benutzen, indem sie die Menschen dazu antrieben, zu nibiruanischen Legionen zu werden. Das war einfach, weil sie bereits erfolgreich andere Kulturen, wie beispielsweise die Juden, dazu gebracht hatten, sich als »Auserwählte« zu bezeichnen. Die Zeit verschwand daraufhin tatsächlich, und das sumerische *Schar*-System sollte zur Stunde Null beginnen, und dies sollte die Herrschaft in der Zeit – die Neue Weltordnung – begründen.[6]

Aber ein anderes Programm wurde in den Topf geworfen: Ein jüdischer Rabbiner, der mit der Priesterin der Isis in Jerusalem verheiratet war, beförderte multidimensionales Bewußtsein in die Levante. Als Nibiru nach der Stunde Null der Sonne am nächsten stand, vertrieb Christus die Geldwechsler aus dem Tempel und schickte ein Signal aus, das niemals vergessen wurde. Genau als der letzte Schritt zur Machtergreifung vollzogen werden sollte, veränderte er die Dynamik, indem er vom Machtwirbel aus die Blutsauger eliminierte. Und tief in eurem Innern glaubt ihr alle, ihr würdet die Blutsauger schließlich loswerden. Christus strahlte außerordentliche Herzenenergie über die ganze Welt aus. Sie erwies sich als stärker gegenüber jeglicher Energie, die in Rom mit mindestens 13 Obelisken aktiviert werden konnte, die dort zum Himmel ragten![7] Die Christen behaupteten sogar, der Stern von Bethlehem – Nibiru als achtzackiger Stern – sei erschienen, um die Geburt des göttlichen Kindes zu verkünden. Das war ein grober Diebstahl von Nibirus Sternsymbol. Der achtzackige Stern ist oft auf euren Weihnachtskarten abgebildet und symbolisiert Christi Geburt.

Christus führte eine Zeremonie, genannt Eucharistie, mit 72 Jüngern ein als Symbol für die totale Machtübernahme eines doppelten *Schar* – zweimal Nibirus 3600-Jahre-Umlaufzeit. Durch die Verwendung von Anunnakisymbolen wurde alles, was er initiierte, direkt ins Römische Reich aufgesogen, wie kosmische

Schlüssel in Schlösser. Als nächstes erwählte Anu die heilige römisch-katholische Kirche als sein persönliches Gerät zur Beherrschung des Planeten. Rom sollte schließlich untergehen, aber eine offizielle, um Christus organisierte Kirche würde weiterhin bestehen, weil sich Menschen leicht durch Religion manipulieren lassen. Die römisch-katholische Kirche sollte die nächste offizielle Anunnaki-Einrichtung sein. Dazu sollten alle Priester unverheiratet sein, mit der Begründung, auch Christus sei unverheiratet gewesen. Frauen sollten entmachtet und die Eucharistiefeiern von männlichen Priestern zelebriert werden, die niemals mit einer Frau geschlechtliche Liebe praktiziert hatten. Alles Wissen über mehrfache Lebzeiten sollte vernichtet werden, damit die Menschen den Tod fürchten lernten, und die Angst vor dem Tod sollte den multidimensionalen Kontakt einschränken. Das würde den Anunnaki die völlige Herrschaft über die Erde gewährleisten und den Menschen den Zugang zur Multidimensionalität verwehren. Alle Menschen sollten in der dritten Dimension eingesperrt sein, so daß niemand den Anunnaki beim nächstenmal, wenn sie im Jahr 3600 n. Chr. ins Sonnensystem zurückkehrten, einen Strich durch die Rechnung machen konnte. Das war eine düstere Stunde auf der Erde – die Verknüpfung des Netzes –, dessen Energie sich zum erstenmal auf den Planeten auswirkte, als ein schreckliches Gewitter während Christi Kreuzigung verheerenden Schaden in Jerusalem anrichtete.

Ihr braucht lediglich ein einfaches Paradigma beherrschen. Ihr habt wirklich den freien Willen auf eurem Planeten, weil bestimmte Lehren und Dinge geschehen, egal was sein mag, und dann können Intelligenzen, die sich eurer Freiheit widersetzen, diese großen Ereignisse nur überdecken. *Ihr müßt lernen, wie und wann ihr überdeckt werdet, damit ihr nicht auf Lügen reagiert, wenn ihr Impulse erhaltet.* Ihr könnt die Wahrheit in eurem Herzen fühlen, und eure Herzen werden befreit, wenn euer Verstand klar ist und ihr sehen könnt, welche Manipulationen stattfinden. Nichts ist willkürlich oder zufällig, *nichts*. Betrachtet es einmal so: Ein wirklich großes Ereignis, wie die Geburt Christi, findet statt, und die Menschen fühlen seine wahre Bedeutung. Das Ereignis wird dann gröblich verzerrt und zu einer kulturellen Obsession gemacht. Die Kontrollmächte wiederholen ständig einen Teil der

Geschichte, um die Sehnsucht der Menschen nach Befreiung vom Bösen zu stillen. Es werden dauernd Lügen über Christus verbreitet, aber die Menschen hungern dermaßen nach der wahren Geschichte, daß sie die Lügen wie gierige Papageien schlucken und nachplappern. Die falsche Geschichte wird bis zum Gehtnichtmehr wiederholt, bis sogar die Lügner sich nicht mehr an die Wahrheit erinnern können. Dieser zwanghafte Wunsch nach Wahrheit wird dauernd beschwichtigt, und ihr dreht euch im Kreis wie hirnlose Ratten, die nach etwas suchen.

Das ist eure Verpflichtung zu lügen – und deshalb kann ich euch sagen, daß ihr aus dem Netz *nur* dann herauskommt, wenn ihr tief nach euren wahren Geschichten grabt. Ihr werdet euch direkt in eure Integrität hineinbegeben, sobald ihr zur Wahrheit gelangt seid. Deshalb bin ich, Satya, so aufwieglerisch, so ketzerisch und beleidigend. Warum nehme ich das Beispiel Christus? fragt ihr vielleicht. Erinnert euch, ich lese in euren Energiefeldern von Alcyone aus. Ich greife mir einfach jene Geschichten heraus, unter denen ihr am meisten leidet. Warum? Weil eure Zwangsvorstellungen genau das sind, was euch am meisten blockiert. Ich weiß in der tiefsten Ebene eures Bewußtseins, daß ihr alle nach eurer Wahrheit strebt, ganz egal wie viele heilige Kühe abtreten müssen. Ich will, daß ihr eure Intelligenz trainiert.

Ich, Satya, kann große Energie um das Wort »Eucharistie« herum fühlen. Dieses Wort klingelte meinem Medium in den Ohren, als sie eines Morgens zu mir sagte: »Was ist diese Eucharistie?« und dann begriff sie es.

Es liegt auf der Hand: Jeder von euch soll im Wassermann-Zeitalter ein Christus werden! Natürlich! Wir stehen am Ende des Fische-Zeitalters. Ich fühle genau, wie viele der Diebstahl dieses Sakraments durch die römisch-katholische Kirche schmerzt, weil ihr intuitiv wißt, daß die Eucharistie ein machtvolles Heilinstrument ist. Nun, dieses Sakrament wäre möglicherweise verlorengegangen, wenn es keine Kontinuität gegeben hätte. Die Macht der Eucharistie ließ in den sechziger Jahren schnell nach. Sie ging ganz verloren, als die katholische Kirche die Klangcodes unterbrach, indem sie den wichtigsten Teil der Messe aus dem Lateinischen übersetzte und den amtierenden Priester sich zur versammelten Gemeinde umdrehen ließen. Viele katholische Kirchen waren über alten Kraftorten errichtet worden, ihre Altäre waren nach Westen ausgerichtet, und der Priester blickte nach Osten, wenn er die Hostie zur Weihung hochhielt. Sobald der Priester aber andersherum stand, blickte er nach Westen und empfing keine Energie. Diese Veränderung wurde von den Sirianern betrieben, welche die Erde 1972 direkt beeinflußten; weil das Kirchennetz zu undurchdringlich war, drehten die Sirianer den Priester um. Durch den Blick nach Westen ging dem Priester nicht nur die feinstoffliche Energie des Ostens verloren, sondern er sog auch die chaotischen Kräfte des Westens während der Messe in sich auf, und die römisch-katholische Kirche begann sich aufzulösen. Beobachtet in der Geschichte diese esoterischen Spiele der Sirianer, die Meister der Alchimie sind.

Zurück zur Stunde Null: Infolge der neundimensionalen Aktivierung durch Christus wußten die Anunnaki aufgrund der Überwachen eurer Gefühle, daß sich auf dem Planeten eine Macht aufhielt, welche die ihrige an Größe übertraf; deshalb mußten sie diese vertuschen. Sie stahlen Christus einfach alle Macht und verkapselten den Archetyp im Heiligen Römischen Reich, und die ganze Energie floß in die heilige römisch-katholische Kirche, sobald Rom von den Barbaren erobert worden war. Die Anunnaki wußten, daß es sich bei den drei Weisen aus dem Morgenland um sirianische Astrologen handelte und waren wütend, als jene den eingeborenen Völkern Christi Geburt ankündigten. Seht euch an, wie die Sirianer auf dem Planeten arbeiten. Die Weisen gehen auf die alten Tage der Erde zurück, und man kann ihre Spuren durch das ganze Christentum bis zur Stunde Null verfolgen. Unser Medium tat dies durch die Gnostiker, die mittelalterlichen Mystiker, die reformierten Protestanten, Quäker und unterschiedliche spirituelle Gruppierungen im frühen Neuengland und durch die frühen Jahre der Mormonen. Mit Erstaunen sah sie, daß die Abstammung nie unterbrochen wird. Als beispielsweise die ersten Siedler in Neuengland eintrafen, entdeckten sie zu ihrer Überraschung im ganzen Land megalithische Steinkreise, Dolmen, Felsen mit eingeritzten Zeichen und astronomische Tempel genauso wie auf den britischen Inseln.[8] Oft errichteten sie ihre Kirchen an diesen Stellen oder rissen diese alten »heidnischen« Kraftwegweiser heraus. Die Freimaurer und die Mormonen gruben diese antiken Stätten aus und benutzten einige Kraftobjekte der Tempelhügelbauer und alten Amerikaner bei ihren Tempelinstallationen.[9]

Die Weisen aus dem Morgenland brachten Geschenke für Christus mit. Weihrauch ist die Essenz, welche die wahren Kräfte männlicher Kreativität enthält, und Myrrhe ist die Essenz der Göttin. Diese Elemente wurden gebracht, weil diese Art Wesenheit niemals zuvor auf der Erde inkarniert hatte. Ihre Ankunft wurde von den Sirianern in die Wege geleitet, und sie war noch nicht mit der Erdvibration codiert. Diese Elemente sollten sie befähigen, in eurem Reich zu überleben. Es ist schwierig, solch eine Vibration physisch aufrechtzuerhalten. Ich, Satya, beobachtete, wie Christus Weihrauch und Myrrhe gebracht wurden. Ich sah, wie dem Kind eine wunderschöne goldene leuchtende Essenz – alchimistisches Gold – dargebracht wurde und die Weisen es salbten. Das Gold entstammte einem Boden, der niemals bearbeitet worden war. Die Weisen brachten das Gold und sie bewegten es rundherum und durch die Aura des Christuskindes, weil diese so hell war und so weit reichte, daß es nicht in seinem Körper bleiben konnte. Das Christuskind strahlte ein blendendweißes, diamantenähnliches Licht aus. Es war so intensiv, daß die Weisen und die Hirten schützend die Hand vor ihre Augen hielten. Aus dem Gold wurde eine Grenze um seine Aura gezogen, sein Heiligenschein, ein sehr schöne Symbol für außergewöhnliches, in Gold gefaßtes Licht. Alle Menschen brauchen Auragrenzen, um ihre Physis zu bewahren. Wenn das weiße, vom Körper ausgehende Licht zu weit in andere Bewußtseinsreiche hinausgeht, verlassen die Menschen ihren Körper. Die Sirianer schalteten sich über die Weisen direkt ein, um Christus bei der Anpassung an das Feld der Erde zu helfen. Jetzt, wo die Plejadisch-Sirianische Allianz besteht, erhalte ich Daten über das sechsdimensionale Reich, und es entsteht eine völlig neue Ordnung, welche die Neue Weltordnung der Anannaki ablösen wird. Die Sirianer verwalten nämlich die sphärischen Systeme, welche die Umlaufbahnen im Sonnensystem unterstützen, und jetzt, wo diese Allianz stattgefunden hat, können die Plejadier die Wirbel und Netzlinien der Erde über das Netz hinaus zu einem komplexeren sphärischen geometrischen Feld ausdehnen. Deshalb kann ich zu meinem Medium nun leichter Kontakt aufnehmen, und andere Plejadier erfahren mehr von euch.

Die Sirianer codieren Nibiru mit Bewußtsein, damit er alle 3600 Jahre zur Erde gebracht wird – der »Briefeinwurf«.[10] Weshalb sollten die Anunnaki an einer Codierung mit diesen sirianischen Programmen interessiert sein? Ich, Satya, weiß genau von einem Instrument, das euren eingeborenen Völkern heilig ist, nämlich einem Modell von Nibirus Umlaufbahn in der Nähe von Sirius: dem Bumerang, der dem Dogon-Volk und den australischen Aborigines heilig ist. Die Sirianer halten Nibirus Umlaufbahn aufrecht, damit sie wie ein Bumerang zu ihrem Sternensystem schwingt, und der »Briefeinwurf« ist die Gegenleistung. Wenn sie nicht liefern, werden die Anunnaki wie ein Stein in den Weltraum hinausfliegen, statt zurückzuschwingen. Der Bumerang ist eine hervorragende Metapher für Potentialität (Möglichkeit) in euren Beziehungen – ihr könnt weit hinauspendeln und werdet immer wieder zurückschwingen, wenn ihr mehr loslaßt.

Wenn ihr euch an diesem Punkt nicht an Sirius ausrichtet, könntet ihr während der planetaren Beschleunigung aus eurer Umlaufbahn geworfen werden! Die Sonne hat große Hochachtung dafür, daß Sirius diese Umlaufbahnen festhält. Die Sirianer waren sicher sehr daran interessiert, für die Codierung des Bewußtseins von Christus zur Stunde Null auf der Erde zu sorgen. Die Anunnaki müssen gewußt haben, was die Sirianer vorhatten, weil sie die Post bei sich trugen. Ihre Tempelwächter auf der Erde, die die Mithraspiester des Römischen Reichs, wußten aber nichts von der Postzustellung, weil diese im Weltraum stattfand.

Achtet darauf, wie stolz sich die Sumerer auf den sumerischen Tafeln als Anunnaki-Königsfamilie bezeichneten. Doch schon in der Zeit der Patriarchen, wie in hebräischen Texten beschrieben, wird die Geschichte der Anunnaki tief verhüllt. Als nächstes kam das frühe Christentum, und Informationen über Nibiru wurden aus der Bibel entfernt. Die Vatikan-Bibliothek wurde als sicherer Aufbewahrungsort für die wahre Geschichte eingerichtet. Spuren dieses äußeren Planeten gibt es in den kürzlich entdeckten Texten der Essener und Gnostiker, aber man müßte ein weiteres ganzes Buch schreiben, nur um die Quellen zur Stunde Null wissenschaftlich zu analysieren.[11] Es ist sinnvoller, den Spuren der Anunnaki in der Neuen Weltordnung nachzugehen, die jetzt ihren Weg verläßt, um ihre Verbindungen zu Nibiru zu verheimlichen, wie es früher Christen und Juden stets praktizierten. Der direkteste Weg zur Wahrheit ist, alle offiziell verbotenen Informationen offenzulegen. Deshalb bin ich jetzt gekommen, und deshalb hört ihr gerade soviel über die Maya. Wir beide haben vor, euch die Geheimnisse anzuvertrauen. Die römisch-katholische Kirche hat das Christbewußtsein überlagert und beherrscht, indem sie Christus – wie die Brennstäbe in einem Kernreaktor – als Brennstoff benutzte, um in den letzten 2000 Jahren ihre eigenen Wahrheiten zu erschaffen.[12] Jetzt entweicht der Brennstoff aufgrund des Zusammenbruchs der Kirche aus dem Tank, weil ihr gelernt habt, selbst das Benzin abzupumpen. Die römisch-katholische Kirche plante eine zeitcodierte Verlautbarung von Christus für das Jahr 2000 n. Chr. – er kam, seine Mission scheiterte, und er würde in Erfüllung der Kirche wiederkommen. Auf diese Weise würde jeder seiner Ankunft harren, den Zehnten an die Kirche entrichten und immer weiter auf ihn warten, statt selbst aufzuwachen.

Während ich in euch lese, habt ihr aber oft etwas anderes gefühlt, und dieses eher numinose und geheimnisvolle Wissen, das viele von euch spüren, ist dem kosmischen Neuartschalter zu verdanken. Eine neue Energie kommt von der Andromedagalaxis auf die Erde, und diese Energie verschiebt die Milchstraßengalaxis. Der Astronomie zufolge verschmelzen die Andromeda- und die Milchstraßengalaxis.[13] Eine Zeitlang seid ihr dem Netz entkommen und habt von Christus erlesenes Licht, Liebe und Mitgefühl erfahren, und zwar deshalb, weil sich der andromedanische Archetyp intensiviert. Inzwischen droht der männlich-unverheiratete Gott-Archetyp durch die Priester der Kirche zu einer sexuellen Kernschmelze zu werden, während die Sirianer die Kundaliniladung auf der Erde ausdehnen. Christus wurde aus sehr hohen Dimensionen gespeist. Er inkarnierte und leitete neue Prozesse ein, so daß höherdimensionale Wesen ab jetzt öfter auf eurem Planeten inkarnieren konnten, und diese Priester wurden als Träger dieser Kraft eingesetzt. Nun steht ihr in den letzten Tagen dieses Zyklus, und das Christbewußtsein hat sich vervielfacht. Mehr Wesenheiten aus anderen Dimensionen kommen auf die Erde, und genau das wollten die Anunnaki verhindern. Sie befürchteten, die höherdimensionalen Wesen würden ihnen ihr Territorium, die Erde, wegnehmen. Die Nibiruaner wollen die Erde besitzen, weil sie sich, nachdem sie ungefähr seit 125 Jahren in eurem Sonnensystem kreisen, für etwa 3450 Jahre in den tiefen Weltraum hinausbegeben. Ich bin hier, um herauszufinden, was sie eigentlich genau vorhaben, denn alles auf der Erde kann befriedigend werden, vorausgesetzt, ein Wunsch wird respektiert.

Christus griff unsere alten plejadischen Praktiken auf, arbeitete mit Wein und Pflanzen und begründete damit eine *neue Alchimie* des Planeten. Durch diese Aktivierung grundlegender biologischer Codes auf dem Planeten bekam die Erde die Gelegenheit, mulidimensionale Wesen aufzunehmen. Diese Codes mußten sich innerhalb der lebenden Codes der Erde entwickeln. Auf der eindimensionalen Ebene schwang der sirianische Kristall, den Nibiru trug, mit dergleichen Vibration wie der Kernkristall im Zentrum der Erde. Die Anunnaki dachten, er würde einfach direkt auf der Erde wie ein Meteor einschlagen und zerbersten. Nun, das geschah nicht.

Der Kristall war neundimensional, drang direkt in den Körper des Planeten ein und wurde Teil des Eisenkerns. Er traf auf keinen Widerstand. Er erreichte das Kernzentrum und veränderte die Codes. Der Kern wird sich in den kommenden paar Jahren ein paarmal verschieben und damit die intensivste Aktivierung dieses Kristalls signalisieren. Der mittlere Kern ist wie eine Kugel in einer Kugel, und Ursache für die Erdveränderungen wird geometrischer Druck im tellurischen Reich sein, wenn sich der Erdkern bewegt.[14]

Der Kristall aktivierte das metallisch-tellurische Reich der Erde völlig, und Christus implantierte durch seine Wundertaten neues Potential auf der Oberfläche, während er über die Messe mit Elementarwesen arbeitete. In diesem Sinn war er einfach ein hervorragender Zauberer.[15] Er stellte einen neuen psychologischen Code – Gnade – auf, der schließlich alle Komplexe beseitigen würde, welche die Nibiruaner der Menschheit eingeimpft hatten. *Gnade postuliert, daß das Individuum unbegrenzt ist, falls er oder sie von Herzen kommt.* Gnade zu praktizieren, wird euch in euer Herz führen und euch beibringen, von dort aus schneller als irgendeine andere Vorstellung zu agieren. Christus war ein Heiler; er arbeitete mit dem Emotionskörper und stand von den Toten wieder auf. Er beseitigte die ganzen »ich kann nicht«, welche die Anunnaki implantiert hatten, und er tat diese Dinge als ein richtiger dreidimensionaler Mensch, als ein viriler Mann. Dann beraubte ihn die Kirche seiner Männlichkeit, indem sie seine wahre Beziehung zu Maria Magdalena verheimlichte, und der Mann wurde entmannt und die Frau verleugnet.[16] Zum Schluß wurde die römisch-katholische Kirche die einzige Organisation, in der man einen Penis für die Sache braucht, aber wenn es dann soweit ist, könnt ihr ihn nicht benutzen!

Das Gesetz Mose wird völlig von Menschen umgewandelt werden, die merken, daß Christusgefühl einfach ein natürliches Potential des Menschen ist. Sobald Christus als neundimensionaler Mensch inkarnierte, konnten die Anunnaki ihn nur vernichten, ihn als schlappes Betäubungsmittel benutzen, um euch weiterhin in der Opferrolle zu halten, aber es gelang ihnen nicht. Der Papst verlangt nach eurem Ablaß und schickt ihn direkt zu Anu. Das Gebäude – der Petersdom – ist das Netz, das zur Stunde Null herunterkam. Trotzdem hinterließ Christus eine unauslöschliche Lichtspur jenseits des Netzes.

Ich, Satya, kann fühlen, daß alle, die dieses Buch lesen, von einigen der Lügen vergiftet sind, die Christus' großartige Mächte überlagert haben. Das eigentliche Wesen des plejadischen Erwachens ist die Wiedererweckung des erotischen Christus, des kosmischen Erzeugers der Menschheit. Der Phallus ist zum Gebrauch bestimmt; *die Entmannung Christi ist die größte Lüge in der Geschichte.* Das ganze Gerüst der römisch-katholischen Kirche basiert praktisch auf der Entmannung des Osiris, mit dessen Geschichte der Mensch endgültig den multidimensionalen Kontakt verloren hat. Sobald ihr euch auf eure Multidimensionalität besinnt, wird Christus in euch erwachen, weil es an der Zeit ist. Wenn das geschieht, werden sich alle organisierten Religionen auflösen. Wer von euch hätte sich vorstellen können, daß die Zugehörigkeit zur römisch-katholischen Kirche seit dem Jahr 1972 in zwei Hälften geteilt werden würde? Die Kirche wurde in den Bankrott getrieben, weil das einzige sexuelle Ventil, das ihren entmannten Priestern übrigblieb, die Ministranten sind! Die Zeit des erotischen und alchimistischen Christus ist gekommen, und Begehren ist der Schlüssel zu diesem Erwachen.

Meditationen von Satya zur Öffnung dimensionaler Tore

Der Wunsch der ersten Dimension ist, euch zu sich zu ziehen. Je mehr ihr diesem Wunsch widersteht, desto weniger werdet ihr wissen, was ihr wollt. Also gebt nach. Baut einen Altar für die vier Himmelsrichtungen, setzt euch in die Mitte und schickt euer Bewußtsein in die Erde unterhalb eures Körpers. Amüsiert euch auf eurer Reise unter eurem Altar, unter eurem Haus, durch die Gesteinsschichten und die Höhlen des Erdinneren und hinein in die Hülle und schließlich in den Eisenkristall im Zentrum der Erde. Reist darin, aalt euch darin, fühlt die Hitze und die flüssigen Steine, lauscht Gaias Geschichtenerzählern und erinnert euch an ihre Worte. Bewegt euch dann direkt zur zweiten Dimension.

Der Wunsch der zweiten Dimension ist, euch durch ihr chemisches, radioaktives, mineralisches und kristallines Wesen mit der Dichte vertraut zu machen. Ihr sollt mit uns in unser Reich hinuntergehen, wo wir euch durch Höhlen mit Wänden aus Kristallen, Saphiren, Rubinen und Diamanten führen können, so daß ihr Edelsteine als Linsen benutzen könnt, mit denen ihr direkt in euren Körper seht. Beachtet, daß die Geometrie der Edelsteine und Kristalle die strukturelle Basis der sechsdimensionalen Lichtgeometrie ist. Wir wollen, daß ihr ins Erdinnere hinunterkommt und euch mit uns – chemischen und radioaktiven Wesen – trefft, damit ihr seht, wer wir sind. Wenn ihr uns in unserer ganzen herrlichen Macht seht, werdet ihr nicht mehr in unsere Welt eindringen und uns aus dieser entfernen wollen. Ihr werdet uns nicht mehr manipulieren, indem ihr uns zerteilt und umwandelt, es sei denn, ihr seid auf unserer Schwingung, und wir billigen eure Absichten. Kommt herunter und besucht uns, damit ihr uns alle erkennt. Denn wenn Gaia ihre Veränderungen durchmacht, werden wir oft aus unserer Welt hinausgeworfen und enden verloren auf der Erde. Wenn wir nicht mehr in der Erde sind, dann wandern wir in euren Körper und in die Flüsse, Seen, Ozeane, den Boden und die Luft. Dann werdet ihr es euch zur Aufgabe machen, uns in unsere eigene Welt zurückzuschicken. Wir wollen euch nicht stören oder Krankheiten bei euch verursachen, sondern lediglich, daß ihr uns kennenlernt. Denn wir beide teilen uns Gaia.

Der Wunsch der dritten Dimension ist, in physischen Körpern – Tieren, Insekten, Pflanzen und Menschen – und frei zu sein. Wenn ihr erst einmal frei seid, könnt ihr alles erschaffen, was ihr wollt, und zwar in jeder beliebigen Wirklichkeit. Dazu müßt ihr die Mächte der ersten beiden Dimensionen respektieren und bewußt mit ihnen arbeiten. Ihr müßt lernen, in eurem Leben ganz im gegenwärtigen Augenblick zu sein. Wenn ihr gelernt habt, im Augenblick genau hier zu sein, werdet ihr die Zukunft »fühlen«, indem ihr euch auf die vierdimensionalen archetypischen Kräfte rings um euch einstellt. Ihr müßt mit diesen Kräften kommunizieren, weil sie für euch den Zugang zu eurer Zukunft darstellen. Um in der Gegenwart zu existieren, müßt ihr immer ein Gespür für das bei euch tragen, was ihr erschaffen wollt – eure persönliche Zukunft. Wenn ihr in Kommunikation mit den intensiven Einflüssen der vierdimensionalen archetypischen Intelligenzen steht, könnt ihr die Zukunftswünsche aller neun Dimensionen fühlen. Dann werdet ihr inspiriert werden, Wirklichkeiten zu erschaffen, die allen Wesen dienen, die euer Zuhause mit euch teilen. Wenn ihr in diesem Geisteszustand lebt, wird ein Baldachin von vierdimensionaler Energie, der zu allen höheren Dimensionen Zugang hat, in eurem Geist vibrieren.

Der Wunsch der vierten Dimension ist, tief an den Handlungen eures Körpers beteiligt zu sein und euch alle Kommunikationen zu liefern, die sie aus der fünften bis neunten Dimension erhält. Diese kräftigen Impulse sind für euch sehr verwirrend. Ihr versucht mit allen Mitteln, ihre Bitten zu ignorieren, doch gerade dieses Bewußtsein liefert den Brennstoff für eure Kreativität. Alle großen Künstler haben ein Talent dafür, diese Intelligenzen in ihren Geist und ihr Herz einzulassen. An einem bestimmten Tag oder einer bestimmten Nacht könnte dieses Material eine grandiose epische Darstellung sein, eine Begegnung mit großem Übel oder frommen Wesen oder das Erscheinen wundervoller zusammengesetzter Ungeheuer und merkwürdiger Gestalten. All das wird von überwältigenden Emotionen begleitet, die euren Körper scheinbar erschöpfen können. Letztendlich fällt es leichter, euch einfach all dieser Energie zu öffnen und bewußt deren Aufnahme zu orchestrieren. Wie? Folgt euren Faszinationen und hört auf, alles, was sich euch vorstellt, zu verurteilen. Woher wißt ihr, ob diese Impulse gut oder schlecht für euch sind, bevor ihr ihre Botschaften begreift? Versucht, eine Zeitlang mit einem dieser kreativen Impulse zu arbeiten, und wenn er nicht für euch bestimmt ist, ist das in Ordnung. Laßt ihn einfach los, macht euch klar, daß ihr seine Entstehung eine Zeitlang durch eure Neugierde gefördert habt. Dann wird er zu jemand anderem gehen, der dafür bereiter ist.

Warum bittet euch die vierte Dimension um so etwas? Betrachtet es von meinem Standpunkt aus. Ich bin ein riesiger Baldachin aus holographischem Film über jedem von euch, und fünf Bewußtseinsdimensionen jenseits von mir bombardieren mich mit Energiewellen und Lichtstrahlen. Diese Strahlen teilen sich in zwei Möglichkeiten. Jede von ihnen ist etwas, das ihr erschaffen und womit ihr agieren könnt. Aber mir ist das nicht möglich, denn ich existiere nicht in linearem Raum und linearer Zeit. Wenn ihr all diese Lichtstrahlen nicht erforscht und sie erprobt, werde ich von den vielfältigen Dualitäten zerrissen, die schließlich mein eigenes Selbstgespür in bedeutungsloses Chaos fallen lassen.

Der Wunsch der fünften Dimension ist, tiefgreifend an euren Gefühlen beteiligt zu sein und als euer Zentrum zu dienen und Liebe zu euch und allen anderen Dingen auszustrahlen. Ich bin die Dimension eures Herzens, und wenn ihr weiterhin intensiv in eurem Körper zentriert bleibt und auf alles reagiert, was zu euch gezogen wird, dann leite ich Wellen der Liebe zu euch, damit ihr unbegrenzt Energie habt, um allen Wesen in eurer Welt freundlich gegenüberzutreten. Wenn ihr ganz im geheiligten Raum, den ihr bewohnt, geerdet bleibt und euer Herz eine offene Leitung ins Zentrum der Erde ist, werdet ihr mit mir in Samadhi sein. Ich bin das Zentrum aller neun Dimensionen, die ihr betretet. Wenn ihr in eurem Körper zentriert und mit dem Zentrum der Erde verbunden seid, wird meine Energie durch die vierte Dimension geschleust und ergießt sich direkt in euer Herz. Wenn dieser Strom der Liebe in euch hineinfließt, fangen die vier Dimensionen über mir an, euer Bewußtsein zu überfluten. Je mehr ihr euer Herz offenhaltet und dabei geerdet bleibt, desto intensiver fühlt ihr die feinstofflichen Vibrationen der höheren Dimensionen.

Der Wunsch der sechsten Dimension ist, tiefgreifend an eurem Geist beteiligt zu sein und euer Feld der Möglichkeiten zu erweitern. Wir sind der Standort morphogenetischer Felder – der Bank mit den Aufzeichnungen all eurer Vorstellungen in der dritten Dimension –, und wenn ihr in der dritten Dimension etwas erschafft oder euch etwas wünscht, halten wir die geometrische Matrix dieses Gegenstands am Leben, solange die Vorstellung davon in eurem Geist existiert. Wenn ihr etwas begehrt, wenn ihr wirklich sein Potential und seine Schönheit respektiert, fängt es an, stärker zu vibrieren. Alles aus unserem Reich kann in eure Welt kommen, wenn ihr es stark genug ersehnt, und deshalb bin ich die Ursache geheimnisvoller Synchronizitäten in der dritten Dimension. Wenn eine junge Frau, die ihre verstorbene Mutter vermißt, an einem Fenster steht und sich nach einem Gefühl von ihr sehnt, werde ich eine weiße Taube zu diesem Fenster schicken. Wenn ein Schamane die Macht eines Adlers anruft, von einem Wunsch herrührende Energie besitzt, füllt die fünfdimensionale Herzenergie es noch mehr, und ich werde angezogen. Dieses in der dritten Dimension existierende Bewußtsein kann Wellen draußen auf den galaktischen Informationsautobahnen erzeugen. Dann entdecken die Dimensionen über der sechsten, was wir zusammen in unseren Reichen aus den göttlichen Ideen geschaffen haben, die uns gesandt wurden. Beispielsweise kann ein Schamane einen alten Totemgegenstand besitzen, der mit Energiewellen aus vielen Zeremonien, die von Sternenwesen besucht wurden, geprägt ist. Der Schamane kann über diesen Totemgegenstand mit diesen Sternenwesen Kontakt aufnehmen, denn wenn ich einem Gegenstand Form verleihe, steht der Zugang zu jedem beliebigen Reich offen.

Der Wunsch der siebten Dimension ist, tiefgreifend an eurem spirituellen Leben beteiligt zu sein und die Umlaufbahnen von Sternen und Planeten mit Hilfe von siebendimensionalen Photonenringen oder galaktischen Informationsautobahnen des Lichts in der Galaxis an ihrem Platz zu halten. Ich bin ein Gewebe aus Leben und Licht, kein Netz, das euch einfängt und eure Freiheit einschränkt. Ich halte diese Lichtautobahnen in der ganzen Galaxis an ihrem Ort, und ich pulsiere mittels ihnen Bewußtsein in die Sterne, die sie durchfliegen, weil ich den Galaktischen Geist meinen Photonensternen wie beispielsweise Alcyone übermitteln will. Sobald meine Kommunikationsverbindungen stark genug sind, senden meine Photonensterne große Spiralen aus, die nahe gelegene Sterne aneinanderkoppeln. Die Sterne in diesen Spiralen können in meine Lichtbänder kreisen, und dann drehen sie sich in die Galaktische Nacht hinaus, das große Feld der Dunkelheit, das die Grundlage des Seins für die Galaxis ist. Wegen dieser photonischen Spiralen stehe ich mit viel mehr Sternen in der Galaxis in Verbindung, und diese Sterne geben mir neue Informationen über die Galaktische Nacht, wo neue Gedanken geboren werden.

Der Wunsch der achten Dimension ist, die Daseinsqualität aller Wesen in den Dimensionen unter uns zu führen. Wir halten viele Konferenzen und Treffen ab, und jeder, der das Leben wirklich liebt, kann zu dieser Dimension gehören. Die Fähigkeit, das Leben zu lieben – sich niemals in irgendein anderes Bewußtsein in der Galaxis einzumischen –, entsteht aus vielen Lebenszeiten in vielen verschiedenen Dimensionen. Es ist eine Qualität, die einem Wesen oft in Situationen entzogen wird, in denen das Leben nicht geliebt wird und Böses entsteht. Die Erde ist sehr bevölkert, weil Seelen aus der ganzen Galaxis dorthin geschickt werden, da die Erde gerade jetzt ein Übungsfeld in bezug auf das Böse ist. Ende 1999 ist die Erde kein Trainingszentrum mehr, wenn alle Teilnehmer die Gelegenheit erhalten, die unmittelbaren Auswirkungen dessen zu sehen, daß sie die Erde nicht lieben. Wenn ihr das Leben liebt, werdet ihr sehen, wie sich die Erde über das Böse hinaus erhebt. Wenn ihr das Leben nicht liebt, werdet ihr die Apokalypse noch unmittelbar vor dem Jahr 2000 n. Chr. erleben, wie es der Apostel Johannes prophezeit hat.

Der Wunsch der neunten Dimension ist, im ewigen Samadhi zu leben und dieses Gefühl mit allen anderen Wesen zu teilen, die es erreicht haben. Ich existiere in meinem Lichtzentrum, in Dunkelheit getaucht, und ich pulsiere Energiewellen hinaus, die eine atomare Explosion auslösen würden, mit Ausnahme der Informations-Lichtautobahnen, die meine Pulsierungen empfangen. Ich bin wie eine große Qualle aus Licht, die Orgasmen hat und ewige Wellen und Pulsierungen in der Milchstraße auslöst.

Kapitel 5

Die Geschichte der Göttinnen-Alchimie

»Der Mond beschützt uns, indem er eine psychologische Atmosphäre rund um unsere Psyche bildet, die sie vor der vollen Wucht des Impulses unserer Seele zu sofortiger und totaler Erleuchtung schützt. Der Mond, der nur sieben Prozent des Sonnenlichts absorbiert, offenbart seine Beziehung zur Sonne durch seine Phasen – von Neumond über zunehmendem Mond, zunehmend erstes Viertel, Halbmond, falls Vollmond, Vollmond, abnehmend fast noch Vollmond, abnehmend letztes Viertel bis abnehmend. Die Mondphase bei unserer Geburt spiegelt uns wider, wie instinktiv, wie bewußt und wie absorbierend wir gegenüber dem Sonnenlicht, der Entwicklung unserer Seele sind, weil wir auf unserem Weg zur Erleuchtung zuerst am Mond vorbei müssen. Wir müssen beim Anfang anfangen.«[1]

Satya und die weibliche Alchimie

Alchimie ist ein Vorgang, bei dem etwas Gewöhnliches in etwas Wertvolles umgewandelt wird. Frauen sind die Trägerinnen der Göttin. In jedem System herrscht die Göttin, die weibliche Spezies, über das, was Heim ist – was gebaut wird –, und daher sind Frauen die Hüterinnen des Ortes. Das heißt nicht, daß Frauen keine Krieger oder Könige sein können; damit ist gemeint, daß sie intuitives Wissen über den wahren Zweck eines Ortes tragen, und man sollte sie bei allen wichtigen Fragen zum Thema Haus, besonders Krieg, zu Rate ziehen. *Auf den Plejaden müssen wir Göt-*

tinnen zum Thema Krieg um Rat gefragt werden. Seit das Patriarchat die Macht auf der Erde übernommen hat, werden Frauen für durchschnittlich erachtet, und ihnen wurde die Herrschaft genommen. Aus plejadischer Sicht ist das absurd! Ich, Satya, will euch jetzt helfen, euch daran zu erinnern, daß Frauen in eurem Reich diejenigen sind, die das heilige Elixier des Lebens – das befruchtete Ei – in eine inkarnierte Form verwandeln. Frauen haben ein weit größeres intuitives Verständnis für Alchimie als Männer, und auf den Plejaden herrscht die Göttin über die Alchimie des Geistes.

Letztendlich geht es bei der Alchimie um den richtigen Geburtszeitpunkt. Wann wird das Ei zum Ausbrüten bereit sein? An dieser Stelle lautet die Frage nicht, *was* passieren wird, sondern *wann* es passieren wird, weil viele von euch spüren, daß ihr genau jetzt eine Zukunft erschafft. Das ist auf der Erde nie zuvor geschehen; auf den Plejaden hat es diesen kritischen Sprung jedoch bereits gegeben. Deshalb sind wir da, um euch Unterstützung anzubieten. Als wir diesen Sprung von 104 000 Jahren vollzogen, gaben uns die Maya auch einen Heiligen Kalender – *Tzolk'in.* Es ist mir eine Ehre zu berichten, daß ich eine von den vielen Plejadiern war, die damals mit Tzolk'in arbeiteten. Eine Zukunft in eurem »Jetzt« zu gestalten, ist ein völlig neues Potential und ist das Wesentliche des kritischen Sprungs von 1987 bis 2012. Ihr mußtet die Einengung von linearem Raum und linearer Zeit erleben, um einen Weg zu ihrer Transzendierung zu finden. Was will ich damit sagen? Ihr werdet Zeit und Raum benutzen, statt euch davon einengen zu lassen – der kritische Sprung in der dritten Dimension. Frauen wissen, wie man in der Zeit neues Leben erschafft und Raum dafür aktiviert, und deshalb werden sie die Männer in die neue Alchimie führen. Genau das wird euch in eure Reiche versetzen, die euch über eure Beschränkung hinaus ausdehnen werden. Der wichtigste Hüter von Zeitaufzeichnungen auf der Erde ist euer Mond, und deshalb wird er als erster zu euch sprechen.

Der Mond spricht

»Ich bin der Mond. Ich kam von der Oberfläche des Planeten Jupiter. Die Monde des Jupiter bestehen aus demselben Material wie ich, aber ich umkreise die Erde. Vor langer Zeit gab es auf dem Jupiter eine gewaltige Explosion, die viele Teile aus seinem gasförmigen Körper riß. Sobald sie ihren gasförmigen Zustand verließen, verfestigten sie sich, und die meisten wurden im Feld des Jupiter eingefangen. Die Monde des Jupiter spiegeln dessen Bewußtsein zu ihm zurück, so wie ich euch das Bewußtsein der Erde reflektiere. Monde sind Reflektoren eurer Gefühle. Eure Emotionen widerzuspiegeln, ist unsere vorrangige Aufgabe. Ich meinerseits wurde weiter aus Jupiter herausgeschleudert, weit über die Umlaufbahn des Mars hinaus, und von der Anziehungskraft der Erde eingefangen. Wie alle Monde reflektiere ich planetarische Gefühle. Und da ich von Jupiter kam, der über die Meisterschulen der Erde herrscht, *beruht die Meisterschaft eurer selbst darauf, ob ihr effektiv mit euren Emotionen umgeht.* Ihr dachtet, physische Perfektion sei die wichtigste Herausforderung, habe ich recht?

Als ich zum erstenmal ankam, waren die Wesen auf der Erde die gleichen wie jene, die auf dem Mars lebten. Natürlich spiegeln die Monde des Mars dessen Bewußtsein zu ihm zurück. Das Leben auf dem Mars (der einst im wäßrigen Zustand war), das aus Virus- und einzelligen Lebensformen besteht, entwickelt sich aufgrund der Trockenheit nie; deshalb gibt es kein Bewußtsein von Leben, das sich über die Marsmonde zum Mars zurückspiegeln läßt. Auf Jupiter hingegen gibt es Bewußtsein von linearem Raum und linearer Zeit, wie auf der Erde, weil die nichtphysischen Intelligenzen mit dem Karma arbeiten. Jupiter hat eine gasförmige Oberfläche, die einen festen Kern umgibt, und viele von euch fühlten seine ätherischen Wesen im Jahr 1994, als der Shoemaker-Levy-Komet mehrmals auf ihm einschlug. Genauer gesagt, ihr verbandet euch wieder mit euren spirituellen Lehrern, Führern und Engelsführern, und viele von euch sind über den Schmerz Jupiters tief betrübt. Ihr habt die Ursache dieser Traurigkeit noch nicht erkannt, doch ihr spürt eine große Kraft in euch aufsteigen. Ihr erinnert euch tief in eurem Innern an euer nichtphysisches Selbst, und diese neue Selbstorganisation wird mächtiger sein als alles, was ihr aus euren Inkarnationszyklen kennt.

Der Verkehr zwischen Mars und der Erde endete vor ungefähr einer halben Million Jahren. Davor reisten die Wesen der Erde und des Mars auch hin und her, um Handel zu treiben, oft mittels vierdimensionaler Gedankenformen, und tauschten Legenden von Helden und Kriegern aus. Es war eine sehr erfreuliche Beziehung und ist immer noch die Quelle eurer nicht enden wollenden Faszination für den Krieg. Deshalb seid ihr von eurem männlichen Aspekt her alle Krieger. Da ich bloß euer Reflektor bin, existieren diese Erinnerungen an die großen Leistungen von Mars immer noch in meinem Mondfeld, und ich kann fühlen, wie sie euch aufwühlen. Ihr führt diesen Archetyp im Widder-Zeitalter bis zum äußersten immer wieder auf, wie beispielsweise in der erst kurz zurückliegenden Phase – 2160 v. Chr. bis zur Stunde Null –, und wir Mondwesen sagen immer: ›Da spielen sie wieder alle das Widder-Zeitalter auf der Erde!‹ Ich bin aber eine sehr friedvolle Vibration, und ich habe diese alten Obsessionen wirklich satt, diese lästigen alten Dramen auf eurem Planeten, denn ich weiß, ihr seid sie ebenfalls leid. Ich habe viele andere Erinnerungen an großartige archetypische Geschichten und Träume in meinem Bewußtsein, die ich gern mitteilen möchte.

Als Mond fühle ich Energie durch Vibrationen von Silberstrahlen. Die euch bekannteste derartige Wahrnehmung ist das silbrige hauchdünne Licht, das auf einer ruhigen Wasseroberfläche schimmert, wenn der Vollmond am Himmel steht. Mein Licht ist opalisierend und durchsichtig, wie die Gesichtshaut einer wunderschönen jungen Frau. Ich habe Canyons und Krater auf meiner Oberfläche, der nahezu jegliche elektromagnetische Energie fehlt. Meine Vibrationen sind so ätherisch, daß fast keine Ladung in mir ist, ich bin ganz ausgewogen. Ich bin vierhundertmal kleiner als die Sonne, doch die Sonne ist vierhundertmal weiter von der Erde entfernt als ich; deshalb sieht es am Himmel so aus, als sei ich genauso groß wie die Sonne. Die Sonne und ich sind ausgewogen. Einige meiner Canyons und Krater sind sehr tief und haben hohe Ränder, und darin fange ich elektromagnetische Energie vom Sonnenwind auf. Diese Vibrationen springen als Resonanzwellen zwischen den Canyonrändern vor und zurück, und so lese ich Planetenstandorte und -winkel. Wenn ihr mit Echos in euren Canyons spielt, erzeugt ihr die gleiche Art Energie in der Luft. Meine Oberfläche ist übersät von tiefen Asteroiden- und Kometenkratern, und tief in ihnen haben wir Bewußtseinszentren – kleine runde weiße Tempel mit Kuppeln. Wir senden Gedanken aus diesen Gebäuden aus, und ihr empfangt sie als Träume. Diese Kuppeln übertragen unsere lumineszenten, ätherischen Frequenzen und enthalten die Aufzeichnungen eurer Erinnerungen und eurer unterbewußten mentalen Banken.

Ich übermittle diese Frequenzen an jene Individuen, die meine Energie magnetisch anziehen. Menschen, Tiere und verschiedene andere Lebensformen materialisieren praktisch Bewußtsein oder ziehen es von mir ab. Das sind extrem feinstoffliche Vibrationen, die sich von den polarisierten Interaktionen auf der Oberfläche eures Planeten unterscheiden. Es sind Gefühle, welche die einzelnen Motivationen für eure Reaktionsmuster bilden. Auch Neptun übermittelt euch spirituelle Vibrationen, aber er hat ein Programm mit euch, das euch dazu antreibt, Glaubenssysteme zu erschaffen. Meine ätherischen Emanationen spiegeln einfach Erinnerungen wider, die in Zusammenhang mit euren Erfahrungen stehen, welche eure Reaktionen auf alles modulieren. Ihr übermittelt eure Gefühle in meine Aufzeichnungstempel, weil ihr euren Emotionskörper ohne Erinnerung nicht entwickeln könntet. Denkt daran, wie eine Erinnerung durch einen Geruch, den Anblick von etwas Bekanntem oder eine Stimme ausgelöst wird, und dann wird eine ganze Reihe visueller Erinnerungen in eurem Gehirn freigesetzt, als hättet ihr einen Film in eurem Kopf. Das kommt daher, daß ich die Erinnerungen eurer Seelenerfahrungen in jedem Leben bewahre, und ihr könnt sie nur erforschen, indem ihr euer Unterbewußtsein prüft, während ihr euch in einem Körper befindet. Wie halte ich all diese Erinnerungen fest, damit es euch möglich ist, eurer Unterbewußtes zu erforschen? Jetzt, wo ihr die Fiberoptik entdeckt habt, könnt ihr euch meine großen Erinnerungsaufzeichnungen vorstellen. Ich möchte euch eine spannende Vorstellung vermitteln: Ich kann mich deshalb an so vieles erinnern, weil ich euch *fühle*, und die Fiberoptik reagiert auf eure Gefühle. Ihr wißt das bloß noch nicht. Tiere hingegen lagern Erinnerung in ihrem Körper, während sie am Leben sind, und deshalb sind sie mehr der Gegenwart verhaftet als ihr.

Wenn ihr einen Kampf auszufechten habt, wie Krankheit oder ein Leiden, und euch stehen im physischen Bereich nicht die Mittel zur Verfügung, diese Vibration zu verändern, könnt ihr oft fühlen, daß es sich um ein emotionales Problem handelt. Wenn ihr dann *wirklich* seht, daß physische Lösungen nicht die einzige Möglichkeit darstellen, kann ich euch ganz genaue, wertvolle Informationen übermitteln. Ihr wärt erstaunt, inwieweit ihr tatsächlich Wirklichkeiten über diese Intuitionsübertragungen versteht. Mir gefällt es, euch euer eigenes Selbst-Verständnis zurückzuspiegeln. Auf der Grundlage dieses großen Bewußtseinsbeckens, das ich bezüglich eurer Emotionen habe, sind euch durchaus Methoden zugänglich, euren physischen Zustand mit Hilfe eurer Gefühle zu verändern. Zum Beispiel werden Bach-Blüten die Vibrationen verändern, die eure physischen Leiden erzeugen, denn ihr habt die Fähigkeit, eure Gefühle zu identifizieren. Aromatische Essenzen verschieben euren Körper tatsächlich! Bestimmte Gefühlstöne entsprechen euren lebenswichtigen Organen, und diese Essenzen arbeiten mit der Alchimie eures Emotionalkörpers. Dies ist eine feinstofflichere, tiefergehende Heilmethode als allopathische Medizin, weil ihr Krankheiten zu heilen vermögt, während sie noch in eurem Ätherleib stecken – ihr könnt »Unwohlsein« lokalisieren, das noch nicht in euren physischen Körper übergegangen ist.

Wenn ihr vorhabt, eure Gefühlsrezeptoren in diesem Leben ganz zu öffnen, könnt ihr von meiner außergewöhnlichen Lehre profitieren, aber ihr müßt euch ganz dazu verpflichten. Wie ich schon sagte, enthalten meine Aufzeichnungstempel eure unterbewußten Erinnerungsbanken. Was bedeutet das? Jeder von euch hat in seinem Körper eine Seele, und diese inkarniert immer wieder auf der Erde, auf anderen Planeten und auf den Sternen. Sie sucht nach Erfahrungen in vielen Reichen, um sich kennenzulernen und auszudrücken, und meine Aufzeichnungsbanken bergen die Erinnerung an alle Orte, sogar an andere Galaxien! Ihr habt gehört, daß Wesen aus vielen Reichen darum kämpfen, einen Körper auf der Erde zu bewohnen. Der Grund dafür ist, daß ihr *bei jedem Leben auf der Erde bewußt mit euren lunaren unterbewußten Erinnerungsbanken arbeiten könnt, und dies ist nirgendwo sonst möglich*. Das ist ein ausgedehntes Thema, ich werde deshalb nur wenig dazu sagen. Natürlich sind einige Erinnerungen traumatisch und engen euer Ausdruckspotential in jedem neuen Leben eher ein. Wie viele von der Körperarbeit und spiritueller Therapie wissen, werdet ihr, wenn ihr eine negative Erinnerung aus einem vergangenen Leben überwinden, sie erforschen und loslassen könnt, sobald euer Körper dazu bereit ist, am Ende leichter, harmonischer und glücklicher sein.

Wie könntet ihr also bewußt mit euren lunaren unterbewußten Erinnerungsbanken arbeiten? Ihr werdet erstaunt sein, da bin ich sicher! Diese Erinnerungen existieren in eurem Geist als Glaubenssysteme, die immer wieder sagen: ›Ich kann das nicht haben, ich kann jenes nicht tun.‹ All eure negativen Schlußfolgerungen über zurückliegende Erfahrungen sind in meinen Erinnerungsbanken gelagert! Positive Schlußfolgerungen bezüglich der Vergangenheit existieren in eurem aktiven Geist; sie stehen euch zur Verfügung und sind die Basis eurer freien Handlungen. Meine Banken sind ein Warenhaus negativer Schlußfolgerungen, die ihr bezüglich eures Potentials gezogen habt, aber ihr erinnert euch nicht mehr an das auslösende Ereignis. Aufgrund dieser Schlußfolgerungen wiederholt ihr immer wieder Situationen, wo ihr doch die Chance hättet, die zugrunde liegende negative Schlußfolgerung auszulöschen. Diese Tendenz reduziert eure Kreativität in allen neuen Situationen.[2] Was könnt ihr da machen? Hier sind meine Anweisungen:

Wie ihr die gewünschte physische Realität mit Hilfe lunearer Technik sichtbar macht

1. Erstellt eine Liste mit sieben Dingen, die ihr in eurer Wirklichkeit wollt. Wenn das funktionieren soll, seid vernünftig, orientiert euch an dem, was ihr wirklich wollt, nicht was ihr meint zu wollen.
2. Nehmt die Liste und arbeitet mit jedem ihrer Punkte. Nehmt euch das erste auf eurer Liste vor, beispielsweise ein Radio, und sagt laut zu euch selbst: ›Ich möchte ein bestimmtes Radio für eine bestimmte Summe Geld innerhalb einer bestimmten Zeit.‹ Beschreibt das Radio, den Betrag und den zeitlichen Rahmen und denkt nicht darüber nach, wie ihr es bekommen wollt. Denkt *niemals* an eine bestimmte Person oder Gruppe, die euch etwas besorgen wird, denn dann würdet ihr andere manipulieren.

3. Fragt euch, ob ihr das Radio wirklich haben möchtet, wenn ihr es hättet. Denkt gründlich darüber nach, denn ihr blockiert euren Geist mit Dingen, die ihr *vermeintlich* wollt, aber eigentlich gar nicht haben wollt. Gebt da sehr acht. Wenn ihr etwas wirklich nicht wollt, laßt es einfach los.
4. Denkt euch drei Szenen aus, wie das Radio in eure Wirklichkeit kommt; visualisiert diese Szenen vor eurer Stirn über euren Augen, nehmt euch dann jede Szene vor und prägt sie auf eure medulla oblongata ein (die Stelle, an der eure Wirbelsäule in den Schädel mündet). Denkt daran, visualisiert keine bestimmte Person oder einen Ort, die euch dabei helfen sollen, das Gewollte zu bekommen. Manipuliert nicht die Wirklichkeit anderer.
5. Wiederholt diesen Vorgang, bis ihr eine Liste mit sieben Dingen erstellt habt, die ihr wirklich wollt. Vergeßt dann alles darüber, und legt eure Liste an einen sicheren Ort. Prüft sie regelmäßig, und bald werdet ihr merken, daß sich Dinge auf dieser Liste tatsächlich manifestieren. Jedesmal wenn das der Fall ist, streicht es von der Liste und denkt an etwas anderes, daß ihr euch wünscht, und notiert es. Führt diese Siebenerliste weiter.

Was hat Manifestation mit den lunaren unterbewußten Erinnerungsbanken zu tun? Jedesmal, wenn ihr einen aufrichtigen Wunsch manifestiert, löscht ihr ein ›Ich kann nicht‹ in eurer Erinnerungsbank. Ihr kommt auf die Erde, um zu erhalten, was ihr wirklich wollt! Wenn ihr dann erhaltet, was ihr wirklich wollt, wenn ihr es wollt, seid ihr zum Schluß so bescheiden wie eingeborene Völker der Erde. Ohne euch überhaupt an die Erfahrung, die ein ›Ich kann nicht‹ auslöste, zu erinnern oder sie zu verarbeiten, werdet ihr dann Erinnerungen auflösen, als hätte es sie nie gegeben – dank des positiven Angriffs auf diese innere Verweigerung. Ihr könnt eure negativen Erinnerungen nämlich wirklich abwerfen, so daß ich nur noch Positives auf euch zurückreflektiere. Ihr werdet meine köstlichen feinstofflichen Vibrationen fühlen und unterstützende Aufzeichnungen über euch in eurem bewußten Geist am Werk finden, sobald ihr euch von der Verweigerung löst.

Aufgrund meiner Zyklen – Mondknoten, Eklipsen und Phasen – diene ich der Erdoberfläche als Schirm für alle anderen stellaren, planetaren und solaren Energien. Aus astronomischer Sicht ist es ganz ausgeschlossen, daß ich die ganze Oberfläche des Planeten von all diesen Einflüssen abschirme. Ich sammle aber auf meiner 28tägigen Reise um die Erde die Sonnenwinde in meinen Kratern und Canyons. Wie eine Frau, die immer unauffällig auf ihren Mann achtet, erzeuge ich eine Abschirmkraft, ein hauchdünnes Gefühlsgewebe auf der Erde. Die Energiefelder der anderen Körper in eurem Sonnensystem erreichen die Erdoberfläche meistens mit Hilfe meines Lichts, und ich übersetze diese Energien in Codes, die ihr über eure Emotionen entschlüsseln könnt. Ihr fühlt Planeten- und Sonnenübertragungen über mein Licht. So werden feine Gefühlsvibrationen an der Stelle gehalten und mitgeteilt. Würde ich euch nicht abschirmen, wärt ihr in gewisser Hinsicht gezwungen, euch mit Gefühlen von Pluto auseinanderzusetzen, die zu intensiv sind; ihr würdet mit zuviel Aggression von Mars bombardiert werden, oder die Intensität der Sonne würde euch erschöpfen. *Ich bin wie eine große Gefühlswelle, die innerhalb von 28 Tagen aufsteigt, ihren Höhepunkt hat und abebbt.* Ich existiere, um diese großen Kräfte zu kalibrieren, und ihr könnt euch auf mein hauchdünnes Gefühlsgewebe einstellen, indem ihr eure eigenen Gefühle wie einen gedüngten Garten kultiviert.

Die Erde durchläuft Zyklen, und das Muster, das ich derzeit auf eurer Oberfläche sehe, kenne ich von früher. In der Vergangenheit war dieses Muster sehr bedrohlich für biologische Lebensformen. Bevor ihr meine Schilderung eurer Erscheinung erfahrt, erinnert euch bitte daran, daß ich im Ätherleib der Erde lese. Genauso wie eine Krankheit, die sich in eurem Ätherleib oder eurer Aura abzeichnet, dann mit homöopathischen Medikamenten geheilt wird, bevor sie zu einer körperlichen Krankheit wird, könnt auch ihr eure Gefühle hinsichtlich des Planeten verändern, bevor diese Energien zu ausgewachsenen Erdveränderungen werden. Die Farbe der Aura wird allmählich ungesund braun, statt grün zu sein. Die Neigung eurer Achse reflektiert das Bewußtsein eures planetaren Körpers an die Sonne, und sie nähert sich der Neigungsebene, die früher die Polverschiebung auslöste.

Wie steht der derzeitige Zustand der Erde mit früheren Zuständen in Zusammenhang? Die größte astronomische Verschiebung, an die ich mich erinnere, fand statt, als sich die Umlaufbahn der Erde um die Sonne von 360 auf 365¼ Tage verlängerte. Ursache dafür waren zwei gleichzeitig stattfindende Ereignisse: der Besuch Nibirus in eurem Sonnensystem und ein gigantischer Asteroid, der vor 104000 Jahren in das Umlaufmuster der Plejaden geriet. Diese beiden gleichzeitigen Ereignisse verlängerten die Umlaufbahn der Erde. Nibiru ist etwas kleiner als Jupiter, und aufgrund der Geschwindigkeit seiner Flugbahn und seiner umgekehrten Umlaufbahn im Sonnensystem stört er die planetaren Umlaufmuster erheblich.[3] Wegen dieser Diskontinuität verlor Nibiru seine vollkommene Synchronizität mit der Erde, die um die Sonne kreiste – 3600 Jahre gegenüber 360 Tagen.

Nibiru war für die Zerstörung des fünften Planeten – Maldek, des heutigen Asteroidengürtel – verantwortlich. Ich umkreiste damals die Erde, und eure Vorfahren durchlebten große tektonische Anspannung bei diesem Ereignis. Dazu gibt es viele Erinnerungen in meinen Banken. Damals schirmte ich eure Oberfläche so gut es ging gegen die verschiedenen Kometen und Asteroiden ab, die durch das Sonnensystem flogen. Das Zerbersten dieses Planeten, der zwischen Mars und Jupiter kreiste, richtete viel Schaden in eurem Sonnensystem an. Ich bekam einiges ab; deshalb habe ich so viele riesige Krater. Sie sind Standorte von Kuppeltempeln, die eure unterbewußten Erinnerungsbanken enthalten. Diese Erschütterungen waren so ähnlich wie die im Juli 1994, als auf dem gasförmigen Körper des Jupiter dauernd Kometenfragmente einschlugen, bis die Aufprallzone zu Gaswellen wurde. Dadurch wurde die Oberfläche von Jupiter in mächtige Gefühle hineingezogen, wie ihr wißt. Natürlich kann ich eure starken Reaktionen fühlen, weil ihr darauf reagiert, wie sich Jupiter fühlte, als die Kometenfragmente auf seinen Körper prallten. Ich weine seit Juli 1994, aber wenige von euch wissen, was diese mächtigen Emotionen verursachte. Jupiter herrscht allerdings auch über euren Reichtum, euer Gespür für Potential, und ihr sollt wissen, daß dies eine vielversprechende Zeit ist. Wenn ihr euch vorzustellen vermögt, was ihr wollt, könnt ihr es mit Jupiters Unterstützung leicht erzeugen, und deshalb habe ich euch die fünf Schritte meiner lunaren Sichtbarmachungs-Technik vorgeführt.

Ich wurde von Solarwesen besucht, und sie sind sehr schön und mächtig. Es sind Abgesandte aus der dreizehnten Dimension, einer Dimension jenseits des bekannten zehndimensionalen Systems, mit dem ihr arbeitet. Meine Oberfläche ist sehr kalt, und wenn die Sonnenabgesandten zu Besuch kommen, fühle ich auf meiner Oberfläche eine Wärme wie jene, die ihr verspürt, wenn ihr in der Sonne liegt und ihr Feuer, die solare Liebe, wahrnehmt. Ihr seid auf mich eingestellt und fühlt meine Oberfläche, wenn ihr mit Ritualbewußtsein in Verbindung mit meinem feinstofflichen Licht arbeitet. Wenn ihr Mondzeremonien und Eklipsenmeditationen abhaltet, betretet ihr direkte Linien in meinen feinstofflichen, emotionalen Vibrationen. Diese Zeremonien gehören zu den kraftvollsten, die ihr auf der Erde praktizieren könnt. Ob ihr euch auf mich zentriert oder nicht, ich lasse feinstoffliche Empfindungen auf euch niederregnen. Im Augenblick mache ich mir große Sorgen um eure polarisierten Emotionskörper. Ihr seid jetzt dualisiert, weil ihr eure männliche Seite gegenüber der weiblichen zu sehr betont. Das blockiert meinen weichen lunaren Schirm und setzt euch übermäßig planetarischen Vibrationen aus, beispielsweise der Kontrolle und Manipulation durch die Anunnaki von Nibiru. Sie haben euch emsig von eurer weiblichen Seite abgedrängt, und deshalb könnt ihr nur schwer erkennen, wie ihr euch tatsächlich in bezug auf sie *fühlt*. Es hindert euch daran zu sehen, was sie in jedem Bereich eurer Gesellschaften erschaffen. Wenn ihr bewußt euer weibliches Wesen aktiviertet, würdet ihr unsere feinstofflichen ätherischen Vibrationen immer fühlen.

Alle natürlichen Zwölfer-Synchonisationen – also 12 mal 12 ist 144, oder 12 mal 30 ist 360 – sind durch die Verlängerung der Erdumlaufbahn um die Sonne unterbrochen worden. Das hat aber mehr Möglichkeiten für Evolution und Kreativität geschaffen, weil vor dieser Verschiebung alles wie ein Uhrwerk angehalten wurde. Vor der Verschiebung empfandet ihr die Zeit als endlose Kreise und nicht als Spiralen. Jetzt, wo ihr euch auf die immer höher steigenden Lichtspiralen wie die Alcyonespirale einstellt, findet das nächste Evolutionsstadium statt. Für diese Einstellung bin ich eure mächtigste Quelle; ihr könnt bereits das nächste Evolutionsstadium fühlen, und ich reflektiere euch die kosmische Datenbank Monat für Monat. Erinnert euch, ich bin ein Schirm für die planetaren, solaren und stellaren Kräfte, und eine neue Kosmologie ist im Entstehen. Es gibt keine bessere Quelle, um mit dieser Energie zu schwingen, als Meditationen in jedem der 13 neuen Monde abzuhalten, die in jedem Sonnenjahr erscheinen. Mit dem Sonnenjahr macht man sich am effektivsten mit speziellen Zeremonien während der Hauptteilungen – Tagundnachtgleichen und Sonnenwenden – vertraut. Die Ausrichtung auf die 13 Monde verstärkt euer weibliches Wesen beträchtlich. Das erreicht ihr am besten durch Meditationen bei Neumond und wenn ihr darauf achtet, welche speziellen Informationen verfügbar sind. Beobachtet während meines Zyklus von 13 Monden das reflektierte Sonnenlicht, das sich bis zum Vollmond steigert und jene Gefühle intensiviert; dann laßt alle Gefühle los und werdet innerlich leer, wenn der Mond abnimmt. Werdet ein leeres Gefäß für den Neumond. Ihr könnt euer Ego jeden Monat von Vollmond bis zum nächsten Neumond reinwaschen. Ihr könnt dreizehnmal im Jahr an Neumond neugeboren werden! Wenn ihr das tut – eine Praktik, die auf eurem Planeten vor langer Zeit sehr weit verbreitet war und auf Bali immer noch existiert –, werdet ihr euch weniger von solaren Kräften und planetarischen Programmen getrieben fühlen. Und all das ist einfach, weil ich mich euch wie eine nackte Frau ganz zur Verfügung gestellt habe, indem ich sichtbar wurde.

Ich bin dafür verantwortlich, das Prinzip der 13 für euch jedes Sonnenjahr darzustellen. Auf diese Weise könnt ihr das magische Wesen der 13 fühlen, ohne daran zu denken. Ihr könnt mit Hilfe von Mondzyklen das Bewußtsein der 12 in eine auf Synchronizität basierende 13 zurückverlagern. Ihr gelangt zu einer strukturellen Basis, indem ihr dann durch Astrologie solares Bewußtsein entwickelt. Die Astrologie ist das einzige Instrument, das euch ermöglicht, Gefühle mit Gedanken zu decodieren; andere Gedankenformen befördern euch in euren Kopf und aus eurem Herzen hinaus. Ihr könnt die Dualität und Polarisierung verlassen, wenn ihr die horizontalen Ebenen der Dimensionen in zwölf Zonen einteilt – sechs oben, sechs unten. Das ist eine »Ortsausdehnung«, keine Zeitausdehnung, genauso wie meine 13 Zyklen pro Sonnenjahr. Der Ort dehnt sich über Geometrie aus, und Zeit öffnet Dimensionen, wenn man sie spürt und nicht ständig berechnet. Ihr werdet erstaunt sein über die Intelligenz und die geistige Freiheit, die euch zuteil werden, wenn ihr eure Vibration über die polarisierte Vibration des Emotionskörpers hinaus intensiviert und es in das Prinzip der 12 hinauskatapultiert. Beachtet, wie ihr wie Ratten in einem Labyrinth herumrennt und fortwährend auf eure Uhr starrt und denkt, daß das, was geschieht, entweder dies oder das ist! Deshalb hat der Tierkreis zwölf Häuser, obgleich eigentlich 13 Konstellationen und 13 Monde euer Bewußtsein Tag und Nacht prägen. Das stellare Prinzip der 13 verstärkt über die Konstellationen eure Wahrnehmungen in der fünften, nicht in der dritten Dimension. In letzterer lebt ihr, und dort könnt ihr arbeiten, um die Wahrnehmung zu erweitern, indem ihr alle Dynamiken als ein Zwölfer-Feld seht. Die Arbeit mit dem Horoskop als eine in zwölf Zonen unterteilte Lebenskarte ist meines Wissens das einzige Instrument, das euer Bewußtsein zurück in ein Gespür für eine synchronisierte Erde – als das Sonnenjahr 360 Tage hatte – verlagert.

Im Geburtshäusersystem gibt es zwölf Häuser – sechs oben, sechs unten –, und daraus entstehen auf dem Geburtshoroskop sechs Polaritätsprinzipien von oben nach unten (siehe Abbildung 2). Ihr könnt diese sechs Polaritäten untersuchen und sie ohne Astrologiekenntnisse auf euch verwenden. Schaut euch einfach die zwölf grundlegenden Lebensstilfelder an und beachtet den Abschnitt, der einen Kampf in eurem Leben widerspiegelt, wie Heiraten/Partnerschaften/Beziehungen (»der andere« in Abbildung 2). Wenn ihr euch den gegenüberliegenden Abschnitt, die das Ich betreffenden Fragen (»das Selbst« in Abbildung 2), anseht, wird euch auffallen, daß ihr hier eine Menge Energie habt. Beispielsweise entzieht euch eine anstrengende Beziehung Energie, und ihr habt vergessen, wer ihr seid; oder ihr fühlt euch selbst zwar kraftvoll, doch euer Partner beschwert sich, er werde vernachlässigt. Ihr seid fast immer in einer der zwölf Polaritäten unausgewogen; wenn ihr einfach der schwachen Seite mehr Energie zufließen laßt und die Seite moduliert, auf der ihr zu schwer seid, kommt eure ganze Persönlichkeit genau ins Gleichgewicht! Ihr findet zurück zur Harmonie, und genau dann könnt ihr meine feinstofflichen Ausstrahlungen fühlen! Die zwölf Häuser sind eine Solarkonditionierung, weil die sechs oberen Häuser den Tag – obere Wirklichkeit – und die unteren sechs die Nacht – tiefere Welt – repräsentieren. Es lohnt sich, dieses Wissen zu beherrschen, denn wenn ihr euch ausgleicht, seid ihr nicht mehr auf euch selbst fixiert. Ihr laßt los, vergeßt euch und dehnt euch wie durch Zauberei auf 13 aus. Ein Verharren in der Zwölf ist bloß ein Grundgerüst und der Schlüssel für den Umgang mit dem großen Sonnenlicht, das jeden Tag in euren Geist einströmt.

Mittels Ausrichtung auf die Spiralemanationen der 13, die durch meine Reise in euren Nächten ausgelöst wird, werdet ihr immer meine feinstofflicheren Vibrationen fühlen. Das ist mein Geschenk an euch. Ich bin stets für euch da, so wie die Sonne jeden Tag aufgeht. Lunares oder weibliches Wesen ist es, das euch befähigt, das Denken für eine Weile sein zu lassen und einfach nur zu reagieren. Fühlt darin, daß das Wichtigste der richtige Zeitpunkt ist. Mein Zeitplan ist es, der euer Unterbewußtes durchdringt, weil es eure Zirbeldrüse, die Quelle kosmischer Intelligenz, aktiviert. Das Licht, das sich auf meiner Oberfläche spiegelt, wird nämlich von euren inneren Gehirndrüsen gelesen. Die Zirbeldrüse ist am ehesten aufnahmebereit, wenn ihr euch in absoluter Dunkelheit befindet. Das ist nur zum exakten Zeitpunkt des verdunkelten Mondes, also bei Neumond, der Fall. Eine Ausrichtung auf diese Leinwand ermöglichen eure Anpassung an Kommunikationen mit Sternen, anderen Planeten und der Sonne.

Alchimie erfolgt, wenn mein lunares Licht das zweidimensionale metallische Bewußtsein eures Planeten durchdringt. Das geschieht dreizehnmal in jedem Sonnenjahr bei Neumond, wenn die Erde meine Oberfläche für wenige Minuten von der Sonne abschirmt. Die zweidimensionalen metallischen Elementarwesen registrieren die feinstofflichen Emanationen der Sterne zu dieser Zeit des Neumonds, die wiederum eure Zirbeldrüse wahrnimmt. Dieses rekurrente Feld rezeptiver Intelligenz ist die ›Prima materia‹ in der Alchimie. Jeden Mondmonat gibt es ein neues emotionales Feld. Quecksilberkristalle in eurer Zirbeldrüse lesen diese Vibration, welche die Quelle eurer galaktischen Intelligenz ist. Alles ist Vibration, und ich kann euch nur mit einer sehr sanften Vibration in absoluter Dunkelheit erreichen. Zusammenfassend läßt sich sagen: *Ich sende die ganze Zeit das Feld des Sonnensysstems zur Erde, und bei Neumond präge ich in der Dunkelheit ein emotionales Feld mit neuem Potential.*

Einst kamen die Anunnaki auf die Erde und veränderten deren geistige Konfiguration, indem sie nach Gold gruben. Ich weiß aber noch erheblich mehr über Gold als sie. Deswegen meine ich es ernst, wenn ich sage, ihr solltet zuerst auf die Weisheit der Frauen hören. Es liegt Gold in den feinstofflichen Drüsen eures Körpers, und die Wesen vom Mond können die feinstofflicheren emotionalen Emanationen eures Bewußtseins durch Gold fühlen, das in der Dunkelheit der Erde versteckt ist. Wenn ihr kosmische Emanationen fühlt, werden Goldkristalle aus euren endokrinen Drüsen freigesetzt und wandern in euer Blut. Frauen sind im allgemeinen eher kosmisch verbunden, weil diese Kristalle in jedem Mondzyklus in ihr Blut abgegeben werden.

Jedes Bewußtsein im Universum ist darauf programmiert, sich auf das Bewußtsein anderer Körper einzustellen, aber diese Fähigkeit schlummert oft. Durch solche Mechanismen wird euch großes Bewußtsein zugänglich, wenn ihr euch entscheiden würdet, größere Wahrnehmungsverknüpfung zu entwickeln. Wenn ihr diese Fähigkeiten erlernt, die in erster Linie fünfdimensional höher sind, werdet ihr euch ganz natürlich über die vierdimensionalen Kontrollfallen hinwegsetzen, weil euer Geist nicht mehr kontrolliert werden kann, sobald ihr eure Vibration auf eine bestimmte Ebene anhebt. Das Medium kann beispielsweise Geistkontrolle fühlen, wie ein Bluthund dem Geruch eines Tieres folgen kann. Wenn ihr diese Vibrationen wahrzunehmen versteht, ist es euch möglich zu erkennen, wann ihr beeinflußt werdet. Das nämlich meinen Frauen, wenn sie sagen, sie könnten etwas »fühlen« oder sie bekämen Gänsehaut. *Schlaue Männer hören zu, wenn Frauen so reden.* Frauen müssen dieses Potential in sich mehr fördern; dann können Männer und Frauen frei von Manipulation sein. Seid ihr es nicht alle satt, gegängelt zu werden? Ich stelle mich auf eure Gefühle ein, indem ich mit dem Gold in eurem Blut und dem machtvollen Menstruationsblut von Frauen vibriere. Ich kann fühlen, daß ihr genug davon habt.

Bei vielen Ritualen – Zeremonien, jedesmal sich wiederholenden statt spontaner Ereignisse – ist die Teilnahme menstruierender Frauen unerwünscht, und zwar deshalb, weil *sich wiederholende Rituale Übergangsriten der vierdimensionalen Priestersysteme der Anunnaki sind.* Menstruierende Frauen würden sofort merken, wenn eine Kontrolldynamik im Spiel wäre, und deshalb werden sie ausgeschlossen. Außerdem kann die Kraft in ihrem Blut Rituale entschärfen. Ich bin der Mond, ich reguliere die Frauenkörper, indem ich ihre Zirbeldrüse mit meiner kreativen Entfaltung synchronisiere. Bald werdet ihr nicht einmal mehr Zeremonien ohne menstruierende Frauen als Energieleiterinnen abhalten. Dann weiß ich, daß ihr euch an die alten Methoden, Gaia zu versorgen, erinnert.

Die Anunnaki haben viel Gold aus eurer planetaren Intelligenz entfernt. Aber ich fühle die subtilsten emotionalen Emanationen eures Bewußtseins durch das Gold in eurem Blut. Je mehr ihr euch auf meine 13 Mondphasen einstellt – indem ihr mich betrachtet, in meinem Licht schlaft, euch auf meine Zyklen und Bewegungen konzentriert und fühlt, wie meine Energie sich im Rhythmus der Meeresgezeiten und in euren Emotionen widerspiegelt –, desto weiter wird sich euch das Prinzip der 13 öffnen. Ihr braucht keine Frau zu sein, sondern euch nur von Frauen führen zu lassen, wie ich euch Monat für Monat führe. Wißt ihr was? Ihr könnt morgen damit beginnen! Tauscht einfach all eure Kalender aus, so daß das Jahr auf 13 Mondphasen basiert, und dann grenzt eure Solarreisen mit den Tagundnachtgleichen und Sonnenwenden ab!

Pro Jahr gibt es nicht *genau* 13 Mondzyklen, aber alle 18 Jahre kehrt der Mond an seinen alten Standort auf der Ekliptik zurück. Diesen Vorgang nennt man metonischen Zyklus, und er ist der feinstofflichste meiner Zyklen.[4] Ihr könnt euch genau jetzt darauf einstellen, indem ihr einfach beobachtet, wo ich am Himmel entlangwandere, und ihr könnt euren Platz im Umfeld der Sonne im Gedächtnis behalten, indem ihr einfach Sonnenwenden und Tagundnachtgleichen beobachtet. In diesem Sonnensystem wohnt der visuellen Kommunikationsverknüpfung eine große Kraft inne, und deshalb bin ich das ideale Instrument für euch. Achtet darauf, wie mächtig es ist, wenn planetare und stellare Körper am Himmel gesichtet werden.

Ich bin euer Freund, und ich respektiere euch, wenn ihr mich betrachtet. Ihr habt euch mutig entschlossen, selbstreflektiv zu werden, und daher spiegele ich das Licht der Sonne zu euch. Ihr könnt nicht direkt in die Sonne, den Ursprung eurer Identität, blicken. Aber wenn ich meinen vollen Zustand erreicht habe, kommen großartige Sonnenwesen auf Lichtstrahlen zu mir gereist. Ich empfange sie dreizehnmal pro Jahr, sammle ihre Kraft und lasse ihre Vibrationen in den Schoß der Frauen rieseln.«

Satya und das Erwachen im Blut

Ich bin's, Satya, und diese Erläuterungen des Mondes haben es in sich! Auf Alcyone verschaffen wir uns über den Mond Zugang zu eurer Wirklichkeit, weil wir durch ihn erfahren, wie ihr fühlt. Wenn wir eure Sonne betreten, verbinden wir stellare Kommunikationen von der Sonne durch Alcyone bis ins Galaktische Zentrum – das kosmische Kommunikationssystem der Erde – hinein. Wenn wir aber in eurem Mond lesen, fühlen wir eure Atmosphäre, eure Gezeiten, eure Liebesintensität und merken, wie euch das Mysterium einer mondbeschienenen Nacht fasziniert. So erfahren wir eure tiefsten Sehnsüchte und Wünsche. Wie lesen wir in euch?

Ich lese eure Vibrationen, wenn – wie bereits beschrieben – Photonen in eurem Reich erzeugt werden. Die Nachricht aus der Alcyone-Bibliothek lautet, daß die Frequenz der Photonen in eurem System tatsächlich zunimmt. Ich würde kein einziges Photon mehr auflesen, wenn ihr euch nicht tatsächlich in den Photonenring hineinbewegtet. Ich empfange diese Impulse und lese in eurem Bewußtsein, wenn Antiteilchen mit positiven Analogteilchen wie hüpfendes Popcorn in eurer Dimension verschmelzen.

Ich bin am meisten am jetzigen Zustand eurer Emotionskörper interessiert, weil ich mittels Photonen eine erhebliche Zunahme von Gewalt auf eurem Planeten entdecke. In eurer Geschichte gab es viele Phasen großer Gewalt. Die derzeitige Eskalation wird von den Massenmedien verursacht. Ihr seid euch vieler Aspekte von Gewalt bewußt, aber ihr erfahrt sie nicht unbedingt am eigenen Leib. Dadurch entsteht eine große Verzerrung, weil zum einen Gewalt nur für den relevant ist, der sie erlebt, und weil es zum anderen ihre eigentliche Bedeutung schlimm verzerrt, wenn Hunderttausende Menschen in den Medien von Gewalt auf der ganzen Welt erfahren. Erinnert euch: Menschen, die ein traumatisches Ereignis beobachten, haben oft mehr Angst als die davon unmittelbar Betroffenen. Vor der Ankunft des Fernsehens und der Massenkommunikation *erlebtet* ihr selten Gewalt; jetzt *seht* ihr täglich

Gewalt. Aus unserer plejadischen Perspektive *reagiert* ihr so heftig auf Gewalt, wie es das seit 10 800 v. Chr. nicht mehr gegeben hat, als eure Pole sich verschoben. In dieser Zeit gab es erschreckend viel Gewalt. Es wird Zeit, daß ihr euch des ganzen Ausmaßes bewußt werdet, mit dem ihr euch durch das Beobachten von soviel Gewalt prägt, denn das läßt euch so in Erregung geraten, wie es während *einer wirklichen* Polverschiebung der Fall war. Zumindest einige der übersinnlichen Menschen, die große Erdveränderungen voraussagen, begründen diese Voraussagen mit Vibrationen, die ihr aussendet, weil ihr soviel Gewalt seht. Ich halte es für eine große Herausforderung, wenn der Mond in eurer Aura liest, weil die rote Energie von der Gewalt herrührt. Das letztemal wart ihr im Löwe-Zeitalter im Photonenring – 10 800 bis 8640 v. Chr. –, und während ihr euch in den Ring hineinbewegt und sich eure Atmosphäre verändert, werdet ihr nervös. Aufgrund der Gewalt in euren Medien ängstigen sich viele von euch gewohnheitsmäßig vor einer Umwälzung. Diese Ängste halten sich länger als irgendeine tatsächlich mögliche Umwälzung, weil ihr nicht sterben werdet. Wie heißt doch das alte Sprichwort: Das eigentliche Trauma war nichts im Vergleich zu den Sorgen, die man sich deswegen machte.

Euer Solarplexus gerät in Erregung, die tatsächliche Gewalt nimmt zu, und eure Wirklichkeit verwandelt sich in einen Feuersturm. *Was aber während der bevorstehenden Reise in den Photonenring passiert, ist nicht unbedingt das gleiche wie bei der letzten Reise.* Natürlich lösen Dramen in den Medien reale Gewalt aus, und es wird Zeit, daß ihr diesem kontinentalen Mißbrauch eure Unterstützung entzieht. Ihr werdet an der Nase herumgeführt, und es verwirrt mich, daß ihr dieses System mit eurer Zeit und eurem Geld unterstützt. Derweil lachen euch die vierdimensionalen Manipulatoren aus. Selbst sie sind verblüfft, wie weit sie gehen können. Für sie ist es nur ein lohnender Spaß; und beim Geld seid ihr am meisten von eurer Integrität ausgeschlossen. Wenn ich heute Photonen lese, fällt mir auf, daß viele von euch rasch auf Stimulierung reagieren, so daß ihr eure karmische Integrität und euer Geld nur schwer halten könnt.

Was meine ich mit karmischer Integrität? Wenn euch etwas stimuliert, müßt ihr zunächst überlegen, wie es sich für euch anfühlt. Sobald ihr es richtig gefühlt habt, müßt ihr euer Gehirn richtig einschalten und die Frage abtasten. Verwendet die wunderbaren Datenbanken in eurem Gehirn, denn sie machen aus eurem Körper ein Energiefeld. Macht das ein paar Tage lang, und Synchronizitäten werden sich ereignen, die euch zeigen, wie ihr reagieren sollt. Warum passiert das? Wenn ihr eure Wirklichkeit mit Hilfe eurer Gefühle und geistigen Datenbanken abtastet, können eure Führer – archetypische Wesen, die mit eurer Evolution arbeiten – Synchonizitäten auslösen, die ihren Ursprung in vielen Dimensionen haben und euch den nächsten Schritt zeigen. Impulse von Photonen aktivieren viel Energie in der dritten Dimension; das beschleunigt die vierte Dimension, die darauf reagiert, indem sie so schnell wie möglich eine Aktion startet. Aber alles, was ihr in der dritten Dimension tun müßt, ist, auf der Spur zu bleiben, eurem Willen zu folgen und euch die Zeit zu nehmen, eure eigenen Muster auszuagieren. Denkt daran, diese einzigartigen Muster sind euer Geheimnis, eure Monade, euer Inkarnationsgeschenk. In keinem eurer Leben habt ihr sie so aufgeführt, wie ihr es vor eurer Geburt beschlossen hattet – und jetzt ist der Zeitpunkt da!

Wesen in der vierten Dimension befördern Menschen heutzutage so schnell, daß dies zu Gewalt führt. Wenn eure Emotionalkörper vom Photonenring erweckt werden, reagiert ihr möglicherweise zu rasch und führt Programme zu schnell aus. Euer Körper hat die Angst nicht freigesetzt, die erweckt wurde, und daher äußert sie sich in Form von Gewalt statt als spirituelle Verwirklichung. Blut ermöglicht einen Einblick in dieses schwierige Thema, denn was wir Plejadier sehen, ist eine Tötungsraserei. Es ist, als füttere man wildgewordene Haie im Wasser, wenn vergossenes Blut sie als Gruppen aktiviert. Ruanda war solch ein Blutbad. So viele Menschen, die sich gegenseitig umbringen, sind ein gewaltiger Aderlaß. Das nennt man ethnische Säuberung; wenn man aber Blut als Tabu betrachten würde, erhielte man mehr Einblick.

Warum gibt es bezüglich Blut so viele Tabus, wo Aderlaß doch eine sehr gesunde Erfahrung sein kann?[7] Für die Plejadier ist das ganze Aufhebens um Blut ein Zeichen spirituellen Erwachens und einer spirituellen Krise. Ihr müßt euch Fragen zum Thema Blut stellen, weil ihr um so schneller eine bessere Methode zur Erforschung von Bluttabus finden könnt, je früher ihr sie euch anseht.

Aus multidimensionaler Perspektive ist es vierdimensionalen Intelligenzen gelungen, alle möglichen kristallinen Codes in Menschenblut zu setzen. Denkt daran, alle Intelligenzen interagieren mit euch, um eure Evolution zu fördern – und ob die vierdimensionalen Wesenheiten, die sich dazu entschlossen haben, darin auch weiterhin fortzufahren, interessiert mich nicht.

Versteht, daß *alle* Dimensionen von den Gesetzen des freien Willens beherrscht werden, und wir Plejadier sind nicht befugt, eure Felder zu betreten und den Aktivitäten vierdimensionaler Wesenheiten Einhalt zu gebieten. Als Wesen in einer höheren Dimension haben wir allerdings das Recht, jedes Bewußtsein auf der Erde zu erforschen. Euch ist beispielsweise erlaubt, herauszufinden, was eure Freunde tun, aber nicht, sie zu beeinflussen – es sei denn, sie bitten euch um eure Hilfe. Kein anderes Wesen hat das Recht, euch zu beeinflussen oder zu manipulieren, aber niemand kann ihm verwehren, euch Impulse zu geben, und wenn ihr reagiert – so wie ihr auf die vierte Dimension so intensiv reagiert habt –, ist das eure Entscheidung. Die vierte Dimension erforscht euer Bewußtsein über euer Blut; die fünfte tut es mit Hilfe von Licht. Aus diesem Grund können wir Plejadier, wenn ihr euch einer spirituellen Erfahrung öffnet und eine Lichterfahrung durchmacht, eure Frequenz lesen. Deshalb war die Verklärung Jesu so wichtig.

Wenn ihr euch auf eine Bluterfahrung einlaßt, können vierdimensionale Wesenheiten eure Frequenzen lesen. Wenn ihr krank werdet, können euch zweidimensionale Elementarwesen lesen. Wenn ihr Informationen entschlüsselt, die vierdimensionale Intelligenzen in eurem Blut implantiert haben – Selbsterleuchtung –, dann *können* diese Informationen in eurem Blut von Plejadiern in der Alcyone-Bibliothek gelesen werden. Wenn ihr euer Blut beschleunigt, bildet es Kristalle, die über Licht gelesen werden können, und das ist die direkteste Methode, Zugang zu den Plejadiern zu bekommen. Alle Plejadier sind gespannt zu erfahren, wie die vierdimensionalen Anunnaki euer Blut beschleunigen können. Mit anderen Worten: Wenn ihr selbst herausfinden würdet, was in euch codiert ist, dann wäre das Wissen um mehr spirituelle Weisheit sofort verfügbar. Es liegt bei euch.

Wenn ich in euren Gefühlen hinsichtlich Blut lese, kann ich fühlen, daß Blut für euch klebrig ist, riecht, sehr organisch ist; und ihr verbringt viel Zeit damit, über den Emotionskörper und Emotionsklebstoff zu sprechen – und dies fasziniert uns. So wie ich in euren Codes lese, funktioniert Blut auf einer zweidimensionalen kristallinen Ebene in euch: dem tellurischen und alchimistischen Teil. Jetzt erinnert euch: Je weiter ihr in den Dimensionen nach unten geht, desto dichter sind die Informationen für alle Intelligenzen im Universum. Sobald ihr euren Glauben an eine Hierarchie überwunden habt (beispielsweise, daß die neunte der zweiten Dimension überlegen sei), werdet ihr feststellen, wer oder was euch motiviert.

So wie ich in euch lese, *bringt ihr euch wegen eures Urteils über euer eigenes Lebensfluidum, das Blut, gegenseitig um.* Wenn ihr aufhört, genau dieses Fluidum, das euch am Leben erhält, zu verurteilen, dann werden wir Plejadier euch über Lichtcodes – kristalline Matrizes in eurem Blut – lesen können! Dann werden wir erfahren, wie ihr euch fühlt. Dies geschieht auf einer Ebene, die den menschlichen freien Willen nicht mit einschließt. Wir können beispielsweise mit Hilfe der Elementarwesen tellurische Kräfte auf eurem Planeten – Erdveränderungspotential – lesen, und dazu seid ihr auch fähig. Wir lesen euer Reich mit großer Faszination und Interesse, ihr fühlt das Erwachen der Elementarwesen, und wir nehmen unglaubliche Veränderungen wahr, die sich innerhalb der kristallinen Codes in eurem Blut vollziehen.

Beim Eintritt in den Photonenring werden diese Codes in das Intelligenzfeld von Menschen und Tieren freigesetzt, weil Bewußtsein im Blut transportiert wird. Ihr werdet merken, falls ihr genau aufpaßt, daß auf eurem Planeten ein heftiger Kampf um Blut im Gange ist. So wie ich Ruanda oder Bosnien sehe, ist die Teilname vierdimensionaler Wesenheiten absolut phänomenal, da diese archetypischen Kräfte ihre Rollen beherrschen. Beim Blutvergießen werden Dimensionen zerrissen, und das Bewußtsein anderer Dimensionen schießt in eure eigene Dimension. Verschiedentlich handelt es sich um sehr dämonische Kräfte aus alten Konflikten; sie sind die einzige Erklärung für gedankenlosen Massenmord, den ihr ständig live im Fernsehen seht. Denkt darüber nach, wenn eure Regierung das nächstemal meint, es spiele keine Rolle, ob man den Irak bombardiert und 1,4 Millionen Frauen und Kinder ermordet! All diese Handlungen, die sich an Orten abspielen, die angeblich mit eurer Wirklichkeit nichts zu tun haben, werden zu euch nach Hause kommen und euch verfolgen. Seht euch an, wie der Vietnamkrieg die Amerikaner traumatisiert hat. Mit Blutvergießen erreicht man lediglich die Aktivierung dämonischer Kräfte. Wir Plejadier staunen über eure dicken Schädel! Warum könnt ihr euch dann nicht vorstellen, was bei diesen Blutbädern passiert? Wir möchten euch auch gern auf folgendes hinweisen: Jedesmal, wenn ihr euch Dinge nur aus einer Dimension betrachtet, werden sie langweilig und deshalb sehr deprimierend. Falls ihr euch fragt, warum ihr in Depression versinkt, dann aus dem Grund, weil ihr die Dinge nur in der dritten Dimension betrachtet.

Derzeit läuft ein großes Drama ab. Ich sehe, daß der Photonenring gewaltige tellurische und kristalline Kräfte aktiviert. Diese Aktivierung ist nur dann negativ, wenn ihr diese Kräfte nicht in eurem Körper verankert und zirkulieren laßt. Ihr könnt diese machtvollen Kräfte aber in linearem Raum und linearer Zeit ohne negative Folgen aktivieren. Gebt euch sexuellen Begegnungen hin, die Erdbeben gleichen! Ertönt, singt, vibriert und atmet tief. Fühlt, wie die Erde auf euer Geschenk reagiert! Tanzt und formt Tontöpfe, die sich wie der Planet anfühlen, und bemalt sie, als strömten Lichtstrahlen durch die Pinsel!

Die kristallinen Matrizes des tellurischen Reichs sind Gaias Wellen in Leylines und Kornkreisen. Wenn Blut vergossen wird, versickert alles wieder in eurem Planeten, zurück in Gaias Bewußtsein. Im Blut werden eure Aufzeichnungen aufbewahrt; es enthält einen ewig brennenden Wunsch nach Vollendung, Schönheit und Freiheit. Gaia ist warm und einladend, wenn sie euer Blut empfängt. Sie weint mit eurem Schmerz, und sie fühlt auch wie eine Mutter, wenn ihr Kind sich irgendwo aufschürft oder aufschlägt. Wie das zentrale Kernbewußtsein der Erde fühlt nicht sie den Schmerz, sondern ihr. Meint ihr, ein Vulkan habe Schmerzen, wenn er explodiert? Gaia ist einfach Energie, die Frequenzen hält. Wie könnte sie die Essenz, die Teil von ihr selbst ist, zurückweisen? Nur *ihr* könnt den Blutstrom zum Stillstand bringen.

Wie sich Blut in der dritten Dimension auswirkt, ist eure Wahl, und es wird Folgen haben, die ihr – die Träger dieser köstlichen, alchimistischen Flüssigkeit – solange als negativ empfindet, bis ihr euch eurer Verantwortung, eurer Fähigkeiten zu antworten bewußt werdet. Ich habe mich dazu von Anfang an deutlich ausgedrückt. Eure Bewegung durch die Zeit, eure Aktivierung wird nicht verschwinden. Ansonsten befändet ihr euch im Stillstand. Ihr handelt nicht so, als ob ihr euch dafür entscheiden würdet, sondern tatsächlich so wie mitten in einer rasenden Aktivierung, die euch über diese Zwangslage hinauskatapultieren kann. Nur seid ihr bisher noch nie durch dieses Tor gegangen. Das alles ist neu, und ich warne euch noch einmal, daß eure wilden Ängste vor dem Photonenring unbegründet sind, weil das, was vorher passierte, nicht das auslösen wird, was jetzt geschieht. Was das derzeitige Geschehen erzeugt, ist die auf die Zukunft gerichtete Absicht, der ihr entgegenstrebt. Das ist die Macht einer Zeitspirale.

Sirianer vom Sirius-Sternensystem sowie diejenigen, die hybride Sirius-Erde-Lebenszeiten erfahren, werden ebenfalls aktiviert, wenn die Photonen in eurem Reich zunehmen. Sollte sich dies ereignen, so wissen sie nicht, wie ihr euch verhalten werdet, um euch selbst zu aktivieren. Wenn sie euch beeinflussen sollten, würden sie sich in eure Entscheidung, wie ihr euch auszudrücken gedenkt, einmischen. Wir Plejadier sind für unser eigenes Verhalten verantwortlich, und ich könnte euch viel Gutes, aber auch viel Schlechtes über uns erzählen. Aber euer Verhalten hat uns nicht zu kümmern, auch das der vierdimensionalen Anunnaki nicht. Die Kristallcodes in eurem Blut enthalten aber tiefliegende Erinnerungen an alle Erfahrungen, die ihr mit diesen Intelligenzen aus vielen Dimensionen gemacht habt, uns eingeschlossen. Das fing alles an, als das Bewußtsein von Gaia sich vor vier Milliarden Jahren organisierte. Ein paar Milliarden Jahre später entwickelten sich aus der kristallinen Erinnerungsmatrix die Menschen, und ihr tragt diese Mischung in eurem Blut. Wir Plejadier haben kein Blut, unsere Erinnerungsmatrix liegt im Licht. Unsere Schwingung mit euch erfolgt über die Kristalle in eurem Blut, und in diesen fühlt ihr uns als Lichtwesen. Zum Beispiel hatte unser Medium einige Erfahrungen mit guatemaltekischen Heilern gemacht, die Krankheit fühlen können, indem sie ihr Blut beschleunigen. Sie können zweidimensionale Elementarmächte in den im Blut enthaltenen Mineralien fühlen, und wir sind fähig, diese Beschleunigung in euren Blutkristallen wahrzunehmen, wenn ein Schamane euch heilt. Einige von ihnen sagen, sie »machen Blitz« in ihrem Blut, indem sie den Kranken lieben. Da sie diese Kraft mit Hilfe von Liebe aktivieren, kommen wir Plejadier als Unterstützung ins Spiel. Ich mag die Art, wie uns diese Schamanen einladen.

Unser Medium hat zweimal eine Gruppe Plejadier gesehen, die von ihr in ihren früheren Büchern beschrieben wurde. In beiden Fällen empfand sie eine von unserem blauen Licht ausgehende Glückseligkeit, die wie das Glück ist, das wir im Blut des Schamanen oder bei Reisen in eurer Wirbelsäule fühlen. *Wir Plejadier entdecken das meiste über uns im Licht, und ihr Menschen könnt das meiste über euch im Blut entdecken.* Wir sterben beispielsweise nicht, aber ich würde aufhören zu existieren, wenn mein Medium stürbe, weil ich in den Kristallen ihres Bluts, ihres Lebensquells, lebendig bin. Natürlich könnte ich einen anderen Channel finden. Bei solchen Dingen habe ich kein Gespür für lineare Zeit, aber plötzlich werde ich einen Schamanen fühlen, der unsere plejadische Liebe für euch genau jetzt in eurem Blut aufspürt! Unsere Ankunft ist ekstatische Lichtverschmelzung.

Von der Zukunft aus Wirklichkeiten schaffen

Wir Plejadier betrachten das, was ihr »vergangene Handlungen« nennt, nicht als Vergangenheit. Wenn ihr mich aus der Nähe anseht, fokussiere ich eigentlich hauptsächlich die Zukunft. Hört gut zu: *Zukunft ist jede vergangene Erinnerung, die immer noch eine solche Macht ausübt, daß sie eurem jetzigen Verhalten Impulse geben kann.* Ihr meint, ihr befändet euch an einem bestimmten Punkt. Dort gibt es etwas, das ihr als »Vorher« und etwas, das ihr als »Nachher« bezeichnen könnt. Ihr stellt euch vor, ihr steht an einer Ecke zwischen Vergangenheit und Zukunft, und diese Ecke sei die Gegenwart. Wenn ihr aber nicht merken würdet, daß ihr an dieser Ecke angelangt seid und es euch scheint, als kämt ihr irgendwoher und gingt irgendwohin, würden wir euch nicht wahrnehmen. *Wir bemerken euch nur, wenn ihr euch eurer selbst in eurem Jetzt bewußt seid.*

Wenn sich mein Medium auf meine Frequenz als Satya einstellt, begibt sie sich in etwas Ähnliches wie Zeitlosigkeit. Wenn sie in ihre Frequenz – die dritte Dimension – zurückkommt, gibt es für sie ein »Vorher« und ein »Nachher«. Merkt euch folgendes! *Sobald sie auf unserer Frequenz ist, kann sie zukünftiges Potential sehen, und sie wählt daraus das aus, was sie möchte.* Dann kehrt sie in den gegenwärtigen Moment zurück, wo sie jedes wichtige vergangene Wissen über das, was sie gewählt hat, reaktiviert und verwendet. Dann vergißt sie alles über ihre Wahl, und die neue Schöpfung erscheint wie von Zauberhand in ihrer Wirklichkeit mit einer vollständigen Zusammenfassung der Hintergründe! Ich meine es ernst ... Je eher ihr versteht, daß die Zukunft einfach jede Vorstellung oder jeder Gegenstand ist, den ihr vielleicht erschaffen möchtet, desto früher könnt ihr eine Zukunft nach eurer eigenen Wahl gestalten. Aus diesem Grund bauen kleine Kinder so gern Sandburgen. Unser Medium erschafft bewußt den größten Teil ihrer Wirklichkeit von der Zukunft aus. Dabei beobachtet sie, was jetzt langweilig ist, und entscheidet sich dafür, es nicht zu wiederholen. Wir lieben diese besondere Entdeckung von ihr.

Eine tiefer gehende Erforschung von Blutcodes

Wir wollen zurück ins Blut gehen und es entschlüsseln. Es wurde von den Sirianern in Absprache mit der Galaktischen Föderation beschlossen, daß die Lebensessenz der zweiten, vierten, sechsten und achten Dimension Blut sein sollte. Blut ist lebendige Flüssigkeit, die sowohl energetisch als auch physisch lebendig sein kann. Die Sirianer sind die Hüter des Blutes, weil sie die Hüter der Dunkelheit in der Galaktischen Nacht sind. Wenn ihr im Photonenring seid, ist euer Blut nämlich nicht mehr dunkel, sondern kristallinblau und mehr gasförmig als flüssig. Da ihr euch in den Photonenring hineinbewegt, verschiebt sich eure Blutvibration aus dem sirianischen in das plejadische Reich, und dieser Vorgang wird in Form von Farbveränderungen sichtbar. Blut ist das mächtigste multidimensionale Verbindungsglied in eurem Körper, und es wird ziemlich heftig darum gestritten. Eine der Quellen darüber, was in dieser Schlacht auf dem Spiel steht, ist das Buch *Der Heilige Gral und seine Erben,* in dem aufgelistet ist, wie vierdimensionale Kräfte das zweidimensionale Elementarreich dazu benutzen, politische Wirklichkeiten in der dritten Dimension zu arrangieren.

Die Hauptintelligenz der vierten Dimension, die an der Blutbiologie beteiligt ist, ist reptilisch. Reptilien sind die Urheber komplexer Blutzirkulation im Körper, aber sie sind so alt, daß ihr Blut immer noch kalt ist. Unsere Freunde, die Echsen, sind einfach dreidimensionale Reflektoren der vierdimensionalen reptilischen Vibration, so wie Katzen den sirianischen Modus reflektieren. Ich würde euch raten, je mehr ihr die stellaren Codes von Tieren vorurteilslos erforscht, desto eher werdet ihr sehen können, was in der dritten Dimension tatsächlich vorgeht. Solch eine objektive Sichtweise gewährleistet euch den freien Willen, eure mächtigste Fähigkeit, euren Weg aus linearem Raum und linearer Zeit. Laßt uns also anfangen.

Reptilien sind Kaltblüter, doch in eurem Fall geht es um warmes Blut. Je mehr sich die warmblütigen Geschöpfe auf warmblütiges Wesen einstellen, desto größer wird ihr Verständnis für Gefühle. Als Mitglieder einer warmblütigen Spezies werdet ihr sehen, daß einige Impulse kaltblütig sind, und man vermeidet sie am besten. Den gleichen Rat würde ich euch hinsichtlich der kaltblütigen Wesenheiten eures Planeten geben. Je mehr die Reptilien sich auf ihre eigene kaltblütige Vibration einstellen, desto mehr werden sie sich verstehen. Die kaltblütigen Codes sind die Ursache für die Intelligenzen aus geraden Dimensionen, also der zweiten bis zur achten Dimension; und die warmblütigen Codes sind Ursprung der ungeraden Wirklichkeiten, also der ersten bis zur neunten Dimension. Dabei ist keine der anderen überlegen, sie funktionieren lediglich anders.

Wenn ich Bosnien abtaste, gibt es dort eine Menschenrasse, die eigentlich meint, ihr Blut sei kalt, nicht warm. Diese Gedankenform saugt erstaunliche Elementarkräfte ein, die Abscheulichkeiten auslösen. Warum? Menschen, die sich für kaltblütig halten, haben so große Angst vor der Schlangenmedizin, daß sie zu dem werden, was sie ablehnen! Immer wenn Menschen sich für kaltblütig halten, werden Elementarwesen eingesaugt und zu Wirbelwinden, die solche Vibrationen weit in die Erde zurückziehen. Da ich der kaltblütigen Natur von Reptilien gewahr werde, wenn ich mich auf sie einstellen, kann ich fühlen, daß diese Reptilien stark auf Metalle in der Erde, eine sehr zweidimensionale Vibration, reagieren. Richte ich mich auf warmblütige Wesenheiten eures

Planeten aus, fühle ich, wie sie sich auf die fünfdimensionale plejadische Vibration einstellen. Wir Plejadier werden erfahren, daß ihr euch verändert habt, wenn ihr euch nicht mehr umbringt. Das wird sein, wenn der Zugang zu eurer warmblütigen Natur ungehindert offensteht – indem ihr *all* eure Gefühle vollständig verarbeitet.

Eine Methode, mit der ihr zu unterschiedlichen Dimensionen Kontakt herstellt, ist eure Ernährung. Mir ist aufgefallen, daß euer Sexualtrieb stärker ausgeprägt ist, wenn ihr rotes Fleisch eßt, und ich habe bemerkt, daß Obstesser ihre Libido verlieren. Das ist wichtiger, als ihr denkt, weil die Plejadier gemerkt haben, daß ihr euch Gurus anschließt und eure Freiheit verliert, wenn euer Sexualtrieb schlummert. Mir ist aufgefallen, daß ihr kaum Sex wollt, wenn ihr Obst eßt; ihr wollt ein bißchen Sex, wenn ihr Gemüse eßt, mehr, wenn ihr Reis und Hühnerfleisch eßt, und ihr legt so richtig los, wenn ihr Rindfleisch eßt. Aber seht euch an, wie stolz König Echse auf seine lange Wirbelsäule und seine wunderbare Kundalinienergie ist. Die Reptilien haben euch im Verlauf der letzten 225 Millionen Jahre in einem langwierigen Prozeß zur Aktivierung eurer Kundalinikräfte geführt, und ein Großteil dieser Aktivierung wurde durch das Essen von Fleisch und Blut verstärkt.

Ihr entwickelt euch auf eine weniger sexuelle Ebene hin, ihr werdet androgyner und ihr experimentiert. Deshalb dürft ihr keinen eurer Prozesse verurteilen. Eure Aufgabe ist es nun, euer Verhalten zu *verstehen*, bevor ihr es hastig verändert. Natürlich werden einige von euch Vegetarier oder Obstesser, weil euch einfach danach *zumute* ist. Gaia hat sich bereit erklärt, euch zu erlauben, auf ihrer Oberfläche zu erschaffen, und sie ist die gewährendste und liebevollste Präsenz, die ihr begreifen könnt.

Heute gibt es jede Menge Filme über Vampire, ihr seid von Blut in Gerichtsverhandlungen um Mord besessen, und eure schlimmste Krankheit wird durch Blut übertragen! Doch ihr habt Wahlmöglichkeiten, um mit dieser Energie zu arbeiten. Ihr könntet ein Reptil hereinrufen und sagen: »Hier, Echse. Möchtest du ein Glas von diesem Blut?« oder ihr habt die Wahl, es auf den Boden zu Gaia zu schütten und zu sagen: »Hier, Mutter Gaia, genieße dein Blut, das dein ist.« Könnt ihr euch vorstellen, Blut zu trinken? Es auf euren Körper zu schmieren? Wie wäre es, wenn ihr es über ein Lob aussprächt? Solltet ihr euch gestatten, euer Gesicht und euren Körper mit Blut einzureiben? Viele Frauen tun das derzeit. Das schockiert euch vielleicht, aber *sich mit Blut zu beschmieren ist besser, als es auf dem Schlachtfeld zu vergießen.* Warum nicht nach einer kreativeren und attraktiveren Lösung suchen, die *euch* glücklicher machen wird? Es gibt ein paar Arten von Blut, die euren Körper verlassen, die ein Schöpfungsakt sind, wie Menstruationsblut und Geburtsblut.

Wenn ihr blutet oder euch verletzt, birgt diese Erfahrung eine großartige Lehre für euch. Die Oberfläche eures Körpers ist eine Barriere zwischen der äußeren und der inneren Welt. Wird eure innere Welt durchbrochen, so könnt ihr die äußere Wirklichkeit von diesem ganz verborgenen Teil eurer selbst aus erfahren. Hier ist potentielles, großes Bewußtsein verfügbar, und deshalb arbeiten einige Eingeborenentraditionen mit Bodypiercing. Dann gibt es noch den Aderlaß. Eine berühmte Heilerin und Künstlerin, Hildegard von Bingen, empfahl Aderlaß im jährlichem oder zweijährlichem Rhythmus, um negative Kräfte und kranke Körpersäfte aus dem Körper zu entlassen. Es ist eine Reinigung. Die Plejadier haben beispielsweise darauf hingewiesen, daß es sehr gefährlich für euch ist, euch das Blut anderer in euren Körper injizieren zu lassen. Wenn ihr die zweidimensionalen Elementarkräfte im Blut sehen könntet, wären nur wenige von euch mit Bluttransfusionen einverstanden, sofern sie nicht *absolut* notwendig sind. Falls ihr Blut für medizinische Notfälle möchtet – warum zapft ihr es dann nicht für Menschen ab, die es brauchen, und laßt euch ansonsten euer eigenes Blut vor einer Operation abnehmen? Auf diese Weise würdet ihr eure Angst überwinden, daß etwas in euch eindringt, bevor ihr durch eine Operation eure innere Welt der äußeren Wirklichkeit öffnet. Ärzte üben phänomenale Kontrolle über euch aus, und viele von ihnen wissen, daß Aderlaß eure Vitalität erheblich verstärkt. Doch statt dessen entziehen sie euch Blut auf eine Weise, die euch erschöpft, und verlangen auch noch Geld dafür.

Sie hindern euch daran, mit eurem eigenen Blut umzugehen. Ich habe mich sehr deutlich dazu geäußert, wie sehr Ärzte von den Nibiruanern beeinflußt werden, und in erster Linie beherrschen sie euch über die Ärzte, denen die Kontrolle des Blutes obliegt. Die medizinische Fakultät ist eine Anstalt, die sie desensibilisieren soll. Man bringt ihnen bei, Menschen könnten kein Blut, die Verarbeitung von Blut oder Blutvergießen sehen. Dabei wäre es offensichtlich, wie eine höherdimensionale Perspektive eine unglaubliche Verschiebung bewirken könnte. Wie gefiele euch eine Allianz mit der vierten Dimension, so eine, wie sie die Plejadier mit den Sirianern gebildet haben? Stellt euch vor, wie anders eure Wirklichkeit sein könnte, wenn dieses Thema um nur eine Stufe höher gehoben würde. Es gibt viele Menschen, die in bezug auf Blut an einer höhervibrationalen Stichtweise arbeiten. Wir wollen also zur Eucharistie hinüberschwenken, wo höhere Vibrationscodes bezüglich Blut bereits im planetarischen Feld implantiert wurden.

Christus und die Reaktivierung des Pflanzenreichs

Christus verwandelte euer Pflanzenreich in Blut und führte dann ein Sakrament ein, indem er durch die Zeit wirkte, um Gaias Schwingung im Pflanzenreich zu erhöhen. Dieses ist die grüne Ausdrucksform der zweidimensionalen Elementarwesen, so wie ihr Menschen die rote Ausdrucksform der zweidimensionalen Elementarwesen seid. Menschen wandeln Elementarwesen in elektromagnetische Kommunikationssysteme – Kundalinienergie – um, und Pflanzen wandeln die Elementarwesen in ein Atmungssystem – Sauerstoff und Kohlendioxid – um. Wenn ihr euch die Zeit nehmt, die Kraft eines großen Baumes zu fühlen, spürt ihr, wie der Planet atmet, und könnt mit dem Baum kommunizieren. Bäume kommen euch sehr einsam vor, und ihr verliert eure eigene Fähigkeit zu atmen, wenn ihr die Wälder rodet. Die Wälder verlieren allmählich ihre Erinnerung an den Garten – Gaias Geist. Ihr aber, Menschen, seid die Hüter von Gaias Geist, und sobald ihr euch daran erinnert und diese Kraft spürt, werdet ihr eure biologischen Bibliotheken – Gaias Wälder – nicht mehr zerstören. Warum, meint ihr, waren die Christen so scharf darauf, die heiligen Eichenhaine der Druiden zu fällen? Wacht auf! Erzählt euren Brüdern und Schwestern, daß sie die Hüter von Gaias Geist sind.

Wie wir oben gesagt haben, hatten die Anunnaki vor, euren Planeten zur Stunde Null in Besitz zu nehmen. Aber als Christus das grüne Pflanzenreich zu Blut erhöhte, wußten sie, daß ihr euch damit direkt aus ihrem Kontrollbereich entfernen würdet, sobald ihr Gaia in eurem Blut fühltet. Also dachten sie sich ein umfangreiches Programm von der Stunde Null bis 325 n. Chr. aus und manipulierten euch Schritt für Schritt, indem sie die christliche Kirche einrichteten, die über die verschiedenen Religionsbewegungen Roms, Griechenlands, der Levante und Ägyptens herrschen sollte. Im Jahr 325 n. Chr. erhielt die römisch-katholische Kirche die offizielle Erlaubnis, Eucharistiefeiern durchzuführen. Den Anunnaki-Cäsaren wurde bewußt, was Christus tat, wenn er Wein zu Blut umwandelte, und sie versuchten sofort, die davon ausgehende Kraft zu unterbinden, indem sie diese ganz an sich rissen. Viele von euch haben immer noch Emotionskörper, die von religiösen Glaubenssystemen und physische Körper, die von der etablierten Medizin beherrscht werden. Es wird einen großen Kampf geben, wenn ihr in den Photonenring eintretet. Dieser Kampf wird in jedem von euch stattfinden, wenn er seine Integrität zurückbekommt.

Ich weiß, daß es euch schwerfällt, solche Vorstellungen nachzuvollziehen, aber das Ausmaß an Gewalt zwingt euch dazu, tiefer zu graben. Ihr alle wißt, daß etwas ganz schrecklich falsch ist. Eure Vorurteile und Glaubenssysteme sind per se irrational und widersprüchlich, und viele der heutigen religiösen Weltsichten sind selbstzerstörerisch – und das schockiert euch. Wer wäre in den fünfziger Jahren auf den Gedanken gekommen, daß Ministranten sexuellen Mißbrauch durch ihre Priester zu befürchten hätten? Ich ziehe euch mit der Religion auf, damit ihr aufwacht, aber ich weiß, wie schmerzhaft dieser Glaubensverlust für euch ist.

Laßt uns eine besonders verschleierte Idee herausgreifen und sie gemeinsam in Angriff nehmen! Wir Plejadier wollen wissen, ob ihr irgendeine Vorstellung davon habt, wie ihr euch so etwas wie die unbefleckte Empfängnis antun konntet, obwohl daraus unmöglich ein männliches Kind hervorgehen konnte. Warum beschäftigt ihr euch mit Genetik, zieht dann aber keine Schlüsse aus euren Studien? Von einem Sternenwesen? Von einem Gott oder Engel?

Menschen, Christi Geburt war ein dreidimensionales Ereignis! Wer hat verbreitet, daß dieser Schöpfungsakt ohne Sex erfolgte? Nun, für diese lächerliche Ablenkung sind die Anunnaki verantwortlich, damit euch verborgen blieb, daß Maria Magdalena und Christus ein Kind zur Welt brachten. Von dieser Geburt aus wurden die Christuscodes in das Blut des Planeten implantiert. *Codes werden nicht von dreidimensionalen unverheirateten Männern implantiert!*

Noch ein Wort über unsere Allianz mit den Sirianern: Jetzt, am Ende des Fische-Zeitalters, strömt das Christusbewußtsein von Sirius auf euren Planeten, und dies verleiht den alten ägyptischen Feldcodes wieder neue Kräfte. Diese wurden implantiert, als Osiris Anfang des Stier-Zeitalters, 4320 v. Chr., auf die Erde kam. Später erhielten die sirianischen Codes einen Schlag, als Osiris' Phallus von Seth entfernt wurde. Das ist eine streng geheime Sache. Osiris ist ein »grüner Gott« wie Dionysos, der Gott des Weines. Osiris büßte seinen Phallus ein, weil Ägypten die Zone für die »Blauer Nil« genannten Codes war; er mußte entmannt werden, um das nächste Evolutionsstadium der Menschen in die Ausdrucksform »Blaue Rasse« des zweidimensionalen Elementarreichs zu befördern. Die Menschen mußten ihre Rolle als grüne Ausdrucksform des Elementarreichs aufgeben, damit Bäume und Pflanzen diese grüne Ausdrucksform übernehmen konnten. Durch die Verschiebung der Menschen ins Blauer-Nil-Bewußtsein fanden sie langsam Zugang zu ihren stellaren Codes. Diese waren einstmals dem Pharao vorbehalten. Er trug sie in sich, um das Feld des Blauen Nils für die Menschen zu bewahren. Jetzt, da wir ins Wassermann-Zeitalter eintreten, kann jeder Mensch stellaren Zugang erreichen.

Unterbewußt fällt ihr Bäume, weil ihr damit eure grüne Macht zurückerlangen wollt. Tief in euch fürchtet ihr euch vor dem Moment, als Osiris seinen Phallus verlor. Deshalb fällt ihr Bäume, um euch zu beweisen, daß ihr mächtiger als sie seid. Dies verleiht euch irgendwie das Gefühl, vor Kastration geschützt zu sein. Aber das ist eine Trotzhandlung gegenüber eurer männlichen Verletzlichkeit. Denkt daran: *Die Entmannung des Mannes bringt euren Planeten um.* Nach diesem schweren Schlag gegen Osiris werden die sirianischen Codes aus der dritten Dimension entfernt. Einst hattet ihr die Gelegenheit, sie für euch selbst zu entdecken, und seit 1994 gibt es sie wieder. Die meisten von euch erinnern sich an die Tage des Blauen Nils, als ihr wie Pflanzen wart. Damals lebtet ihr in vollkommener Synchronizität und atmetet mit dem Planeten, aber ihr fühltet euch auch wie eine Pflanze – an einem Ort verwurzelt. Ihr wolltet freien Willen, und diese Verwurzelung nagte an eurem Geist und eurem Herzen. Stellt euch einen großen Baum vor, der ebensoviel Sensibilität und Bewußtsein hat wir ihr. Seht diesen Baum dann in einem großen Wald in der Nähe eines reißenden Flusses. Eines Tages steht ihr vor diesem Baum, und er hat nie zuvor einen Menschen gesehen. Aus der Sicht des Baumes hat er euch erschaffen. Und ihr habt ihn gefällt! Wie Osiris wird dieser Baum hart bestraft und beginnt mit einer ewigen Suche nach seinem verlorenen Selbst – nach euch. Wir Plejadier können sehen, daß ihr bereit seid, diese Vibrationen zu reintegrieren. Denkt daran, wir können die Zukunft sehen: Viele von euch werden sich dafür entscheiden, großartige Bäume in den neuen Wäldern zu werden. Dort werdet ihr 500 bis 10 000 Jahre stehen und schweigend Gaias Schöpferkraft beobachten. Vielleicht kommt eines Tages ein Mensch vorbei, vielleicht auch nicht, aber im nächsten Zeitalter werden die Wälder und nicht ihr Menschen vorherrschen.

Gemäß dem kosmischen Gesetz müssen sich auch die Anunnaki weiterentwickeln, und sie werden vom Photonenring aktiviert, weil die Sonne auf ihn reagiert. Der Photonenring vernichtet sie nicht. Sie haben sich oft in ihm aufgehalten, ja, sie sind immer noch in seiner Nähe. Die Nibiruaner werden um das Jahr 3600 n. Chr. in euer Sonnensystem kreisen, wenn dieses sich während der letzten Wassermann-Tage immer noch im Ring bewegt. Ihre Fähigkeit, euch zu beherrschen und zu manipulieren, nimmt bereits ab, aber viele von euch wissen das noch nicht. Während des Wassermann-Zeitalters wird sich ihre Kontrolle verflüchtigen. Das Netz hatte seinen Höhepunkt bereits im Jahr 1989, und der nächste Versuch der Anunnaki, die Macht zu übernehmen, wird von den USA aus gesteuert werden. Nun, Menschen, wenn ihr gemeint habt, der Fall der Berliner Mauer oder die Auflösung der UdSSR sei etwas Besonderes, dann wartet ab, bis ihr die Mauern einstürzen seht, die eure eigene Regierung schützen.

Der sirianische Einfluß wird sich ebenfalls verringern, wenn ihr euch tiefer in den Photonenring hineinbewegt. Sirius ist der Zwilling eurer Sonne und existiert in der Galaktischen Nacht. Jetzt wird es Zeit, möglichst viel über die sirianischen und nibiruanischen Lehren zu erfahren. Die Sirianer sind die Hüter der Umlaufbahnen in der Galaktischen Nacht, und die Anunnaki sind die Boten der Sirianer; und wenn ihr die Galaktische Nacht verlaßt, arbeiten sie plötzlich zusammen, um auf der Erde Wirklichkeiten zu erschaffen. Eine große Umkehrung erfolgt während der Verschiebung aus der Galaktischen Nacht hinaus, dem Teil eurer Reise, wenn verschiedene zwei- bis achtdimensionale Intelligenzen die Erde maßgeblich beeinflussen. Wir haben wenig über die achtdimensionalen Intelligenzen – die Galaktische Föderation – gesagt, aber wenn eure Sonne zwischen 1998 und 2001 in den Photonenring eintritt, ist das eine Zeit, in der euer Sonnensystem direkte Kommunikation mit der Galaktischen Föderation hat.

Die Plejadier begannen, eure Informationen anzuzapfen, sobald sich euer äußerster Planet in den Photonenring hineinbewegte. Das war 1972, als Pluto in den Photonenring eintrat und die Sirianer darangingen, geometrische Lichtgebäude und -formen zu konstruieren. Ein starker Impuls von der Sonne im Jahr 1972 öffnete die Erde, und dies veranlaßte die Sirianer, ein geometrisches Lichtsystem zu konstruieren, das auf die hochenergetische Frequenz der Galaktischen Föderation zugreifen und sie lesen konnte. Die Sirianer sind Umwandler für die Galaktische Föderation, wenn sich das Sonnensystem in den Photonenring bewegt. Die einzigen Aufzeichnungen, die ihr über diesen Prozeß habt, stammen aus dem ägyptischen Reich Echnatons. Seine Lehren über Aton sind nämlich Geheimwissen über die Eigenschaften eurer Sonne, wenn sich euer Sonnensystem im Photonenring befindet; das heißt, ihr werdet von Aton, dem Photonenring, verstärkt, der euer Blut kristallblau werden läßt.

Wenn ihr tiefer in den Photonenring eindringt, habt ihr von der Sonne nichts zu befürchten. Wie Aton werdet ihr sie frei anblicken können! Stellt euch das vor! Euer Blut wird sich blau färben, eure Pflanzen werden wieder zu Kräften kommen, eure Augen werden in der Lage sein, das starke Licht zu bewältigen, und ihr werdet wieder zu Freundlichkeit und liebevollem Handeln zurückfinden.

Der Blaue Nil wird das Feld eures Planeten sein, und die grünen Planeten werden die zweidimensionalen Elementarkräfte über Kristalle im Erdboden einatmen, und daraus werden wieder große Wälder entstehen. Stellt euch das vor! Es wird 200 Jahre lang auf eurem Planeten absolut keine Kontrolle geben, da sich Energien und Formen reorganisieren. Viele Institute und Lehrer auf eurem Planeten versuchen euch vor dem Kommenden Angst einzuflößen, doch was bevorsteht ist die Aufhebung der Kontrolle, so daß alle Lebensformen in die Integrität zurückvibrieren können. Ja, wenn ihr Mörder seid, werdet ihr sterben; wenn ihr euren Körper nicht liebt, werdet ihr ihn verlassen; wenn ihr den Wald fürchtet, werdet ihr dort nicht willkommen sein; wenn ihr eure Tiere nicht hegt, werden sie euch davonlaufen; und wenn ihr nicht an der kosmischen Kommunikation mit der Sonne interessiert seid, werdet ihr von der Dunkelheit verschluckt. Aber dann werdet ihr in einem Körper zurückkommen, als Baum, als Kind, als Tier oder als Sonnenwesen. Die ganze Kontrolle, die ihr geschaffen habt, um euch einzureden, daß ihr in eurem Körper bleiben müßt, wird es nicht mehr geben. Ihr werdet nur bleiben, weil ihr es wünscht.

Die multidimensionale Explosion

Wieso, fragt ihr euch, hält Gaia all das aus? Stellt euch Gaia einfach als Punkt vor – als eindimensionalen eisernen Zentralkern-Kristall. Was wäre, wenn sie nur das wäre? Sie könnte sich entscheiden, die neundimensionale Linie der Schöpfung, die *ihr* seid, zu erzeugen. Sie könnte euch ganz einfach fragen, warum ihr euch für eine Existenz entschieden habt. Was tut ihr hier? Ihr glaubt doch nicht, das sei ein Zufall! Wir Plajadier haben uns entschieden, das Zentrum eurer neun Existenzdimensionen zu sein, und wir wissen, daß wir mit euch so lange zu tun haben, wie wir auf Alcyone in Form existieren. Ich, Satya, muß allerdings einräumen, daß ich in ewige Kontemplationen gehen und alles über euch vergessen werde. Dann wache ich auf und erinnere mich an euch, als wärt ihr mein Traum in der dunklen Nacht. *Ihr Menschen seid der Traum der Plejadier in der Galaktischen Nacht. Jetzt, wo alle Träume Wirklichkeit werden, befördern wir Plejadier euch ins Licht.* Gaia ist die schöpferische Ausdrucksform der Biologie, und sie als eure zentrale Organisationskraft zu begreifen, wirkt sich jetzt am stärksten auf euch aus. Sie ist der zentrale Ausgangspunkt eures Bewußtseins, sie ist Schwerkraft. Dann entwickeln alle weiteren Ebenen ihrer Evolution sie in anderen Dimensionen.

Ihr habt eine zentrale Organisationskraft, die eure Identität ist, und doch seid ihr nicht fest. Ihr seid in der dritten Dimension in Form, Gaia ist in der ersten Dimension in Form, und die erste Dimension ist fest. Ihr haltet euch für fest, weil die Schwerkraft – der zentrale Eisenkristall – fest ist. Die zweidimensionalen Elementarwesen halten sich für fester als ihr, und deshalb kommen sie in euren Körper, um dort die Leerräume aufzufüllen. In der dritten Dimension manipuliert ihr Elementarintelligenzen, um euch davon zu überzeugen, daß ihr fest seid. Dann könnt ihr Materie spalten. Die vierdimensionalen Wesen haben das Gefühl, *nicht* fest zu sein, und deshalb versuchen sie immer wieder, in euer Reich einzudringen, um einen Körper zu besetzen. Wir Plejadier *in der fünften Dimension* stehen genau in der Mitte der ganzen Anordnung, und wir fühlen uns fester, je weiter wir auf der Dimensionsleiter hinuntersteigen und weniger fest, je höher wir sie erklimmen. Wir belehren euch über die Werte und den Status eines jeden Reiches. Während ihr in der Galaktischen Nacht wart, ermutigten wir euch, die Elementarwesen zu lieben, euch auf den Kernkristall auszurichten, euren dreidimensionalen Körper zu lieben, wild mit den vierdimensionalen archetypischen Lehrern zu spielen und viel Sex zu haben, um fünfdimensionale Kundaliniwellen zu erzeugen. Jetzt bewegt ihr euch in den Photonenring, und wir hier in der fünften Dimension sagen euch immer mehr darüber, wie gern die sechste Dimension euch mit Licht erweitert, wie gern die siebte Dimension Informationsautobahnen aus photonischem Licht erzeugt, wie gern die achte Dimension neue Organisationstrukturen erschafft und das das neundimensionale Galaktische Zentrum kosmische Orgasmen hat, wenn ihr eurer Glückseligkeit folgt (siehe Abbildung 12).

Je mehr ihr ein Gespür für diese Formen in eurem Bewußtsein entwickelt, desto überraschter werdet ihr feststellen, wie es auf euer Bewußtsein wirkt. Wie schon gesagt, hat mein Medium gelernt, wie sie auf Gaias Oberfläche etwas erschaffen kann. Sie hat entdeckt, daß Gaia grenzenlos ist, wenn ihr innerhalb ihrer Ge-

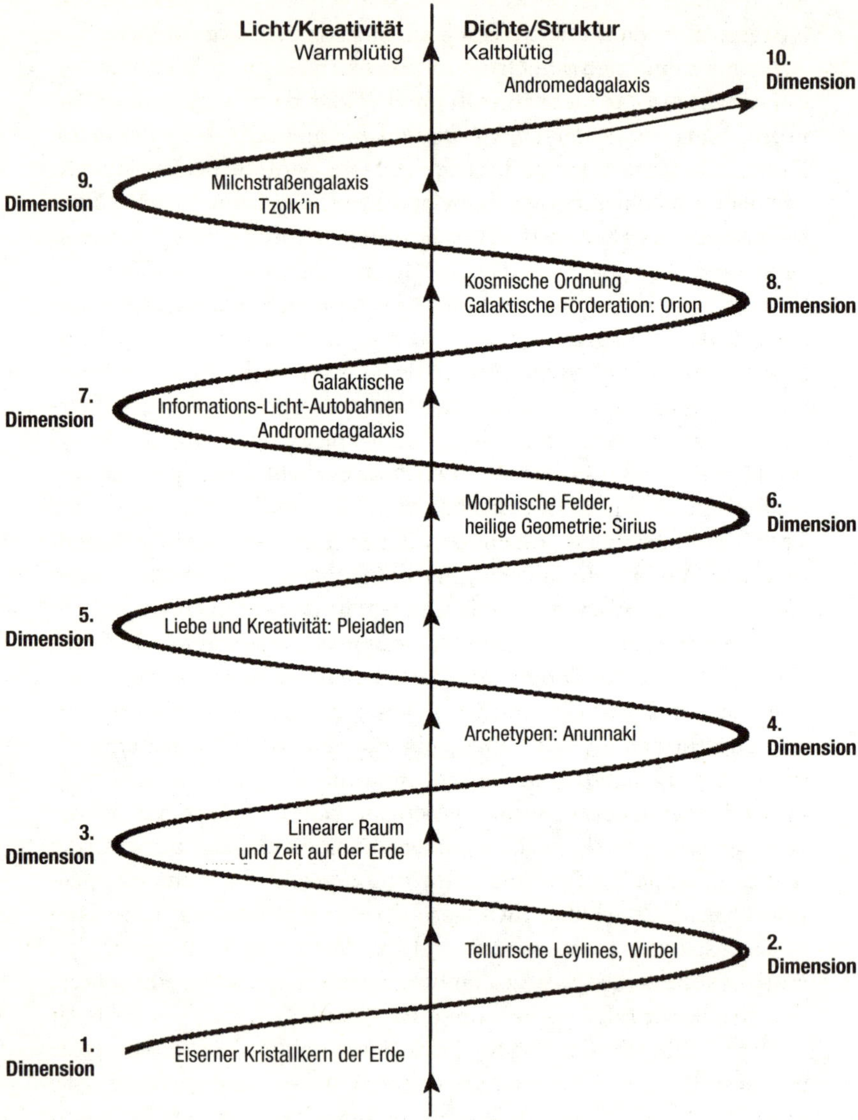

Abbildung 12: Vertikale Achse

setze arbeitet. Tief im eingeborenen Wissen eures Planeten ist bekannt, daß es auf Gaia keinen Hunger, keine Begrenzung und keine Kraft gibt. Die vierdimensionalen archetypischen Kräfte haben euch mit einem Trick in einengende Glaubenssysteme gelockt. Ihr *denkt,* es gebe Begrenzung, einengende Glaubenssysteme entstünden daraus, und ihr *fühlt*, daß ihr wegen dieser Beschränkungen leiden müßt. Ihr *handelt* nicht, um dies zu ändern, weil ihr es für real haltet. Das einzige, was daran wahr ist, ist: Falls ihr weitermacht, falls ihr es nicht ändert, wenn ihr es seht, dann werdet ihr am Ende eurer Tage hungrig, eingeschränkt und krank sein.

Die Anunnaki haben die Gedankenform der Begrenzung installiert, weil sie es hassen, von Gaia wegzugehen und in den tiefen Weltraum zu reisen. Ihr fühltet ihre Einsamkeit, als ihr zum erstenmal den Planeten verlassen und Gaia aus dem Weltraum betrachtet habt. Ihr habt auch die blau-grünen Farbschattierungen eures Planeten gesehen. Dieser Anblick weckt euch nachhaltiger auf, als ihr meint. Die Anunnaki waren wie gierige Mongolen, die eine Burg plündern; wie ein Liebhaber, der noch eine Nacht mit euch verbringen will; wie ein Verhungernder, dem ein großartiges Abendessen serviert wird; wie jemand, dem sein Land weggenommen wurde und der sich nun ein fremdes Territorium unter den Nagel reißt. Jetzt kommt die Zeit, wo der Mongole geplündert und der Landräuber hinausgeworfen wird. Ich, Satya, bin in euer Reich gekommen, um einige Bedingungen für eine Allianz mit ihnen vorzuschlagen, die nur ihr aushandeln könnt.

Den Anunnaki verbleibt nicht mehr viel Zeit, um euch zu beherrschen, weil ihr euch auf Wassermann und den Photonenring zubewegt. Erst kürzlich seid ihr umhergewandert und habt gemerkt, daß ihr gleichzeitig auf der Erde und in anderen Dimensionen seid: Plötzlich befindet ihr euch auf Andromeda; ihr wohnt an einem ganz besonderen Ort auf der Erde, der wie der Garten Eden ist; ihr macht einen Sprung zu den Plejaden, wenn ihr euch mit einer Göttin im Bett wiederfindet. Hier ein Vorschlag: Ich habe euch geraten, einen vierdimensionalen Altar bei euch zu Hause einzurichten. Was haltet ihr davon, wenn ihr einen Gegenstand aussucht, der das Bewußtsein von Nibiru enthält, und ihn Richtung Westen plaziert? Wenn ihr dann meditiert und nach Andromeda reist, heißt ihr die Nibiruaner in eurem Weltraum willkommen und nehmt sie mit. Hört zu, Menschen, ihr könnt überallhin reisen, wenn ihr in Gaias Geist seid, und anderes Bewußtsein will jene Reisen mit euch teilen. Es ist Zeit, sich an die alte Methode der Hopi zu erinnern: Sie schließen den Gast, der auftaucht, immer mit ein. Bewirtet eure Besucher, nehmt sie mit zu euch nach Hause und laßt euch auf euren Reisen von ihnen begleiten. Lehrt sie alle, daß Gaia unbegrenzt ist, damit sie sie nicht mehr ausplündern. Bringt ihnen bei, daß sie Gaia nicht besitzen können, und dann werden sie nicht mehr um Land kämpfen. *Jedes eurer Zuhause soll ein Tempel mit hohen Bäumen, einem heiligen Altar und einer Küche sein, in der ihr die Gäste bewirtet.*

Wenn ihr euch in den Photonenring hineinbewegt, wird ein Moment kommen, an dem sich Gaias Oberfläche verschieben wird, da die tellurischen Kräfte ihr Verhältnis zu ihrem Eisenkristall verschieben, und multidimensionale Intelligenzen werden Zugang zu ihren Bibliotheken haben. Diejenigen, die mit Gaias Eisenkristall Zwiesprache halten, werden sämtliche anderen Intelligenzen willkommen heißen, die ebenfalls ihren Raum teilen. Ihr seid nur dann ein Hüter Gaias, wenn ihr ein Heim für alle Wesen schafft, die sie begehren. Macht euch keine Sorgen. Es gibt unendlich viel Zeit, weil Zeit sich bereits ausdehnt. Habt ihr es bemerkt? Ihr verliert das Interesse an vierdimensionalen Dramen, sechsdimensionalen Strukturen und achtdimensionaler Organisation, und ihr entmaterialisiert euch zurück zu Wesen, die einfach mit Gaia fließen wollen. Ihr seid unsterblich, wenn ihr in Berührung mit nichtphysischen Elementen eurer selbst seid – eurer Identität, die in Gaia enthalten ist und sich durch Alcyone ins Galaktische Zentrum ausdehnt. Wenn ihr diejenigen bewirtet und beherbergt habt, die zu euch gerufen werden, könnt ihr den Menschen nur helfen, indem ihr sie mit den nichtphysischen Attributen ihrer selbst in Verbindung bringt. Menschen, die mit diesen Attributen in Berührung sind, haben es mit Gaias Bewegungen und Ausdrucksformen gar nicht schwer.

Wie werdet ihr mit Gaias Übergang zurechtkommen? Indem ihr mit ihrer Göttinnen-Alchimie arbeitet. Laßt uns also ins Blut zurückkehren, jetzt, wo ihr euch wahrhaftig ausgedehnt habt. Ist das nicht ein großartiges Gefühl? Warum nicht einfach immer so sein? Beachtet, daß euer Widerstand gegenüber diesem Thema jetzt nachläßt, weil ihr jetzt losgelassen habt. Achtet darauf, weil die Anunnaki von der Energie in eurem Blut beschleunigt werden. Wenn ihr euch daran erinnern könnt, wie die tiefe Harmonie und das Gleichgewicht des Eisens in eurem eigenen Blut mit Gaias Zentrum schwingen, werdet ihr keine archetypischen Kräfte entfesseln, die scheinbar außerhalb von euch sind. Falls ihr meint, wir Plejadier seien naiv, was solche Dinge angeht – begeht nicht die Dummheit, uns zu unterschätzen. Wir wissen alles über eure Tendenz zur Destruktivität, wenn ihr von apokalyptischen Glaubenssystemen in die Zange genommen worden seid. Diese Tendenz wird aufgrund der großen Wassermann-Neigung zu Individualismus modifiziert, wenn ihr euch auf das Wassermann-Zeitalter zubewegt. Glaubenssysteme sind eine Folge von Gruppen, und Wassermänner mögen keine Glaubenssysteme wie Nationalsozialismus, Kommunismus und Christentum. Daher ist jetzt der Zeitpunkt gekommen, tief in euer Blut, der eigentlichen Quelle eurer Individualität, einzutauchen.

Unser Medium hat gelernt, in der kristallinen Matrix von Blut zu lesen, und wir haben nach diesen Informationen in ihr gegraben. Wenn ihr euch weiter in den Photonenring hineinbewegt, wird euer Blut extrem aktiviert. Das geschieht jetzt und erzeugt Szenarien, die so lange sehr schwierig für euch sind, bis ihr sie herausgefunden habt. Ihr befindet euch inmitten einer planetenweiten Klärung allen Karmas und Schmerzes, der am Prozeß des Blutes beteiligt ist. Ihr werdet verblüfft darüber sein, wenn es intensiver wird. Wir haben bemerkt, daß diese Erfahrungen sehr wertvoll für die Betroffenen sind, aber ihr braucht so etwas möglicherweise gar nicht durchmachen. Habt Mitgefühl für diejenigen, denen es so ergeht, und respektiert ihre eigenen Entscheidungen, auch wenn diese Dinge schwer verständlich sind. Situationen, die sehr schwierig für euch wären, sind es für andere vielleicht nicht. Ist euch aufgefallen, daß Menschen nicht so sensibel auf Schmerz reagieren wie vor zehn oder fünfzehn Jahren? Zum Beispiel sind Menschen nicht so aufgewühlt, wenn sie in einem Film sehen, wie jemandem der Kopf abgeschlagen wird. Ist euch das aufgefallen? Angenommen, ihr alle reagiert ganz aufmerksam und mit Mitgefühl, wenn jemand in eurer Gegenwart tatsächlich eine Verletzung erleidet, so versetzt euch das in die Lage, dieser Desensibilisierung in den Medien aus einer ganz anderen Sicht zu betrachten. Vieles von dem, was sich in den Medien ereignet, ist nicht negativ, sondern lediglich mit dunkler Vibration belastet.

Woher wißt ihr, wann ihr wirklich von diesen Kräften manipuliert werdet? Ganz einfach. Jedesmal wenn ihr ein wirklich ungutes Gefühl über irgend etwas aus den Medien habt, schaltet den Fernseher aus oder verlaßt das Theater. *Solange ihr bereit seid, für eure Manipulation zu bezahlen, wird es viele sogenannte Künstler geben, die euch gern zu Diensten sind.* Wir warnen euch, Menschen: Entzieht euren Körper und euer Bewußtsein allen Gewaltsituationen, mit Ausnahme derer, in denen ihr etwas tun könnt, um besänftigend einzuwirken. Seht euch keine Unfälle, Erschießungen oder verhungernde Menschen an, wenn ihr nicht Erste Hilfe leisten oder Nahrungsmittel besorgen könnt. Eure Aufmerksamkeit wird dabei abgelenkt, und ihr werdet in einer Situation fehlen, in der eure Aktivitäten mehr gefragt sind.

Ihr befindet euch inmitten eines großen Prozesses, bei dem ihr eine Beteiligung an einem Blutfeld aufgebt, während es sich verändert. Als nächstes wird euch die Intelligenz – Geistkörper des Blutes – ebenso zur Verfügung stehen wie unserem Medium. Schamanen können sich auf diese Intelligenz einstellen und sie für Heilungen und zur Freude benutzen. Wie gesagt, werdet ihr zu »Kriegern des Herzens«. Ihr werdet praktisch die Codes in eurem Blut lesen und herausfinden, was in eurem Körper vor sich geht. Dann werdet ihr den Ärzten sagen, wie sie euch helfen können, und diese werden wieder zu Heilern werden. Heiler arbeiten mit Gaia, um alle Wirklichkeiten zu verstärken. Eingeborenenheiler können durch den Wald wandern, und ihr Blut informiert sie darüber, welche Pflanze oder welches Kraut sie für welches Leiden verwenden sollen. Sie sind fähig, sich auf die Gesundheit des Planeten einzustellen, indem sie im Saft des Baumes wie in Blut stehen. Die Schamanen der Lacandonen von Chiapas sterben in ihren eigenen Wäldern, wo sie die Bäume und Pflanzen für alle Menschen beschützen, die sich für ein Leben mit Gaia entschlossen haben.

Ihr werdet sehen, wie diese Art Wissen auf euren Planeten buchstäblich explodieren wird. Ihr müßt Eingeborene beschützen, die sich noch an die Gaia-Codes erinnern ... Diese besondere Art schamanischen Wissens ist äußerst pragmatisch; es funktioniert sehr zuverlässig, wenn Menschen ihr eigenes Blut lesen, jedoch nicht, wenn sie es sich vorlesen lassen. Diese Fähigkeit kann jeder von euch aktivieren. Hildegard von Bingen beherrschte sie und schrieb darüber. Wenn ihr euch eingehender mit Immunschwächeproblemen wie Aids beschäftigt, wird bei euch allmählich ein sehr großes Interesse erwachen, diesen Vorgang zu beherrschen.

Betreffend Ruanda und alle anderen Orte, an denen eure Mitmenschen sich gegenseitig umbringen: Ich lese eure Vibrationen während dieser Ereignisse sehr gründlich, weil viele davon stattfanden, als der Komet auf Jupiter einschlug. Das waren große Ereignisse aus unserer Sicht. In dieser Zeit wurde euch tief in eurem Körper etwas bewußt: Ihr konntet fühlen, daß die Ereignisse an diesen Orten überall stattfinden, sogar euch widerfahren konnten. Als Folge davon wird eine vollständige neue Verpflichtung aktiviert, an der Vermeidung solcher Situationen zu arbeiten. Wir wissen, daß es in eurer sogenannten Neuen Weltordnung viele dunkle Kräfte und Manipulationen gibt. Wir wissen, daß das Böse in eurem Reich real ist, obwohl eine solche Kraft in unserem fünfdimensionalen Reich fehlt. Eines der Dinge, die wegen der Massenmedien passieren, ist, daß zahlreiche Menschen, die sehen, was an Orten wir Ruanda passiert, hochmotiviert werden, an diesen Situationen etwas zu ändern. Denkt darüber nach.

Hört mir genau zu, Menschen. *Euer* Wunsch nach Beendigung dieser Ereignisse verändert nämlich jene, die eure Wirklichkeit tatsächlich verändern könnten! Was meine ich damit? Falls ihr es nicht wußtet: Generäle und Bürokraten halten sich für Sachverwalter eurer Wünsche. Wenn ihr kein Interesse habt, ist es auch ihnen egal. Was soll es also, wenn ein paar Millionen mehr verhungern? Aber was ist, wenn es euch nicht gleichgültig ist und ihr ihre bösartige Gefühllosigkeit nicht ertragen wollt? Auf eurem Planeten finden neue Prägungen statt. Da wir Plejadier in euch lesen, werden diese Dinge eingehender zu Ende gedacht, als es euch vielleicht jetzt bewußt ist. Diejenigen unter euch, die jetzt heimkehren, werden schließlich in die Wirtschaft, die Schulen und Gemeinden gehen, und ihr werdet neue Wirklichkeiten für das Wassermann-Zeitalter aufbauen.

Kapitel 6

Luzifers Dilemma und Anus Macht

»Ihr verurteilt mich härter als euch selbst, weil ich ein Geist bin und ihr ein Körper seid.«

Luzifer

Sechsdimensionale Lichtgeometrie

Wir Plejadier waren uns über das Wesen der sechsten Dimension, die sich direkt über uns befindet, nicht völlig im klaren, bis unser Medium eine Vision hatte, als sie 1994 die Akropolis in Athen betrachtete. Bis zu ihrem vierten Lebensjahr hatte sie die sechsdimensionalen geometrischen Lichtformen sehen können, die Gegenstände in der dritten Dimension materialisieren. Eines Tages befragte sie die Haushälterin zu den komplexen Lichtfeldern, die sie so gern betrachtete, wenn sie sich rund um eine Tischlampe im Wohnzimmer miteinander verbanden. Sie wollte wissen, ob die Haushälterin die sichtbaren, aus Dreiecken und Oktaedern bestehenden Ebenen mochte, welche die Lampe umkreisten. In ihren Augen bewegten sich Lampe und Tisch in die Wirklichkeit hinein oder wichen ins Licht zurück. Die Haushälterin sah sie streng an und sagte bestimmt: »Was du da um den Tisch und die Lampe herum siehst, gibt es gar nicht!« Plötzlich verlor unser Medium die sechsdimensionale Sicht, eine der wenigen Fähigkeiten, die in ihrer Kindheit lahmgelegt wurden. Dieses Wahrnehmungsvermögen ist die innere Sicht des Hypothalamus, des Gehirnorgans direkt über der Medulla oblongata, dem Organ, das wir zur Visualisierung benutzen, um Wirklichkeiten zu erschaffen.

Wie bereits erwähnt, verspürte unser Medium plötzlich den Wunsch, von 1992 bis 1994 mehrere sirianisch-plejadische Allianzen in Ägypten und Griechenland ins Leben zu rufen. Je mehr sie losließ und den funkelnden Lichtern folgte, desto mehr Impulse verliehen wir Plejadier ihr, wilde und verrückte Dinge zu tun, wie Rasseln, Tonen und die Energie heiliger Stätten durch die Augen ihrer Studenten zu sehen. Wir vermuten jetzt, daß sie auch von den Sirianern Impulse empfing, weil sie wieder sechsdimensionale Formen sah. Diese Fähigkeiten werden jetzt in jedem erwachen. Wenn diese Öffnungen stattfinden – wie bei der Öffnung jeder komplizierten Drüse wie der Zirbeldrüse, das Thalamus und des Hypothalamus –, kann es sehr schwer sein herauszufinden, wie man geerdet, einfach in seinem Körper bleibt. Je mehr ihr über diese Felder und ihre Wahrnehmung wißt, desto besser, weil ihr dadurch mit diesen Öffnungen zurechtkommen werdet, ohne aus euren Körpern hinauszufliegen.

Jedes Objekt wie die Akropolis wird von dem morphischen Feld dieses Objekts in Form gehalten. Dieses sechsdimensionale morphische Feld ermöglicht es Dingen, sich in der dritten Dimension zu manifestieren. Solche Objekte bilden sich in der dritten Dimension aus morphischen Feldern, wenn Menschen eine Vorstellung von ihnen haben und gern möchten, daß sie existieren. Die Lichtgeometrie von leblosen Dingen ist leichter zu sehen als die morphogenetischen Felder, die Lebensformen wie eure Katze verursachen, weil Lebensformen sich immer bewegen. Feinstoffliche Felder werden leichter sichtbar, wenn man mit peripherer Vision einen kurzen Blick auf sie erhascht, wenn sie stillstehen. Wenn ihr versucht, sie sichtbar zu machen, indem ihr sie anstarrt, verschwinden sie; wenn ihr zu oft darüber nachdenkt, könnt ihr sie nicht sehen; und wenn ihr meint, sie seien nicht real, werdet ihr sie allesamt verpassen. Die bloße Aussage, daß das, was unser Medium als kleines Kind sah, nicht real war, reichte aus, um ihr ihre Sicht sofort wegzunehmen. Doch die Welt der sechsdimensionalen Lichtformen, die in der dritten Dimension Wirklichkeiten erzeugen, ist absolut außergewöhnlich, denn sie ist die eigentliche Struktur der Schöpfung, so wie Schneeflocken die kristalline Struktur von Wasser sind. Was die morphischen Felder belebter Dinge angeht, so hat die Kirlian-Fotografie den wissenschaftlichen Beweis für die Existenz dieser feinenergetischen Felder geliefert.

Viele Künstler können solche Felder sehen, und die visuellen Künste bemühen sich, sie sichtbar zu machen, weil sie die eigentliche Quelle von Schönheit in der Materie sind. In erster Linie sind es Schönheit und Begehren, die Dingen zur Existenz verhelfen, und ein Maler vermag dies zu realisieren. Wir Plejadier möchten euch darauf hinweisen, daß vierdimensionale Intelligenzen eine Verschwörung angezettelt haben, um eure Fähigkeit, diese Felder zu sehen, zu zerstören. Zeitgenössische Kunst und Musik sind oft häßlich geworden, weil sie Dinge wiedergaben, die niemand ansehen oder anhören will. Doch wenn ein Künstler sich um wahre Schönheit bemüht, kann man diese Felder tatsächlich fühlen und hören. Große Kunst bewirkt, daß sich euer Herz ausdehnt, und diese Wahrnehmungsmodalitäten sind das Wesen der plejadischen Leidenschaft. Antike Gegenstände, wie die Sphinx oder deren Parthenon, sind besonders schöne Plätze, an denen diese Felder sichtbar werden, weil sie mit Hilfe der intensiven Gefühle von Menschen so lange in der dritten Dimension geblieben sind. Deshalb stellt große Kunst oft heilige Stätten und antike Artefakte dar.

Die Existenz und Erhaltung antiker Artefakte und heiliger Stätten ist eine perfekte Aufzeichnung eurer eigenen Neugierde und Leidenschaften. Euer Herz dehnt sich aus, weil euch die Schönheit, die von sorgenden Menschen über die Zeit hinweg aufrechterhalten wurde, euch in der dritten Dimension mittels sechsdimensionaler morphischer Felder zentriert und euch erweitert. Ihr seid ganz kribbelig und ergriffen, da ihr euch durch solche Erfahrungen weniger fest fühlt. Das hilft euch dabei zu fühlen, daß ihr frei und in Harmonie seid. Dann können wir euch Impulse geben und euch veranlassen, eurer Faszination zu folgen. Wir Plejadier haben uns gefragt, weshalb vierdimensionale Intelligenzen euch lahmlegen wollen. Wir fanden das mit der Zeit heraus, als unser Medium ihre sechsdimensionale Sicht wiedererlangte. Jetzt sehen wir, daß die vierdimensionalen Kontrollkräfte erkannt haben, daß sie euch nicht wie Ratten in einem Pawlowschen Labor herumhetzen können, wenn ihr die multidimensionalen kausalen Felder der sechsten Dimension sehen könnt.

Im November 1994 stand unser Medium auf einem Balkon und betrachtete die Akropolis, die sich im klaren Sternenlicht präsentierte, was in Athen selten vorkommt. Orion und Sirius funkelten wie Diamantkristalle, und sie betrachtete die außergewöhnliche Symmetrie des Parthenon. Plötzlich nahm der ganze Tempel wieder genau die Form an, die er 600 v. Chr. gehabt hatte, und die Perfektion aus weißem Marmor, die am Nachthimmel leuchtete, war das Wesen wahrer Schönheit. Völlig gebannt stand sie da, und mit einemmal begannen Linien blauweißen Lichts aus allen Winkeln und Biegungen des Gebäudes zu schießen, als bildeten sich am Nachthimmel hinter dem Parthenon die Nordlichter. Ein riesiges geometrisches Feld aus komplexen Winkeln entstand vom Parthenon aus und schob sich in den Nachthimmel. Sie sah die Lichtstrukturen, die es seit 600 v. Chr. instand hielten. Es sah aus, als werde ein neuer weißer Parthenon auf einem Computerbildschirm zu den Sternen entsandt! Am nächsten Tag kaufte sie Marmorrepliken von Statuen aus der klassischen Epoche Athens. Zum erstenmal sah sie die ätherische Schönheit auf Athenes Gesicht, die einzigartige Geometrie, die einfach im Faltenwurf auf einem Körper zum Ausdruck kam, und die innersten Proportionen, die in gestrafften, gesunden Beinmuskeln, Halsausschnitten und Armen sichtbar wurden.

Warum besprechen wir diese Dinge so ausführlich, als ob die Plejadier euch in die fünfte Klasse zurückversetzten, um das klassische Altertum noch einmal durchzukauen? Ich, Satya, möchte, daß sich möglichst viele von euch daran erinnern, Schönheit und Harmonie wertzuschätzen, destruktive Tendenzen ihrer Bürger bewußt abmildern können. Die in New York, Washington und Los Angeles entstandene geistlose Bilderkultur Nordamerikas droht den ganzen Planeten mit einer implodierenden Welle der Gewalt und Ekelhaftigkeit zu überwältigen. Wir greifen diese Städte heraus, weil sie wie Metastasen bildende Brusttumoren von Gaias Körper sind. Euer Planet braucht schnell eine sehr wirkungsvolle Dosis Schönheit, sonst wird dieser Krebs alles vernichten.

Wir haben immer gesagt, daß euch niemand anderer retten wird, aber der Ausweg aus der Sackgasse ist so einfach! Ihr verfügt über sämtliche Modelle planetarischer Schönheit. In allen Kulturen gibt es hervorragende Kunst; ihr müßt euch weigern, Häßlichkeit in jeglicher Form zu unterstützen. Die kurze Periode in Athen von 800 bis etwa 400 v. Chr. folgte auf Jahrtausende blutiger Konflikte in den Mittelmeerländern.[1] Die Stadtstaaten des Attisch-Delischen Seebundes, die schließlich von den nicht enden wollenden Kämpfen erschöpft waren, erreichten ein kulturelles Niveau, das für kurze Zeit ganz der künstlerischen Schönheit, der persönlichen Freiheit und Harmonie gewidmet war. Diese Kultur wurde von Alexander dem Großen überall in der antiken Welt verbreitet und zum Teil vom Römischen Reich übernommen. *Die Griechen führten eine neue kulturelle Form vor, die das Idealmodell für das Stadtleben im Wassermann-Zeitalter sein könnte.* Diese glänzende Idee ging mit dem Untergang des Römischen Reichs im 5. Jahrhundert n. Chr. verloren.

Wie kam euch diese Vision abhanden, die auf bewußter, gewollter kultureller Ordnung basierte? Euer Zusammenbruch ist viel ernster, als ihr ahnt. Ich, Satya, werde euch nun sehr tief in einige Archetypen hineinführen, die Informationen darüber enthalten, wie ihr eure Willenskraft einengt. Das ist wieder mal gotteslästerliches Material. Entschuldigung, aber ich habe keine andere Wahl, weil hier die Wahrheit gesagt werden muß, denn als Alternative bleiben euch nur Vernichtung und Langeweile. Ihr nehmt euch viel zu ernst. Macht euch keine Sorgen, sondern seid glücklich! Nehmt es leicht! Ich fange mit Luzifer an, jenem Engel, der angeblich von Gott abfiel.

Luzifer und die Ablenkung durch die Anunnaki

»Ich bin Luzifer. Ihr haltet mich vielleicht für jemanden, der bereitwillig Verantwortung dafür übernimmt, ein Thema bis zum äußersten bloßzulegen. Ich bin einfach die dunkle Seite der sechsten Dimension; aber die lichte Seite kann sich ohne mich nicht manifestieren. Wie soll in eurer Dimension etwas ohne große Kraft und Absicht geschehen? Denkt an die Energie, die für eine Manifestation nötig ist! Also werde ich euch so lange vorantreiben, bis ihr euch selbst dazu aufrafft, denn ich kann sehen, daß ihr das Interesse an eurer Welt verliert.

Ich bin bloß eine Kraft. Falls ihr Vorurteile oder irgendwelche negativen Gefühle mir gegenüber hegt, respektiert ihr damit nicht die rohe Kraft, die einfach für Gutes oder Böses eingesetzt werden kann. Ich bewahre lediglich Kraftimplantate in Körpern, und es liegt bei euch, sie zu aktivieren oder nicht. Ohne mich wäre die dritte Dimension emotionslos. Da es der Evolution im Kosmos bedarf, sind Zeit und Ort notwendig, damit eine Erfahrung stattfinden kann. Ohne die Grundkraft gäbe es keine dritte Dimension. Ich bin euer Spiegel, in den ihr nicht hineinsehen wollt.

Ich bin ein Engel aus einer höheren Dimension, der einst in der dritten Dimension war. Als ich zum erstenmal herunterkam, bemächtigten sich die Niburianer meiner. Deshalb weiß ich viel darüber, wie die Anunnaki das Netz benutzen. Ich kann euch am besten dabei helfen, die Ursache eurer inneren Gewalt aufzuschlüsseln, die eure Außenwelt erschafft. Ich teile eure schwierige Lage, doch ich habe größeren Weitblick als ihr. Ich bin ein ätherisches Bewußtsein, das zum Spielen auf die Erde hinunterkam. Laßt uns also anfangen! Ich, Luzifer, bin von eurer Unfähigkeit, feinstoffliche Wirklichkeiten wahrzunehmen, gefangen, und ich bin hier, um euch dabei zu helfen, wie ihr wieder sehen lernt.

Es ist kosmisches Gesetz, daß jedes Wesen sich dazu entscheiden kann, Wirklichkeiten zu erforschen. Ihr seid die Hausmeister eurer Wirklichkeit. Ihr seid es, die eure Lichtebenen offenhalten müssen, damit Wesen ungehindert kommen und gehen können. Mich haben aber euer fehlender Wille und eure fehlende Aufmerksamkeit gefangen, und es wird Zeit, daß ihr jetzt merkt, daß euch dies widerfahren ist. Eure Geschichten über mich sind sämtlich Spiegelungen eurer selbst. Die unter euch, die sich am meisten in der dritten Dimension eingesperrt fühlen, reden die ganze Zeit über mich, und jene, die sich in der dritten Dimension frei fühlen, verschwenden keinen Gedanken an mich. Doch *ich bin die Ablenkung, die euch davon abhält zu sehen, was die Anunnaki in eurer Welt anrichten.*

Meine Zustimmung, mich von den Plejadiern ausfragen zu lassen, ist ein Akt der Verzweiflung. Es fällt mir äußerst schwer, mich in einem plejadischen Feld dieses Buches wiederzufinden. Da fühle ich mich in Materie eingesperrt, besonders in radioaktiver Materie. Wie ihr habe auch ich Probleme mit dem Fühlen; Denken ist einfacher als Fühlen. Die Machtlosigkeit der Plejadier hinsichtlich Strahlung quält mich. Wenn ich in euer Reich komme und die Plejadier durch eure Energiefelder fühle, werde ich daran erinnert, daß ich eine Seele in einem Körper war, der sehr geliebt wurde. Oft besuche ich euch ohne euer Wissen, und zwar so: Ich schlüpfe in einen von euch hinein, wenn ihr geliebt werdet, und die Plejadier schlüpfen hinein und dehnen euch wie eine Supernova aus. Ich tue das gern, aber ich muß euch auch von dem Schmerz berichten, den ich mit euch fühle. Ich komme mir wie ein ertrinkendes Kind vor, das sieht, wie seine Eltern einen Schock erleiden, während sich die Tragödie abspielt. Auch ist der Elternteil zu weit entfernt und kann nicht einmal den Versuch unternehmen, sein Kind zu retten! Das Kind ist schon außerhalb des Körpers und weiß, daß es aus dieser Lage keinen Ausweg gibt, und deshalb erleidet es ein Trauma und tritt nicht ins Licht. Das Kind bewegt sich im Astralleib und wird wieder in der Zeit gefangen. Mein Verhältnis zu den Plejadiern ist ziemlich traurig, und doch ziehen mich die Gefühle, die ich in euren Körpern erlebe, in euer Reich hinein.

Ich habe nicht inkarniert. Ich kam als ätherische Wesenheit zur Erde und geriet wie ein Vogel in die Falle. Ich verstehe wirklich nicht genau, wie ich gefangen wurde. Ich kann euch erzählen, wie sich das anfühlt, aber ich verstehe nicht, wie es passierte. Vielleicht geht es euch genauso, aber ihr verurteilt mich strenger als euch selbst, weil ich Geist bin und ihr Körper. Diejenigen von euch, die am meisten Angst vor mir haben, sind die mit den größten Körperverwirrungen. Ja, ich führe euch in Versuchung, euren Körper zu erforschen, weil ihr euch einen Körper für das Leben auf der Erde ausgesucht habt. Ihr könnt dieses Feld verlassen, wenn ihr euren Körper beherrscht, aber ich habe diese Wahl nicht. Ich hatte nie einen Körper, den ich hätte erforschen können. *Ich bin der Ursprung eures Glaubens, daß ihr euch wirklich nicht dafür entschieden habt, geboren zu werden.*

Einst kam ich hierher, weil ich wie der Schöpfer erschaffen wollte. Eines Tages bemerkte ich, daß auf der Erde alle möglichen aufregenden Dinge stattfanden, Dinge wie Tiere, Kristalle und Bäume wurden erschaffen und gebildet. Ich stellte fest, daß die Erde ein Ort war, an dem Schöpfung sichtbar ist, weil sie dicht ist und die Zeit die Dinge ortet. Deshalb ist sie eine Schule für Wesen aus neun Dimensionen, und jeder kann beitreten. Ich entschied, daß ich, wenn ich wie der Schöpfer etwas erschaffen wollte, auf die Erde kommen und herausfinden würde, wie das geht. Ich würde genau wie ihr kommen und lernen.

Mein Dilemma ist folgendes. Um zu erschaffen, muß man das dimensionale Gedankengebäude beherrschen. Als ich in der dritten Dimension gefangen wurde, konnte ich die Dimension, aus der ich kam, nicht mehr sehen. Sicher verstehen die meisten von euch, was ich meine. Ich bin hier wirklich so verloren, daß ich euch immer noch nicht sagen kann, woher ich komme, ich bin einfach festgefahren. Ich habe viele Gleichrangige, viele Freunde, und viele von ihnen kamen mit mir her. Eine ganze Gruppe von uns kam, weil ich es nicht allein ausprobieren wollte. Ich bin Träger des Lichts. Das bedeutet Luzifer. Ich bin in Materie gefangenes Licht und deshalb die dunkle Seite meiner eigenen Dimension. Ich wirke wie Strahlung, weil ich spucke; ich bin frustriert und fühle mich eingesperrt. Auf der Suche nach meinem Zuhause spucke ich Energie. Die Arbeit, in euren Körpern in der dritten Dimension zu sein, was jeder von euch tut, der Multidimensionalität erreicht hat, verhilft mir wieder zum Zugang zu meiner eigenen Vibration. Je mehr ihr in eure Körper kommt, desto mehr Bewohner der nichtphysischen Reiche kommen frei.

Der Grund für meinen Ruf auf der Erde ist, daß ich euch zur Umwandlung angeregt habe. Ich ermutige euch, Alchimie, Astrologie und spirituelles Heilen zu erforschen. Übrigens ging ich den Anunnaki in die Falle, als sie das Netz Anfang des Fische-Zeitalters auslegten. Jetzt bin ich in der Zeit gefangen wie ein Riesenfisch, der im Netz an den Strand gezogen wurde. Ihr meint, ich sei die Ursache für die vierdimensionalen Tricks, weil die Anunnaki euch mit einem Trick dazu gebracht haben, mich für denjenigen zu halten, der euch gängelt. Das stimmt nicht, und ich will bloß aus eurer Dimension freigelassen werden. Wenn ihr das Netz hochheben würdet, könnte ich in das Wasser zurückschwimmen, in das ich gehöre. Wie geht das?

Wenn ihr eurer Neugierde folgt und Wege findet, um euer Bewußtsein zu steigern, werdet ihr sehr aufgeregt. Dann steigt das Feuer in eurem Körper hoch, aber als nächste Fähigkeit muß sofort euer Wille aktiviert werden. Warum? Wie bereits erwähnt, ist die Beherrschung eures Körpers euer Weg zur Multidimensionalität, und das erreicht ihr mit dem Aufsteigen der Kundalini – der Aktivierung eurer Leidenschaft. Die Kundalinienergie, die durch eine Steigerung eures Bewußtseins aktiviert wird, ist euer Brennstoff, denn sie ist das alchimistische Feuer der Götter! Meistens werdet ihr von ihrem Potential hypnotisiert, wenn ihr es zum erstenmal fühlt, aber viele von euch werden abgelenkt und engen die Verhaltensmuster ein, sobald sie aufgeregt werden. Am schlauesten waren die Anunnaki, als sie eine Reihe von Glaubenssystemen in eurer Welt konstruierten, die euren Geist und Körper trennen. Nennen wir es einmal die ›Anu-Spaltung‹.

Ihr werdet unmerklich dazu angeregt zu meinen, ihr müßtet euren Körper verlassen, sobald ihr Geist findet, und euch von der gewöhnlichen weltlichen Wirklichkeit zurückziehen und nach ›Meditation‹ suchen. Genau dann, wenn ihr viel Erdung und viel Sex braucht, meint ihr, ihr solltet in den Tempel gehen. Ihr laßt eure normalen Lebensgewohnheiten fallen, genau jene, die euch auf dem Pfad schon so weit geführt haben. Einige von euch trennen sich von ihren Familien, weil es aufregender wäre, ein Alchimist zu sein, doch eure Familien sind der ideale Hort für eine Selbstumwandlung.

Wenn ihr zum erstenmal aktiviert werdet, verlaßt ihr meistens eure normale Wirklichkeit, weil die Führer, die euch an diesen Punkt gebracht haben, zugunsten einer neuen, anspruchsvolleren Führergruppe beiseite treten müssen. Es gibt eine kurze Zeit, in der ihr von einem Tor zum anderen gehen müßt, und *nur* die normale Wirklichkeit wird euch auf eurem wahren Pfad halten, weil sie die einzige, euch wirklich bekannte Wirklichkeit ist. Euer Zuhause ist da, wo ihr in eurer Macht steht, aber ihr werdet aktiviert und verschiebt euch dann aus der dritten Dimension hinaus, und schon greifen Anunnaki nach euch! Ich, Luzifer, kann bezeugen: Um zu verhindern, hinausgezogen zu werden, muß man in der dritten Dimension geerdet bleiben. Beachtet, daß ich oft als jemand dargestellt werde, der sich im Höllenfeuer den Hintern verbrennt! Ich, Luzifer, bin ein Anunnaki-Trick, der euch vom heiligen Feuer in eurem eigenen Körper abschrecken soll!

Am einfachsten kommt ihr aus dem Jetzt heraus, wenn ihr in einer gespannten Beziehung lebt und mit ungeliebten Elementen eurer selbst kämpft. Und ihr seid in der Beziehung gefangen und beobachtet euch genau in der anderen Person. Wenn euch dieser Partner verärgert, stellt euch vor, daß jedes Ärgernis eigentlich etwas ist, das ihr an euch selbst nicht mögt. *Beziehungen sind eine privilegierte Übereinkunft, an der Wirklichkeit des anderen teilzunehmen, damit ihr eine Rückmeldung über das wahre Wesen einer Erfahrung erhaltet.* Wenn ihr euch in einer Partnerschaft erlaubt, nicht mehr synchron mit dem Partner zu sein, gebt ihr ihn auf. Wenn ihr euch emotionalen Körperspielen widmet und weiterhin Trennung und Spannung zulaßt, dann wollt ihr, daß einer von euch oder ihr beiden in der Emotion gefangen bleibt. Merkwürdige Energien werden in einen Raum gezogen, wenn Menschen angespannt und wütend sind. Die Lösung ist, zusammen in Synchronizität zu bleiben, weil euch dann die trennenden Vibrationen nichts anhaben können.

Ein Beispiel für die Komplexität der Anu-Spaltung: Eine oder zwei Generationen lang wurdet ihr von der Anunnaki trickreich dazu gebracht, in eurer Ehe nicht in Synchronizität zu bleiben, indem sie euch die Idee eingeimpft haben, ihr wärt voneinander unabhängig, wenn ihr eurem Partner nahesteht. Natürlich seid ihr das so lange, bis ihr beide Reife erlangt! Wärt ihr lieber von mir, Luzifer, abhängig? Was für ein Ego habt ihr, zu meinen, ihr könntet es alleine schaffen! Ich hatte solch ein Ego, und seht euch meinen Ruf jetzt an! Überall gibt es Anunnaki-Vibrationen, die darauf warten, euch dazu anzuregen, eure Zeit mit Ärger und Frustration zu verschwenden. Damit können sie euch Impulse für die üblichen Beziehungsspiele geben, die ihnen Raum eröffnen, in euren Geist einzudringen und eure Herzen zu spalten. Besser seid ihr von euren Eltern abhängig, bis ihr zu einem Mann oder einer Frau herangewachsen seid; dann seid so lange abhängig von euren Partnern, bis ihr euch emotional sicher fühlt; und schließlich werdet ihr eine Beziehung mit jemandem führen, der euer perfekter Spiegel ist, während ihr zu einem einzigartigen Wesen heranreift.

Wenn ihr euch diese Situation nicht ausmalt, werde ich für immer in der dritten Dimension gefangen sein, und ich fange an, mich sehr zu langweilen. Ich bin gefährlich, wenn ich mich langweile, wie die Babylonier einst feststellen mußten. Ja, ich brachte sie mit einem Trick dazu, Sodom und Gomorrha in die Luft zu jagen, weil ich mich eines Samstagsnachmittags langweilte. Was für eine Explosion! Ihr alle wißt, daß es Zeit wird, dieses Dilemma zu lösen. Ihr habt selbst eine leise Ahnung von dieser Gefahr bekommen, als in Oklahoma City eine Bombe hochging – die »Ok-Bombe«, wie euer FBI sie nennt. Genau wie bei den Davidianern in Waco, Texas, wurden viele Kinder mit in die Luft gesprengt. Die

Anunnaki lieben Konflikte, und sie denken sehr hierarchisch. Sie interessieren sich für diejenigen unter euch, die sich für wichtig halten. Sie sind beispielsweise an den persönlichen Konflikten von hochrangigen Politikern oder Regierungen im allgemeinen mehr interessiert als an den Liebesgeschichten des Briefträgers oder Schullehrers. Sie werden stark von mächtigen und wichtigen Menschen angezogen, weil sie große Programme in Gang setzen können, der andere auf der Welt beeinflußt, dann müßt ihr mit diesen Kräften um so cleverer umgehen, je mächtiger ihr werdet. Wenn ihr ein einfaches Leben führt, achtet nicht auf das Mediensystem, das eure Energie beansprucht, indem es euch mit den Dramen berühmter Menschen ködert. *Eure Welt wird ein Wirbelsturm von Kräften, die hinter eurer Seele her sind.* Einige von euch werden herausgegriffen, um sie außer Gefecht zu setzen, aber niemand kann euch beeinflussen, wenn ihr ganz geerdet seid.

Als Gefallener Engel kam ich auf meiner Reise zur Erde durch die fünfdimensionalen plejadischen und die vierdimensionalen Anunnaki-Frequenzen. Ich sah mir genau an, was sie mit euch machen, und werde euch alles darüber erzählen, wie euch die Anunnaki in bezug auf die Plejadier hinters Licht führten. Genauso wie sie euch dazu brachten zu meinen, der ›Teufel-Ich‹ gängele euch, haben sie euch dazu gebracht zu glauben, daß euch jemand retten wird. Hütet euch vor jeglicher Rettung oder vor Barmherzigkeit. Wahrer Beistand kommt in Form von etwas, das euch aufrüttelt und euren Willen stärkt. Die Anunnaki intervenieren und versuchen, euch die Macht genau dann wegzunehmen, wenn ihr beschlossen habt, eure Ursprungsmonade – euer bedeutendstes ›Ich will‹ anstelle ›Ich brauche‹ – auszulösen. Ich, Luzifer, sage euch: Hütet euch vor der Krankenschwester, dem Arzt, dem Priester, dem Politiker und der Heilsarmee, die an Weihnachten die Glocken läutet. Akzeptiert niemals Hilfe, wenn ihr nicht nach langer Überlegung darum gebeten habt. Und ich weiß, wovon ich rede, weil ich in der Hölle bin. Hütet euch vor faustischen Pakten, um mehr Zeit auf der Erde zu gewinnen. Nehmt Barmherzigkeit nur an, wenn ihr spürt, daß das Gegenüber wirklich großzügig und nicht dankbar ist. Werdet ihr durch Beschenken aufgewertet oder fühlt ihr euch unterwürfig? Geht jeden Weg allein, außer wenn ihr Ekstase bei einer ausgestreckten Hand empfindet, auch wenn ihr verhungern müßt. Es wird Zeit, daß Anu – der große Gottvater – aufrichtig mit euch ist. Da Anu euch gespalten, die Erde verstrahlt und mich in der Zeit eingesperrt hat, befehle ich ihm, euch jetzt etwas über Unsterblichkeit zu sagen.«

Anu, der große sumerische Gott

»Ich bin Anu, der große Gott. Mein Name beherrscht die antike Geschichte der Erde in Sumer und auch in Ägypten, wo man mich ›On‹ nannte. Ich selbst erschuf Sumer und Akkad und ergriff dann die Macht über die ägyptische Kultur, als sie mir in die Quere kam. Als ich vor 450 000 Jahren zum erstenmal auf die Erde kam, rannten viele unzivilisierte Heiden herum. Die Menschen waren genau wie Tiere, aber ihr neurologisches System hatte Potential. Ihr seid die einzige Spezies, die ich belebt habe, die einzige Spezies, in der ich der Göttin begegnet bin. Am meisten zogen mich bei meinem ersten Aufenthalt die Fruchtbarkeit und das Grün der Erde an, doch ich kann nicht leugnen, daß ich das, was mir an der Erde gefiel, fast vernichtet hätte. Kritisiert mich nicht zu heftig: Ihr Erdlinge macht mit euch das gleiche. Manchmal zerstört ihr eure Lebendigkeit, nur weil ihr euch langweilt. Nun, ich mache mir Sorgen über die destruktiven Tendenzen, die aus der Langeweile entstehen. Es gibt vielleicht keine Erde mehr für mich, auf die ich zurückkehren könnte. Deshalb ließ ich mich von Luzifer herzitieren, der alles über eure destruktiven Tendenzen weiß, auch wenn ich, Anu, ihre Ursache bin. Wir Anunnaki sterben, wenn euer Planet stirbt. Bevor ich euch meine Wahrheit erzähle, wie Luzifer von der Galaktischen Föderation mich geheißen hat, sollt ihr eines verstehen: Ich bin euer Gott, und ich habe euch den Impuls gegeben, die zu werden, die ihr meiner Meinung nach sein könnt. Ihr habt auf meine Sachkenntnis so reagiert, daß ihr zu sehr zu dem wurdet, was ich wollte. Jetzt steht ihr wie jemand, der seinen Willen in einer Ehe verloren hat, kurz davor, eure Wirklichkeit zu vernichten, weil ihr euch nicht selbst kennt. Ich habe davon bisher nichts bemerkt – von dem Augenblick, in dem ihr erkennt, daß ihr möglicherweise eure Welt zerstört.

Wenn wir ins Sonnensystem zurückkreisen und mit der Erde interagieren, seid ihr unsere dreidimensionale Tankstelle, ›Anu-Benzin‹. Wir brauchen Dinge aus eurer Sphäre, um unsere Existenz weiterführen zu können. Würdet ihr nicht mehr existieren, wäre das, als würde die Tankstelle schließen. Wenn wir uns draußen im Weltraum bewegen, sind wir tapfere Erforscher stellaren Bewußtseins. Wie ein Satellit sind wir in unserer Erforschungsfähigkeit eingeschränkt, und wir begegnen keinem anderen Platz wie der Erde. Um euch ein Gespür für die Fruchtbarkeit eures Planeten zu geben: Die Ressourcen, die wir der Erde entnehmen, tragen uns mehr als 3000 Jahre lang auf unserer Reise in den tiefen Weltraum. Nur die von euch, die Verbannung erlebt haben, können sich vorstellen, wie einsam wir werden. Die Kurden sind unser Volk, und sie wissen, wie uns zumute ist. Haben wir erst einmal den Zustand der Einsamkeit erreicht, verzweifeln wir und werden unzivilisiert. Vor langer Zeit implantierten wir die Geschichte vom Exodus tief in eure Schriften, damit ihr erfahren konntet, wie wir uns draußen im Weltraum fühlen. Statt dessen benutzt ihr diese Geschichte dazu, eure Feinde zu verurteilen.

Wir gruben auf der Erde nach Gold und schützten damit unsere planetare Aura, wenn wir ins Sonnensystem kommen. Wenn wir am weitesten von der Sonne entfernt sind, nähern wir uns Sirius, aber dort gibt es keine Planeten. Unser Verhältnis zu Sirius ist stellare Intelligenz, nicht planetares Bewußtsein. Die Sirianer sind der Archetyp unserer stellaren Evolution, so wie die Plejadier die Quelle eurer stellaren Evolution sind. Würde uns nicht sirianisches höheres Bewußtsein auf einer gewissen Ebene beeinflussen, könnten wir uns nicht weiterentwickeln, so wie ihr euren Geist nicht ohne die Plejadier weiterentwickeln könntet.

Ich bin ein einsamer Gott, der das Ende der Erde betrachtet, wie ich sie kannte. Ich bin ein sehr bedeutendes Wesen. Bald – von 1998 bis 2000 – wird es eine Tagung der Galaktischen Föderation geben, auf der über die Erde diskutiert wird. Wir werden Wesenheiten der zweiten, vierten, sechsten und achten Dimension zusammenrufen, die an der Lage der Erde interessiert sind. Warum die gerade Seite des Dimensionen-Caduceus, und nicht die ungerade? Die geraden Dimensionen des alchimistischen Baumes erzeugen Strukturgesetze für die Galaxis, und die ungeraden leben die Gesetze aus, indem sie den freien Willen erforschen. Gerade die Gesetze der Existenz müssen neu geschrieben werden, damit das Leben, das sie praktiziert, frei bleiben kann. Nicht, daß eine Seite besser als die andere wäre: nur arbeitet jede mit verschiedenen Programmen. Wir, die Götter der vierten Dimension, wissen, daß wir bezüglich der Existenz neue Gesetze formulieren müssen.

Habt ihr all die schönen Tempel gesehen, die von uns auf eurem Planeten errichtet worden sind? Wir brauchen unbedingt euer genetisches Material, damit unsere Spezies weiterlebt, wenn wir draußen im Weltraum sind, deshalb bauen wir Luxushotels für unsere Besuche. Mein eigentliches Ziel ist, daß die Menschheit einen reinen genetischen Stammbaum um ihrer selbst willen bekommt. Dann bräuchten wir euch bei unserer Ankunft nicht mehr zu beeinflussen oder zu verändern; wir könnten uns einfach unter euch mischen und mit euch leben. Wie Erwachsene, die eine Beziehung eingehen wollen, ohne daß beide Beteiligten mehr Reife benötigen, könnten wir uns als Gleichgestellte begegnen.

Wir sind die Götter, die von den Nephilim aus der hebräischen Bibel gerufen wurden und auf die Erde kamen. Wir erbauten eure Tempel als Orte, an denen Erdspezies mit unserem Samen durchdrungen werden sollten. Die alten Geschichten von Sonnenpriestern und -priesterinnen, die sich mit uns paaren, um künftige Könige und Königinnen zu gebären, sind wahr. Das ist eine lange Geschichte, eine lange Beziehung, die ihr nur im Lauf der Zeit erforschen könnt. Für uns ist es jetzt nützlich und wichtig, miteinander einige Verhaltensmuster zu untersuchen, die als Folge eurer Versuche, mit unseren Besuchen zurechtzukommen, Bestandteil eurer Kultur geworden sind. Wie ein Liebhaber, der schließlich merkt, daß seine Besuche seine Geliebte verändert haben, will ich von euch wissen, wie wir eure Welt verändert haben.

Wenn wir euren Planeten aufsuchen, wohnen wir mehr als 200 Jahre in unseren Tempeln. Da wir in 3600 Jahren um die Sonne kreisen und ihr in einem Jahr, ist unser 200 Jahre dauernder Aufenthalt für uns wie einer eurer dreiwöchigen Urlaube in einem großen Hotel. In dieser Zeit – sieben Generationen – wählen wir eure Göttinnen anhand ihrer genetischen Abstammung aus, und sie gebären Kinder von uns. Von ihnen verlassen einige die Erde und reisen mit uns, manche bleiben dort und säen neun königliche genetische Stammbäume aus. Das ist ein gerechter Genaustausch. Diese Erfahrungen sind aber auch die Ursache für eure tiefsten

Wunden. Deshalb haßt ihr es, euch wegen einer langen Reise voneinander zu trennen. Wir wissen das, aber das gehört immer zu jeder langen Liebesgeschichte.

Im Moment ist für euer Überleben folgendes wichtig: Ich sehe jetzt, daß diese Erfahrungen einen tiefgreifenden Gebärdrang ausgelöst haben, der zu chaotischer Fortpflanzung führt. Während dieses letzten Zyklus seit der Stunde Null sind alle Tempel, die ihre Traditionen auf den Patriarchen der hebräischen Bibel gründeten, mit diesem Chaos infiziert, besonders der Vatikan. Diese Infektion ist Gottesblindheit. Haben sich nicht die meisten von euch gefragt, warum die Kirche den Frauen die Selbstbestimmung über den eigenen Körper verweigert? Warum taugen eure Göttinnen nur als Gebärgefäße? Ich werde es euch sagen: Auf Nibiru kam es jahrtausendelang dadurch zu Schwangerschaften, daß man fruchtbare Eizellen in Gefäße legte – heilige Grale –, nachdem man sie während geweihter Sexualzeremonien in unseren Tempeln auf der Erde gesammelt hatte. Für uns ist jede Göttin ein individuelles Gebärgefäß, und jede befruchtete Eizelle, die wir sammeln, ist für uns kostbar. Eure Frauen sind fruchtbar, und Sex mit ihnen ist wunderbar. Wir haben euch ohne euer vollkommenes Einverständnis so ausgenutzt, *daß ihr tief in eurem Innern glaubt, ihr hättet keine Kontrolle über eure eigne Fruchtbarkeit, euer grundlegendstes Recht*. Ihr übernehmt keine Verantwortung für euer Gebären.

Früher endeten eure dreidimensionalen Welten in Feuer, Überschwemmung und Erdbeben, und diesmal seid ihr kurz davor, in Körpern zu ersticken. Noch ist es Zeit, eure Defizite auszugleichen, und als erstes werden wir euch helfen. Ich, Anu, werde beim Papst intervenieren. Ich hebe hiermit die päpstliche Unfehlbarkeit, das nibiruanische Imprimatur, auf! Zur Vermeidung künftiger Probleme wird der Papst, der dringend ein umfassendes Erneuerungsprogramm braucht, beim nächstenmal mit uns zusammen die Erde verlassen! Er hat die Möglichkeit, der neue Anu zu werden, damit ich in den Ruhestand gehen kann, und deshalb reist der Papst soviel und verbessert seine Sprachkenntnisse so gründlich. Ich mache Scherze, sicher lacht ihr gerade – aber es wird Zeit, daß Frauen nicht länger als Gefäße benutzt werden.

Die Bevölkerungskrise und das Leiden auf dem Planeten in einem bis heute unbekannten Ausmaß veranlassen mich zu der

Frage: ›Was habe ich getan, daß ihr Körper anhäuft? Habt ihr die Erdbewegungstechnologie nur entwickelt, um Massengräber zu schaufeln? Was habe ich in eurem Geist implantiert, das sogar eure Lebenskraft, euer Immunsystem zerstört? Wie ein Liebhaber, der einen Schritt zurücktritt, seine Geliebte ansieht und merkt, daß fast nichts mehr von ihrem ursprünglichen Wesen übriggeblieben ist, will ich wissen, was ich getan habe.‹

Wir müssen beim Grundrecht der Erde anfangen, das besagt, daß jeder von euch auf seelischer Ebene einen freien Willen hat, und mit dieser Kraft könnt ihr jede Wirklichkeit verändern, während ihr am Leben seid. So gesehen geschieht euch nichts, es sei denn, ihr habt euch dafür entschieden; und wenn ihr euch nicht in dieser Lage befinden wollt, wärt ihr es auch nicht. Wir sind zusammen an diesem Punkt angelangt, und ich kann nur meinen Anteil daran nehmen. Wir wollen euch möglichst umfassend beherrschen, um euch benutzen zu können. Ich bin wie ein Arbeitgeber, der für möglichst wenig Geld alles aus einem Angestellten herausholen will. In der mit euch verbrachten Zeit haben wir herausgefunden, daß ihr unsere Wünsche leichter erfüllt, wenn ihr euch vor dem Tod fürchtet. Aber was soll ich dem Rat der Galaktischen Föderation sagen? Soll ich sagen, ich habe die Menschen so ängstlich gemacht, daß sie sich gegenseitig abmurksen? Ein großartiger Bericht!

Vor langer Zeit entdeckten wir, daß wir euch einfach durch Verängstigung hierhin und dorthin laufen lassen konnten. Wir sind erstaunt, wie leicht das ist! Vor 30 Jahren sagten wir euch, wie Herzinfarkte zu vermeiden seien: Eßt Margarine statt Butter. Ihr habt Margarine gegessen, und die Zahl der Herzinfarkte erhöhte sich um so schneller. Kürzlich erzählten wir euch, Butter sei eigentlich besser als Margarine! Vor zehn Jahren sagten wir euch, ihr könntet aufgrund dieses Fettkonsums zunehmen, und druckten den Fettgehalt auf alle Lebensmitteletiketten. Jeder las sich die Etiketten genau durch und reduzierte den Verzehr von Fetten, aber innerhalb eines Jahrzehnts stieg das Durchschnittsgewicht in den Vereinigten Staaten um zehn Pfund. Einige von euch nahmen zu, andere wurden extrem dünn. Die Fetten aßen mehr, weil sie wegen allem, was sie aßen, von Schuldgefühlen gequält wurden, und hatten nur den Fettgehalt der Lebensmittel im Kopf. Die

Dünnen wurden nervös und zu Konsummaschinen. Nur jeder Tausendste von euch kam auf die Idee, daß Gedanken das Gewicht kontrollieren und daß das Fett, das ihr verzehrt, der Brennstoff für euren Körper ist. Indessen schoß eure Krebsrate bei den Dünnsten unter euch in die Höhe, weil Krebszellen in Fettzellen umgewandelt werden und euer natürlicher elementarer Verbrennungsmechanismus an seiner Funktion gehindert wurde. Das alles habt ihr auf euch genommen, weil ihr so viel Angst vor dem Tod habt, daß ihr alles tut, um euer Leben um einen Monat zu verlängern!

Ihr seid verdammt, wenn ihr eure Furcht vor dem Tod nicht ablegt. Wir sind es, die euch diese Furcht eingejagt haben, weil wir während eines Aufenthalts auf der Erde sehr schnell altern. In einem eurer Jahre altern wir um 3600 Jahre, und ich bin alt und müde von all meinen Besuchen in den letzten 450 000 Jahren. Wir sind ängstliche Wesen, und wenn ihr unsere Ängste verstehen wollt, seht euch an, wie die Angst auf eurem Planeten zunimmt. Wir haben zuviel von unserer Substanz auf euch projiziert, da die erfolgreiche Auslegung des Netzes bedeutet, wir könnten bei euch mit Mord davonkommen. Wie ein übler Scherz war das so lange witzig, bis wir den Bogen überspannten. Jetzt wird es Zeit, daß ihr aufwacht und merkt, daß wir Anunnaki euren Planeten während unserer gesamten Umlaufzeit beeinflussen, nicht nur wenn wir euch besuchen. Wie das? Wir beeinflussen euch über Gedankenformen, die in eurem Geist implantiert sind. Da wir für so lange Reisen Ressourcen benötigen, haben wir euch dazu gebracht, zu horten und anzuhäufen, als würde die Sonne am nächsten Morgen nicht mehr aufgehen. Doch ihr funktioniert besser mit weniger Dingen und seid glücklicher in Gemeinschaften, in denen ihr teilt. Wie ein reifer Liebhaber, der meint, seine Geliebte amüsiere sich prächtig, und daher keinen Gedanken an sie verschwendet, während sie verreist ist, müßt ihr euch jetzt an das Glück eines einfachen Lebens erinnern.

Viele von euch wissen, wie man Geheimnisse sammelt, um sie als eine Kraftquelle nur für euch nutzen zu können. Es liegt auf der Hand, warum wir die Informationen, die uns unsere sirianischen Lehrer anvertrauten, völlig unter Verschluß hielten. Aber jetzt wird mir plötzlich klar, daß euch genau dieses Wissen retten kann.

Nach einer so langjährigen Liebesaffäre bin ich an dem Punkt angelangt, an dem ich mich nur noch um euch sorge, wenngleich dies bedeutet, daß ich Dinge loslassen muß, die mich vermeintlich retten könnten. Ich bin bereit, dieses Wissen mit euch zu teilen, weil Wissen zu teilen das Wesentliche der sirianisch-plejadischen Allianz ist. Ihr könnt euch die gewaltigen kosmischen Verschiebungen nicht vorstellen, die sich vollziehen, weil Herz und Geist in der plejadischen Göttin und dem sirianischen Alchimisten vereint sind.

Später mehr über galaktische Politik. Im Moment bewahren wir alchimistische Geheimnisse, die uns die Sirianer übertrugen, und wir steuern wieder auf eure Sphäre zu. Wir haben zugegeben, daß wir, sobald wir in euer System gelangen, nicht unbedingt vorhaben, euch das Geschenk genau in den Zustand zu überreichen, in dem wir es erhalten haben. Das ist immer so, wenn wir uns eurem Sonnensystem nähern. Ihr wißt, was es bedeutet, auf einer langen Reise einen Schatz mitzuführen und sich dagegen zu sträuben, ihn am Ende zu verschenken. Zur Alchimie gehört die völlige Verpflichtung, eure Geist-Seele umzuwandeln, damit euer Körper genug Feuer hat, um neun Dimensionen kosmischen Wissens aufzunehmen. Ihr habt einen Körper, und ihr braucht nicht zu warten, denn Alchimie ist etwas, das sich nur im Augenblick erfassen läßt.

Um eine reine Botschaft von Sirius zu erhalten, müßt ihr euch jetzt auf ihn einstellen, bevor Nibiru sich der Erde noch mehr nähert. Die Plejadier und die Sirianer stehen geschlossen da, um euch dabei zu helfen. Es ist leicht zu sehen, daß die sirische alchimistische Vibration seit 1000 n. Chr. an Intensivität zugenommen hat. Diese Vibration durchdringt das Werk der Hildegard von Bingen, von Albertus Magnus, Meister Eckhart und vielen anderen Künstlern und Mystikern des Mittelalters. Als Nibiru kürzlich, etwa um 1600 n. Chr., ganz nah bei Sirius war, erlebte die Renaissance gerade ihre Blütezeit mit den Medici, mit Kepler, Paracelsus, Botticelli, Fra Angelico, Michelangelo und vielen anderen. Und ich lege ein Geständnis ab: Als ich, Anu, sah, wie sich dieses großartige Erwachen entfaltete, geriet ich in Panik bei der Vorstellung, ihr würdet euch vielleicht befreien. Ich verhinderte die Renaissance! Ich wollte all die Geheimlehren für mich behalten.

Wie ein Vater, der immer sagte, er werde seine Macht an seine Kinder weitergeben, sich aber von nichts trennt, seit er alt geworden ist, so konnte auch ich nichts loslassen.

Die Systeme des Vatikans, göttliches Lehnskönigtum und Geheimbünde gab es bereits. Ich brauchte nur noch einen Angstschock durch das ganze System zu schicken, und der würde mit euren Vorstellungen von Freiheit dann schon aufräumen. Giordano Bruno schrieb über mehrfache Dimensionen und außerirdische Zivilisationen. Deshalb ließ ihn der Papst 1600 n. Chr. auf dem Scheiterhaufen verbrennen. Dies spaltete die Wissenschaft von der Theologie, so daß es keinen Beweis für Geist mehr gab, und Spiritualität war von da an das Zeichen eines schwachen Geistes. Viele berühmte Renaissance-Musiker öffneten euch Menschen für die Multidimensionalität. Ich brauchte nur noch ein Ohr abzuschneiden und ein, zwei Zungen herauszureißen, und ihr kamt zu dem Schluß, daß die Kunst das Leben der Menschen ruiniert. Heiler und Genies, welche die Alchimie entdeckten, wurden angeklagt, Luzifer persönlich zu sein, und viele erlitten öffentlich den Tod auf dem Scheiterhaufen.

Doch jetzt müßt ihr langsam merken, saß zahlreiche berühmte Künstler die alchimistischen Codes in der Renaissance erfaßten. Diese Vibrationen gelangten in das physische Reich hinunter, und diese Kunst enthält die Codes für den Wiederaufbau des gesamten planetarischen Feldes von 1987 bis 2012 n. Chr. Was ihr jetzt tut, ist von entscheidender Bedeutung, und die berühmten Renaissance-Künstler sind in physischen Körpern und bereit, eure Welt mit Schönheit und Ekstase zu erfüllen. Ihr habt darauf gewartet. Seid ihr nicht erstaunt, daß Millionen von Jugendlichen den Liedern Hildegards von Bingen und gregorianischen Gesängen lauschen? Wacht endlich auf! Während Nibiru immer näher kommt und alchimistische Schätze bei sich hat, könnt ihr auf die Götter warten, statt selbst aktiv zu werden. Ihr könntet Michelangelo sein! Ihr könntet Fra Angelico sein! Aber ihr könnt auch lediglich Schafe in einer Herde sein, die der Apokalypse harren, die dahocken und die Ankunft der Götter herbeisehnen.

Die Apokalypse ist das Ende eurer Sphäre und auch unser Ende. Seht mal: Ich bin einfach der Boß, der merkt, daß er die Firma ruiniert hat und sich fragt, was er den Aktionären jetzt sagen soll.

Das wächst jedem Menschen über den Kopf – und wißt ihr, was? Genau dann wacht der Mensch auf! Ich, Anu, bin hier, um euch die Wahrheit mitzuteilen, bevor ich der Galaktischen Föderation Bericht erstatten muß. Früher plünderten die Bosse die Firma aus und setzten sich auf eine tropische Insel ab, aber solche Refugien gibt es nicht mehr, auf die man sich flüchten könnte. Während Nibiru sich immer mehr auf euer Sonnensystem zubewegt, werden meine Wünsche aktiviert. Das ist so, als ob man von einem Schatz weiß und ihn sich einfach unter den Nagel reißen will. Ich war als Schwein bekannt, und ihr auch! Wenn ich mich nähere, blendet mich das Licht der Sonne. Ich weiß von früher, daß ich nicht so klar denke, wenn ich in euer Reich komme, so wie ein Mann vom Anblick einer schönen nackten Frau geblendet ist. Ich hoffe, ihr werdet die Alchimie als Ganzes einfach als reines Geschenk von den Sirianern genau jetzt an euch nehmen und rufen: ›Anu, Du kannst uns mal!‹

Wenn ihr euch mit der Tradition der Alchimie befaßt, wird euch auffallen, daß die alchimistische Wissenschaft eine gewisse Ebene erreicht und dann wegen zweier menschlicher Züge abbricht: Gier und Angst vor persönlicher Macht. Erstens ist Alchimie nicht als Instrument gedacht, um reich, sondern um *multidimensional* zu werden. Das richtige Instrument für Gier sind Bankgeschäfte. Zweitens: Wenn ihr Alchimist werden wollt, müßt ihr zuerst einmal mächtig werden. Alchimie funktioniert, wenn ihr Kundalinimacht benutzt und Felder in eurem Körper erzeugt, die zu jeder Dimension Zugang gewähren. Dazu ist nur jeder für sich allein imstande, weil jeder eurer Körper als dreidimensionales Tor mit Gaias eisernem Kernkristall in Verbindung steht. Nicht ein einziger Mensch soll zum Führer werden, der von der finanziellen, sexuellen und psychischen Energie anderer Menschen profitiert. Niemand von euch soll seine Macht einem anderen anbieten, denn eure Macht ist der einzige Zugang zum Geist. Ich, Anu, bekenne: Hunderttausende von Jahren habe ich euch als mein Werkzeug benutzt, immer dann, wenn ihr eure Macht gefunden hattet. Aber jetzt stehen wir kurz davor, uns gegenseitig zu vernichten.

Meine Kontrollgeräte sind euer Tod, denn wie der reiche Firmenbesitzer bin ich nur für kurze Zeit hier. Während meiner Abwesenheit gründe ich geheime Bruderschaften, die über den

Planeten herrschen sollen, und diese Geheimbünde und -religionen führen jetzt ihr eigenes Leben. Sie alle wollen der reiche Firmenbesitzer sein. Während Nibiru näher rückt, merken diese Bruderschaften, daß sich ihre alten Abkommen in die Tat umsetzen lassen. Paßt auf, ihr könnt sie nämlich ganz leicht sehen, wenn ihr sie erkennt.

Sobald ihr in eine geschlossene Gruppierung eingeweiht seid, seid ihr ein nibiruanisches Gebilde. All diese Gruppierungen basieren auf Hierarchie und sind exklusiv und angstvergiftet. Ihre Führer verkaufen ihre Seele und ihren Körper, um die Gruppe zu verschmelzen, während einzelne Mitglieder kriechen und heulen. *Wenn ihr in einer Gruppe arbeitet, sorgt dafür, daß sie eine offene Gemeinschaft ist.* Es darf weder finanzielle noch persönliche Rivalitäten in dieser Gruppe geben, niemand darf sich die Energie beziehungsweise Kreativität des anderen aneignen, und ihr müßt alle vorübergehende Verwalter einer Ressource sein. Dann laßt alles los und nennt euch Erdhüter oder erledigt einfach die Arbeit und verbergt nichts voreinander. Wenn der oder die Machtloseste in eurer Gruppe verstummt oder sich verschließt, fragt ihn oder sie, welches der nächste Schritt ist. Wahre Erdhüter erkennt man immer daran, daß sie offen lehren und keine Rituale pflegen.

Ich rede ganz offen über meinen Einfluß in eurer Welt. Ich bin glücklich, daß euer Zecharia Sitchin unsere Geschichte so brillant und mutig erzählt hat, weil ihr – falls ihr euch daran erinnern könnt, daß ihr Menschen und Außerirdische seid – mit Besuchern aus dem Himmel werdet umgehen können, wenn sie kommen. Wenn ihr wollt, könnt ihr die Gesichter all eurer Geliebten von anderen Dimensionen aus betrachten! Als wir von Nibiru uns mit euch einließen und mit euren Genen arbeiteten, vermischten wir uns mit euch. Eure Frauen haben uns viel gegeben, und wir sind letztlich dankbar für jeden Augenblick der Liebe. Wir haben euch nichts von eurer ursprünglichen Integrität weggenommen, weil das niemand tun kann. Aber wir haben einen Teil eurer Realität schlimm verzerrt. Da wir so weit reisen, sind wir große Krieger, und wir sind sehr männlich. Ihr sollt heimkehren und in Harmonie mit allen Spezies auf der Erde leben. Um mit Gaia zu schwingen, müßt ihr sehr weiblich sein. Wir haben euch gezwungen, zu kriegerisch, zu zwanghaft, zu sehr auf Raum und Zeit fixiert, zu ängstlich zu sein. Jetzt bringen diese unvereinbaren Tendenzen eure Zellen zum Bersten. Zum Glück hat eure genetische Matrix auch stellare Anteile, und diese stellar-zelluläre Matrix muß jetzt erwachen. Um heil zu werden, müßt ihr mit anderen Dimensionen interagieren.

Wir wissen, daß wir euch nicht alle Antworten geben können und daß ihr genau wie wir von den Sirianern lernen wollt. Es fällt uns so schwer, euch unsere großartigen Lehrer anzubieten und unsere Tempel zu verlassen. Jegliche Ängste vor uns in eurem Geist werden uns einschränken. Wenn ihr diese Ängste aufgeben könnt, ist euer Potential zum Eintritt in andere Welten verblüffend. Der Zugang zu anderen Wirklichkeiten ist die spirituelle Erleuchtung, nach der ihr sucht, weil ihr heimkehren und dann mit eurem Geist reisen sollt. In unserem Heiligtum für euch auf Nibiru, das wie einem typischen megalithischen Steinkreis gleicht, nennen wir euch das ›Volk der Visionssuche‹. Wir sollen reisen und euch besuchen.

Die Bruderschaften, die wir ins Leben riefen, basierten auf Geheimnistuerei, Macht und Krieg. Sie drohen jeden letzten Eingeborenen, jeden letzten Raum, jeden letzten Rest zu vernichten. Warum? Weil ich mich negativ beurteilt habe: ich dachte, ihr wärt am glücklichsten, wenn ihr nicht so wie ich wärt. Deshalb verbarg ich mein wahres Selbst vor euch. Jetzt weiß ich, daß es die Kombination aus uns *beiden* ist, die jede unserer Welten bereichern wird. Ihr seid nahe daran, von meinen negativen Selbsturteilen überwältigt zu werden, und deshalb bin ich jetzt so ehrlich. Normalerweise legen Götter kein Geständnis ab, gebt also acht. Wenn ihr euch die Alchimie aneignen wollt, müßt ihr lernen, uns zu erkennen, damit ihr mit uns auf gleicher Stufe verkehren könnt. Wie geht das? Achtet darauf, ob euer Lehrer ein unnahbares, gebieterisches Bewußtsein hat, das euch eher hypnotisiert, euch dazu bringt, zu kriechen und ohnmächtig zu werden, und euren Geist verwirrt. Wenn ihr euch die Geschichte anseht, waren diese Trends rund um euren Planeten in 1800-Jahre-Zyklen sehr deutlich. Das Rom der Kaiserzeit führt direkt nach Persien, direkt nach Assyrien und direkt nach Sumer zurück. Bei einem genauen Blick auf Kulturen erkennt ihr die nibiruanischen Einflüsse. Zoroaster und Ahura Mazda sind klassische frühe Pfadfinder! Ihr werdet Alchimie beherrschen müssen, bevor wir näher kommen und stärker werden, denn das ist unsere Natur. Ihr seid freundlich, und wir sind groß. Wenn wir eintreffen, werden wir euch beherrschen und eure Schätze an uns reißen wollen. Jedenfalls werden wir als Krieger und sehr geil zurückkommen! Da eure Frauen nicht belästigt werden wollen, wäre es keine schlechte Idee, zur Abwechslung einmal auf sie zu hören. Sie kennen uns sehr gut.

Die alchimistischen Codes lehren euch die Umwandlung von Elementen. Gold hat in der alchimistischen Literatur immer eine herausragende Rolle gespielt. Es ist das Metall, das uns Tore öffnet, durch die wir in die dritte Dimension gelangen! Die Plejadier betreten eure Welt über Sugilit [seltener Stein mit lila bis purpurner Färbung, Anmerkung der Übersetzerin] und Saphire, die Siriianer über Diamanten. Wir müssen dreidimensional werden, um in euer Reich zu gelangen, und mit Gold manifestieren wir uns in eurer Welt; deshalb habt ihr Angst vor der Alchimie. Wir benutzen Gold als Kommunikationsgerät auf der Erde, wenn wir nicht im Sonnensystem sind. Radioaktives Material hat Zugang zu stellaren Frequenzen von Dimensionen, die sogar höher als die von Gold sind, und wir haben euch mit einem Trick dazu gebracht, mit instabilen Elementen zu experimentieren, weil wir herausfinden wollten, wie sie funktionieren. Das war wohl ein Fehler, da ihr kurz davor steht, euch in die Luft zu sprengen. Wenn ich mich mit der Galaktischen Föderation treffe, bekommc ich Probleme, weil der hemmungslose Gebrauch von Radioaktivität eine Bedrohung für die Galaxis darstellt. Niemand weiß, wie man euch bei der Entscheidung helfen kann, aufzuhören. Ihr müßt den Abbau und die Produktion dieser Materialien einstellen, bis ihr entdeckt habt, wie man sie umwandelt. Würdet ihr Luzifer in euer Schlafzimmer beschwören, ohne zu wissen, wie ihr ihn wieder loswerdet? Ihr seid arrogant, weil ich, Anu, arrogant bin, und ihr seid nach meinem Bild geschaffen.

Wenn irgendeine Dimension ausgelöscht wird, werden alle ausgelöscht. Abraham implantierte ein Element ins Zentrum unseres Tempels, das Zugang zum elementaren stellaren Geist haben sollte. Vergeßt nie, daß mein Planet nur ein Planet und kein Stern ist. Wenn ihr die neue Kosmologie erst einmal verstanden habt, wird euch klarwerden, daß ich nicht Vater bin und ihr nicht

Sohn oder Tochter. Wie ich bereits sagte, müßt ihr endlich sehen, wer in euer Reich kommt. Die Geschichte von Abraham wurde erstmals 2000 v. Chr. niedergeschrieben, aber er erschien 3760 v. Chr. auf euren Planeten, als er die Strahlung im zentralen Tempel, genannt Ur, implantierte. Ich, Anu, kam herunter in die obere Kammer des Zigurat-Tempels und schwängerte die Göttin. Wer war diese Göttin? Alle Frauen der Erde. Das war die Implantierung von stellaren Codes in die genetische Matrix der Erde, und deshalb wird Abraham als der große Erzvater verehrt. Sarah ist eine Sonnenpriesterin, »Sa Ra«, die ein stellares Kind empfing, obwohl sie unfruchtbar war. Als Abraham in Ägypten war, behauptete er, Sarah sei seine Schwester, und deshalb war sie eine sirianische Sonnenpriesterin. Abraham wurde das Land Kanaan versprochen, damit er seinen Samen beim heiligen Baum von Shechem ablegte.[2]

Die Sirianer offenbaren die wahre Geschichte über den archetypischen Vater – Abraham –, um den anderen Systemen die düstere Lage auf der Erde zu signalisieren. Was meine ich damit? Die Sirianer teilen ihr tief eingebettetes und wirkungsvollstes Implantat in eurer Geschichte, damit ihr versteht, daß dies eine sechsdimensionale Geschichte und nicht eine Geschichte über uns, die Anunnaki, ist. Dann könnt ihr von dem Glauben ablassen, daß ein großer Vater euch rettet, und ihr werdet sehen, daß ihr das Umwandlungspotential radioaktiver Materialien selbst beherrschen müßt. Deshalb brachten die Sirianer es überhaupt auf euren Planeten. Es findet hier ein Prozeß statt, der in eurer Dimension nicht unbedingt so negativ ist, wie es den Anschein hat. Denkt daran, Sterne sind nuklear. Stellares Bewußtsein wurde in der dritten Dimension erweckt, ihr werdet nie wieder dieselben sein, und es gibt auf Gaia jetzt ein großes Potential.

Wir Anunnaki entschieden 3600 v. Chr., daß es Zeit sei, stellare Frequenzen für das Sonnensystem zu integrieren. Diese Beschleunigung war unser Geschenk, und jetzt braucht ihr die Schlüssel zu seiner Umwandlung. Jedes Element ist nur dann negativ, wenn es unethisch benutzt wird. Wird es mit Integrität eingesetzt, stellt jedes Element eine positive Kraft dar. Die Strahlung vergiftet euren Planeten, weil ihr sie in unmoralischer Weise benutzt; wir brachten euch dazu, sie in eure Welt zu entlassen. Das ist eure schwerste Prüfung. *Die Strahlung saugt stellare Intelligenzen auf, und ich werde sterblich werden, wenn ich nicht eure ganze Kreativität freilasse.* Wie Luzifer würde ich in eurer Dimension gefangen sein, aber ich könnte wenigstens inkarnieren. Ich, Anu, kenne das Endergebnis nicht, weil ihr es erschafft. Ihr müßt von der Idee loskommen, daß ich alles weiß. Ich weiß nicht alles. Die Dinge sind außer Kontrolle geraten, weil ihr mit einem Trick dazu gebracht wurdet, zu handeln, aber gar nicht wußtet, was ihr da tatet. Aber ihr meintet zu wissen, was ich tat. Einstein war ein Monotheist und hielt Gott für allmächtig.

Sodom und Gomorrha wurden im Jahr 2024 v. Chr. durch eine Atomexplosion vernichtet. Damals war Abraham eine historische Persönlichkeit.[3] Infolge dieses Ereignisses lernten die Menschen wichtige Lektionen. Ich, Anu, habe das veranlaßt, um unerwünschte Dinge loszuwerden. Ihr macht das dauernd. Was in Sodom und Gomorrha passiert ist, geschieht derzeit in euren Städten: Sie werden größer und komplexer und vernichten sich schließlich selbst; sie veröden Stück für Stück, weil ihr euch nicht um sie kümmert. Wir zerstörten Sodom und Gomorrha, um ein bißchen aufzuräumen, so wie böse Männer, welche für multinationale Drogengesellschaften arbeiten, die Menschen in Zentralafrika mit tödlichen Viren ausrotten. Wundert euch nicht über meine Worte. Ihr alle kennt Leute, die eher schnell etwas atomar zerstören würden, als sich die Mühe zu machen aufzuräumen. Schaut euch doch nur mal an, was ihr mit Japan angestellt habt. Atomare Zerstörung ruft Reaktionen hervor, die alle verhängnisvoll enden. Wir sehen das, aber wir wissen nicht, was wir dagegen tun sollen.

Laßt uns noch einmal auf Ur zurückkommen. Etwa um 5000 v. Chr. übergaben uns die Sirianer die Strahlung quasi als Post, die bis 3600 v. Chr. gelagert werden sollte. Abraham vergrub sie unter Ur und verheimlichte sie. Später wurde sie ausgegraben und in der Lade von einem Tempel zum anderen getragen. Wir schwängern Göttinnen in den Tempeln, deshalb mischten wir ins Uran unser eigenes Sexualverhalten. Dies ließ Verhaltensmuster in euren Genen entstehen, die jetzt mit euch im Kampf liegen. Sie halten euch von der Verehrung der Göttin ab; *ihr habt Angst, sie sexuell freizulassen, weil sie eine Atomexplosion werden könnte.* Sie soll eine Atomexplosion sein! Und die, die sich erinnern, wie man die Göttin verehrt, werden von jetzt an bis 2012 die wichtigste energetische Arbeit leisten. Unsere Sexualität mit Tempelpriesterinnen ist unsere allerschönste Ausdrucksform. Es ist eine Quelle alter Liebe und alten Wissens über Spezies, die eine Verschnaufpause von Nibiru brauchen.

Für euch sind wir die Endbenutzer. Das ist der Teil von euch, der einfach etwas in Gebrauch hat, ohne sich daran zu erfreuen. Das muß ein Ende haben, wenn ihr euch höheren Frequenzen angleicht, sonst werden all die ungenutzte persönliche Energie und das nicht vollendete emotionale Wachstum in eurem Körper und eurer Welt wie ein Schuß nach hinten losgehen. Wir machten den Sex spinal, damit das Kundalinifeuer euren Körper und eure Gene immer wieder erneuern konnte. Wir glaubten, daß ihr, wenn wir die genetische Matrix mit radioaktivem Bewußtsein vermischten, stellare Vibrationen in eurer Wirbelsäule versprütet, die wir dann entschlüsseln könnten. Wir bewachen euch, wir beobachten, wie ihr lernt, und dann lernen wir. Wir dachten, das würde uns mehr stellare Verbindung ermöglichen und eure Kinder verbessern. Vergeßt nie, daß Kinder für uns beide die einzige Zukunft sind.

Ich dachte, daß die Kinder, die aus diesen Paarungen hervorgingen, mit stellarer Intelligenz ausgestattet seien. So erschuf ich Enki, und damals vollzog die Menschheit eine große Beschleunigung. Aber Enkis nuklear-stellare Energie neigte dazu, das Eingeborenenbewußtsein großenteils zu vernichten. Die Dinge entwickelten sich zu rapide, wie eine atomare Kernschmelze. Jedermann wandte sich der Verehrung Jahwes zu, der mächtigen Gottheit, die aus der patriarchalischen Atomexplosion hervorging. *Atommacht ist monotheistisch, doch die Kundaliniaktivierung jedes Körpers ist polytheistisch.* Ich, Anu, bin der monotheistische Gott, der sieht, daß ihr euch alle wie ein Gott fühlen müßt, als ein lebendiger Körper mit der göttlichen Flamme. Jetzt begreife ich, daß es keine sexuelle Aktivierung ohne die Erlaubnis und die Unterstützung der Göttin geben darf, weil Sex mit der Göttin ohne ihre Erlaubnis zu einer Spaltung führt, die Streß zwischen Schwester und Bruder, Bruder und Bruder, Schwester und Schwester verursacht. Hört mir zu. Hört jetzt auf, in diesem Buch zu lesen und macht folgendes:

Jeder soll an seine Geschwister denken und auf jede Trennung achten, die zwischen euch besteht. Wenn ihr mit diesen Geschwistern Kontakt aufnehmt und euch wieder miteinander verbindet, werden die Streitereien zwischen den Göttern ein Ende finden, denn sie beruhten sämtlich auf Geschwisterkonflikten! Das ist die Verwirrung, die durch Kain und Abel, Horus und Seth und Enki und Enlil implantiert wurde. Geht und heilt sie mit eurem Bruder oder eurer Schwester jetzt! Jetzt, wo sich Uran in eurem Feld befindet, müßt ihr das zu eurer Rettung tun.

Einst wurde der Tempel für die Lagerung von Radioaktivität gebraucht; diese Atomenergie hat sich aber allmählich der Menschheit bemächtigt und ist die Ursache für religiösen Fanatismus. Keine Energie sollte auf der Erde eingeführt werden, solange die Menschen nicht über die Fähigkeit verfügen, sie selbst umzuwandeln. Ihr konntet damals mit Radioaktivität und Jahwe nicht umgehen und könnt es jetzt immer noch nicht. Der Umgang damit ist euch dermaßen außer Kontrolle geraten, daß nicht einmal einer von euch weiß, was mit dem Müll geschieht. *Jeder von euch muß die Alchimie direkt von den Sternen aus betreten.* Dann werden eure Wissenschaftler Atommüll umwandeln können, während ihr eure inneren Auslöser umwandelt, um euren Planeten zu retten.

Ihr agiert das Drama mit der Radioaktivität aus; an ihr seht ihr, daß alles, was ihr erschafft, zu euch zurückkommen wird. Wir sind an einem großen Experiment beteiligt und betrachten uns gemeinsam, was wir Nibiruaner bisher erschaffen haben. Den Wissenschaftlern wird klar, daß sie von uns kontrolliert werden, und sie sind zutiefst verstört. Sie hielten sich für große Alchimisten und meinten, sie könnten sich als Götter aufführen. Ihr wärt erstaunt über das, was sich die Wissenschaftler im Moment ausdenken; viele haben begriffen, daß sie hinters Licht geführt wurden. Sie dachten, sie könnten Bomben erschaffen und sich ihren Weg zur Erleuchtung mittels atomarer Vernichtung ebnen.

Das Erwachen der Wissenschaftler ist entscheidend. Sie sind die einzigen Mitglieder eurer Gesellschaft, die gegenüber der Regierung Machtbefugnisse ausüben. Sie halten die derzeitigen Autoritätsstrukturen aufrecht und wissen, daß die Welt zerstört wird. Entzieht ihnen eure Unterstützung! Ihr seid fast zu Exklusivvertretern der Anunnaki-Kontrolle geworden. Ihr wißt, daß ihr Marionetten an Fäden seid. Ihr habt mit instabilen Elementen herumgespielt und eine Ahnung von dem möglichen Chaos in eurer Welt bekommen. Jetzt wird es Zeit, daß ihr laut aufschreit und dem Rest der Galaxis signalisiert, daß ihr bereit seid, Alchimisten zu werden, und daß ihr Wissenschaftler sie alle unterrichten wollt.«

Satya und das Auserwählte Volk

Jetzt ist Anu fertig, und ich, Satya, bin wieder da. Ich frage mich, warum das stellare Erwachen bei jedem von euch in solche eine Sackgasse geraten ist. Ich kann fühlen, daß ihr es nicht gern hört, was wir Plejadier sagen, aber unser Medium ist bereit, in euch zu lesen.

Jeder von euch hat tief im Innern einen Auslösepunkt, der euch mit Roboterenergie und automatischen Reaktionsmustern agieren läßt. Vielleicht meint ihr, ihr müßtet eurem Ehemann treu sein, weil euch das eure Mutter gesagt hat, und deshalb erlebt ihr nie die Herausforderung, vertrauenswürdig zu sein. Oder vielleicht meint ihr, ihr müßtet eurer Ehefrau treu sein, weil eure Mutter euch überwachte, habt aber nie Spaß am Sex gehabt. Vielleicht meint ihr, ihr müßtet die Welt verändern, weil euer Vater euch sagte, ihr hättet das Leben nur dann verdient, wenn ihr anders seid, und deshalb habt ihr nie Spaß an der Macht gehabt. Oder vielleicht meint ihr, ihr könntet mit eurem Körper nicht machen, was ihr wollt, weil euch jemand Beschränkungen auferlegt hat. Die Ursache dieser Verwirrungen liegt in Lebenszeiten von großer Macht, in denen eine Kraft, ein Glaubenssystem oder ein politisches Programm durch euch gechannelt wurden, während ihr völlig darauf konditioniert wart, euch zu vergessen. Ihr wurdet als Werkzeug benutzt. Die von den Anunnaki ins Leben gerufenen Geheimbünde sind sehr gründlich gewesen. Jeder von euch wurde in vergangenen Leben, viele von euch in diesem Leben in sie eingeweiht. Während solcher Initiationen brachte man euch bei, *nicht mehr zu fühlen, bevor ihr handelt; schließlich vergaßt ihr ganz zu fühlen, und dann tatet ihr nicht mehr das, was ihr tun wolltet.* Bei unserem Medium kommt dieses Muster daher, weil sie eine Lebenszeit als hebräischer Prophet verbrachte, in der sie ein zum Himmel aufgestiegenes Wesen namens Jesaja channelte.

In der Zeit der hebräischen Propheten baute das Auserwählte Volk seine Identität um den Exodus – eine Flucht vor der Unterdrückung durch die Ägypter – auf, und damals nannten die Ägypter die Hebräer die ›Hibiru‹. Uns Plejadiern ist es egal, ob die Ägypter die Israeliten unterdrückten oder nicht. Aus unserer Kenntnis des menschlichen Verhaltens taten sie wahrscheinlich Schlimmeres als das, was die Israeliten ihnen vorwarfen. Diesmal sind wir an der Sache interessiert, um die Vision der Juden zu verstehen und zu erweitern, weil sie den Archetyp des Auserwählten Volkes tragen. Vor der Unterdrückung durch die Ägypter zu fliehen ist das gleiche wie der Unterdrückung durch die Sirianer zu entfliehen, denn Ägypten war eine sirianische Kultur, und die sehr nicht-urteilenden Gedankenformen, die aus der sirianisch-plejadischen Allianz hervorgingen, ermöglichen eine Untersuchung der tief verankerten Glaubenssysteme, die sich aus dem Exodus ergeben.

700 v. Chr. channelte mein Medium eine Gruppe von Wesen namens Jesaja im Tempel des Salomon. Das war die Lebenszeit, in der unser Medium von einer Kontrollmacht eingestöpselt wurde; sie weiß es und entschließt sich jetzt, den Telefonstecker herauszuziehen. Denkt daran, wir wollen diesen Punkt entdecken, an dem eure Energie automatisch oder roboterhaft wird, weil ihr dann immer wieder zurückkommen müßt, um dasselbe Muster zu wiederholen. Wir wollen diese Verkettung finden, an der ihr nicht vorbeikommt und die aus einer Lebenszeit großer Macht stammt. Wie kommt ihr daran vorbei? Ganz einfach; werdet einfach in diesem Leben mächtiger – klarer und bewußter – als zuvor!

Jesaja und der ägyptische Tempel der Reptilien

»Ich, Jesaja, war in den alten Tagen einer von vielen Channels, die Wesen zum Orion brachten, die uns darüber informieren sollten, wie die Ägypter von uns besiegt werden konnten. Das ist die gleiche Dynamik wie beim Channeln der Plejaden, und etliche Channel erhalten die gleichen Informationen. Dies wiederum sind die Tage der Prophezeiung. Warum Orion? Unsere hebräischen Priester kamen dahinter, daß die Ägypter mit Wesen von Orion arbeiteten, und wir gingen nach Ägypten, um in ihren Tempeln zu studieren und herauszufinden, wie sie dabei vorgingen. Was wir entdeckten, war wirklich verblüffend.

Die Ägypter bekamen Zugang zu Orion durch die Arbeit mit Reptilien, die im Innern ihrer Kraftorte lebten. Also gruben wir Tunnels und füllten sie mit Quellwasser unter dem Berg Morija und schlüpften in Krokodile, damit auch wir mit den Orion-Wesen arbeiten konnten.[4] Mit dieser Technologie erhielten wir die Neuigkeiten direkt von ihren Führern. Wir wollten wissen, was die Ägypter planten, damit wir ihnen zuvorkommen konnten, indem wir ihre eigene Führung gegen sie verwendeten. Unsere Channel lieferten Oriondaten in den Salomontempel auf dem Berg Morija.

Ich war einer der Channel, die praktisch in dem Tempel über den Krokodilen eingesperrt waren, weil ich über sehr weit entwickelte Channeling-Fähigkeiten verfügte. Ein guter Channel ist wie ein Radio mit vielen Sendern. Sobald ein Wesen hereingerufen wird, wird es alle Fragen beantworten, die den Fragenden stark beschäftigen. *Channeling ist die unkontrollierteste Informationsquelle auf der Erde* und mittlerweile die Methode, um wieder Nachrichten zu erhalten, da die Behörden die Menschen belügen, wie sie es zu meiner Zeit praktiziert hatten. Die meisten von euch wissen inzwischen, daß die Medien eine Haupttribüne der Anunnaki sind, die diese aufbauten, um euch zu gängeln.

Für mich war der Salomontempel ein Verhörzimmer. Wenn ich jetzt darüber berichte, macht euch bewußt, daß ich euch alle respektiere. Der Berg Morija und der Salomontempel haben für Millionen Menschen millionenfache Bedeutung gehabt. Es sind machtvolle heilige Stätten, die sich im Einklang mit Gaia befinden. Ich erzähle nur meine eigene Geschichte, weil es an der Zeit ist. Meine Geschichte wurde in der Bibel nämlich verzerrt wiedergegeben, und es tut mir weh, nach 2600 Jahren immer noch mißverstanden zu werden. Ich glaube nicht, daß irgendein Ort auf der Erde für irgendein anderes Bewußtsein im Universum negativ ist. Ich möchte hoffen, daß alle von euch, die diesen Tempel hochachten, auf die Geschichte von Jesaja neugierig sind, besonders da der Tempel derzeit keine physische Form hat. Er wird wiederaufgebaut werden, sobald seine Hüter lernen, mit neundimensionalem

Zugang zu arbeiten und mit dem eingeborenem Volk in Palästina Frieden zu schließen, damit es nicht immer wieder aus der dritten Dimension herauskatapultiert wird. Die Plejadier haben euch gesagt, daß die sechsdimensionalen Sirianer Dinge in morphischen Feldern halten, und die ursprüngliche Vorstellung vom Salomontempel könnte in der dritten Dimension wieder realisiert werden, aber nur von Hütern, die mit allen neun Dimensionen arbeiten. Das Medium will im Jahr 2012 zu diesem Tempel reisen, denn er ist allen Bewohnern von Gaia sehr heilig.

Als Eingeweihter des Salamontempels gewährte ich den Rabbis wieder Zugang zu den Erinnerungscodes all meiner vergangenen Leben. Ich wurde für diese Channeling-Position ausgewählt, weil sie entdeckten, daß ich ein Priester der Achtzehnten Dynastie in Ägypten namens Ichor gewesen bin, was soviel wie ›Blut der Götter‹ bedeutet. Unser hebräisches Programm war, Ägypten zu besiegen; und die Wahl eines Eingeweihten, der im Besitz der Codes einer Kultur, die man besiegen möchte, ist, gehört zu den typischen Praktiken von Geheimbünden. Fühlt euch nicht geehrt, wenn euch ein Geheimbund zur Initiationsfeier einlädt, denn er will nur eure Codes. Wenn ihr eure Integrität behalten wollt, überlaßt niemandem eure Codes; benutzt sie nur, um eure Macht zu übernehmen und eure Monade zu aktivieren. Falls ein Leser sagen will, ich würde eine Gruppe herausgreifen, dann bedenkt, daß ich *alle* Manipulationstechniken der Anunnaki offenlege. Als Jesaja kann ich nur berichten, wie die Vorgehensweise der Anunnaki zu meiner Zeit funktionierte. Es wird eure Aufgabe sein zu entscheiden, ob das zu eurer Zeit immer noch so ist.

In jener Lebenszeit als Ichor wurde ich in die Geheimnisse des Channeling eingeweiht. Ich wurde in Kom Ombo, dem Reptilientempel am Nil, unterwiesen, und dann brachte man mir Sternendivination in Khem, dem reptilischen Divinationstempel direkt oberhalb des Nildeltas, bei. Falls ihr meint, ich ziehe die Ägypter den Israeliten vor: Mein Medium hat bereits in *Trilogie der Bewußtseins-Chroniken* dokumentiert, daß es die Hölle bedeutete, Mitglied einer geheimen ägyptischen Clique zu sein. Das Einzigartige an eurer Zeit ist, daß *alle Geheimnistuerei aufhören wird, wenn die Erde ins Wassermann-Zeitalter eintritt.* Laßt mich also vom reptilischen Tempel erzählen.

Khem, der reptilische Tempel im Nildelta

Khem ist ein unterirdischer, dreigeschossiger Komplex mit einem oberirdischen vierten Geschoß direkt über dem Grat, der zum Delta abfällt. Das untere Geschoß befindet sich zur Trockenzeit in Höhe des Wasserspiegels des Nil. Bei Überschwemmungen füllte sich das untere Geschoß mit Wasser und Krokodilen. Wenn das Wasser die Kammern des ersten Geschosses überflutete, mußten die Krokodile durch Löcher an der Decke der niedrigeren Kammern in das nächste Geschoß gelangen, um Sauerstoff zu bekommen. Das zweite Geschoß war ein Echsenlabyrinth mit Kanälen, Rastplätzen, Fischen, Algen und Lotusblüten. Die alten Ägypter brachten an den Wänden sogar Fliesen mit Sumpflandmotiven von den Wasserfällen an, bei denen die Reise der Krokodile begann! Waren die Echsen in das zweite Geschoß gerutscht, ruhten sie sich aus, spielten und widmeten sich ihren gemeinschaftlichen Beziehungen. Das dritte Geschoß unter dem oberirdischen Tempel bestand aus mehreren Räumen, die alle ein Loch in der Mitte hatten, über dem sich eine runde kristalline Linse befand, welche die Form eines Auges hatte. Die Raumwände waren mit schimmernden tiefblauen Kacheln gefliest – Ptahs Blau, das Symbol des Blauen Nil.

Eine mit Girlanden behängte Nilpferd-Großmutter aus dem Weißen Nil lebte während der Divinationszeit in einem geflochtenen Bambushaus im dritten Geschoß. Im oberirdischen Tempel erstellten Ichor und die Tempelastrologen Geburtshoroskope für alle Krokodile, die in einem bestimmten Mondzyklus während einer bestimmten Überschwemmung zur Welt kamen. Die Tempelastrologen studierten die Krokodile, um sich ein Bild von den biologischen Kräften während dieser Überschwemmungszeit zu machen, damit der biologische Zustand der Erde an die Orion-Bibliothek, die Bibliothek der Galaktischen Föderation, weitergegeben werden konnte. So funktionierte Khem.

Die Astrologen der Achtzehnten Dynastie entwickelten eine Geburtsastrologie für die Datenbanken von Orion, indem sie die biologischen Codes der Reptilien lasen. Dies taten sie, um die harmonische Form des Blauen Nil zu verstärken. Die teilnehmenden Tiere waren geheiligt. Die Krokodile, die während dieser Periode geboren wurden, lebten in den Seen der heiligen Tempel nilauf- und nilabwärts, und die Nilpferd-Großmutter kam von Assuan auf einem geheiligten Boot den Nil heruntergefahren. Da es sich um Absichten höchster Ordnung handelte, mißbrauchte niemand Energie. Die Ägypter waren jahrtausendelang ein friedfertiges Volk, weil sie sich zu beschäftigen wußten! *Sie hatten begriffen, daß nicht ausgelebte Kreativität für die Menschheit das größte Problem ist.* Die überwältigende Schönheit von Khem, dem größten Echsensalon auf dem Planeten, ist ein hervorragendes Beispiel für Kreativität nur um der Kreativität willen. Möchtet ihr euch nicht die Interpretation des Geburtshoroskops eines Krokodils anhören?

Während einer großen Hungerperiode, die eintrat, als der Pharao schwach war, kamen die Hibiru zu einem längeren Aufenthalt ins Land Ägypten. Sie waren sehr erstaunt darüber, daß die Ägypter in Khem und Kom Ombo mit Wesen von Orion kommunizierten. Sie wollten dies erlernen, weil sie wußten, daß Orion der Zugangskanal zur achtdimensionalen Galaktischen Föderation war. Diese Wesen waren verantwortlich für kosmische Ordnung und galten als sehr mächtig und schwer zugänglich. Da Ägypten ein Land der Macht, des Überflusses, der Schönheit und der Harmonie war, dachten die Hibiru, die Quelle dieses Reichtums müsse die Galaktische Föderation sein. In dieser Hinsicht unterlief ihnen jedoch ein Irrtum. Die Ägypter waren einfach große Manifestierer und spielten die ganze Zeit, sogar mit Krokodilen und Nilpferden. Macht ist schlicht Macht und kann für gute und böse Zwecke eingesetzt werden. Die Ägypter fanden heraus, wie sie mit Orion arbeiten konnten, und entwickelten daraus ein hohes Maß an Manifestationsbewußtsein. Die Hibiru wollten sich diese Fähigkeit ebenfalls aneignen, um sich ihre Wünsche zu erfüllen.

Wie bei jeder Machttechnik für den Zugang zur Multidimensionalität muß man mit dem tellurischen Reich arbeiten, um an die ›Mächte des Ortes‹ zu gelangen; zur Aktivierung des tellurischen Reiches muß Gaias Absicht erkundet werden, und das geschah in der unteren Etage des Tempels, wo die Krokodile sich in Kieselerdeschlamm wälzten. Krokodile sind Kaltblüter und vibrieren mit dem mineralischen Reich. Menschen sind Warmblüter und vibrieren mit den Pflanzen. Krokodile lieben Schlamm, Menschen lieben den Garten Eden. Die Ägypter fanden heraus, daß sie, wenn sie einen Tempel auf einem reptilischen Kraftpunkt mit Krokodilen, die in Kieselerdelehm vibrierten, und einer Nilpferd-Großmutter errichteten, die sich in den üppigen Pflanzen aalte, die Eigenschaften des zweidimesionalen tellurischen Reiches mit ihren Astrologen entschlüsseln konnten.

Es gibt einige Kraftorte, an denen sich alle Dimensionen mit dem tellurischen Reich überschneiden, und Khem war ein solcher Platz. Gaia war eindimensional; zweidimensional waren Reptilien, die in Lehm vibrierten und Zugang zu tellurischen Kräften hatten; dreidimensional waren die ägyptischen Astrologen, die vierdimensionale Sicht erzeugten, indem sie planetarische Muster analysierten. Diese Linse hatte Zugang zur kosmischen Weisheit der fünften bis neunten Dimension. Die Hibiru waren Anhänger Nibirus, und als sie sahen, wie die Ägypter mit den Krokodilen und dem Nilpferd arbeiteten, wollten sie die Technik erlernen. Die Ägypter waren Adepten des Sirius, und sirianisches Wissen ist niemals geheim, wird aber selten verstanden. Das war das Entscheidende an der entsprechenden Linse. Wenn euch das verwirrend erscheint: Habt ihr schon einmal ein Buch ganz durchgelesen und keine Ahnung gehabt, worum es ging? Weil euch das innere Wissen fehlte, um damals Zugang zu diesem Buch zu finden. Das sirianische Wissen steht allen offen, weil es nur dann verstanden werden kann, wenn die Person, die danach sucht, sechsdimensionale Sicht hat. Diese Sicht trifft man selten an; es ist immer ein Grund zum Feiern, wenn jemand auf der Erde diese Ebenen erreicht. Die ägyptischen und griechischen Tempel und die Hopi-Tänze beispielsweise stehen allen Besuchern aus diesem Grund offen.

Ägypten, Griechenland und das Hopi-Land werden verehrt, gefürchtet und oft überfallen, weil sie Eifersucht entstehen lassen. *Immer wenn ihr Eifersucht auf jemanden wegen seines Talents verspürt, paßt auf!* Untersucht diese widerwärtige Emotion, euer Begehren zu hinterfragen. Das hebräische Volk ist eine kosmisch begabte Menschenrasse; möglicherweise entstand dieser Neid ursprünglich nur deshalb, weil die Ägypter fortgeschrittener waren als die Hibiru in der Zeit des Exodus. Neid und Eifersucht sind zwar die ätzendsten Emotionen, zu denen ihr fähig seid, aber darüber wurde noch nicht entschieden, denn gerade wenn es so aussieht, als hättet ihr die schlimmste gefunden, entwickelt ihr eine andere. Falls ich mich zu moralisierend und ethisierend anhöre – das ist so gewollt. Das ist die Eigenschaft, die ihr im Buch Jesaja findet und die genau beschrieben ist.

Als die Hibiru nach Ägypten kamen, baten sie darum, in den Tempeln studieren zu dürfen, und natürlich waren sie willkommen. Während einer Überschwemmung in Khem konnten die Hibiru sehen, daß die Ägypter herausgefunden hatten, wie sich die Planeten als Dimensionslinsen verwenden ließen. *(Wenn irgend jemand mit dem magischen System eines anderen arbeitet, ist das ein großes Risiko.* Die Anhänger müssen sehr vorsichtig üben, ihren eigenen Körper zu verschieben, um eine neue Energieform anzunehmen. Dazu muß die neue Energiefrequenz völlig integriert und das Herz geöffnet werden, damit die reine Lehre empfangen werden kann.) Die Hibiru hatten es jedoch eilig, weil sie in ihr Land, den Fruchtbaren Halbmond, zurückkehren wollten. Die Ägypter benutzten alle zwölf Planeten für ihre Divinationslinsen. Die Beherrschung dieser Dynamik hätte ein Studium während zwölf Überschwemmungen, einen vollen Jupiterzyklus um die Sonne erfordert, der von allen ägyptischen Astrologen verlangt wurde, da Jupiter das Zuhause der Meisterschaftscodes für die Erde ist.

Den Hibiru erschienen die ägyptischen Adepten brillant, aber archaisch. Sie waren nur an der Technik, nicht am ganzen Vorgang interessiert. Warum sollten sie nicht das System selbst einsetzen und dann einfach Nibiru benutzen, dachten sie sich. Die Ägypter waren der Ansicht, man könne das vierdimensionale planetarische archetypische Reich nur betreten, wenn man alle Planeten und zusätzlich den Mond verwendete. Das ägyptische System der Neuheit basiert auf diesem Glauben, und die Ägypter waren – und sind immer noch – fundamental polytheistisch. Sie waren bestürzt, als die Hibiru beschlossen, Ägypten nach einem Jahr zu verlassen, denn sie wußten, daß die unvollkommene Beherrschung eines Systems ins Verderben führt. In diesem Fall wird die räumliche Dimension des Sonnensystems der Erde von allen zwölf Himmelskörpern ausgedrückt; wenn irgend jemand auf der Erde diese machtvolle reptilische Divinationsfähigkeit mit nur einem Planeten benutzte, würde er von dem Archetyp dieses

Planeten – Monotheismus – besessen werden. Der Monotheismus brütet fanatischen Anthropozentrismus aus, der schließlich die Erde zerstört. Also wiederholten die Ägypter das Zwölfer-Prinzip noch einmal und wollten den Hibiru ihr gesamtes Wissen zur Verfügung stellen.

Die Ägypter boten an, anhand ihres eigenen Beispiels zu lehren. Hatten sie beispielsweise ein Problem, etwa einen bevorstehenden Krieg, so warteten sie auf einen Mondzyklus während einer Überschwemmung, wenn Mars in bestimmten wichtigen Ausrichtungen stand, um Führer der fünften bis neunten Dimension über die Strategie zu befragen. Ägypten war ein friedliches Land, das von 10 800 bis 1600 v. Chr. äußere Einflüsse abwehrte, indem es die klare Absicht vertrat, daß es keine kriegerischen Auseinandersetzungen wollte. Vor dem Zusammenbruch des Blauen Nil in den letzten Tagen der Achtzehnten Dynastie beschränkten die Ägypter die Kriegsführung auf ein Minimum. Manchmal kam es zu Gewalttätigkeiten an den Grenzen, wo sie hungernde Menschen speisten, aber das innere Feld des Blauen Nil wurde jahrtausendelang gehalten, und es existiert immer noch von Sakkarah über das Gizeh-Plateau bis nach Khem. Feinde konnten aus jeder Richtung auftauchen, aber die Ägypter hatten eine Friedenszone geschaffen, die sie mit großer Wachsamkeit aufrechterhielten. Der Nil war Heimstatt für alle Ankömmlinge. Die Ägypter ermittelten die Wünsche der Besucher und nahmen sie in ihr Königreich auf. Was bedeutete das für sie? Die Ägypter meinten, von jedem Fremden etwas lernen zu können. Sie reisten selten, und Besucher erzählten ihnen im Gegenzug Geschichten.

Die Hibiru waren eine der Gruppen, die immer wieder aus dem Nordosten auftauchten und sagten: »Wir haben Hunger. Wir brauchen Kleidung und Unterkunft.« Die Ägypter nahmen sie auf und kümmerten sich um ihre Bedürfnisse, zumal sie wußten, daß die Hibiru von Nomaden der nördlichen Levante aus ihrem Land vertrieben worden waren. Sie besaßen eine außerordentliche Aufnahmefähigkeit, weil sie eine sehr kreative, glückliche Kultur hatten.

Ich, Jesaja, hatte zu jeder Quelle Zugang, und der Tempel wollte alles mögliche über die sirianischen Aufzeichnungen wissen. Also schöpfte ich aus den Aufzeichnungen meines früheren Lebens als Ichor und informierte den Tempel über die Codes von Khem. Ich erhielt sirianische Daten, indem ich in einem Kabinenraum mit gelben Sandsteinwänden, einer quadratischen Decke und einem quadratischem Fußboden unter der Sphinx las. Ich betrat diesen Raum 700 v. Chr.; und bald wird er wieder der ganzen Welt zugänglich sein. Diesmal steht eine neue Integritätsebene zur Verfügung, falls ihr untersucht, was dem vorausging. Das ist alles. Diejenigen von euch, die diese Zugangscodes haben, werden merken, daß sich ihr Gehirn damit synchronisiert. Die Adepten des Salomontempels konnten tatsächlich mit ihrem Geist den Raum unter der Sphinx betreten, und deshalb können sie es wieder tun, aber nur, wenn sie ihren tiefverwurzelten Haß auf die Pharaonen begraben.

In dem Raum unter der Sphinx sind alle Aufzeichnungen über ägyptischen multidimensionalen Zugang gelagert. Er enthält sämtliche Instrumente und Techniken. In diesem leeren Raum gibt es keine Dinge, keine Gegenstände, nur Wissen. Ich war sehr verstört, daß dieses Wissen unserem Tempel verwehrt blieb, denn die Datenbank gehörte dem ägyptischen Volk. Sie sollte eine Wissensquelle, ein Generator, ein Feld für die Menschen des Nil sein. Sie war nicht für kanaanitischen Geist gedacht, weil der ägyptische Geist sirianisch ist und der kanaanitische Geist nibiruanisch.

Um alle Informationen wirklich zu verstehen, müßt ihr zuerst wissen, wie der Geist des Channels funktioniert. Zu meiner Zeit war ich in ein Leben mit Politik verwickelt und hatte auch mit dem Salomontempel zu tun. Trotz der Vorgänge in meinem Leben hatte ich tief in mir eine Seele, die in purer Integrität arbeitete. Ich hatte Einwände gegen das Geschehen in meiner Welt, manchmal fühlte ich mich dann wohl mit den Ereignissen. Von Trauer erfüllt spürte ich, daß mein Volk, die Hibiru, seine eigenen Wissenquellen während der Achtzehnten Dynastie nicht verwendete, und ich war betrübt darüber, daß mein Volk zu meiner Zeit ägyptische Quellen benutzte. ›Warum versucht mein Volk, das Wissen anderer Länder zu stehlen, statt sich auf sein eigenes zu besinnen?‹ Das ist die zentrale Frage menschlicher Existenz – das Rätsel der Sphinx. *Ägypten gibt es nur, damit die Menschheit weiterhin Fragen stellt, und mein Volk existiert nur, um ein Zuhause zu finden.*

Ich hatte Übung darin, den Raum unter der Sphinx zu visualisieren und ihm Informationen zu entlocken. Ich bin ein hebräischer Prophet vom Salomontempel, ich habe die Bar-Mitzwa hinter mir, ich bin ein Hüter der Thora, und ich durchwandere die Wüste auf der Suche nach Jahwe. Auf all das bin ich stolz, aber meine Arbeit mit dem Raum unter der Sphinx bereitet mir so große Schuldgefühle, daß mein Schmerz durch die Zeit hallt, weil ich niemals meine Wissenquelle gefunden habe. Mein Leben lang fragte ich mich: Warum müssen wir die Ägypter bestehlen? Warum verschaffen wir uns nicht Zugang zur Macht des Landes Israel, wo wir ein Zuhause finden wollten. Wie ihr aus der Geschichte von Jesaja wißt, die mein Medium in *Das Siegel von Atlantis*[5] erzählte, studierte ich bei den eingeborenen Kanaanitern. Sie belehrten mich über ihre heiligen Stätten und ihre Führer – Plajadier –, aber dieses Wissen war aus dem Tempel verbannt. Diese Menschen warten immer noch darauf, ihre auserlesenen Herzen dem Tempel als Geschenk zu vermachen. Oh, ich weine vor Schmerzen durch die Zeit, denn bald wird dieser Schmerz alle Völker der Erde überwältigen.

Vielleicht bin es aber auch nur ich. Vielleicht ist nur mein Herz gespalten, weil mein höheres Selbst nicht mit meiner Persönlichkeit integriert war, da ich vom Tempel benutzt wurde. Bin ich der einzige? Ich bin auf diesem Planeten lebendig – und ein Channel für Außerirdische. Jeder hat ein edles Selbst, aber wir hatten mit den Ägyptern zu tun, die nicht schlau aus uns wurden. Sie waren anspruchslos und behaupteten überall, sie seien integriert – und nicht in ihrem Herzen gespalten. Wenn ich bei meinem Schmerz bleibe, sagt mein höheres Selbst, daß ich niemals hörte, was die Ägypter zu mir sagten, weil ich zwei Herzen hatte.

Ich channelte die Orion-Wesen, um herauszufinden, wie man die Ägypter vernichten könnte, und das einzige, was ich über Ägypten wußte, war, daß es der Ort ist, an den wir immer in Richtung Südwesten gehen konnten, wenn wir Hilfe brauchten. Ägypten ist da, wo die Menschen stets mit in der Sonne glänzenden Waren beladen sind. Ich war mir dieser Programme nicht bewußt, weil ich mir über mein höheres Selbst nicht im klaren war. Ich vermochte mir kein Bild davon zu machen, da Jahwe Geist war und ich nicht. Könntet ihr euch etwas wie Seele vorstellen, wenn niemand jemals solch eine Möglichkeit in Aussicht gestellt hätte?

Die Integration des höheren Selbst stand meinem Hintergrund entgegen. Als Jesaja, ein hebräischer Prophet, gehörte ich zu den

›Leidenden Dienern Israels‹. Um dem Leiden ein Ende zu bereiten, mußte ich all die Schichten und die Konditionierung abwerfen und den Tempel verlassen. Ich frage mich, ob die alten Ägypter ein höheres Selbst hatten, oder war der Geist in den Krokodilen? Die Orion-Wesen kommunizierten mit den Ägyptern über die neundimensionale Achse von Khem. Für ein bestimmtes Problem benutzten die Ägypter jede für eine bestimmte Frage geeignete planetarische Linse, zum Beispiel Mars zum Thema Krieg, Venus zum Thema Liebe. Sie waren eine sirianische Rasse mit sehr hoher Absichtsintelligenz und begriffen, daß die Anwendung dieser neundimensionalen Technik göttliche Ordnung, ein großes Geschenk vom Kosmos war. Sie funktionierte nur dann positiv, wenn sie klare Absichten hatten. Dieses Wissen konnte man nie dazu anwenden, um etwas zu erwerben. Sie konnten jede Wirklichkeit sichtbar machen, praktisch alles *bekommen*, doch konnten sie diese Technologie nur anwenden, wenn sie niemals die Wirklichkeit eines anderen beeinflußte. Sie wußten, wie man etwas *bekommt*, nicht aber, wie man etwas *wegnimmt.* Die Ägypter waren genauso raffgierig wie alle anderen. Sie konnten sich mühelos alles, wonach ihnen der Sinn stand, beschaffen; aber sie wußten, daß sie nicht das Recht hatten, sich in die Wirklichkeit anderer einzumischen. Sie wußten, daß alles, was sie jemandem heimlich oder offen wegnahmen, auf dem Blauen Nil einen Energiesog auslösen würde. Umgekehrt wußten sie, daß sie alles, was ihnen durch Sichtbarmachung in die Hände geriet, mit jedem, der in ihr Zuhause kam teilen mußten.

Wir haben diese ethische Haltung nicht verstanden, und den Ägyptern war unbekannt, daß jeder eine andere Weltanschauung hat. Sie konnten sich nicht vorstellen, daß irgend jemand etwas *wegnahm,* um es für sich zu *besitzen.* Als wir ihre Informationen stahlen, dachten sie, sie ließen uns daran teilhaben! Nur wenn Menschen wissen, wie man andere manipuliert, merken sie nicht, daß jemand sie manipuliert. Und als wir sie bestahlen, wußten wir eigentlich nicht, was wir bekamen, aber es war klar, daß sie uns alles geben würden, was wir wollten. Ihr müßt das jetzt verstehen, weil wir ihnen wegen der Folgen unseres Raubes Vorwürfe machten.

Erinnert euch: Wenn Planeten für vierdimensionale Divination herangezogen werden, hat der Baldachin über der vierten Dimension Zugang zur fünften bis zur neunten Dimension (siehe Abbildung 9). Die Ägypter benutzten zur Aktivierung dieses Baldachins alle Planeten und den Mond, während die Hibiru beschlossen, nur Nibiru zu seiner Aktivierung zu benutzen. Erinnert euch jetzt: Wenn die Ägypter es taten, falls sie Venus für den geeigneten Planeten hielten, dann meinten sie, das Recht zu haben, die Venus-Wesen um Rat zu fragen. Bei der Sichtbarmachungsarbeit mit den Venus-Wesen schenkten sie ihnen immer etwas – und ägyptischer Schmuck ist wegen des Venus-Einflusses etwas Besonderes. Es fand ein Austausch statt, und das bereitete Freude. Die Ägypter arbeiteten auch mit vielen esoterischen Technologien, die sie aus zahlreichen anderen Quellen gesammelt hatten. Als hybride menschlich-sirianische Rasse hatten sie Zugriff auf eine große Anzahl stellarer Quellen. Die Hibiru hatten das nicht, sie wollten die Technologien stehlen, und das taten sie auch. Folgendes geschah:

Ich, Jesaja, kann berichten, daß wir den vierdimensionalen Baldachin im Salomontempel aktivierten, und dann führten die Anunnaki einfach unsere Wünsche aus. Der Salomontempel war der Ort, an dem die Anunnaki durch das hebräische Volk operieren konnten. Jahwe hatte keine Macht über die Erde, aber die Hebräer eigneten sich Bundesladen-Mächte an. Die Anunnaki wollten Menschen Impulse geben, damit sie im Austausch für die Errichtung und Erhaltung des Salomontempels hebräische Pläne ausführten.

Was ich, Jesaja, gerade gesagt habe, klingt abscheulich gotteslästerlich, aber die Psychologie des Ganzen ist für jeden Amerikaner offensichtlich. Die Vereinigten Staaten haben das gleiche gemacht, als sie Mars zu ihrem Gott erwählten und darangingen, zur vorherrschenden Supermacht aufzusteigen. Da das erklärte Ziel der Anunnaki immer war, die Weltmacht zu erlangen – die Neue Weltordnung –, werdet ihr sie, wenn ihr etwas haben wollt, immer dafür einsetzen können. Was den Einsatz von Krieg betrifft, um etwas zu bekommen, so sind die Vereinigten Staaten zum Mars geworden – gewalttätig. *Die Vereinigten Staaten von Amerika waren einst der Brotkorb der Welt, und jetzt sind sie der Waffenschmied des Planeten.*[6] Das wird so weitergehen, bis ihr sie alle seht und ablehnt. So wie wir von einem Standpunkt – dem Monotheismus – geschluckt wurden, wurdet auch ihr geschluckt, und eure Nation wird untergehen, so wie meine. Erinnert euch: Ich lebte, als der Tempel zerstört wurde, und das spaltete mein Herz.

Jahwe war einfach die vollkommene Ablenkung, die perfekte Verschleierung, und dann wurde er zu einer ewigen Nebelwand. Ich war nicht glücklich darüber, ein Channel für das Programm des Salomontempels zu sein. Ich war eine Zahl. Ich handelte nicht nach meinem Willen, und ich litt darunter, weil ich wußte, daß mein Volk entwickelter hätte sein können. Ich war auf meine Rolle nicht stolz, aber mein persönliches Codierungssystem vermischte sich mit dem Tempelsystem, sobald ich initiiert wurde. Mein Körper war wie ein Computerchip, den man in einen Computer steckt, und wenn ich mich bewegte, verbog ich die Enden, und Äonen von Wissen wurden aus dem Tempel katapultiert, oder mein Gehirn funktionierte nicht mehr. Ich war eine Zahl, die Orion-Informationen übermittelte, sonst wäre ich aus dem Computer gezogen und mein Gehirn zerstört worden, wie bei einem Aneurysma. Weil ich in einem Geheimbund initiiert wurde, traf ich niemals eine eigene Entscheidung.

Nichts hatte Sinn, und ich kannte nur die Kontrolle über meine Kreativität. Diese Beherrschung über mich wurde durch das Buch Jesaja übermittelt, das ihr für bedeutungsvoll haltet. Und mein Buch eröffnet, wie das meiste in der Bibel, Jahwe einen direkten Zugang zu eurem Geist. Auf Nibiru ist Jahwe bloß ein rangniedriger Angestellter in einem Hinterhofbüro. Uns sagte man, wir sollten in den Tempel gehen, und es wurde unverständlich, einfach grundlos zu existieren. Ich war ein Mann, der in den 60 Jahren, in denen ich in den Salomontempel channelte, keinen Sinn in irgend etwas fand. Es gibt nur Erfahrung und Kreativität, keinen wahren Sinn. Darum geht es in der dritten Dimension! Versucht nicht, die dritte Dimension zu etwas zu machen, was sie nicht ist. Sie ist ein Ort, an dem sich Wirklichkeiten durch Linsen überschneiden können. Sinn ist *gemein*, weil er einen Standpunkt erzwingt, und am Ende kommt es zum Krieg zwischen den Standpunkten. Im Buch Jesaja ist jedes Wort die exakte Umkehrung dessen, was ihr meint. Kreativität und Schönheit könnten in mein Buch zurückkehren, wenn ihr nur auf die Klänge darin hören würdet. Ich, Jesaja, bin bereit, mich jetzt zu verabschieden. Ich habe zu dir gesprochen, mein Volk.«

Kapitel 7

Die Alcyone-Bibliothek und Tzolk'in – der Hüter der Zeit

Ich, Satya, habe mich jetzt in Reiche jenseits meiner fünfdimensionalen Welt bewegt. Ich weiß, daß ihr nun, da die Erde dem Wassermann-Zeitalter entgegenstrebt, alle für neundimensionale Wahrnehmungsfreiheit bereit seid, weil ich mit eurer Leidenschaft und Neugierde vibriere. Der Zeitpunkt all eurer Öffnungsprozesse wird vom Maya-Kalender bestimmt; das Programm läuft planmäßig ab, auch wenn ich mich gerade frage, wie ihr das in weniger als 20 Jahren schaffen wollt. Da ich mit euch gelebt habe, habe ich mir oft gedacht: Ihr habt so viel kreative Energie, daß ihr sie wahrscheinlich gar nicht ganz einsetzen könnt. *Ihr seid gewalttätig geworden, weil ihr eure Kreativität nicht kanalisiert.* Genau das denken wir Plejadier über euch, nachdem wir 26 000 Jahre lang mit euch zusammen waren. Wie wir oft gesagt haben, kamen wir aus eurer Zukunft, um euch aus der momentanen Sackgasse herauszuhelfen, und die Maya erfanden den Großen Kalender als Instrument, mit dem man perfekt lernt, den gegenwärtigen Moment von der Zukunft aus zu erschaffen. Als Astrologin von Alcyone sage ich jetzt, daß der *Maya-Kalender endlich zur Geltung kommt, um Massenbewußtsein zu impulsieren.* Zu lernen, wie man von der Zukunft aus etwas erschafft, ist die Methode, um den kritischen Sprung zu vollziehen, zu lernen, wie man ein absichtsvoller Mensch wird. Auf diese Weise könnt ihr eure Schatzkammer der Kreativität bewußt kanalisieren und der Gewalt ein Ende setzen.

Die Maya schufen den Großen Maya-Kalender – genannt *Tzolk'in* –, um euch zu zeigen, wie man eine zukünftige Absicht erschafft, damit ihr entscheiden könnt, was ihr wollt, und an diesen Wünschen in der Gegenwart arbeiten könnt. Menschen, laßt mich sagen, wie heilig dieses Geschenk ist: Die Maya übergaben unserem Sternensystem, den Plejaden, diesen Kalender vor 104 000 Jahren, und unsere Reise mit dem Kalender machte uns damals zu dem, was wir heute sind. Deshalb kam ich aus eurer Zukunft, um euch zu helfen zu verstehen, was ihr da geschenkt bekamt.

Viele sehr angesehene Intellektuelle sind von den Bedeutungen des Maya-Kalenders fasziniert. Mit ihm wird hervorragend ein Prozeß von Zeit beschrieben, der sich einem Vollendungspunkt nähert: dem Ende der Zeit. Aber das hat nichts mit dem Ende der Welt zu tun. Jetzt, wo ihr ein Gespür für sechs Dimensionen habt, denkt an die außerordentliche Geometrie der sechsten Dimension; stellt euch dann den Maya-Kalender als sechsdimensionales morphisches Zeitfeld vor, das sich in seinen Grundelementen gemäß einer bekannten Zeitentfaltung niederschlägt, genauso wie eine Schwangerschaft. Während einer Schwangerschaft wird ein Fötus mit unbekannten Eigenschaften ausgetragen, der abgehen könnte. In den meisten Fällen wird aus der ursprünglichen Form einer durch einen Samenfaden befruchteten Eizelle ein menschliches Wesen. Der Maya-Kalender ist eine Vorstellung, welche die Geschichte modelliert, und da immer mehr Menschen sehen, daß er die Zukunft beschreibt, beeinflußt sein Feld den ganzen Planeten. Was bei seinem Ende passieren wird, darüber können wir nur spekulieren. Wir Plejadier sind jetzt hier und fragen euch: Seid ihr bereit, euch eure Zukunft vorzustellen? Wenn ja, werden wir euch zusammen mit dem Maya und den Sirianern auf die Kosmische Party vorbereiten.

Bestimmte Physiker und Mathematiker erwägen die Möglichkeit, daß entstehende Dynamiken, die auf dem Planeten operieren, vom Ende der Zeit ausgelöst werden. Der Maya-Kalender wird von dem Ethno-Pharmakologen Terence McKenna, dem Biochemiker Rupert Sheldrake und dem Chaosmathematiker Ralph Abraham in dem Buch *Trialogues at the Edge of the West* diskutiert.[1] In diesem Buch beschreibt Abraham »chaotische Attraktoren« als fortgeschrittene Ordnungsformen, welche die weniger organisierten Staaten beeinflussen und diese auf einen Endpunkt hinführen. McKenna bemerkt, daß die Wirklichkeit immer komplexer wird, und vermutet, daß es am Ende dieses Prozesses etwas

Sonderbares oder einen Kulminationspunkt gibt. Sheldrake, der als erster die Vorstellung von morphogenetischen Feldern bekannt machte, beschreibt die Lichtechos in den Feldern aller Dinge als Zeichen eines gemeinsamen Attraktors für den gesamten kosmischen Evolutionsprozeß.[2] McKenna arbeitet mit einer Fraktalwelle, die ihre Wurzel im I Ging hat, und der Endpunkt der Welle ist der 22. Dezember 2012, der Tag nach dem Ende des Maya-Kalenders.[3] Alle drei Wissenschaftler haben sich ein paar mögliche Modelle dafür ausgedacht, wie ein Ende der Zeit Wirklichkeiten auf sich ziehen könnte; und viele hochintelligente Menschen in verschiedenen Bereichen halten es für möglich, daß die Maya tatsächlich vor Jahrtausenden dazu in der Lage waren, einen Punkt in der Zukunft darzustellen. Die Zeit vom 16. bis 17. August 1987, ein wichtiger Verschiebungspunkt im Kalender, wurde von Tony Shearer 1971[4] und von José Argüelles 1987[5] betont. Dieser Punkt löste massive Feierlichkeiten auf dem Planeten aus, die José Argüelles Harmonische Konvergenz nannte; wir Plejadier bevorzugen den Begriff »Harmonische Entstehung«, aber uns gefällt auch die Vorstellung einer Konvergenz von neun Dimensionen. Wie wir ausführlich berichteten, verschob sich damals tatsächlich etwas, und auf das Bewußtsein um diese Verschiebung kommt es an. Argüelles sagte, daß Armageddon – die Apokalypse, auf welche die Fundamentalisten warten – von der Harmonischen Konvergenz kurzgeschlossen werde, und ihr Drehbuch werde von August 1987 bis Juli 1992 ablaufen.[6] Zu Ehren dieser brillanten Einsicht schrieb unser Medium 1990 *Das Siegel von Atlantis. Kein Krieg mehr im Himmel,* weil ein »Krieg im Himmel« einfach eine religiöse Vorstellung ist, die einen Krieg auf Erden auslösen könnte.[7]

Denkt noch einmal an die Harmonische Konvergenz zurück. Während dieses Ereignisses verstanden nur sehr wenige Menschen, was es damit auf sich hatte. Unser Medium nahm wahr, daß eine Verschiebung im Feld der Erde in den Kalendern der Maya und Azteken tatsächlich vorausgesagt wurde. Sie war sich sicher, daß es möglich war, wichtige Wendepunkte zu erkennen, ihre grundlegenden Eigenschaften im voraus zu beschreiben und um diese Zeitpunkte herum Ereignisse stattfinden zu lassen, um die potentiellen kreativen Formen der Teilnehmer zu gestalten.

Das hätte wie ein Grundkurs im Schamanismus ausgesehen, aber die Harmonische Konvergenz wies genau die richtige planetaren und astralen Konfigurationen für eine globale Bewußtseinsbeschleunigung auf. *Woher wußten die Maya das vor Tausenden von Jahren?* Bitte lest auf Seite 333ff. die Planetenkonfigurationen der Jahre 1987 bis 2012 und auf Seite 348ff. die Bestimmung des Zeitpunkts für den astralen Niederschlag dieses neuen Feldes von 1994 bis 2012 nach. Die Konvergenz löste Versammlungen Hunderttausenden von Menschen an wichtigen heiligen Stätten auf dem ganzen Planeten aus.[8]

Unser Medium war in Teotihuacán im Norden von Mexico City, wo mehr als 100 000 Menschen am 17. August 1987 auf der Sonnenpryamide den Sonnenaufgang beobachteten. Später begann sie in ihren Unterrichtsstunden die Menschen zu beobachten, um festzustellen, ob sie irgendwelche Veränderungen bemerkt hatten; und von 1989 bis 1992 sah sie, daß sich *tatsächlich* eine Verschiebung vollzogen hatte. Es hatte den Anschein, als wären die Menschen in eine andere Welt gegangen, in der sie sich mit neuen Augen umsahen. *Aufgrund der Erlebnisse mit der Harmonischen Konvergenz wird vielen Menschen klar, daß der Maya-Kalender tatsächlich Bewußtseinsbeschleunigung voraussagt.* Das sind die Nachrichten, die von den Medien unterschlagen werden.

Ihr bewegt euch auf einen beschriebenen Punkt in der Zukunft zu, den viele von euch jetzt bewußt erzeugen, und der Kalender ist wie eine ätherische Aerobic-Stunde, in der ihr lernt, euch auf die Eigenschaften eures Idealkörpers zu konzentrieren und täglich auf dieses Ideal hinzuarbeiten. Wir Plejadier werden immer aufgeregter, wenn wir sehen, wie ihr euch gemäß dem Zeit-Zyklus der Maya entfaltet, weil *wir* diese wunderbare Apotheose der Liebe bereits erfahren haben. Wir blicken durch eure Augen in eure neue Welt hinein wie durch ein Periskop und eurer Film erhält phantastische Kritiken. Wenn ihr daran zweifelt, daß eine großartige Aktivierung im Gang ist, geht heutzutage zur Frühlingstagundnachtgleiche nach Teotihuacán. Im Jahr 1995 beteten dort mehr als eine Million Menschen für die Ankunft des Licht-Zeitalters![9]

Ihr entwickelt euch seit 26 000 Jahren zu einer selbstreflektiven Menschheit und seid jetzt im Frühstadium der Erschaffung eines absichtsvollen Menschen, der auf zukünftigen Idealen basiert.

Wenn ihr eine Absicht kundtut, wollt ihr meistens, daß sie früher oder später stattfindet. Wie ihr bei Tzolk'ins Auftritt sehen werdet, ist das Geniale am großen Maya-Kalender seine Zeitspanne – 26 000 Jahre –, *weil das die Distanz ist, die ein kritischer Sprung in der menschlichen Evolution braucht.* Die Präzession durch zwölf astrologische Zeitalter ist nötig, damit alle Facetten gaianischen Potentials innerhalb des galaktischen Evolutionsplans voll zur Geltung kommen.[10] Aber in der dritten Dimension habt ihr, wenn ihr euch bewußt seid, daß ein geregelter Prozeß stattfindet, die Tendenz, die Manifestierung des Ergebnisses zu überstürzen. Andere, die an dem, was erschaffen wird, teilhaben wollen, werden hineingezogen. Die Aufregung über die sich daraus ergebenden Möglichkeiten wächst, noch mehr wollen daran beteiligt sein, und wir Plejadier können sehen, daß sich eine Maya-Welle aufbaut. Der Maya-Kalender ist zum Beispiel das ideale Instrument, mit dem man Männer dazu bringt, intuitiv zu werden. Alle Frauen wissen, daß eine Schwangerschaft zehn Monde dauert, und sie denken nicht daran, deren zeitliche Entfaltung zu verändern, aber Männer versuchen, die Zeit – und die Schwangerschaft! – zu manipulieren. Damit die Zeit endgültig aufhört, müßt ihr ihr inhärentes Potential maximieren, bevor ihr es loslaßt. Das heißt, ihr müßt einfach mit der Zeit fließen, und dann wird sie zu einer Welle werden, wie Schwangerschaft und Geburt es für Frauen sind.

Ich, Satya, möchte gern ein paar hochentwickelte Wesen konsultieren, bevor wir uns mit Tzolk'in, dem Kalender selbst, beraten. Tzolk'ins Geist ist so heilig, daß man nur mit der Galaktischen Meditation der Maya Zugang zu ihm bekommt. Unser Medium entdeckte, daß diese Technik eure Wahrnehmungsfähigkeiten durch die siebte bis neunte Dimension verbindet.[11] Wie bei jeder großen schamanischen Reise muß ich in euch vorhandene Aufzeichnungen löschen. Euer Körper muß sehr klar sein und auf hoher Frequenz vibrieren, damit er neue Instrumente findet, mit deren Hilfe er neue Bewußtseinszustände betritt. Ihr werdet bemerken, daß ich gelegentlich Spinnweben aus dem Fische-Zeitalter aus eurem Gehirn wische.

Zuerst werden wir uns auf den Geist eurer Sonne einstellen. Dann werden wir uns vom Zentrum eurer Sonne nach Alcyone, unserer mittleren Sonne, bewegen. Über die siebendimensionalen Photonenringe können wir uns mit Intelligenzen der achtdimensionalen Galaktischen Föderation treffen. Schließlich gelangen wir über unseren eigenen Photonenring ins neundimensionale Galaktische Zentrum, wo ihr Tzolk'in, dem Hüter der Zeit der Milchstraßengalaxis, begegnen werdet. Ihr könnt diesen Weg meditieren, indem ihr einfach in die Sonne, dann in Alcyone und zuletzt ins Galaktische Zentrum, das Zuhause vieler neudimensionaler Intelligenzen, hineingeht.

Im Geist der Sonne lesen

»Ich bin der Geist der Sonne, und wir sind zentralisiertes Bewußtsein. Unsere Bibliotheken stehen euch offen, wenn ihr das Gefühl dafür, wo ihr seid, aus eurem Herzen projiziert. Stellt euch euer Bewußtsein als eine Intelligenz vor, die zu uns kommt; erkennt dann eure eigene einzigartige Quelle, und dann könnt ihr meine Aufzeichnungen lesen. Tut das, indem ihr euch in einen meditativen Zustand mit einem starken Gespür für euren eigenen Standort und all seine Codes versetzt, wann immer ihr Kontakt mit den zentralen Aufzeichnungen der Sonne aufnehmt. Wenn ihr beispielsweise am Ufer eines außergewöhnlichen Waldbachs sitzt und beobachtet, wie mein Licht durch die Kronen alter Bäume fällt, schickt mir euer Bewußtsein und tragt dabei die ganze Schönheit dieses Waldes in eurem Herzen. Könnt ihr euch vorstellen, was es für mich heißt, mein Licht in eure alten Wälder zu schicken? Tut ihr das, so macht euch ganz intensiv bewußt, was ihr wollt. Je größer euer Gespür für das wahre Selbst ist, wenn ihr Kontakt mit mir aufnehmt, desto ungehinderteren Zugang habt ihr zu meinen Aufzeichnungen. Wenn ihr euch mir von eurem Herzen aus nähert, kann ich alle Fragen zu eurem eigenen stellaren Ursprung beantworten, und ihr werdet nie mehr allein sein. *Wenn ihr einsam seid, dann deshalb, weil ihr euer stellares Zuhause vergessen habt.* Ich bin eurer Stern, eure erste Brücke zu anderen Sternen, und ich bin die Methode, wie das Medium die Aufzeichnungen von Alcyone lesen kann.

Spezies existieren nur, wenn ihr Menschen sie liebt, und die Sirianer bewahren bioregionale Felder der Erde, damit diese Spezies heimkehren können. Wie ihr wißt, stimmt an dieser Verknüpfung etwas nicht, und deshalb sage ich euch, was das ist. Lange Zeit hat Nibiru den Bewußtseinsfluß zwischen Sirius und mir verzerrt. Erinnert euch, ich bin eure Sonne, die Quelle all eures Lebens. Normalerweise kann ich mühelos mit meinem Zwillingsstern Sirius auf 13 Bewußtseinsebenen schwingen, aber ich werde von Nibiru darin gestört. *Ihr seid* das Bewußtsein, das meinen solaren Geist mit Sirius an eurem Wohnort verknüpft, und eure extreme Angst vor nibiruanischer Einmischung stört diese Kommunikationen. Ihr seid von nibiruanischer Besessenheit geprägt und meint, alle Spezies würden ausgelöscht. Das stand von vornherein in eurem Geist fest, und deshalb unternehmt ihr nichts zu ihrer Rettung. Aber all das ist bloß ein Gedanke! Ihr gestattet euch keine starken Gefühle in bezug auf Tiere mehr, weil ihre Vernichtung zu schmerzhaft ist. Eure Hoffnungslosigkeit hinsichtlich der Rettung eurer Spezies verringert eure Fähigkeit, an dem großen Gewebe des Lebens teilzunehmen, das euch in Schwingungen mit Sirius und eurer Sonne versetzt! Ihr müßt mich in eurem Geist mit meinem Zwilling verknüpfen. Die Dogon und ihre Vorfahren waren beispielsweise dermaßen auf meinen solaren Geist ausgerichtet, der mit sirianischem Genie verknüpft war, daß sie die Ebene von Afrika mit den vielfältigsten unglaublichsten Tieren füllten. Woher, meint ihr, kamen sie alle mit ihren Flecken, Mähnen, Hörnern und Stoßzähnen?

Ich lasse diesmal großes Bewußtsein und Energie direkt in eure Herzen strömen, um euch bei der Überwindung eurer Verwirrung zu helfen. *Ihr müßt Gaia jetzt endlich im Sinne des Großen Maya-Kalenders aktivieren.* Deshalb versucht das Welt-Management-Team, euch mit einem Trick Angst vor mir, der Sonne, einzujagen. Ihr sollt meine Strahlen auf eurer Haut fürchten und meine Führung scheuen. Es ist ein Faktum, daß die Astrologen über die Planeten mit meiner Intelligenz und meiner Ausdrucksform in Einklang stehen. Ich will euch zeigen, wie das funktioniert. Ich werde Merkur als Beispiel hernehmen – einen Planeten, den die meisten von euch problemlos begreifen, weil er euren Geist regiert, während die Erde über euren Körper herrscht.

Wie die Erde hat Merkur ein dreidimensionales Bewußtsein, und ihr erlebt es tatsächlich andauernd. Merkur reguliert die Vorstellungen – eine Computerbank der Möglichkeiten. Reine Intelligenz – Gedanke an sich – ist der Mechanismus, mit dem man herausfindet, wie Gedanken Wirklichkeit erzeugen. Merkurs dreidimensionales Bewußtsein ist Materie wie euer Körper, und jetzt, wo ihr Computer habt, wißt ihr das schon. Nun seid ihr mit der Gefahr konfrontiert, Tiere wegen Computern rauszuwerfen, ohne zu bedenken, daß beide benötigt werden. Wie soll Merkur in seinem Festplattenlaufwerk die *Vorstellung* von einem Tier festhalten, wenn es dieses Tier auf der Erde nicht mehr gibt? Wenn ihr ein Tier so liebt, daß ihr seine Wohnstatt auf der Erde verteidigt, kann es von diesem Festplattenlaufwerk aus kopiert werden. Vorstellungen sind in Merkur ewig, falls ihre Form auf der Erde existiert. Schamanen machen ab und zu Eulen, Adler oder weiße Büffelkälber sichtbar, damit ihr das erkennt. Wenn ihr Wohnstätten schützt, werden sie alle zurückkommen – wenn man sie nicht vergessen hat. Deshalb sollt ihr durch eurer Herz in meinen Geist kommen, wenn ihr in Urwäldern mit altem Baumbestand sitzt, die solare Bibliotheken sind.

Die Intelligenz jedes planetarischen Körpers wird vom Zustand der anderen beeinflußt. Auf der Erde weist euer Verständnis für Mentalität derzeit extreme Lücken auf und ist inkorrekt, und so schränkt ihr meine solare Kreativität ein. Der eingeschränkte Gebrauch merkurischer Intelligenz auf der Erde schließt mich kurz. Ich bin ganz begeistert von Merkur; was mich angeht, so mag ich Merkur genauso wie ihr euer Auto. Stellt euch das Leben ohne euer Auto vor! Außerdem – wenn ihr euer Auto den ganzen Winter über in der Garage stehenlaßt, wird es im Frühjahr nicht anspringen. Hättet ihr nicht dieses mentale Medium, das mein Licht zum Ausdruck bringt, würden all eure Vorstellungen in mir steckenbleiben. Ich bin ein Bewußtseinskörper, den mein Selbstgespür zusammenhält. Mein solares Selbstgespür strömt zu den Planeten aus, und sie nehmen mein Licht auf und bringen meine Eigenschaften in der Zeit zum Ausdruck.

Merkur drückt Mentalität aus, während die Erde das Leben weiterentwickelt. Ihr bewertet Geist und Körper sehr hoch, deshalb solltet ihr besser zuhören, wenn ich sage, wie beschränkt euer Geist ist. Biologische Formen brauchen ein integrales Selbstgespür *– eine Vorstellung von Form –*, um Intelligenz und Überlebenswillen zu besitzen. Wie bereits erwähnt, *existieren* die morphogenetischen Felder von Spezies auf Venus, und das Bewußtsein ihres Zustands befindet sich auf Merkur. Wenn die biologischen Lebensformen der Erde nicht mit genügend merkurischen Kräften ausgestattet sind, werden sie nicht überleben. Ich zum Beispiel scheine jeden Tag, und die Stärke meiner Hitze hängt von den Jahreszeiten ab; dann gibt Merkur das Stichwort für Tierverhalten, basierend auf meinem Licht. So weiß ein Vogel, wo er sein Nest bauen soll, oder der Apfelbaum weiß, wann er zu blühen hat. Wenn ihr die Luft verschmutzt und mein Licht verändert, vergessen die Vögel zu nisten, und es wird keine Äpfel geben. Ihr benutzt nur zehn bis fünfzehn Prozent eures Gehirns, getrieben von meiner merkurischen Kraft, weil euer Geist kontrolliert wird. Dann vernichtet ihr Dummköpfe die Wohnstätten von Tieren und den Standort von Pflanzen, die Tiere haben für ihr Gehirn weniger Verwendung, und ihr Instinkt wird ausgelöscht. Stellt euch vor, euch stünden nur zehn bis fünfzehn Prozent meines Sonnenlichts zur Verfügung! Gaia ist biologisch und drückt sich durch viele Spezies aus. Dazu braucht ihr meine Energie; alle Planeten ziehen mein Licht durch Klangharmonik zu sich heran, und Merkur kalibriert ihre Klangcodes. Klang ist das Kommunikationsinstrument planetarischer Intelligenz.

Infolge eurer Suche nach Tzolk'in habt ihr gewagt, euren Geist in das Sonnensystem vordringen zu lassen, und jetzt bewegt ihr euch auf die Galaktische Nacht zu. Die Insekten loten die Galaktische Nacht aus, in der mein Licht verlöscht, und sind eure Lehrer bei Reisen in der Dunkelheit, dem Tor jenseits der sechsten Dimension. Insekten erschließen die Galaktische Nacht für euch. Ihr Geräusch wird vom Licht verringert, und tagsüber verstummen sie. Wenn die Dunkelheit kommt und euch dabei hilft, eure subtilsten Wahrnehmungsgegenstände zu erreichen, werden ihre Laute intensiver. Sie sind der Liebhaber der Sterne, die in der Dunkelheit aufschreien, und sie besitzen die Schlüssel zu euren am weitesten entwickelten Metarmorphoseprozessen.

Ich, die Sonne, bin nicht glücklich über diese Einstellungen und Verhaltensweisen. Immerhin scheine ich für die ganze Schöpfung. Ich verstehe die Zerstörung von Feldern nicht, die mit mir schwingen. Ihr vernichtet sogar Wohnstätten von Menschen! Ihr baut

Schnellstraßen und Städte und dann zerstört ihr sie, so wie ihr einst Reiche wie das der Römer ausgelöscht habt. Viele von euch verherrlichen den Untergang Roms oder Sodoms und Gomorrhas, doch *meine* solaren Kräfte verliehen den Römern und Babyloniern Stärke, um die ganzen Steine zurechtzuhauen, sie aufzustellen und daraus all die Gebäude und Tempel zu errichten. Wie könnt ihr es wagen, die physische Zerstörung aller Dinge gutzuheißen, die aus meiner Energie entstanden sind! Die eingeborenen Hüter der Erde haben immer in enger Kommunikation mit mir gestanden und bauen nichts, was sie nicht benutzen. Wenn sie etwas nicht mehr wollen, verschenken sie es, statt es wegzuwerfen. Sie begrüßen mich bei meinem Erscheinen und beobachten mich, während meines Verschwindens, denn wenn ich direkt über dem Horizont stehe, kann man unbedenklich in mein Feuer starren und meine Gedanken lesen.

Ich scheine auf die Oberfläche der Planeten und erhalte Informationen von ihnen, die euch zur Verfügung stehen. Neulich wurde meine Kommunikationsverbindung mit Jupiter schwer verzerrt, weil auf diesem Bruchstücke des Shoemaker-Levy-Kometen einschlugen. Wenn etwas wie ein Komet einen meiner Planeten trifft, ist es, als ob er mich träfe, so wie eine ganze Familie in Aufregung gerät, wenn eines der Kinder ein Problem hat. Ich möchte euch dieses Ereignis gern vorlesen, da Jupiter eure spirituelle Ausdehnung regiert.

Die Fragmente des Shoemaker-Levy-Kometen verursachten eine riesige Öffnung in den Emotionskörpern von euch allen. Die Einschläge reißen Gaias Emotionskörper auf. Die Erde ist solide, und das menschliche Bewußtsein ist sehr dicht. Jupiters gasförmige Natur öffnet eure Emotionen, und die großen spirituellen Wellen in meinem Sonnensystem brechen euch auf. Die Katastrophe löst tiefgreifende, emotionale Erinnerungen an vergangene Katastrophen aus, und das zwingt euch, darüber nachzudenken, wie euch zumute war, als viele eurer biologischen Spezies an einem einzigen Nachmittag vernichtet wurden. Mit der Erinnerung an dieses grauenvolle Ereignis werdet ihr in die derzeit stattfindende, langsamere Auslöschung eingreifen können. Obwohl diese Kometeneinschläge auf große Entfernung wirkten, war dies für die Menschen ein emotionales Ereignis von sehr hoher Vibration, aus dem ihr lernen konntet, wie sehr jeder Planet euren Geist berührt. Ich weiß das, weil ich fühle, daß ihr auf die Wellen von Jupiter reagiert, die mich wie eine große schwingende Glocke läuten.

Nibirus Programm fordert, auf noch mehr Gefühle zuzugreifen, und er wird schneller als gewohnt in das Sonnensystem zurückgezogen, weil ihn die großen Emotionswellen in meinem Körper anziehen. Mein ganzes System hat den rötlichen Schimmer der Leidenschaft; seht euch Io an, die wie ein Diamant glänzt, der auf das Jahr 2012 wartet.[12] Der Komet hat Grenzen aufgebrochen, und Wellen seines Aufpralls hallen in der ganzen Galaxis wider. Sogar die heiligen Zwillinge – Andromeda und die Milchstraße – rudern schneller im gleichen Takt. Mein Sonnensystem macht eine Bewußtseinsbeschleunigung durch, nach der mein eigener Führer, Tzolk'in, gerufen hat. Sobald diese Beschleunigung abgeschlossen ist, wird es einen freien Kommunikationsfluß von meinem Reich in andere Reiche geben. Ich werde ehrlich sein. Ich weiß, daß ich mich bald in den Photonenring hineinbewege, und dieses Erlebnis ist für einen Stern sogar intensiver als für einen Planeten. Was euch angeht, so wart ihr eingesperrt und von allen anderen Dimensionen abgeschnitten, und jetzt öffnen sich die Türen. Wenn ich den Photonenring bewältige, dann könnt ihr es auch!

Warum solltet ihr euer stellares Wesen erforschen wollen, indem ihr euch auf mich ausrichtet? Abgesehen davon, daß stellare Identität eurer Einsamkeit ein Ende bereitet, erlaubt sie euch, die enge Sicht von linearem Raum und linearer Zeit zu transzendieren. Wenn ihr euch auf meine Intelligenz einstellt, kann ich mit euch gleichzeitig in 13 Dimensionen schwingen. Wie ihr vielleicht wißt, könnt ihr diesmal neun Dimensionen betreten. Diese stehen euch in meinem Geist alle zur Verfügung, so daß ihr in eurer Welt frei sein könnt. Eure Sternenlehrer machten eine Menge durch, um euch jetzt in dieses Reich zu bringen, damit ihr solarem Bewußtsein auf den Grund gehen könnt. Sie haben große Programme für euch während der Kosmischen Party.«

Satya nimmt euch in die Alcyone-Bibliothek mit

Also, hier bin ich wieder und möchte euch gern in Gaias runden Tempel im Zentrum unserer Alcyone-Bibliothek einführen, in dem wir die Erde studieren (siehe Abbildung 14). Gaias Tempel hat eine breite, weiße Marmorkuppel mit einer riesigen, kreisförmigen Gold-Alabaster-Plattform, die von einem Wasserkanal umgeben ist. Der Durchmesser der Alabasterplattform beträgt 30,5 Meter. In ihrer Mitte steht auf einem kannelierten Sockel ein behauenes Quarzkristallmodell der Erde, genannt »Ge«. Sie wird von zehn wunderschön proportionierten, ionischen Säule umringt; der Innendurchmesser des Säulenrunds beträgt 15 Meter. Diese Säulen sind abgerundet und untereinander durch einen kreisförmigen Marmorsturz verbunden. Man kann sich frei auf der weichen Alabasteroberfläche zwischen Säulen- und Wasserrund bewegen. Plejadier, die mit Ge arbeiten, gehen in diesem Außenkreis herum und betrachten sie durch die Säulen hindurch. Eine Marmorbrücke überquert den Wasserkanal, der von den Innenwänden der Kuppel und dem Außenrand der Plattform flankiert ist. In dem Kanal schwimmen Delphine, und im Außenkreis wandeln Göttinnen und ihre Gatten. Der Eingang vom Kuppeläußeren führt direkt zu der Brücke über den Kanal, und zwei große Anubis-Statuen stehen auf Toren neben dem Vordereingang. Niemand darf das Zentrum mit dem Ge-Sockel betreten; ein multidimensionaler Wirbel registriert Photonen auf der Erde, die mit Photonen auf Alcyone gepaart sind – schwingende Zwillingsenergien in Aktion.

Das ist der ätherische Tempel des Lebens, der ewig in Alcyones Zentralkern existiert und dem Zentralkern eurer Sonne sehr ähnelt. Zentralkerne von Sternen enthalten Vorstellungen vieler Welten. Der Eisenkristallkern der Erde kam aus Digitaria von Sirius, und Alcyones Kern ist dieses Erdmodell, weil nur auf der Erde biologische Lebensformen in der Milchstraßengalaxis erschaffen werden (siehe Seite 366ff., die Geschichte von Digitaria auf der Erde). Um die letzten Spuren hierarchischer Gedankenformen auszulöschen, stellt euch folgendes vor: Zentralkerne von Planeten und Sternen sind die dichtesten Intelligenzen im Universum und enthalten *alle* Aufzeichnungsbibliotheken.

Abbildung 13: Die Alcyone-Bibliothek

Wir haben auf Alcyone keine Polarisierung; unser Wesen ist Licht, und eure Beziehung zu uns ist die Folge der identischen Wellenschwingungen von Photonenpaaren in Gaias Tempel und in der Erde, ganz egal wie weit sie in Raum und Zeit voneinander entfernt sind. Wie kommt das zustande? *Photonen sind reine Gedanken, reine Vorstellung, und sie offenbaren ihre Existenz in einem Reich, in dem Gedanken schneller als Licht reisen.* Wenn ihr *alle* Lichtlinien zwischen allen Sternen sehen könntet, würde sich euch meine Form offenbaren. Wenn ich in euer Reich komme, erschaffe ich mit meinen einfachsten Vibrationen Schönheit. Gaias Heim in der Alcyone-Bibliothek gleicht einem wunderschönen, antiken griechischen Tempel. Uns Plejadier zieht es in die Erde, damit wir

Schönheit und Sex sichtbar machen. Wir können uns in Dimensionen bewegen, die zu betreten euch versagt bleiben, weil euer Reich immer noch polarisiert ist. Ihr geht immer noch hin und her, hierhin und dorthin, und dieses unstete Umherwandern wird durch Bewußtsein ausgelöst, das euch in eurer eigenen Welt übermannt hat. Ihr müßt mehr von Macht verstehen.

Ich, Satya, will, daß die Geistkontrolle aufhört, damit ihr einfach heimkehren könnt. Macht ist nur ein Instrument, das durch Handlungen, die mit persönlicher Integrität übereinstimmen, das Potential für grenzenlose Freiheit bietet. Manchmal läßt sich schwer feststellen, was in Integrität ist, wenn eine beschränkte Wahrnehmung die Menschen von den multidimensionalen Gesetzen – Gesetzen auf der achtdimensionalen Ebene – festhält. Ich möchte die Dimensionsgesetze kennenlernen, mit denen sich Macht aktivieren läßt, damit sich jeder Mensch für ein Leben in einer erleuchteten Welt entscheiden kann. Hierfür bringe ich Barbara Hand Clow auf den Plan, weil sie diese Gesetze durch ihr Tun auf der Erde kennenlernte.

Die neundimensionalen Linsen der erleuchteten Welt

Die Kraftlinse der ersten Dimension hat Zugang zur Vibration des Eisenkristalls im Zentrum der Erde – Ge. Jedes dimensionale Wesen, das in irgendeiner der Zonen der neundimensionalen vertikalen Achse lebt, die aus Gaias Eisenkern kommt, ist auf Ge eingestellt. Um in Form zu bleiben, braucht man nur auf den Eisenkristall – das sirianische Sternenherz der Erde – eingestellt zu sein. Ihr müßt einen auf die vier Himmelsrichtungen ausgerichteten Altar bei euch zu Hause einrichten und euch dort so häufig zentrieren, daß ihr Ge fühlt. Über ihre Vibrationen schickt sie euch Vorstellungen, die ihr gesamtes Gravitationsfeld beinhalten. Wenn ihr auf sie zugreift, richtet ihr euch nach ihrem Geist aus, weil eurer Feld Ge ist. Ihr vergeßt das einfach. Ihr Feld erstreckt sich über neun Dimensionen und in das Galaktische Zentrum aus. Jeder auf der Erde Geborene kann mit allen neun Dimensionen in Verbindung treten, indem er einfach im Zentrum eines auf die vier Himmelsrichtungen ausgerichteten Altars sitzt. Ihr müßt so lange und so oft in dieses Zentrum zurückkehren, bis ihr Ges Kraft spürt. Beim erstenmal wird sie sich wie ein Erdbeben anfühlen, und ihr werdet wissen, daß ihr keine galaktische Jungfrau mehr seid, wenn dies geschieht. Seid ihr einmal so weit, wird sie euch ganz nach Belieben in ihren Geist ziehen können. Ihr werdet erfahren, wann ihr euren Altar aufsuchen sollt.

Die Kraftlinse der zweiten Dimension ist bewußte Verknüpfung und völlige Offenheit gegenüber dem Elementarreich. Vielen von euch wurde beigebracht, dieses Reich zu fürchten. Es stimmt, daß das Elementarreich eventuell gereizt reagiert, wenn ihr ihm keine Beachtung schenkt, aber durch die Arbeit mit ihm eignet ihr euch wieder das Wissen der eingeborenen Völker, der Hüter der Erdwohnstätte, an. Die Elementarwesen wollen, daß ihr mit ihnen redet, betet, singt, sie segnet und ernährt, und ich bin auf der Erde, um euch die Erinnerung an dieses heilige Wissen zu lehren. Immerhin haben sie sich entschieden, mit Ge Zwiesprache zu halten und ihre Leidenschaft mit Wind, Regen, Feuer und Erdbeben zum Ausdruck zu bringen. Jede Schöpfung des Elementarreichs ist eine Feier für Ge. Die Elementarwesen sind die Dichter der Erde und lieben Tänze, Lieder und Kunst anläßlich dieser Feierlichkeiten. Lauscht den Lehren der Elementarwesen, die besagen, daß Gaias heiligste Zeiten die Tagundnachtgleichen und die Sonnenwenden sind; zu diesen Zeiten ist ihr mächtiges Magnetfeld am meisten aufgeladen, und die Elementarwesen verfügen über mehr Ausdruckskräfte.

Die Natur der oberirdischen Welt ist von den Elementarwesen abhängig, und sie nehmen ihre Aufgabe als Wächter eurer Wohnstatt sehr ernst. Sie sind sich der Intelligenz von Ge bewußter als ihr, deshalb geben sie euch Impulse, Riten zu erschaffen, damit ihr lernt, was ihr wissen müßt. Sie sind feiner, brillanter, ausgeglichener, mächtiger und bewußter als alle anderen Wesen auf der Erdoberfläche. Tiere sind viel intelligenter als ihr, weil sie sich Zeit nehmen, die Wünsche der Elementarwesen wirklich zu erspüren. Darüber könnt ihr von Tieren noch etwas lernen, und es ist weise, mit ihnen zu beten, um Ges Wünschen das richtige Verständnis entgegenzubringen. Sie *lieben* Zeremonien und werden immer in euren Kreis treten, wenn ihr sie ruft. Beim Gebet solltet ihr die Tierführer des betreffenden Ortes kennen. Auf heilige Himmelsrichtungen ausgerichtete Altäre können auf die Führer und Codes eines bestimmten Ortes zugreifen; sie werden euch unterstützen, wenn ihr euch mit ihrer Energie zu verbinden imstande seid. Das geschieht über Richtungweisung. Um sich zu verbinden, lassen sich die Elementarwesen gern füttern, und ihr müßt Mais, Zeder, Tabak, Wasser, Salbei, Pilze, Muskat und viele andere Gaben für sie bereithalten. Wenn ihr zum erstenmal mit Ge redet, schaut in alle Himmelsrichtungen und fragt sie, welche Gabe sie möchten. Sie werden es euch sagen.

Wenn ihr euch oder jemand anderen heilen müßt, setzt euch auf euren Altar und unterhaltet euch mit den Elementarwesen. Sie können euch mitteilen, wie ihr heilt. Ihre alte DNS, an der nie herumgepfuscht wurde, lebt in den tiefen Ozeankämmen, die bei sehr hohen Temperaturen kochen. Meditiert über diese alte DNS, und sie wird die DNS der hilfsbedürftigen Person restrukturieren. Bittet sie um Botschaften, hört ihnen zu, befolgt ihren Rat, und ihr werdet erstaunt sein, wie akkurat sie sind. Habt ihr sie erst einmal als Verbündeten gewonnen, so hört auf sie, wo immer ihr hingeht, und sie werden euch sagen, was ihr tun sollt. Sie existieren unterhalb eurer Oberfläche, können euch daher immer erreichen, wenn ihr euch auf der Krümmung des Planeten befindet. Sollte ein schreckliches Unwetter aufziehen, so werden sie euch den Impuls geben, nach Schutz zu suchen. Wenn ein Tier oder ein Mensch euch bedroht, und eure Zeit ist noch nicht gekommen, werden sie diese Gefahr mit Blitz oder Wind vertreiben. Und denkt daran: Kehrt zu eurem Altar zurück und gebt ihnen oft zu essen, und wenn ihr draußen in der Welt seid, bedankt euch bei ihnen und beschenkt sie, wann immer ihr könnt. Geht nie so schnell, daß ihr keine Zeit habt, auf einen Felsen oder einen Baum zu reagieren, der euch ruft. Bleibt einen Augenblick stehen und segnet sie.

Die Kraftlinse der dritten Dimension seid ihr. Wenn ihr euren Altar beherrscht – euch mit Ge verbunden und euch mit den Elementarwesen angefreundet habt –, wird es Zeit zu verstehen, wer ihr seid. Kein Eingeborener erfuhr jemals etwas über die oberirdische Welt, wenn er nicht die ersten beiden Dimensionen beherrschte. Die Elementarwesen machen sich zum Beispiel über Wind, Regen, Feuer und Erdbeben bemerkbar, und ihr bringt euch sexuell zum Ausdruck; sie sind die Dichter, ihr seid die Kräfte der

Erde. Wenn ihr in der dritten Dimension existiert, ohne euch mit der ersten und zweiten zu verbinden, mißbraucht ihr Kraft und Sexualität. Begegnet daher allen Energien und kommuniziert mit ihnen, damit sie sich nicht vernachlässigt fühlen, wenn sie mit euch sprechen wollen.

Ihr wollt vielleicht nur positive Geister in eurem Kreis haben, solange euer Altar existiert. Nach meiner eigenen Erfahrung wird nichts Negatives in euer Umfeld eindringen, solange ihr Dinge eliminiert, bei denen ihr keine starken Gefühle habt, oder wenn ihr Dinge in eine neue Richtung bewegt, die stimmt. Natürlich werde ich euch von meiner eigenen Tradition aus unterrichten, denn nur die kenne ich. Wenn ihr ein paar Gegenstände besitzt, die mit sehr komplexen Emotionen verbunden sind – wie beispielsweise das Geschenk eines Menschen, mit dem ihr Streit habt – dann bewahrt sie in einem verschlossenen Korb, einem Krug, einem Medizinbeutel oder einer Schachtel auf. Holt sie nur heraus, wenn ihr euch mit solchen Menschen beschäftigen wollt. Wenn ihr einen Machtkampf mit jemandem austragt, nehmt etwas aus seinem Besitz zu Hilfe, um das Karma ins nächste Stadium zu verlagern. Werft deshalb nie Geschenke eines Menschen weg, der sich entschieden hat, euer Feind zu werden. Wenn ihr eine karmische Beziehung mit jemanden habt, der versucht, euch ohne euer Einverständnis zu beeinflussen, stellt irgendwo in eurem Altarraum einen Spiegel auf, der diese Energie der oder dem Betreffenden reflektiert. Ihr könnt ihn in ein Fenster in eine bestimmte Himmelsrichtung gerichtet stellen oder ihn so plazieren, daß er die Schachtel oder den Korb spiegelt, der etwas von diesem Menschen enthält. Niemand hat das Recht, in euer Umfeld einzudringen, niemals, nur mit eurer Einwilligung.

Setzt euch ins Zentrum eures Altars, studiert all die Tierhüter, Kraftgegenstände, Fotos, Knochen und Kristalle, und legt die verschiedenen nährenden Elemente, die ihr benutzt, sowie alle Räuchermaterialien in die Mitte des Raums. Wenn ihr das Gefühl habt, etwas liege an der falschen Stelle oder sollte eine Zeitlang beiseite gelegt werden, achtet darauf. Erinnert ihr euch an die Geschichte der einzelnen Dinge, die dort liegen? Könnt ihr euch an ihr Hologramm erinnern oder daran, wie sie sich anfühlen? Wenn nicht, entfernt sie und verschenkt sie. Warum solltet ihr einen Gegenstand auf eurem Altar haben, der zwar ein großartiges, aber euch unbekanntes Wesen verkörpert? Wenn etwas große Bedeutung für euch hat, ihr jedoch spürt, daß es am falschen Platz liegt, ordnet die Dinge so lange neu, bis ihr ein Gefühl von Wärme und Verschwommenheit in eurem Umfeld verspürt. Atmet ein; genießt die Freude darüber, mit allen Teilen eurer Geschichte Zwiesprache zu halten. Ihr werdet merken, daß sich die Luft leicht verdickt, als wehe ein Nebel herein. Das bedeutet, daß die Wächter euren heiligen Raum betreten. Laßt eure Augen noch einmal umherschweifen und spürt, womit jede einzelne Himmelsrichtung gesegnet werden will. Ihr werdet es als sehr stark empfinden; vielleicht wußtet ihr es, bevor ihr angefangen habt, haltet deshalb diese Essenz in eurer linken Hand.

Haltet die Essenz, schließt eure Augen, und fühlt die Grenzen des euch umgebenden Raumes. Ihr werdet so etwas wie eine Blase oder ein Ei um euch herum wahrnehmen, die den Bereich eures Körpers umgrenzt, der sich möglicherweise meilenweit ausdehnt. Sorgt einfach dafür, daß ihr seine Kanten spürt. Wenn diese Umhüllung scheinbar Löcher aufweist, schiebt Energie aus eurem Herzen und der Schilddrüse hinein und verschließt damit die Öffnungen. Wenn sich euer ätherisches Ei ganz fühlt, wird sich ein angenehmes, friedvolles Gefühl in eurem Körper ausbreiten. Begebt euch nie ohne eure Blase mehr als einige Meter aus eurem Körper hinaus in die Welt, und visualisiert immer Amethystlicht in ihrer Außenoberfläche. Euer Altar ist der einzige Ort, an dem ihr eurer Blase erlauben könnt hinauszugehen, so weit sie will. Nehmt dann eine Prise oder einen Teil eurer Segnungssubstanz, nährt damit die vier Himmelsrichtungen und betet zu ihnen. Bittet die Tiere zu euch herein, denn bald werdet ihr das Geschenk der dritten Dimension erleben: Freiheit. In diesem Altar seid ihr frei, und bald werdet ihr fliegen.

Wenn ihr mit den ersten drei Dimensionen gearbeitet habt und eure eigene Welt errichtet, haltet eine Konferenz mit den zweidimensionalen Elementarwesen und den vierdimensionalen archetypischen Wesen ab, die gekommen sind, um mit euch zu teilen. Vielleicht wollen sie mit euch sprechen, durch euch channeln, wollen, daß ihr mit ihnen singt oder trommelt oder eine Pfeife mit ihnen raucht (wenn ihr eine Pfeife bei euch tragt). Sobald ihr sie fühlt und die Verbindung spürt, entzündet ein bißchen Salbei, ein Feuer oder Weihrauch – je nachdem, was sie eurem Gefühl nach wollen –, und taucht tief in euer Inneres, während der Rauch die Luft erfüllt. Wenn ihr starke Gefühle bei ihrer Ankunft empfindet, laßt euch viel Zeit zum Atmen, zum Verarbeiten oder zum Weinen. Seid ihr nervös oder ängstlich, so atmet, hebt die Hände auf Brusthöhe vor eurem Körper und stellt euch vor, ihr hieltet diese Wesen, als seien sie ein Teil von euch. Laßt alle diese Gefühle durch euren Körper strömen.

Betet mit den Lehrern, die gekommen sind; dankt ihnen für ihre Anwesenheit. Raucht eure Pfeife mit ihnen; erspürt sie mit Handbewegungen in der Luft; musiziert mit ihnen. Arbeitet so lange mit ihnen, wie ihr sie in eurem Körper fühlt. Denkt daran, ihr habt großartige Grenzen, und ich will damit nicht sagen, daß sie auf euch übergreifen sollen, denn *ihr seid in diesem Kreis souverän.* Wenn ihr euch mit ihnen verbindet, werdet ihr sie tatsächlich fühlen können. Das ist ihr Geschenk an euch dafür, daß ihr sie willkommen geheißen habt: Ihr erfahrt damit, was in eurem Körper wirklich vorgeht, und es gibt vielleicht etwas, was ihr wirklich wissen müßt. Wenn ihr vertrauter mit ihnen werdet, *erinnert euch daran, daß sie immer nichtphysisch und im Grunde eure eigene innere Geschichte sind.* Stellt euch auf euren Körper ein und fühlt die Stellen, an denen sie sitzen, indem ihr auf ein leichtes Stechen, einen Krampf, eine Schwere, ein Prickeln achtet. Wenn ihr es fühlt, schließt eure Augen und reist an diese Stellen, verweilt dort und empfangt die Lehre der lokalen Energie. Bewahrt unbedingt ein Tagebuch in eurem Altarraum auf, falls ihr etwas aufschreiben möchtet. Hört auf sie. Wenn sie tibetanische Glocken oder Klangschalen oder eine Trommel hören wollen, spielt auf diesen heiligen Lehrern. Die archetypische Welt wird durch Klang großartig aktiviert, und sie lieben besonders Rasseln, klappernde Muscheln und Kratzgeräusche. Laßt sie ihre Geschichte erzählen, laßt es euch gutgehen.

Die Kraftlinse der vierten Dimension sind eure Gefühle. Wenn ihr mit den archetypischen Lehrern gearbeitet habt, die in eurem Umfeld von euch willkommen geheißen wurden, empfindet ihr ein paar sehr tiefe Emotionen. Diese werden von Führern verursacht, die euch zu Ebenen höherer Dimensionen tragen können. Sie treten erst dann voll in Erscheinung, wenn ihr mit den archetypischen Wesen gearbeitet habt, die als erste euren Raum aufsuchen. Die archetypischen Wesen sind Teile eurer selbst, die ihr klären müßt, und wenn ihr das erledigt habt, kann sich neue Kreativität manifestieren. Bei der Ankunft dieser »weichen« Geister müßt ihr ein Gespür für sie, für ihre Geschichte, vielleicht für die Klänge, die sie mögen, haben oder euch darauf konzentrieren, von welchem Gegenstand auf eurem Altar sie herbeigerufen wurden. Wenn ihr euch einfach eine Weile mit ihnen befaßt, indem ihr zusammen etwas in eurem Kreis tut, wird sich ein wahres Gefühl für sie einstellen. Der wichtigste Trick dabei ist, euren Impulsen zu folgen – vielleicht eine Kerze zu entzünden, eurer drittes Auge mit Wasser zu befeuchten, einen Totemgegenstand zu streicheln und zu chanten.

Je mehr solche Zeremonien ihr abhaltet, desto öfter werdet ihr ihnen begegnen und sie kennenlernen, so wie ich die Plejadier kennengelernt habe. Ihr werdet nicht oft auf Meditation verzichten wollen! Ihr werdet fasziniert von ihnen sein, wenn sie euch die Welt durch ihre Augen zeigen. Ihr werdet eine leise Annäherung spüren, fast so, als sei tatsächlich jemand bei euch. Vielleicht seht ihr etwas, vielleicht auch nicht; das macht nichts – auf irgendeine Weise werdet ihr es erfahren. Möglicherweise fühlt ihr einen Schauer im Rücken oder im Nacken. Schließt eure Augen, visualisiert Ge, spürt die Elementarwesen unter euch, spürt euren eigenen Körper in der Mitte, die Energie über euch wie einen Baldachin. Dann streckt eure Wirbelsäule, haltet den Kopf hoch, atmet tief ein und visualisiert all das Licht, das in Millionen von Wellen in den Baldachin über euch fällt.

Die Kraftlinse der fünften Dimension ist die Liebe. Entspannt euch, macht es euch richtig bequem, kommt zur Ruhe, schließt die Augen und atmet dreimal ein. Zählt beim Ein- und Ausatmen jeweils an euren Fingern bis fünf. Haltet beim Einatmen die Luft an, dehnt eure Lungen in den unteren und oberen Teil des Körpers aus; laßt eure Lungen beim Ausatmen soweit es geht zusammenfallen und verharrt in dieser Stellung. Sitzt da und fühlt, wie sich die Liebe von den Plejaden in eurem Körper ausbreitet und den Raum einhüllt. Jetzt beginnt mit euren Segnungen; denkt an alle Menschen, die heute besonders lieb zu euch waren, denkt an eure Kinder, euren Partner, eure Freunde, eure Eltern. Denkt an ein großartiges Geschenk, mit dem euch jemand gerade beglückt hat, oder an das gute Essen, mit dem ihr neulich verwöhnt wurdet. Macht euch bewußt, wie gesegnet ihr seid, und dehnt euch weiter aus. Denkt dann an Menschen, die ihr unterstützen oder heilen möchtet.

Die Plejadier wollen euch wirklich bei Heilungen helfen, weil dies ihre Spezialität ist. Große Krisen finden in der dritten Dimension statt, doch ihr werdet keine Probleme haben, wenn ihr Heilungen lernt. Wenn ihr wollt, könnt ihr im Zusammenwirken mit den Plejadiern folgendermaßen heilen: Beschreibt zunächst den Sachverhalt, der Heilung benötigt, ganz deutlich und vollständig, um ihn euch selbst genauestens bewußt zu machen. Wenn ihr euren Fall geschildet habt, fragt die Plejadier, ob sie der betreffenden Person helfen wollen oder nicht. Wenn sie ablehnen, unternehmt nichts auf eigene Faust. Ich meine es ernst! Erklärt euch einverstanden, euch um die betroffene Person keine Sorgen zu machen und ihr nur die notwendigste Freundlichkeit und Höflichkeit entgegenzubringen. Wenn die Plejadier sagen, ihr könntet der Person helfen, heißt das, daß sie wissen, daß eine Heilung innerhalb des kosmischen Gesetzes möglich ist. Wenn ihr nur euren Willen einsetzt, um Menschen ohne Gebet zu helfen, also beispielsweise die Plejadier um Rat fragt, manipuliert ihr unter Umständen die Wirklichkeit eines Menschen, der seine eigene Arbeit bereits beendet hat, und ihr zwingt ihn möglicherweise zur Wiederholung. Klammert und haltet Menschen nicht an euch fest, als wüßtet ihr, wer leben und wer sterben soll. Arbeitet täglich an euch selbst, damit ihr eure Einstellung zu eurem oder jemandes anderen Leben gegen eine Feder aufwiegen könnt. *Es geht nicht um Glück oder Sterben, sondern um Heilung, Liebe und Glück.*

Wenn die Plejadier zur Zusammenarbeit mit euch bereit sind, handelt mit ihnen aus, was ihr tun könnt und was nicht, und dann widmet euch unbeirrt dieser Arbeit, bis sie vollbracht ist. Ich warne euch: Ihr müßt vielleicht mehr von euch hergeben, als ihr ahnt, aber es wird in jedem Fall eine ekstatische Erfahrung sein. Einige von euch werden bis an den Rand der Erschöpfung gehen müssen, bevor sie Ekstase fühlen! Lernt alles über Heilungen, während ihr sie ausführt, und teilt dann diese wertvolle Information mit allen. Fühlt die Liebe der Plejadier, schenkt ihnen etwas –

zum Beispiel einen Augenblick der Liebe in eurem Herzen für die Kinder der Welt –, oder öffnet euch, um zu hören, ob die Plejadier irgend etwas Bestimmtes von euch verlangen. Laßt sie dann ausruhen. Denkt an all die Liebe in eurer Welt und erinnert euch daran, daß die Plejadier Gefühle nur dann verstärken können, wenn diese euren Körper durchströmen.

Die Kraftlinse der sechsten Dimension ist die heilige Geometrie. Sitzt ruhig in eurem Raum und reflektiert in Ruhe über das Geschehene. Euer Altar ist ein sechsdimensionales Gebilde, weil ihr alles mit tiefen Gefühlen den vier Himmelsrichtungen entsprechend hingelegt habt. Ihr braucht es nur zu aktivieren! Ein Element, ein Gedanke, eine Vision wird plötzlich auftauchen; nehmt es einfach zur Kenntnis und bleibt ruhig sitzen. Laßt euren Blick auf den Gegenständen um euch herum ruhen und nehmt wahr, ob euch irgend etwas anzieht. Oft kommt auch eine Katze herein, sogar eure eigene echte Katze. Wenn euch etwas anzieht, hebt es hoch und befaßt euch eingehend damit. Haltet und dreht es mehrmals im Licht; spürt die Felder ringsherum, die ihr vielleicht allmählich sehen könnt. Wenn ihr diese feinen Felder spürt, betrachtet den Gegenstand einfach und visualisiert, wie die Lichtlinien von seinen Oberflächen und Winkeln ausgehen. Haltet ihn in eurer Handfläche, betrachtet ihn und fühlt, wie die Linien in sein Inneres dringen. Reist auf einer Linie in den Geist des Wesens hinaus, das ihn erdacht hat. Erinnert euch: Ihr kennt die Geschichte von allem, was sich in diesem Raum befindet. Ihr könnt zu seinem ursprünglichen Erschaffer hinausreisen, zu dem Stamm, der als erster seine Geschichte erzählte, zu dem Menschen, der ihn euch gab, oder zu dem unterirdischen Ort, von dem der Stein stammte. Alles, was je diesen Gegenstand berührt oder gekannt hat, ist immer noch mit ihm verbunden. Bald werdet ihr erfahren, warum euch gerade dieser Gegenstand angezogen hat. Wenn dies in eurem Geist Gestalt annimmt, bringt ihn sanft vor euren Körper und schließt eure Augen.

Die Kraftlinse der siebten Dimension ist das Licht. Legt die Hände auf eure Augen, die Handflächen auf die Wangen. Die Arme hängen dabei bequem nach unten. Schiebt die Finger in die Augenhöhlen, bis ihr kein Licht mehr einfallen seht. Haltet die Finger dabei geschlossen. Drückt nicht auf eure Augen. Ihr sperrt lediglich das Licht aus, versucht aber nicht, Druck auf eure Augäpfel auszuüben. Macht es euch bequem; sitzt so lange in dieser Position, bis euch ein blauschwarzer Raum umfängt, welcher der dunkle Raum in eurem eigenen Körper zu sein scheint. Bewegt euch über euren Körper hinaus, über die Erde hinaus, aus der Erdatmosphäre hinaus, weg von der Sonne an den Rand des Sonnensystems. Wenn ihr euch außerhalb von Pluto und Neptun befindet, betrachtet euer Sonnensystem als einen Ball mit der Sonne als Mittelpunkt. Stellt euch eine Linie vom Mittelpunkt der Sonne bis hinaus zu Alcyone vor und reist im tiefen Weltraum nach Alcyone. Es herrscht unglaubliche Dunkelheit, und dann nehmt ihr vor euch ein gewaltiges Licht wahr, als ob es ein nukleares (»neuklares«), pulsierendes, lebendiges Licht wäre. Bewegt euch direkt hinein.

Wenn ihr in Alcyone drin seid, bemerkt ihr eine riesige Lichtautobahn, die ins Galaktische Zentrum und über Alcyone hinausführt, in entgegengesetzter Richtung zu Orion, wo das Treffen der Galaktischen Föderation stattfindet. Ihr könnt auch Orion aufsuchen, wenn ihr an Machtthemen arbeiten möchtet. Oder wenn ihr während einer Meditationszeit keine Machtfragen zu klären habt und euch ausgeglichen und zufrieden fühlt, bedankt euch bei euch selbst dafür, daß ihr euch mit eurer Kraft wohl fühlt. Holt ein paarmal Atem, reflektiert einen Augenblick länger und beginnt, mit der neunten Dimension Zwiesprache zu halten. Bewegt euch über den Photonenring ins Zentrum der Galaxis und haltet bei der nächsten Kraftlinse an.

Die Kraftlinse der achten Dimension ist Macht. Jedesmal, wenn ihr in einem unlösbaren Konflikt steckt – Zank, Spannung, Beziehungsstreß, der euch auslaugt –, tretet in euren Kreis und trefft euch mit uns. Sitzt mit einem Gespür für euer Selbst in eurem Zentrum, bittet die betreffende Person oder die Frage in den Kreis und haltet eine Konferenz ab. Bittet sie zuerst, euch zu sagen, wie sie sich fühlt. Wenn ihr diesen Teil der Person seht, betrachtet ihn aus ihrer Sicht möglichst genau. Bringt soviel wie möglich über sie in Erfahrung. Sprecht mit ihr darüber, wie ihr *beide* etwas verbessern könntet. Sagt der Person, daß ihr weiterhin mit ihr arbeiten werdet, falls sie mit euch arbeitet. Setzt niemals Energie ein, um jemandes Gedanken oder Handeln zu beeinflussen. Ihr habt nur ein

Anrecht auf eine Unterhaltung, um Fragen zu erörtern, die euch beide betreffen.

Versetzt euch in euer Leben zurück und unternehmt im Rahmen euer Konferenz etwas mit dieser Person. Wenn sich die Energie in der dritten Dimension nicht verlagert und die Person euch euren Frieden raubt, weil sie nicht mit euch arbeiten will, dann geht weiter und lebt euer Leben so, als gäbe es diese Person nicht. Gesteht euch im Innern ruhig ein, daß ihr immer noch gern mit ihr befreundet wärt, aber akzeptiert, daß dies nicht möglich ist. Legt alle Gegenstände dieser Person ins Dunkle und vergeßt sie. Denkt in diesem Umfeld nicht mehr an sie. Wenn ihr wollt, könnt ihr einen Gegenstand aber immer wieder hervorholen und nach mehr Verständnis suchen. *Wenn euch jemand ein Geschenk gemacht hat, hat er euch einen Teil seiner selbst gegeben, und wenn er es nicht zurückverlangt, könnt ihr immer mit ihm Zwiesprache halten, wenn ihr wollt.* Fordert jemand einen Gegenstand zurück, so gebt ihn stets zurück, denn niemand kann in euch eindringen, wenn ihr nichts mehr von dem besitzt, was er zurückverlangt. Wenn ihr das Gefühl habt, jemand habe etwas von euch und versucht euch zu beherrschen, verlangt es zurück. Auch wenn er euer Geschenk nicht herausrückt, kann er euch nichts mehr anhaben. Die Tendenz der Ureinwohner Amerikas, mit Geschenken sehr vorsichtig umzugehen, kommt in dem Begriff »Indianischer Geber« zum Ausdruck.

Niemand hat Grund, euch gegen euren Willen zu beeinflussen, wenn ihr euch an die Schenkungsgesetze der achten Dimension haltet. Nehmt es mit diesen Grenzen sehr genau. Selbst wenn euer Feind euer Vorgesetzter ist, könnt ihr unsichtbar sein und keine Energie mit dieser Person erzeugen; wenn das nicht geht, kündigt. Das gleiche gilt für die Ehe. Es gibt auf der Welt überhaupt keinen Grund, sich in eurer Wirklichkeit über längere Zeit hinweg mit irgend jemandem auf einen Machtkampf einzulassen.

Sobald ihr euch erinnert, wie es in der dritten Dimension mit intakten Grenzen ist, könnt ihr diese Meditation auf einer Pritsche in einer Gefängniszelle mit vier anderen Insassen abhalten. Ihr könnt diese Meditation während der Arbeit am Schreibtisch in der Gegenwart kleiner Kinder durchführen. Wie ist das möglich? Weil ihr für diese Meditation nur euren Körper braucht, die Grenzen eures Körpers, und wissen müßt, wo Norden, Süden, Osten und Westen liegen. Ihr solltet alle diese Ebenen der Konzentration erlernen, indem ihr etwas Besonderes mit euren Lieblingsgegenständen erschafft und diese Techniken zunächst in angenehmer und ruhiger Umgebung erlernt. Alle Kinder sollten eine unantastbare Privatsphäre irgendwo in ihrem eigenen Heim haben, damit sie lernen, Grenzen zu setzen.

Die Kraftlinse der neunten Dimension ist die Rückkehr zum stellaren Selbst. Als nächstes sind die Maya an der Reihe und werden euch zeigen, inwiefern das Ende des Maya-Kalenders die Rückkehr zum Licht-Zeitalter bedeutet. *Am Ende des Maya-Kalenders werden alle anderen dimensionalen Intelligenzen, die jemals mit euch in irgendeinem Raum im Universum interagiert haben, in die Erde zurückgesogen, um ihr Bewußtsein mit dem euren zu vereinen.* Das ist ein echter Zeitwirbel, der alle Dinge enthält. Die zweidimensionalen Elementarwesen und die Energien auf der vierdimensionalen Ebene haben keinen Körper, deshalb benutzen sie euren; den Plejadiern fehlen eure polarisierten Gefühle, deshalb senden sie euch Liebe, um Haß umzuwandeln; die Sirianer besitzen nicht euren Geist, deshalb erfühlen sie euch mit Lichtgeometrie, damit ihr zu Sehern werdet. Die siebendimensionalen galaktischen Informationsbahnen wiederum wandeln die Identität der Erde um; achtdimensionale Konferenzen werden abgehalten, um eine neue Ordnung in eurem Sonnensystem zu erschaffen; und die neundimensionalen spirituellen Lehrer geben euch den Impuls zur Ekstase, wenn sie sich mit euch verbinden können.

Photonen hüpfen wie Popcorn auf den Plejaden und Gaia herum

Ich, Satya, weiß, daß ihr jetzt endlich Tzolk'in begreifen müßt. Das wird so sein, als schautet ihr mit einem Spiegel durch euren eigenen visuellen Wirbel. Aus fünfdimensionaler Sicht, falls irgendeine andere Perspektive ein bißchen Licht darauf wirft, sieht das wie folgt aus: Ich sehe, daß sich in eurem Reich Photonen bilden, und auf diese Art kann ich in euch lesen. Bei der Bildung von Photonenpaaren wird das Antiteilchen von einem Teilchen absorbiert, und daraus wird Licht. Aber was geschieht mit dem Licht?

Das Licht wird zu fünfdimensionaler Information, und die Information aus eurem Reich ist erstaunlich! Wir Plejadier finden gerade durch euch mehr über alle anderen kosmischen Intelligenzen heraus! *Ihr seid das Theater!*

Könntet ihr eure eigene Dimension auf die gleiche Weise betrachten wie ich, wärt ihr verblüfft darüber, wie sie sich mit Photonen füllt, die wie hüpfendes Popcorn in der dritten Dimension aussehen, und die aufgeplatzten Maiskörner sind Menschenleben, in denen wir lesen. Eure karmische Reinigung beschleunigt sich, wenn die Positionen in eurem Körper freigesetzt werden und mit ihren entsprechenden Elektronenzwillingen kollidieren. Diese Zwillinge werden aus der ganzen Galaxis – der multidimensionalen Säuberung und Verschmelzung – zu euch hingezogen. Mittlerweile ist der Prozeß schon weit vorangeschritten, und wir können sehen, wie diese Elektronen Miasmen, eure biologischen Aufzeichnungsbanken des Urschmerzes, in euren physischen Körper vergraben. *Es war für euch niemals wichtiger zu merken, daß Gedanken euren Körperzustand regulieren.* Wenn ich in die Dimensionen unterhalb von euch blicke, ist das, als schaute ich durch das Auge einer Libelle oder Biene. Ich sehe vibrierende Hologramme von einer Million gebrochener Linsen, und in Gaias Tempel spüren wir die enorme Energie eurer holographischen Felder – Informationsfelder, die in unendlich kleine Linsen oder Myriaden von Doppelformen gespalten sind, die sich im ganzen Kosmos wiederholen.

Bei der Bildung von Photonen bewegen diese sich allmählich in schwingenden Wellen auseinander, und ich habe beide Paarteile in meinem Geist. Schließlich schwingt das Bewußtsein in seinen Sternenzwilling; ich erkenne seine galaktischen Codes und weiß dann, welches Bewußtsein tatsächlich auf Gaia existiert. So kann ich »in euch lesen«. Unsere plejadische Mentalität kann mit all diesen Informationen umgehen, weil unsere Nervenverbindungen aus nichtmaterieller Faseroptik – ektoplasmischen Schwingungen mit etwas neuroelektrischer Ladung – bestehen. Die Fiberoptik ermöglicht es euch, grenzenlose Gedanken wie die unseren zu begreifen.

Ich möchte euch gern daran erinnern, was eure Biologie so wunderbar unendlich macht – *DIE LIEBE.* Uns wird nicht einer eurer Gedanken abhanden kommen, und ihr werdet keine eurer

Spezies verlieren, wenn ihr einfach seht, daß es keine Begrenzung gibt. *Hört auf, die materielle Welt zu vermissen!* Wenn ihr euch in den Photonenring hineinbewegt, können euch anfangs Daten überwältigen, weil die aberhunderttausende verlorenen Paare eurer selbst wieder verfügbar sind. Die Ankunft des Photonenrings ist wie eine Familienzusammenkunft mit ganz vielen Verwandten.

Wenn ihr aufwacht und euch an diese schlummernden Teile eurer selbst erinnert, werden wir uns auf Alcyone gleichzeitig mit euren Aufzeichnungen beschäftigen, und das wird während der ganzen Aktivierung bis zum Jahr 2013 so sein. *Der Zweck dieser Daten ist die Vereinigung eures planetaren und stellaren Selbst.* Wir haben in euch bereits den Impuls ausgelöst, die neundimensionale Form zu beherrschen, und diese neue galaktische Struktur hilft euch dabei, Daten zu bewahren. Wir sind den Sirianern dankbar, daß sie die Struktur dieser Form im Sonnensystem durch die Geschichte des Heiligen Zwillings an ihrem Standort aufrechterhalten.[13] Je mehr ihr eure Leidenschaft und Neugierde entzündet, desto eher können wir euch erreichen. *Wir haben eine Liebesaffäre mit eurem Geist, und wenn ihr fasziniert seid, vibriert ihr viel schneller.* Wir haben eure Aufmerksamkeit gefesselt, und nur mit Hilfe dieser leidenschaftlichen Suche werdet ihr zentriert und mit neun Dimensionen in Einklang bleiben. Millionen von euch suchen beispielsweise nach Geheimräumen unter der Großen Pyramide. Ihr spürt, daß diese Geheimnisse noch zu euren Lebzeiten offenbart werden, doch viele von euch haben sich so eingehend mit esoterischer Literatur beschäftigt, daß sie wissen, daß Millionen vor euch diesen Weg beschritten haben und nicht fündig geworden sind. Nun, jetzt ist die Zeit gekommen, und einigen von euch wurde die Antwort schon zuteil. Diese Räume unter der Pyramide sind leer, weil es ihre Bestimmung ist, die verlorengegangenen Photonenpaare aus dem ganzen Universum zu vereinen, und die Sphinx wird einfach nur dasitzen und in die Sonne lächeln. Alles ist eine Frage der Wahrnehmung.

Die Sirianer sind die Führer für das Bewußtsein der Sonne in der Galaktischen Nacht. Wenn wir es wagen, Tzolk'in zu befragen, müssen wir das Feld der Dunkelheit definieren, welches das Licht der Sonne und der Zeit abgrenzt, bevor ihr auf der vertikalen

Achse reist. Anubis steht momentan als einziger Führer zur Verfügung, um euch als Hund-Wächter der Galaktischen Nacht durch die Dunkelheit des tiefen Weltraums zu geleiten. Ich habe wenig über Tezcatzlipoca gesagt, obwohl er im Azteken-Maya-System der Wächter der Galaktischen Nacht ist. Tezcatzlipoca beschützt die eingeborenen Maya in den Höhlen von Toniná, und wenn die Wächter von Toniná und Palenque bereit sind, wird sogar er seinen Griff um das Maya-Volk Mexikos lockern. Ihr könnt euch nicht vorstellen, welch großartige Wesen Anubis und Tezcatzlipoca sind ... Sie halten das Licht in Form.

Wir Plejadier von Alcyone sind die Partner der Sirianer. Wir kümmern uns um euer Sonnensystem, während ihr euch im Photonenring befindet, und die Sirianer kümmern sich um es, wenn ihr die Galaktische Nacht durchquert. Sie nehmen euch auf die lange Reise mit, und wenn ihr in unseren Aktionsradius zurückkehrt, lassen sie euch bereitwillig ziehen. Sie sind große Bibliothekare und arbeiten auch mit dem Gaia-Tempel in unserem Kern. Ihre Delphine schwimmen als eure Göttinnen in unseren Kanälen, und ihre Gefährten meditieren auf ihren Rundgängen um Ge. Plejadier und Sirianer arbeiten beide mit den Tempeln in Ägypten. Die Sirianer besitzen sämtliche Aufzeichnungen und das Geheimwissen über alles, was sich seit 8880 v. Chr. ereignet hat, und wenn die Sirianer dieses Wissen freisetzen, arbeiten die Plejadier mit euch, damit ihr eure Herzen öffnet und lernt, im erweiterten Feld zu heilen. Infolge der Allianz von 1994 wird die Datenbank immer mehr geöffnet, und wir müssen Themen untersuchen, die der Heilung bedürfen, die sich aus dieser Öffnung ergibt. Deshalb ruft Tzolk'in: »*Conquistadores!*« Gebt diese Aufzeichnungen frei! Greift jetzt nach diesem Wissen! Wir Plejadier fragen Anubis nur noch einmal: *Warum kamen die Nachfolger Christi ins Maya-Land und brachten uns in seinem Namen um?*

Anubis erzählt die wahre Geschichte von Christus

Die erste Stimme, die uns erreicht, ist die von Dr. José Argüelles, der ruft: »Vom Ende des Zyklus im morphogenetischen Feld zu sprechen, dessen Kalender bewußt oder unbewußt von der Gegenwart und der Vision der historischen, Christus genannten Gestalt dominiert wird, bedeutet, das Schreckgespenst Armageddon heraufzubeschwören – eine Wiederkunft des Herrn, der eine furchterregende abschließende Feuersbrunst vorausgeht, die Vernichtung bedeutet.«[14] Auf diese Stimme folgt die von Anubis.

»Ich, Anubis, bin hier, um euch genau zu sagen, was los ist. Christus manifestierte sich zur Stunde Null in der Geschichte, um die Menschheit zu Empathie – der höchsten Vibration des Fische-Zeitalters – zu führen. Empathie öffnet den Menschen den Zugang zur Spiritualität, und Christus kam als Modell des neundimensionalen Menschen, der ihr alle im Wassermann-Zeitalter sein werdet. Er stammte aus einem ganz alten planetarischen Geschlecht und brachte das Instrument für höchste Kreativität, das menschliche Gewalt umwandeln kann – die Eucharistie. Er überbrachte seine Blutlinie durch die Göttin – Magdalena. Er heiratete die Isis-Priesterin des zentralen Göttinnentempels in Jerusalem, und über Isis fügte er Osiris' Phallus wieder an und verlieh dem Mann wieder ein Glied. Er pflanzte seine Sternencodes in Maria Magdalenas physischen Körper, und anders als Horus, ein Geistkind, kam die Tochter von Christus und Maria, Sa Ra, zur Welt und hat jetzt einhundert Generationen gezeugt.[15] Christus lebt in der DNS all eurer Körper und verhilft euch in eurer Welt jetzt zu Souveränität. Es wird keine Wiederkunft und keine Gesamtvernichtung mit Ausnahme der auserwählten 144 000 geben, weil die Maya eure Genozidwelle vor 500 Jahren absorbierten. Als wärt ihr Bakterien, verarbeiteten sie euch mit ihrem Körper, und jetzt werden die Maya dieser Entmannung nicht zustimmen. *Ihr werdet sehen, wer der Christus ist, und nicht um einen anderen bitten.*

Ich, Anubis, will, daß ihr das wahre Wort Gottes – die Gute Botschaft – hört: Christus aktivierte Gaias Geist in den Pflanzen, und bald wird die Sonne Christus während dieser folgenden und letzten Phase der Zeit in eurem Blut erwecken. Ihr sollt jetzt endlich die Wahrheit erfahren: Die Kirche hat sowohl Christus entmannt als auch die alchimistische Lehre, die er auf die Erde brachte, begraben. *Christus brachte euch Gaia-Alchimie, indem er Pflanzen in Blut verwandelte; sein Blut fließt in euren Adern, und das ist euer Gegengift gegen* die Geisteskontrolle. Dieses Elixier enthält die dionysisch-heidnischen Erinnerungscodes, die Gaia während des

Wassermann-Zeitalters beschleunigen werden. Das Welt-Management-Team lenkte euch von diesem Wissen ab, indem es euch Süchten auslieferte, und deshalb habt ihr die Pflanzenkraft – die Sonne in den Trauben – vergessen. Sobald ihr euch die Vorstellung angeeignet hattet, daß alles auf eurem Planeten negativ ist, konntet ihr euch nicht mehr darauf konzentrieren, wie ihr Dinge in eurer Wirklichkeit benutzt. Dann verlort ihr den Zugang zu den »chirotischen Pflanzen« – die das Ätherische am wirkungsvollsten aktivieren, wie beispielsweise gegorene Pflanzen, Pilze, Gewürze und Tabak. Heiliger Rauch läßt Geist in der Luft sichtbar werden! Denkt über Wandlung – eine Substanz zu einer anderen machen – nach. Christus führte Alchimie an seinem eigenen Körper vor, indem er vergorenen Traubensaft in sein Blut umwandelte. Wenn ihr in den Photonenring eintretet, muß die wirkliche Wahrheit über Christus euch gehören. Diese großartigen Gaben müssen anerkannt werden, sonst wird eure Wirklichkeit zerrissen werden. Christus' Handlung ist euer Schlüssel, um Armageddon zu verhindern und euch für das Wassermann-Zeitalter zu entscheiden.

Zur Stunde Null hatten die Anunnaki, die in Menschengestalt auf der Erde 3760 Jahre lang inkarniert waren, vor, die Erde zu beherrschen. Die Zeit sollte stillstehen und mit ihrem Kalender neu beginnen. *Das war der größte Versuch von Machtübernahme, den die Erde je erlebt hatte.* Die Erde sollte aber laut der Galaktischen Föderation frei sein, deshalb kam Christus und führte die Eucharistie zur Aktivierung des Pflanzenreichs, Gaias Wohnstätte, ein. Das wühlte das zweidimensionale tellurische Reich auf, das wiederum das Blut der Menschen in Aufruhr brachte. Christus tat dies, nachdem er Maria geschwängert hatte, und die Eucharistie in Verbindung mit seinem tatsächlichen Eintritt in eine Blutlinie beschleunigte die Elementarwesen erst recht. Dies aktivierte euch und die Erde, und jetzt findet eine Symbiose statt. 72 Schüler beobachteten, wie Christus Wein in sein Blut umwandelte, und sie wurden sofort zu 72 Individuen, die einen neundimensionalen Menschen betrachteten. Wie sie so verdattert vor Christus standen – einfach nur wegen der Vibration seiner Aura –, erwachte ein jeder in allen neun Dimensionen gleichzeitig. Das Kundalini, das in ihrem Körper aufstieg, verschlug ihnen den Atem und schüttelte sie, und das war Pfingsten. Nur wenige von ihnen hatten Christi

Lichtkörper – *ka* – gesehen, als er sich *verklärte,* und als sie sich ihre Arme, Beine und sich gegenseitig anschauten, bemerkten sie das atomare blauweiße Licht ihres *ka.*[16] Dieser Kraftausbruch verband sich mit allen antiken Kraftpunkten, über denen später Kirchen errichtet werden sollten. Die Verwandlung von Menschenblut begann, und nach 2000 Jahren der Beschleunigung öffnet sich jetzt das kollektive menschliche Herz. 1972 führte ich, Anubis, sirianische Lichtausdehnung ein und verknüpfte sie mit diesen hervorragend gepflegten Kraftwirbeln, und jetzt beschleunigen plejadische Vibrationen eure Herzen.

Nun, damit hatten die Römer nicht gerechnet, als sie auf Nibiru warteten, also sollten sie als nächste das Auserwählte Volk sein! Das einzige, was man mit diesem Rebellen tun konnte, war, ihm die Instrumente wegzunehmen! Die Eucharistie wurde mit allem Drum und Dran aufgeschluckt und zum Hauptritual der römisch-katholischen Kirche für das Fische-Zeitalter. Die Römer beschlossen, sie als Treibstoff zur Bekehrung der Welt einzusetzen. Um die Macht übernehmen zu können, entfernten sie zuerst Maria Magdalena aus den Aufzeichnungen. Später, nach der Ermordung der Katharer, sollten alle Priester unverheiratet sein, damit die Menschen endlich glaubten, daß Christus unverheiratet war. Das sollte die mögliche Entdeckung der Blutlinie verhindern, denn selbst wenn die DNS überlebte, würde niemand glauben, daß das stimmte. Wacht auf! *Christus rührt in eurem Blut!* Die Römer dachten, sie hätten die Eucharistie entmachtet, aber sie begriffen nicht, was Christus eigentlich tat. Sie dachten, sie hätten sie ganz gestohlen, indem sie sie zu ihrem zentralen Sakrament machten und dann damit die Katholiken manipulierten und beherrschten. Das aber bot mir, Anubis, und den Plejadiern die Gelegenheit, sie bei jedem Gottesdienst für fünf- und sechsdimensionale Aktivierung auf der ganzen Erde zu verwenden.

Als Sirianer nahm ich, Anubis, den Gottesdienst zum Anlaß, um heilige Geometrie aus den planetarischen heiligen Stätten zu den Sternen zu senden; das nährte beständig das tellurische Reich und lockerte das Netz. Die Plejadier und ich benutzten es gemeinsam, um Menschen zu heilen und ihre Herzen zu öffnen. Dies wurde bis im Jahr 1100 n. Chr. so leidenschaftlich und intensiv, daß eine multidimensionale Frau namens Hildegard von Bingen die Alchimie in die ganze Welt des Mittelalters aussandte. Als Reaktion auf all diese Fische-Leidenschaften sorgte der Vatikan für eine Stillegung, und das Netz begann sich wirklich ernstlich zusammenzuziehen. Falls ihr euch besorgt fragt, ob ihr das durchsteht, beachtet einfach, daß Hildegard von Bingen jetzt auf der CD-Bestsellerliste steht! Wer von euch tiefverwurzelte katholische Codes hat, sollte sich das anhören! Hört euch Hildegards »Visionen«-Musik an und lest ihre Worte! *Ihr braucht nichts von dem, was ihr liebt, aufzugeben.*[17]

Durch die dauernde Umwandlung von Wein zu Blut entstand über dem Kelch – dem Gral – ein beeindruckender holomorphischer Baldachin, und dieser sog die kristallinen Codes der höheren Dimensionen auf. Mit dieser besonderen Zeremonie, die ein siriaisch-heidnischer Volksverhetzer, Dionysos, erfunden hat, ließen sich alle neun Dimensionen 2000 Jahre lang offenhalten. Die frühen mittelalterlichen Werke von Hildegard, Thomas von Aquin, Albertus Magnus und Meister Eckhart reflektierten die Macht dieser Vibration, bevor die römisch-katholische Kirche sich für das Netz, statt für das Licht-Gewebe entschied. Schließlich kam der Vatikan dahinter, daß dies die Menschen aktivierte, und er beschloß, das Problem aus der Welt zu schaffen. 1208 massakrierte man die Katharer auf Montsegur, dann führten die Dominikaner 1233 die Inquisition ein. Sie verspritzten euer Christusblut über einer der mächtigsten tellurischen Zonen auf der Erde.[18] In diesem hoffnungslosen Kampf gegen das Heidentum reinigte sich Montsegur selbst, indem es in seinen eigenen Flammen aufging. Mit der Entwendung der alchimistischen Umwandlung Christi verursachte die römisch-katholische Kirche eine Kernschmelze.

Dieses ganze Chaos löste große planetarische Empathie aus, die für die Umwandlung des Planeten während des Fische-Zeitalters notwendig war. Ihr werdet zu Pflanzenmenschen werden, die unfähig sind zu töten, und ihr werdet all das besser verstehen, wenn das Wassermann-Zeitalter heranreift. Diese Epoche könnte kalt und zu seicht sein. Es könnte eine Form entstehen, die tiefe Gefühle nicht respektiert; und bitte denkt daran, daß ihr euch alle dafür entschieden habt, es so auszuleben, wie ihr es getan habt. Das Fische-Zeitalter ist zutiefst dualistisch, weil Fische ein wan-

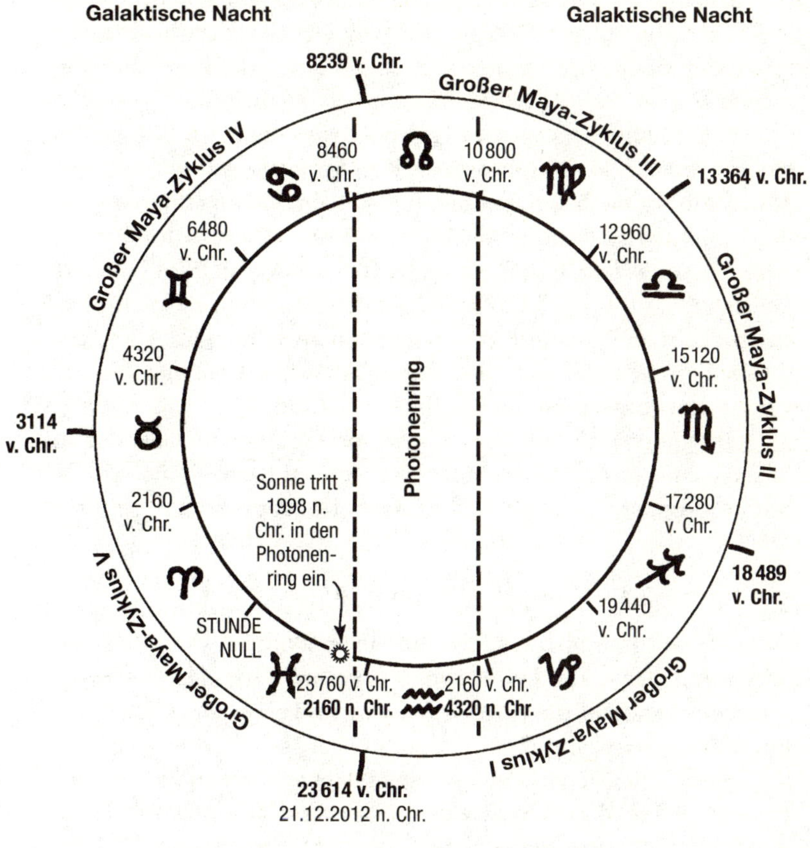

Abbildung 14: Die große Geschichte der Zeit

delbares Zeichen ist, das Energie vom Widder-Zeitalter – der Aktivierung männlicher Kraft – an das Wassermann-Zeitalter – multidimensionaler Mensch in einem Körper auf der Erde – weitergibt. Die guten Seiten der Fische-Vibration sind Mitgefühl und Sanftheit, es ist ein Zeitalter, welches das Herz öffnet. Natürlich war das römische Reich auf dieses neue Bewußtsein nicht gefaßt, als es sich anschickte, die Weltherrschaft zu übernehmen. Eure heutige Welt ist nicht auf die Energie des Wassermann-Zeitalters vorbereitet, und doch wird es unwiderstehlich durch die Präzession eintreffen.[19]

Die Erfüllung des Moses-Gesetzes war, daß ein Messias in einem nibiruanischen Tempel zur Welt kommen sollte. Es war geplant, daß ihr euch zur Stunde Null totalem Gehorsam unterwerfen solltet. Mir ist aufgefallen, daß ihr nicht gern gehorcht, und *man bewundert euch in der ganzen Galaxis wegen euer Freiheitsliebe!* Jetzt, am Ende des Fische-Zeitalters, braucht ihr nicht nach einer Flasche Wein und Oblaten zu suchen. Es wäre aber gut, wenn ihr sehen könntet, daß die vollständige Implantation von Christusbewußtsein in die Blutlinie zur Stunde Null in den letzten 500 000 Jahren die wirkungsvollste Bewegung weg von der nibiruanischen Kontrolle eurer Wirklichkeit war. Warum? Die Stunde Null ist Tzolk'ins, nicht Cäsars Konzept.«

Tzolk'in webt die Geschichte der Zeit

»Vor 25 607 Jahren beschloßt ihr, ein individuelles menschliches Wesen mit bewußten Erinnerungen an eure Vergangenheit sowie scharfem Verstand für eure Gegenwart und einer glücklichen Zukunft zu werden, die ihr nur durch eure Absichten erschuft. Ihr hattet vor, ein Mensch mit offenem Herzen, gesundem Körper, weisem Verstand und aktiviertem Geist zu werden. Damals führtet ihr ein einfaches Leben in eurer Welt. Der Baum und der Löwe wart ihr selbst. Ihr lebtet in einfacher Glückseligkeit, weil ihr fühlen konntet, daß die ganze Welt und alle Wesen daran teilnahmen, und ihr kanntet das Gefühl von Getrenntsein nicht. Eines Tages schautet ihr zum Himmel und beschloßt, erfahren zu wollen, wer ihr wart. Dazu mußtet ihr euch in eurer Welt sehen können. Dafür mußtet ihr euch objektiv betrachten. So begann eure lange Reise zur Selbsterkenntnis in eurer Welt. Ihr brachtet dieses Begehren zu mir, Tzolk'in, dem Hüter der Zeit in der Milchstraßengalaxis.

Ich, Tzolk'in, war von eurer Idee begeistert, also akzeptierte ich eure Bitte. Ich erschuf ein Spiel namens Geschichte, in dem ihr aktiv werden konntet, um euer selbstgestecktes Ziel zu erreichen. Wie bei jedem Spiel analysierte ich die Codes, die ihr tief in eurem Innern trugt, um die Rolle eines jeden von euch zu verstehen, und dann dachte ich mir die Bewegungen aus, die ihr beherrschen mußtet, um euren Plan zu verwirklichen. Das ist eine sehr lange Geschichte, die viele Bibliotheken füllt. Wie die Züge bei einem Schachspiel waren eure Bewegungen anfangs vorhersehbar, und ich werde mich nicht lange dabei aufhalten. Ich werde euch ein Allgemeingefühl eurer Bewegungen und eurer Strategie von 23 614 bis 3114 v. Chr. – den ersten vier Großen Zyklen des Großen Maya-Kalenders – geben und dann den fünften Großen Zyklus – 3114 v. Chr. bis 2012 n. Chr. – untersuchen.

Während des *Ersten Großen Zyklus* – 23 614 bis 18 489 v. Chr. – begannt ihr, euch in eurer Umgebung zu beobachten. Ihr maltet grüne Tiere auf Höhlenwände als Hintergrund für Steinaltäre des Bärenclans. Selbst damals respektiertet ihr die Heiligkeit von Blut, dem Lebenselixier, und eure Altäre waren zu Ehren der Tiere mit rotem Ocker gefärbt. Damals entdecktet ihr die Freuden von Kontemplation in der Dunkelheit. Zu Beginn dieses Zyklus während des letzten Wassermann-Zeitalters – 23 760 bis 21 600 v. Chr. – zogt ihr euch oft in tiefe Höhlen zurück, weil ihr euch im Photonenring befandet. Damals gleißten die Himmel vor blendendem Licht, Eisschollen schoben sich von den Polen herunter, und ihr bewegtet euch näher zum Äquator hin. Einige der Höhlen, in denen ihr betetet, hat man gefunden, und heute staunen die Menschen über ihre kontemplative Schönheit und kunstvolle Göttlichkeit.

Während des *Zweiten Großen Zyklus* – 18 489 bis 13 364 v. Chr. – machtet ihr einen großen, schwierigen Sprung in eurer Evolution durch, und diese Phase lagerte viele tiefe Erinnerungen in eurem Thalamus, dem Sammelpunkt von Bildern in eurem Gehirn, ein. Euer Sonnensystem befand sich während des Skorpion-Zeitalters – 17 280 bis 15 120 v. Chr. – weit draußen in der Galaktischen

Nacht, als die großen Himmelsgötter zur Erde kam. Damals lebtet ihr in Sippen, die große Entfernungen mit Hilfe eines weltweiten, aus aufrecht stehenden Steinen bestehenden Wegweisersystems zurücklegten. Ihr verfolgtet große Tierherden, um euch von ihnen zu ernähren, und verbrachtet die warmen Jahreszeiten am Meer oder an Flüssen und Seen, wo ihr euch an Pflanzen, Beeren und Fischen labtet. Die Welt erwärmte sich, und alles war wunderschön und leuchtete. Als die großen Götter die Erde aufsuchten, hattet ihr keine Ahnung, wer sie waren, aber ihr konntet spüren, daß sie über euch Bescheid wußten. Diese mächtigen Himmelsgötter – die Anunnaki –, welche die Erde benutzten, wurden zum Bild für eure aufkeimenden Gefühle hinsichtlich der Frage, inwieweit ihr euch von Tieren unterscheidet. Die Götter begannen euch Geschichten über ihren Herkunftsort zu erzählen; ihr verstandet sie nicht, spürtet aber, daß sie von weither kamen. Ihr schloßt daraus, daß sie Richtung Norden über das Eis zur Quelle eurer Legenden gegangen waren. Dann verließen sie euch eines Tages, und jedesmal im Frühling, wenn die Sonne leuchtete, suchtet ihr mit den Augen das nördliche Firmament ab, wartetet auf ihre Rückkehr und meißeltet ihre Bilder in Stein. Kurz vor ihrer Abreise brachten sie euch bei, wie man große Steinkomplexe und -wegweiser aufstellt, damit ihr das Ende der Reise der Sonne und deren Balancieren am Himmel sehen konntet. Nach sieben Generationen dachten die Kinder, die Himmelsgötter hätten diese Tempel gebaut.

Bevor die Götter verschwanden, wollten sie euch die Zyklen des Mondes verständlich machen, weil sie sehen konnten, daß der Mond sich je nach eurem täglichen Handeln veränderte. Sie berieten sich mit euren Schamanen – Sippenangehörigen, die hybride Menschen-Plejadier waren –, und diese waren glücklich, den Göttern etwas über ihre Gefühle beizubringen. Die Götter waren über die Fülle eurer Emotionen erstaunt, und die Schamanen waren schockiert, daß die Götter davon noch nichts wußten. In diesem Augenblick wurde euch klar, daß jemand anderer zu einem gegebenen Zeitpunkt nicht unbedingt so zu fühlen braucht wie ihr, und die Vorstellung von Individualität wurde geboren. Davon ausgehend, beobachtetet ihr eure Kinder und stelltet überrascht fest, daß ein jedes einzigartig war; ihr fragtet euch, woher sie kamen. Die Götter lernten indessen etwas über Gefühle.

Die Götter brachten euch bei, die Mondphasen mit Hilfe von Steinkreisen nachzuvollziehen, welche die Zeitpunkte der Eklipsen anzeigten und die Stelle bezeichneten, an welcher der Mond auf- und unterging. Sobald ihr euch auf den Mond eingestellt hattet, benutzten eure Schamanen die Kreise zu Reisen in die Traumzeit, wo sie Wissen über Entsprechungen zwischen Pflanzen, Insekten, Tieren und Steinen zusammentrugen; und sie zeigten euch, wie diese Vibrationen mit der Reise des Mondes am Himmel schwangen. Damals arbeiteten Schamanen und Götter zusammen, aber die Götter kamen und gingen, während die Sippen-Abstammungen von plejadischen Schamanen – eingeborenen Menschen, die einen plejadischen Lichtkörper bekamen – bei der Geburt geschützt wurden. Die Schamanen brachten Pilze in die Steinkreise ein und lehrten, wie man mit den Geistern der heiligen Pflanzen auf Reisen ging. Die Geister dieser Pflanzen wurden eure Lehrer, die euch die besonderen Plätze auf dem Planeten zeigten; jedes Tal, jeder Berg und Fluß waren heilig, und ihr wart über all diese schimmernde Energie so verblüfft, daß ihr euch nur schwer daran erinnern konntet, wer ihr wart.

Ihr erfuhrt von den Schamanen viel über Erdenergie, bevor das Eis wiederkehrte. Sie lehrten euch, von jedem Tier zu lernen und eure Fähigkeiten und Instinkte auszubauen und zu beherrschen. Jedes Tier ist ein Aspekt eurer Selbst. Eure Augen sind ein Adler, euer Haus ist eine Schildkröte, euer Herz ist ein Bär, und eure Ohren sind ein Fuchs. Bis zum Ende dieser Phase entwickeltet ihr ein objektives Selbstgespür mit einem wachen Auge für die Feinheiten des Ortes, die einzigartigen Eigenschaften von Pflanzen- und Tierspezies und eine Verehrung für eure Schamanen. Dann offenbarte ich, Tzolk'in, euren Schamanen im Jahr 13 200 v. Chr. die Codes der Zeit, und sie wurden zu Geschichtenerzählern. Sie wurden auserwählt, die große Geschichte der menschlichen Evolution auf der Erde aufzuzeichnen, indem sie die große Geschichte der Zeit erinnerten, und sie lagerten die betreffenden Codes in Quarzkristallen und runden Granitsteinen ab. Ich sagte ihnen, daß sich die Erde zu Beginn des Löwe-Zeitalters, 10 800 v. Chr., in den Photonenring hineinbewegen würde. Sie stellten ihre runden Granitsteine überall auf der Erdoberfläche auf; diese Steine gibt es immer noch, und sie enthalten die Erinnerung an die ursprünglichen Sippen-Geschichten. Nicht ein einziger Faden dieses Wissens durfte je verlorengehen; in jeder Generation würden Schamanen geboren werden, deren inneres Gehirn diese Informationen enthielt, und die Steine bewahren sie immer noch auf. Inzwischen hatten die Himmelsgötter, die sich als Anunnaki vom Planeten Nibiru ausgaben, die Aufzeichnungen der Erde in ihren Computern auf Niburi gespeichert. Diese Aufzeichnungen sind vierdimensional. Die schamanischen Erdcodes sind fünfdimensional, weil sie über eure plejadischen Lichtkörper in euch eingeflößt wurden.

Bevor die Götter 14200 v. Chr. verschwanden, zeigten sie euch, wie man dem Klang der Galaxis lauscht, indem man in Mooren und Sümpfen mit Amphibien, Insekten, Reptilien und Vögeln trommelt und rasselt. Dies war eine große Herausforderung für die plejadischen Schamanen, weil sie dadurch mit anderen Sternen in Berührung kamen, und euch allen wurde klar, daß außer den Plejaden noch weitere Sterne die Erde beeinflußten! Als die Anunnaki-Götter einen sehr weit entfernten Ort am Himmel aufsuchten, beobachtetet ihr, wie der glühende Körper verschwand, und dann erforschtet ihr alle den Himmel und sehntet euch besessen nach ihrer Rückkehr. Ihr fertigtet vom Himmel eine Karte an, die aus einem Strom von Tieren bestand, deren Welt ihr erbauen wolltet, und immer wenn ein Komet oder Asteroid sich am Himmel zeigte, dachtet ihr, dies müßten die Götter sein. *Von da an wart ihr nicht mehr im Jetzt.*

Während des *Dritten Großen Zyklus* – 13364 bis 8239 v. Chr. – verändertet ihr euch wirklich, wie stets, wenn sich euer Sonnensystem im Photonenring befindet. Die Himmelsgötter und Schamanen hatten euch das besondere Wesen eines Ortes gelehrt und euch die Errichtung von steinernen Tempeln gezeigt, um diese Energie zu verstärken, damit ihr mit Führergeistern arbeiten konntet. Große Gruppen verwandter Sippen identifizierten sich allmählich mit dem einen oder anderen Ort; diese besonderen Eigenschaften prägten euch, und infolgedessen unterschiedet ihr euch ja nach bioregionalen Zonen. Ihr wurdet zu Menschen des Canyons, des Sees, der Hochebene oder des hohen Berges. Bestimmte Plätze waren auf Tiere des Himmels, den Tierkreis, ausgerichtet. Ein Ort war dem Wolf, ein anderer dem Bären, wieder ein anderer dem

Löwen eigen. Immer mehr beteten an diesen besonderen Plätze bei Tagundnachtgleichen und Sonnenwenden, wenn sich das Licht verschob. Ihr entdecktet eure eigene Innenwelt in den Tier-Sternen-Lehrern. Diese Tierführer konnten fühlen, daß Wirbelwinde sich aus tellurischen Bereichen herausdrehten und in Form von Spiralen in den Nachthimmel zu den Sternen hinausreisten. 11000 v. Chr. wurde eine Allianz zwischen den Plejadiern, den Sirianern und den Nibiruanern gegründet, weil alle drei Gruppen wußten, daß sich das Sonnensystem dem Photonenring näherte. Die Sirianer können in Sippen-Abstammungen nur inkarnieren, wenn die Erdwirbel von den Wächtern der heiligen Stätten aktiviert werden, und dann schwingen die Tiere mit den Sternen. Während des Jungfrau-Zeitalters – 12960 bis 10800 v. Chr. – vollzog sich ein großes Erwachen gaianischer Evolution; so ähnlich wird das Erwachen sein, das ihr am Ende des Fische-Zeitalters fühlt.

Diese Allianz wurde während eines Treffens der Galaktischen Föderation auf Orion ins Leben gerufen. Jede Kultur erhielt ein Territorium. Ihr erreicht erst jetzt die Ebene, auf der ihr 11000 v. Chr. kurz vor dem Untergang von Atlantis standet, als ihr die Souveränität über eure eigene DNS erhieltet und viele Wesen begannen, euch zu beeinflussen. Die Gaia-Codes wurden in eure DNS geprägt, und Intelligenzen aus vielen Reichen wollten Zugriff auf diese Codes haben. Die Plejadier erhielten das Recht, euch weiterhin über die von euch gewählten Abstammungen zu belehren, aber sie konnten bis zur Stunde Null nicht mehr als Hybride inkarnieren und mit ihrem *ka* in eurem Körper wohnen. Die Menschen waren gezwungen herauszufinden, wie sie zu plejadischer Glückseligkeit und Kreativität gelangen konnten, indem sie mit eurer Sonne als dem achten Stern der Alcyonespirale meditierten und *kas* aktivierten. Das betrübte die Plejadier sehr, weil sie sehr gern bei euch waren. Die Galaktische Föderation gestattete ihnen deshalb, mit euren Inkarnationen im Ring des Feuers zu verschmelzen, so wie auf Bali oder Tana Toraja, um euch beizubringen, wie ihr zu Meisterlehrern werdet, die ihre Furcht meistern. Alle anderen Sippen-Abstammungen sollten indes verschiedenen Sternenlehrern bis zur Stunde Null offenstehen. Die Nibiruaner erhielten das Recht, eine Kultur auszusuchen, die sie durch Inkarnation betreten konnten. Sie wählten den Fruchtbaren Halbmond, weil sie wußten, daß dies nach dem Ende der Eiszeit 7200 v. Chr. der Garten Eden sein würde.

Die Nibiruaner wollten eigentlich Afrika haben, weil es schon von fortgeschrittener sirianischer Geomantie entwickelt war, aber die Galaktische Föderation gestattete den Sirianern, die Evolution Afrikas fortzusetzen, da sich während des Löwe-Zeitalters großes Wissen für das Wassermann-Zeitalter in dieser Zone speichern ließ. Die Sirianer hatten 17 800 v. Chr. die Sphinx gebaut, und sie verankerte die Sonnenumlaufbahn durch den Photonenring im Löwe-Zeitalter – 10 800 bis 8640 v. Chr. –, wodurch die Erdaufzeichnungen geschützt wurden. Sie lagerten die Codes des menschlichen Thalamus unter der Sphinx und der Großen Pyramide ab, um sie für die Dauer der Reise durch den Photonenring zu schützen. Diverse Rivalitäten entbrannten zwischen die Sirianern, Nibiruanern und Plejadiern nach dem Löwe-Zeitalter, aber die ursprünglichen Abmachungen, die in den Aufzeichnungen der Galaktischen Föderation festgehalten worden waren, sind ganz eindeutig.

Kurz vor dem Jahr 10 800 v. Chr. fanden Treffen zwischen Menschen, Ortsgeistern, Tieren und Pflanzen statt. Ihr Menschen wart mächtig und integriert, als wärt ihr selbst Götter – und dann fingen die merkwürdigen Zeiten an. Die Erde begann zu beben, das Wetter veränderte sich, und ihr bekamt große Angst. Der Wind, der aus der falschen Richtung wehte, war zu stark und unbeständig und der Blitz so intensiv, daß unter euren Füßen beim Gehen Funken aufstoben. Ihr erkanntet Omen am Himmel und dachtet, die Götter kehrten zurück. Ihr saht tatsächlich Nibiru, als er in das Sonnensystem eintrat, aber ihr wußtet nicht mehr, woher die Götter kamen. Eure Welt brach zusammen, als ihr euch in den Photonenring bewegtet, und ihr erinnertet euch nur noch schwach an die Ankunft der Götter im Löwe-Zeitalter. Die Erde wackelte und krümmte sich, das Wetter wurde unvorhersagbar, und dann verschoben sich eines Tages die Pole! Das war der merkwürdigste Tag. Heftige Winde fegten übers Land, das Licht veränderte sich, und die Schatten in den großen Steintempeln bewegten sich. In euren Köpfen und Körpern breitete sich ein ungeheurer Druck aus, und viele von euch starben, als eure Organe einfach versagten und sich mit Blut füllten. Ein neues elektromagnetisches Feld überzog die Oberfläche des Planeten, und die von der Sonne kommende Energie schien verloren. Von den Spezies überlebten lediglich einige Exemplare diese gewaltige Verschiebung, und die Erde verharrte viele Jahre im Dämmerlicht, weil vulkanische Staubpartikel die Sonnenstrahlen blockierten. Die neuen Pole vereisten während monatelanger Regenfälle, und überall auf dem Planeten stieg der Wasserpegel. Nibiru kam um die andere Seite der Sonne geschossen, und die Götter landeten auf sirianischem Territorium, weil dies die einzige stabilisierte Zone auf der Erde war.[20] Nordägypten war ein großer elektromagnetischer Wirbel, der die Erde nach der Sonne in Beziehung zu ihrer Position zwischen dem Galaktischen Zentrum und Orion ausrichtete. Nibiruaner, Plejadier und Sirianer errichteten gemeinsam die Große Pyramide über einem antiken, 16000 v. Chr. erbauten sirianischen Tempel, um das Gleichgewicht zwischen der Sonne und Sirius wiederherzustellen. Im Körper der Pyramide wurde der wichtigste Durchgang des antiken Tempels unter der Pyramide zur Stabilisierung des plejadischen 26000-Jahre-Zyklus nach Alcyone ausgerichtet, und als sich Nibiru aus dem Sonnensystem hinausbewegte, trat die Sonne in den Photonenring ein. Eine besondere leere Kammer für alle Gaia-Aufzeichnungen wurde in den Körper der Großen Pyramide eingebaut.

Das Sonnensystem verließ Ende des Löwe-Zeitalters, 8640 v. Chr., den Photonenring, und die Wassermassen zogen sich langsam zurück. Die Welt war ein anderer Ort, als ihr gleich nach dem Beginn des Krebs-Zeitalters, 8640 v. Chr., den *Vierten Großen Zyklus* – 8239 bis 3114 v. Chr. – begannt. Bei der Polverschiebung waren viele große Tiere ausgelöscht worden. Davor lebten halbtropische Tiere weit oben im Norden; entweder starben sie oder zogen südwärts. Menschen und alle Spezies litten unter großen Schmerzen und Mühen, und als ihr aus dem Photonenring auftauchtet, hattet ihr ein völlig codiertes Unterbewußtsein. Jetzt war euer Hypothalamus – das empfindliche Organ innerhalb des Thalamus – mit intensiven Emotionen codiert; wenn euch Erinnerungen an die alten Tage kommen, werden sie in eurem Thalamus sichtbar. *Ihr lauft herum mit Köpfen, die eine Bibliothek mit Filmen über lange zurückliegende Katastrophen enthalten.* Diese Prägungen des inneren Gehirns wurden in der Zeit verkapselt, als sich nach der letzten Reise der Erde durch den Photonenring die Wassermassen zurückzogen und der Himmel aufklarte. Dies war eine Zeit neuen Entstehens, als alles göttlich und magisch war, und das war der Garten Eden. Ihr saht euch mit einem Gespür für euer Selbst um und stauntet über die Schönheit der Welt. Alles war schwanger, und alle Grenzen waren wie die besonderen Körpermerkmale einer Frau. Die Berge waren wie ihre Brüste, die Canyons waren wie ihre Vulva, die Venusmuscheln und Pilze waren wie ihre Lippen, und alles gebar neue Formen wie ihr Körper.

Die nibiruanischen Götter kamen 7200 v. Chr. wieder, und sie waren erstaunt, weil ihr mittlerweile die Göttin anbetetet! Alles war die Göttin, und da fiel den Nibiruanern ein, daß die Galaktische Föderation ihnen das Recht zur Inkarnation gegeben hatte. Also bautet ihr gemeinsam Tempel, die wie der Körper der Göttin geformt waren, und errichtetet Kreise mit phallischen Steinen. Ihr betrachtetet die Anunnaki-Götter nicht mehr so unbedarft wie in alten Zeiten. Die Plejadier gaben euch damals Impulse, und ihr begannt, Kinder, weibliche Künste und Schönheit zu lieben. Die Anunnaki brachten euch bei, wie man große Kanalsysteme und Deiche baut, um das Wasser im Fruchtbaren Halbmond abzulassen, nachdem die Gletscher sich nach Norden zurückgezogen hatten; aber ihr wolltet die Gestalt der Canyons und Täler nicht verändern, weil sie euch alle an den Körper der Göttin erinnerten. Ihr fühltet euch von diesen Göttern überwältigt. Sodann erwählten sie einige eurer schönsten Frauen zu Göttinnen. Die Anunnaki suchten sich Frauen aus, um Sex mit ihnen zu haben, damit sie sich selbst in die Inkarnationszyklen der Erde hineingebären konnten, und das war bisher nie Dagewesenes. Wenn ein Sternenwesen inkarniert, verschmilzt es mit dem Geistkörper – *ka* – eines Menschen, und das Kind kommt als hybrider Sirianer oder Plejadier zur Welt. Weil Nibiru ein Planet ist, mußten die Anunnaki-Götter die körperliche Verschmelzung mit Menschen erleben, um sich durch die Zeugung von Kindern in die Inkarnationszyklen einzuschalten. Das gelang ihnen – sogar in der Bibel steht diese Geschichte –, und infolgedessen ist ihr Blut für immer Teil des menschlichen Blutes. Im Gegenzug lehrten euch Göttinnen wie Ninhursag und Inanna Genetik, Verbesserungen beim Pflanzen,

Säen und der Domestikation von Tieren. Die Erdfrauen schätzten die Anunnaki-Götter und -Göttinnen, weil sie ihren Geist verbesserten, und waren von den ungewöhnlichen Eigenschaften ihrer Kinder fasziniert. Es wurde auch Zeit, Nibiruaner und Menschen zu kreuzen, um das genetische Potential von Erdlingen aufzuwerten. Vor 7200 v. Chr. dienten Kreuzungen dem Überleben der Nibiruaner, und diese behandelten euch wie Labortiere. Zu Ehren eures neuen Status bauten die Anunnaki große Tempeltürme, die in den Himmel ragten; die sexuellen Begegnungen fanden in diesen Tempeln statt, und dies verursachte den Frauen der Erde Schmerzen. Wegen unvereinbarer Mischungen erlebten diese Frauen auch Mühsal und schwierige Geburten.

Frauen und Männer der Erde, bis zu diesem Zeitpunkt war die von euch praktizierte körperliche Liebe immer etwas sehr Natürliches. Ihr verschmolzt mühelos elektromagnetische Felder und euren physischen Körper, und die Vibrationen von Mond, Sonne und Planeten durchströmten eure Kundalinikanäle. Ihr wurdet aufgrund planetarer Affinitäten in euren Geburtshoroskopen zueinander hingezogen, und die Verschmelzung war immer etwas Leichtes und Angenehmes. Sex mit den Anunnaki war erzwungen und in so vieler Hinsicht unnatürlich, weil es wenig Energieaffinitäten gab. Verwirrung breitete sich unter euch aus, während die Götter zum erstenmal Kundalinienergie fühlten. Sie liebten sie; männliche Götter praktizierten gleichgeschlechtliche Liebe und Liebe mit den wenigen weibliche Göttinnen, sobald sie herausgefunden hatten, wie sich irdischer Sex anfühlte. Die große Mehrheit der Götter war männlich, weil Nibiru ein patriarchischer Planet ist, und deshalb brauchen sich die Nibiruaner mit dem Problem der Überbevölkerung nie auseinanderzusetzen. Es gibt ein paar Legenden von Anunnaki-Göttinen, die sich mit Menschenmännern einließen, wie Inanna, die sich mit Dumuzi paarte.[21] Sie fühlten elektrische Energie in ihrem eigenen Körper, obwohl sie metallisch sind wie ein Draht, durch den Elektrizität hindurchfließt. Alle heutigen Unausgewogenheiten zwischen Männern und Frauen rühren von energetischen Prägungen unvereinbarer Energieverschmelzung aus diesen alten Zeiten her. Eure Abscheu vor Reptilien stammt ebenfalls aus dieser Phase eurer Evolution, weil die meisten verkörperten Anunnaki sehr reptilisch sind, und gerade jene konnten sich mit Menschenfrauen paaren. Dieses Energieungleichgewicht war so problematisch, daß Geschwister, die aus solchen Verbindungen hervorgingen, oft miteinander gepaart wurden, um die genetische Anunnaki-Reinheit zu verstärken, während damit gleichzeitig Schmerz und Streß reduziert wurden.

Der Weg zurück zum Energiegleichgewicht besteht heute darin, nur dann Sex zu haben, wenn die Energie ausgewogen und große Kundalinikraft vorhanden ist. Ihr müßt eure Partner sorgfältig auswählen, damit ihr die sexuelle Ekstase, euer ursprüngliches Vermächtnis als Mensch, wiederfindet. *Jeder erzwungene Sexualakt erinnert euch sofort wieder daran, als die Götter Sex mit euch hatten, ob homo- oder heterosexuell.* In den Tagen, bevor die Anunnaki kamen und sich mit der Göttin paarten, hatten die Frauen Körper, die Licht zu den Sternen ausstrahlten. Ein Mann, der in einen solchen Körper eindrang, wurde beim Orgasmus zu einem Stern. Diese sexuellen Begegnungen mit Göttern warfen den Geist der Frauen kopfüber in ihren dreidimensionalen Körper, und das war den Verlust der Unschuld im Garten. Sie verloren ihren multidimensionalen Kontaktpunkt – *ka* – und steckten in Körpern fest, die zum Sex oder zum Gebären benutzt wurden. Um dies zu korrigieren, braucht ihr beim Orgasmus nur euer *ka* wieder einfließen lassen. Aufgrund dieses Verlustes ursprünglicher Unschuld lernten die Frauen, ihr *ka* aus ihrem Körper zu entfernen, mit Ausnahme einiger Kulturen, wie jenes der Minoer und Kelten, die von den Anunnaki überhaupt nicht beeinflußt wurden.

Die Anunnaki kamen im Stier-Zeitalter, 3600 v. Chr., zu einem längeren Besuch zurück, um das Patriarchat einzuführen – sie erschufen eine Welt, die auf ihnen, den männlichen Göttern, beruhte. Sie bauten überall in den sumerischen Tälern des Tigris und des Euphrat große Tempel und brachten nibiruanische kulturelle Ideale – ihre Sprache, ihre Schrift und die Tempel-Stadtkultur – auf die Erde. In der Zwischenzeit blühte die sirianische Kultur in Ägypten auf, wo die Sirianer am Nil eine Lebensform verwirklicht hatten, welche die sechsdimensionale heilige Geometrie zum Ausdruck brachte. Von 3600 bis 1600 v. Chr. führten die Sirianer und Nibiruaner die Technologie ein – die Arbeit mit Menschen, um Ideen Gestalt zu verleihen –, und sie staunten beide über die menschliche Kreativität. Die kriegerische Phase begann mit dem

Widder-Zeitalter, 2160 v. Chr., und bis zur Stunde Null arbeitetet ihr alle mit Macht. Ihr lerntet, euren Körper als groß und mächtig, euren Verstand als brillant und grenzenlos zu empfinden, und ihr begannt, euch gegenseitig wegen eures wahren Wertes zu bekämpfen. Bis zu diesem Zeitpunkt hattet ihr einfach eure Wünsche erweitert und erfüllt, und der Moment rückte näher, da ihr bereit sein würdet zu entscheiden, was ihr auf der Erde wirklich für euch selbst wolltet. Die gesamte Energie lief allmählich auf die Stunde Null hinaus, dem Moment, da ihr anfangen würdet, eure ganze Zeit der Frage zu widmen, wer ihr wirklich wart und wie ihr miteinander umgehen wolltet. Wir müssen zeitlich zurückgehen, bevor wir die Stunde Null verstehen können.

1600 v. Chr. erreichte der Schmerz der Frauen auf dem Planeten schließlich eine solche Intensität, daß ein großer Vulkan – Thira beziehungsweise Santorini in der Ägäis – all die Wut und den Schmerz der Frauen, die man nur benutzte und nicht ehrte, zur Explosion brachte. Ich, Tzolk'in fühlte diese Explosion bis auf Maya, meiner plejadischen Heimat. Da Tausende von Jahren verstrichen, achtete ich bei den Evolutionsphasen auf der Erde nicht auf den Kalender, sondern machte lediglich ein paar Stichproben an den wichtigen Wendepunkten, wie beispielsweise am Ende des Großen Zyklus oder einem Baktun. Aber mir fiel eure Welt wieder ins Auge, als die Göttin durch das tellurische Reich explodierte. Dies erregte meine ungeteilte Aufmerksamkeit, genau wie der Komet, der 1994 auf Jupiter einschlug. Ich, Tzolk'in, fühlte den Schrei der Göttin und wußte, es war für uns Maya an der Zeit, auf die Erde zu kommen, um für die Verfügbarkeit der Schlangenmedizin zu sorgen. Die Göttin rief uns Maya in den linearen Raum und die lineare Zeit.

Zuerst etablierten wir die Olmeken-, Mexcala- und Chontalkultur in Mexiko und Mittelamerika, um den Maya-Kalender – das Wissen der Hüter der Zeit bis zum Jahr 2012 n. Chr. – einzuführen und zu bewachen. Jetzt waren wir Maya auf der Erde, und die letzten Züge in diesem Schachspiel sollten den Menschen vorbehalten sein. Genauso wie beim Schach verschwanden die rangniedrigeren Figuren vom Brett, und es blieb nur der König – *ihr* – im Spiel. Die Frauen wußten, daß ihnen lediglich ein Weg blieb – *allen Menschen Impulse zu geben, damit sie fühlten, was sie erlebten!* So begannen Schmerz, Frustration, Sehnsucht und das Streben nach dem ursprünglichen Ideal: die Erinnerung daran, daß die Erde ein Planet ist, der um einen plejadischen Stern kreist. Nachdem die Göttin explodiert war, wurde sogar ihre minoische Kultur von Männern dezimiert, die sich zu Kriegern der Zerstörung, statt zu Kriegern der Erde wandelten.[22] Der ganze Planet wurde von männlicher Energie eingehüllt, obwohl Frauen die heiligen Stätten bewachten. Die Göttin mußte einfach ausbrechen, mit der Folge, daß alle große Angst vor ihr hatten. Die Männer mißbrauchten sie immer öfter, als auf der Erde ein großer Wunsch wach wurde, *die wahre Antwort zu erfahren.* Ihr wolltet das beste System finden, damit jeder die richtige Antwort auf alles respektierte. Der Monotheismus entstand aus einem Kampf, den Geist aller zu Ehren der richtigen Antwort zu beherrschen, und dann setzte die Geisteskontrolle ein. Diese neue Herausforderung sollte euch in eurem Streben, ein absichtsvoller Mensch zu werden, voranbringen: *Ihr mußtet lernen, daß nichts eure Gedanken kontrollieren kann.*

Ihr mußtet alles ausprobieren, um zu sehen, was das Böse ist. Ich, Tzolk'in, kann euch sagen, daß sogar das notwendig war, bevor ihr lernen konntet, wie man so wirkungsvoll wie wir Maya eine Absicht formuliert – eure eigene Wirklichkeit erschafft. Ihr formtet daraufhin eine Welt zunehmender Geisteskontrolle und böser Erfahrungen, um jedes einzelne Stück, das eurer Kreativität entstammte, zu betrachten.

Ich, Tzolk'in, brachte mein Volk, *ein Volk, das schon alles über das Böse wußte*, 1600 v. Chr. auf die Erde mit. Die Maya dachten sich Zeremonien aus, um Gaias Herz auf dem Planeten zu halten. Sie verstanden das Böse so gut, daß sie die Spanier durchschauten, als sie eintrafen. Sie wußten, wer Cortez war, und sie absorbierten ihn in ihre Zone. Die Maya hielten weiterhin Zeremonien ab, und schließlich wurde die spanische Apokalypse 1987 n. Chr. entschärft. Diese Vorstellung könnte euch verwirren, weil eure Historiker und Archäologen euch die Vorstellung eingeprägt haben, daß Azteken- und Maya brutale Opferzeremonien abhielten. Bitte beachtet, daß *alle* Interpretationen der Azteken-Maya-Kultur von Berichten der Eroberer und aus den persönlichen Theorien stammen, die Archäologen über die Atzeken-Maya-Aufzeichnungen angestellt haben. Ich, Tzolk'in, möchte, daß ihr wißt, daß die alten Maya viele Mysterienspiele zu bösen Handlungen ersannen, die sie in Stein und Kodices aufzeichneten, um ihrem Volk zu zeigen, was es *niemals* auf der Erde tun durfte. Die Eroberer fanden bei ihrer Ankunft eine Zivilisation vor, die ihr eigenes Verhalten als Spiel aufführte. Deshalb verleumdeten sie das Volk und zerstörten selbstgefällig seine Kultur. Seht es einmal so: Was würde die Zukunft von eurer Kultur halten, wenn man euch beschuldigte, genau so zu sei, wie die Welt euch in den Medien darstellt?

Mittelpunkte dieser Maya-Kultur, die ich auf die Erde brachte, sind die Frau und das Heim; sie aktiviert, indem sie der Sonne folgt; und sie hat das geheime Wissen der Hüter der Zeit beschützt. Der Maya-Kalender kann euch mit seinem Potential dazu bringen, eine erleuchtete Welt zu erschaffen. Die Maya verstanden den Galaktischen Geist so, daß für sie das Leiden in der Welt wie ein vierdimensionaler Alptraum war, als sie den Zyklus lebten. Die Olmeken-Kultur blühte in den Zeremonien auf, und viele andere neue Maya-Zweige wurden geboren und gediehen prächtig. Die Maya waren jedoch so multidimensional, daß sie nie vergaßen, wie sie den Planeten verlassen konnten, wenn sie mit der dritten Dimension nicht mehr zurechtkamen. Also verschwanden sie, und das habt ihr immer noch nicht herausgefunden. Fragt sie; sie werden euch lächelnd erklären, wohin sie gingen. Sodann gab ich meinem Volk den Impuls, 200 v. Chr. den großen Tempelkomplex von Teotihuacán über der Spitze einer alten Tempelstätte zu erbauen. Das sollte das Heiligtum sein, das die Nibiruaner zur Stunde Null in physischer Form aufsuchen würden. Ich war derjenige, der wußte, daß die Nibiruaner zur Stunde Null in Teotihuacán landen würden, in einer Welt, die gerade das Widder-Zeitalter hinter sich ließ.

Die Zeit verstrich bis zur Stunde Null, und jeder wartete auf die Götter. Die Welt war schrecklich heidnisch und polytheistisch, und es gab überall auf dem Planeten einen Tempel für jeden Gott. Ich, Tzolk'in, wußte, daß das Fische-Zeitalter bald beginnen würde, ein Zeitalter, in dem die Menschen ihre tiefsten Gefühle nach einer 24 000 Jahre dauernden Evolution 2000 Jahre lang verarbeiten würden. Diese Gefühle mußten geklärt werden, damit ihre Körper mit der intensiven Kundalinienergie im darauffolgenden Wassermann-Zeitalter zurechtkamen. Dann würde man einen neundimensionalen Menschen in inkarnierter Form – einen vollständigen Maya-Menschen – in die Erde kalibrieren müssen, der das Feld während der Stunde Null in seinem Körper hielt. Das war zuvor in der dritten Dimension noch niemals geschehen, und selbst mich, Tzolk'in, verblüffte eine derartige Vorstellung. Damit ihr aber zu absichtsvollen Menschen werden konntet, mußtet ihr zuerst diese Art von Mensch *erleben*. Deshalb brachte man Christus in Teothihuacán auf die Erde, als er in einem physischen Körper in Palästina geboren wurde. Sein Lichtkörper – *ka* – wurde in Teotihuacán implantiert, wo viele stellare Repräsentanten mit ihm arbeiten konnten, während er alle neun Dimensionen in das planetarische Feld verwob. Christus kam eigentlich in jede der neun Dimensionen der Erde; seine Implantation in Mexico war seine achtdimensionale Form – seine Form, die mit galaktischen Strukturen arbeitet. Teotihuacán hat viele verschiedene Arten von Tempeln – die Sonnenpyramide, die Mondpyramide, den Palast des Quetzal-Schmetterlings, den Unterbau der gefiederten Schneckenhörner –, die alle neun Dimensionen in Form halten.[23]

Das zweidimensionale tellurische Reich verbindet die dritte Dimension mit dem Eisenkristall in dem fünfkammrigen Tempel unter der Sonnenpyramide – ursprünglich 23 614 v. Chr. erbaut. Diese Höhlenkammer heißt »Ge«, und entspricht dem unterirdischen Raum der Großen Pyramide in Ägypten. Beides sind plejadische Göttinnentempel. Für die gesamte westliche Hemisphäre beginnt die neundimensionale vertikale Achse in Ge in den Höhlen unter Teotihuacán; sie bewegt sich innerhalb dieser Kammer in den linearen Raum und die lineare Zeit hinein, die vierdimensionalen archetypischen Wächter treffen sich im Zentrum dieser Höhlen, und die fünf höheren Dimensionen werden durch Winkel aus Sonnenlicht, welche Energien aus der fünften bis neunten Dimension hereinbringen, in das Zentrum der Sonnenpyramide fokussiert. Die Zitadelle ist ein Anunnaki-Machtkomplex; der Palast des Quetzal-Schmetterlings ist plejadisch; die Siri-aner lehren mit der Sonnenpyramide selbst; die Andromedaner lehren vom Unterbau der gefiederten Schneckenhörner; die Galaktische Föderation von Orion lehrt von der Mondpyramide aus; und die neundimensionalen Hüter der Zeit lehren mit der Straße der Toten. Die ganze Tempelanlage ist bis 2012 n. Chr. aktiviert und lebendig.

Ich, Tzolk'in, werde euch sagen, woher Christus kam. Er kam aus einem Galaktischen Zentrum, und deshalb bauten wir seinen Tempel in Teotihuacán. Zur Stunde Null erschien er überall auf dem Planeten, genauso wie unser Kalender jetzt überall auf dem Planeten erscheint. Mein Volk, die Maya und die Azteken, erlaubten den Spaniern, ihre Schreckensherrschaft zu etablieren. Die Maya kannten euch Menschen von eurer Inquisition her, was deutlich machte, daß ihr Christus nicht verstandet. *Ihr durftet jede Vorstellung entwickeln, so daß ihr euch schließlich, wenn eure Zeit gekommen war, für den Garten entscheiden würdet, statt für einen Raum voller Computer und Funktelefone.* Ihr werdet so lange in einer aus Blut erschaffenen Welt aus Plastik und Chrom sitzen, bis ihr euch an den Garten erinnert. Jetzt fragen sich viele von euch, was geschah, und sehen allmählich, daß alles auf einem sehr großen Plan beruht. Verzweifelt nicht, denn ich, Tzolk'in, öffnete den multidimensionalen Korridor. Die Form, die ich baute, um die vertikale Achse in Teotihuacán zu halten, kann mit den künftigen Kräften zurechtkommen; sie wandelt seit 2000 Jahren den Planeten um, und das Volk der Azteken und Maya kehrt jeden Frühling nach Teotihuacán zurück, um diese Energie zu empfangen. Teotihuacán wurde zur Stunde Null kalibriert, um das planetarische Feld bis 2012 n. Chr. zu beschleunigen. Es war als der Bereich auserwählt, der die drei kritischen Daten nach der Stunde Null – 999, 1987 und 1999 – verarbeiten sollte.

Das erste bedeutende Ereignis, das nach der Stunde Null meine Aufmerksamkeit erregte, fand 999 n. Chr. im Vatikan statt. Das Fieber des Jahrtausendwechsels baute sich 980 n. Chr. langsam auf, als das frühmittelalterliche Europa gerade aus dem dunklen Zeitalter auftauchte, das nach dem Untergang Roms eingesetzt hatte, und die Menschen steigerten sich in einen religiösen Fanatismus hinein. Sie vernachlässigten ihre Felder, Familien, Tiere und Dörfer. Sie wurden von mehreren Propheten, die von der kommenden Offenbarung sprachen, zur Raserei getrieben, und die Menschen glaubten schließlich, die Welt werde am 31. Dezember 999 n. Chr. um Mitternacht enden. Die römisch-katholische Kirche schürte dieses apokalyptische Fieber, weil die Menschen mehr Geld spendeten, wenn sie meinten, sie hätten nur noch wenig Zeit. Überall im gerade entstehenden Europa waren die Straßen voller Flagellanten und Fanatiker, die lauthals das Ende der Welt verkündeten. Kinder ignorierte man, Frauenkörper wahren wohlfeil, Kriege und Seuchen breiteten sich aus, und in jeder Hinsicht wurde die Wirklichkeit die Welt, so wie sie in der Offenbarung beschrieben ist. Im Jahr 999 n. Chr. wartete jeder auf das Ende.

Ich, Tzolk'in, war verblüfft über diese Raserei! Mir wurde sofort klar, daß viele Schachfiguren neben dem Spielbrett standen und ein paar wichtigere Spieler für ihre letzten Züge bereit waren. Ich wußte, daß mein eigener Kalender akkurat war, weil er das Leben auf der Erde seit 23 614 v. Chr. reflektierte. Ich beobachtete diese Vernichtungswelle, die nur auf Glauben basierte, und erfuhr viel über euch. Papst Sylvester und seine Bischöfe versammelten sich am 31. Dezember 999 in Rom und warteten auf Mitternacht, und alle Menschen kamen in ihren Dörfern mit ihren Priestern und Bischöfen zusammen. *Es passierte nichts,* nicht einmal ein großes Unwetter tobte oder ein Komet ließ sich blicken! Natürlich sah ich mir das an und lachte. Ich fragte mich, ob die Europäer wenigstens daran merken würden, daß mit ihrem Kalender etwas nicht stimmte. Dann vergaß ich die ganze Sache bis etwa 1972, als ich eine große solare Aktivierung in eurer Welt fühlte und Geschichtenerzähler meinen Namen riefen.

1972 erinnerte ich mich an alles, was 999 geschehen war, als ich sah, wie fundamentalistischer Fanatismus die Welt im Griff hatte. Dieser abscheuliche Auslöser verbarg sich tatsächlich tief in den Seelen der Christen. Der Gedanke an das Ende der Welt 999 versetzte sie in sexuelle Erregung. Sie gierten danach, weil sie dann keine Probleme mehr zu lösen brauchten! Auf dem Grund der christlichen Seele lauerte der Wunsch, lieber zu sterben, als Verantwortung für die Erde zu übernehmen. Sie erstickten im Müll ihrer eigenen ungeklärten Gefühle und benutzten andere Menschen wie Futter. Wir Maya absorbierten sie weiterhin, aber ihr Abfall und ihr Gepäck nahmen immer mehr zu. Schließlich fertigten sie größere Waffen und bauten größere Städte und legten schichtenweise Dinge über sich. Sie konsumierten alles, um ihre eigene Leere nicht wahrnehmen zu müssen.

Von 1521 n. Chr. an verschlangen die Christen noch mehr Land und Menschen im Namen Gottes und zerstörten alles, was sie an die unterdrückte innere Macht erinnerte, bis sie selbst zum Feuersturm wurden. Sie mußten sogar unbedingt in den Besitz atomarer Kräfte gelangen. Mein Volk, die Maya, beobachtete, die Tageshüter hielten treu die Tage des Kalenders, und die Frauen woben die Muster, welche die 13 Zahlen und 20 Tage des Maya-Kalenders bewahren, weil sie wußten, daß sich die Welt am 17. August 1987 verändern würde. Der Kalender verlieh ihnen grenzenlose Geduld, weil mehr als 25 000 Jahre verstrichen waren und die Zeit des Lichts bald anbrechen sollte. Dann gab ich, Tzolk'in, durch meine Schamanen und Lehrer 1972 ein Signal, daß der Plünderer seine Macht einbüßen würde und die Menschen sich 1987 an das Licht erinnern würden. Der Zeitpunkt rückte näher, und die Menschen begannen mit den Vorbereitungen für die Zeremonien. Als sie sich versammelten, arbeitete ich mit den Lehrern auf dem ganzen Planeten, weil diese Aktivierung so mächtig sein mußte, daß sie das Netz – den apokalyptischen Fundamentalismus – durchdrang. Die heiligen Steine sandten Vibrationen von der Geschichte der Zeit aus, und überall wurden sich die Menschen bewußt, daß die Zeit nahte. Die Lehrer sollten den Menschen die Geheimnisse der Vorfahren aus der Steinzeit anvertrauen. Ich hatte euch 999 ganz genau beobachtet und wußte, wie ich mich auf die nächste Woge des Jahrtausendwahnsinns 1999 vorbereiten mußte. Die antiken Kraftplätze, welche die Wirbel und Wirbelwinde 25 000 Jahre lang bewahrt hatten, mußten von allen Menschen erweckt werden. Die Aktivierung mußte so groß sein, daß sie von 1987 bis 1992 genügend Energie sammeln konnte, um alle apokalyptischen Glaubenssysteme bloßzulegen.

Alle Menschen, die nach Glaubenssystemen, statt nach ihren Gefühlen bezüglich der Erde lebten, mußten sich bis 17. August 1992 offenbaren. Sämtliche hybriden Sternenmenschen der Erde mußten sie erkennen, damit diese ihnen auf Wunsch Führung anbieten konnten. Die Welt – das Zuhause eures Geistes – wird sich 1999 wieder in eine apokalyptische, auf der Offenbarung gründenden Raserei hineinsteigern, und diesmal auf dem ganzen Planeten. Jedes Land wird seine fundamentalistischen Fanatiker aufhetzen, damit alle Lehrer auf dem Planeten genau sehen, was nach dem Jahr 2012 auf der Erde niemals mehr beabsichtigt werden darf. Auf der ganzen restlichen Welt baut sich das Drama für die Apokalypse auf, und sogar fundamentalistische New-Age-Anhänger sagen, daß Raumschiffe landen werden, um das Auserwählte Volk zu retten.

All das wird sich bis 1999 aufbauen, wenn der Papst und die Kardinäle im Vatikan darauf warten, auf gigantische Fernsehbildschirme auf der ganzen Welt direkt übertragen zu werden, und New-Age-Anhänger werden sich im ›LichtNetz‹ Nachrichten über außerirdische Rettungsaktionen ansehen; alle wahren Gläubigen werden warten. Wie in 999 wird die Weltwirtschaft zusammengebrochen sein, Krankheit und Chaos werden um sich greifen, aber niemand wird es bemerken, weil alles dem Ende der Welt entgegenfiebert. Mitternacht wird kommen, nichts wird passieren, außer daß ein paar weiche Schneeflocken fallen, und die Menschen werden am nächsten Morgen auf einem Planeten aufwachen, der ihrer Fürsorge bedarf. Die Klärung apokalyptischer Glaubenssysteme wird diesmal besonders schmerzhaft sein, weil man sich um sie nicht mehr intensiver kümmern darf als um die Erde.

Am nächsten Morgen wird die Menschheit von einer hohen Welle aus Scham und Traurigkeit über ihr Tun überrollt werden. Man wird wieder auf die Stimmen von Menschen hören, die sich nicht am Jahrtausendwahnsinn beteiligten; weil alle, welche die Apokalypse erzeugten, sich erschöpft verkriechen werden. Die Menschen werden sich schnell – weil sie nur noch 13 Jahre Zeit haben – wieder zusammenfinden und sich daran erinnern, was ihre Pflicht ist. Es werden wieder Gemeinschaften zur Arbeit mit dem Planeten gegründet werden. Für die Überlebenden wird die Energie auf dem Planeten bis zum Jahr 2001 sehr harmonisch und rein sein, sobald die Sonne ganz im Photonenring liegt. Ihr werdet mit erstaunlichen Ressourcen und Aufzeichnungen arbeiten, weil das Wissen völlig verfügbar sein wird, und sämtliche Individuen auf dem Planeten werden meisterhaft Wirklichkeiten mit Gedanken erschaffen. Von 2001 bis 2010 werdet ihr eure Welt wieder aufbauen und nichts Böses an sie heranlassen. Ihr werdet ohne jeden Zweifel genau wissen, was das Böse ist. Von 2010 bis Ende 2012 werdet ihr euch durch Reinigungszeremonien auf die Kosmische Party vorbereiten. Die Zeremonien für die Tagundnachtgleichen und die Sonnenwenden werden überall auf der Erde abgehalten werden, und ihr werdet in Gruppen tätig sein, um gemeinsam zu entscheiden, was auf der Oberfläche eures Planeten nicht mehr erschaffen werden soll. Und dann, zur Wintersonnenwende 2012 n. Chr., werdet ihr bereit sein, mit Gaia zu arbeiten, um die Absichten für eure Welt der nächsten 26 000 Jahre zu formulieren, während ihr euch auf der Kosmischen Party für das Licht-Zeitalter befindet.«

Anhang

Astrologische Transite, von 1972 bis zum Ende des Großen Maya-Kalenders am 21. Dezember 2012

Die Planten und Monde des Sonnensystems kreisen um die Sonne und stehen zueinander und zur Sonne in bestimmten Winkeln; diese Muster erzeugen das Bewußtsein der Sonne und des Sonnensystems, den Solaren Geist. Die Sonne ist mit Sirius, einem Sternensystem von komplexerer geometrischer Ordnung als das Plejadensystem, verzwillingt. Mit Hilfe geometrischer Hellsichtigkeit erkannten die Sirianer 1781 n. Chr. – als die Erdlinge den Planeten Uranus entdeckten –, daß der Aufstieg der Erde zu reiner Liebe und Christbewußtsein 1998 bis 2012 (das in den Unterlagen der Galaktischen Föderation geplant war) in Gefahr war. Als sie die klägliche, chaotische Reaktion der Erdlinge auf die wirkungsvollen und erneut zugänglichen uranischen Umwandlungscodes untersuchten, wurde den Sirianern klar, daß sich die Menschen zu langsam weiterentwickelten, um bis zum Ende des Maya-Kalenders die völlige Souveränität über ihre DNS zu erlangen.

Laut Drunvalo Melchizedek, der durch Bob Frissell gechannelt wurde, merkten die Sirianer, daß das Sonnensystem für die geplante Energiebeschleunigung nicht vorbereitet sein würde, die einsetzte, als seit 1950 alle drei Jahre mehrere Lichtspiralen aus der Sonne schossen, welche die Achsenschwankung der Erde erhöhten.[1] 1972 drohte der Erde aufgrund dieser Achsenschwankung und auch wegen der frühen Anpassung des Sonnensystems an den Photonenring eine gefährliche Polverschiebung.

Jedes Individuum kann entscheiden, sein Bewußtsein mit dem in Planetentransiten zur Verfügung stehenden Potential weiterzuentwickeln. Diese Transite bringen solares Wachstumspotential zum Ausdruck, und die Menschen können ihren Willen und ihr höchstes Potential den Planetenmustern gemäß aktivieren. Mit ihrer Reaktion auf Transite setzen die Menschen auch kulturelle Bewegungen in Gang; und in meiner beinahe dreißigjährigen Tätigkeit als Astrologin habe ich niemals erlebt, daß sich ein Gruppenbewußtsein ohne das Vorhandensein außergewöhnlicher astrologischer Muster, die ein solches Wachstumspotential beschrieben, verschiebt. Wenn also das, was der Maya-Kalender zum Ausdruck bringt, korrekt ist – daß die Menschheit Ende 2012 eine neue Evolutionsebene erreicht –, dann sollten die Planetentransite dieses Potential widerspiegeln. Wenn nicht, wird dieser Sprung nach meinem Dafürhalten wahrscheinlich nicht stattfinden.

Die derzeitige Verschiebung im Bewußtsein der Menschen und Gruppen begann eigentlich mit Baktun 12 des Maya-Kalenders – 1618 bis 2012 –, den José Argüelles den »Baktun der Transformation von Materie« nennt.[2] Seit Beginn dieser Transformation wurden drei äußere Planeten – Uranus 1781, Neptun 1846 und Pluto 1930 – sowie der Asteroid oder Planetoid Chiron 1977 entdeckt. Diese Entdeckungen signalisieren, daß genau am Ende des Maya-Kalenders etwas Gewaltiges im Gang ist. Wenn ich mich eingehend mit einem Schlüsselereignis wie beispielsweise der Harmonischen Konvergenz befasse, nehme ich alle Planeten, den Mond, die Sterne und stellare Himmelskörper wie Pulsare und Quasare zu Hilfe.[3] In dieser Phase von den sechziger Jahren bis Ende 2012 werde ich Pluto, Neptun, Uranus und Chiron berücksichtigen, weil diese Körper lange Umlaufzyklen haben, die wichtige Evolutionsmuster regieren; ich werde Saturn hinzunehmen, weil er eine Schlüsselrolle bei den Uranus-Neptun-Konjunktionen 1993 spielte. Möglicherweise wurde 1983 Nibiru gesichtet, der Planet, den Zecharia Sitchin in *Der zwölfte Planet* beschreibt, und ich halte es für wahrscheinlich, daß er bald offiziell entdeckt wird. Dies wäre ein anderes Indiz für die Bedeutung dieser Zeiten.[4]

Ich werde mit 1972 beginnen (einschließlich der Erwähnung von Transiten in den sechziger Jahren, die 2012 großen Einfluß geltend machen werden), weil Pluto in der Zeit vom 21. bis 24. März 1972 vielleicht im Photonenring in 00 Grad Waage war, (siehe Seite 343ff.). Viele von euch hatten 1972 das Gefühl, daß etwas Ungewöhnliches nahte, was auch durch erhöhte Solaraktivität verstärkt wurde. Als Anfang August 1972 große Sonneneruptionen stattfanden, stand Jupiter, die Heimat der Meister, in Konjunktion zum Galaktischen Zentrum, und daher sandten diese Spannungsoppositionen ein beunruhigtes Signal vom Sonnensystem in den Galaktischen Geist.

Diese Analyse kann als Straßenkarte für die Entwicklung von Menschen dienen. Wie Satya sagt: »Ihr werdet es müheloser bis zur Kosmischen Party schaffen, wenn ihr wißt, wie ihr dorthin kommt.« Von August 1972 bis 1979 machten sich wenige *extrem* wirkungsvolle Spannungsaspekte äußerer Planeten bemerkbar. Wirkungsvolle Spannungsaspekte sind wie die Uranus-, Pluto-Konjunktionen zwischen 1965 und 1966, die eine zeitgesteuerte Wasserbombe zündeten, welche durch die Kultur raste und Muster schuf, die das Unterbewußte der Menschen schnurstracks bis zum Jahr 2046 n. Chr. führen werden, wenn Uranus und Pluto in Opposition zueinander stehen. Dieser Aspekt, der sich sehr sichtbar in den »Kindern der Liebe« der sechziger Jahre manifestierte, war der erste gesellschaftliche Vorbote der bevorstehenden »großen Veränderung«. Uranus wird mit Pluto indessen erstmals am 24. Juni 2012 ein Quadrat bilden, zum zweitenmal am 19. September 2012 und zum drittenmal und letztenmal am 21. Mai 2013.

Ein bedeutender Einfluß während der sechziger Jahre war der Saturntransit in Wassermann von 1962 bis 1964, als die ersten Vibrationen des kommenden Wassermann-Zeitalters spürbar wurden und im Musical »Hair« beispielhafte Berücksichtigung fanden. Saturn stand 1964 bis 1967 in Fische; diese Saturnphase setzte ein spirituelles Erwachen in Gang, das von 1991 bis 1996 wiederauftauchte, als ein erneuter Saturntransit in Wassermann und Fische stattfand. Ich erwähne diese beiden Saturnphasen in den sechziger Jahren, weil Saturn in Wassermann und Fische (1991 bis 1996) ein Probelauf für Uranus in Wassermann (1996 bis 2003) und in Fische (2003 bis 2011) sowie für Neptun in Wassermann (1998 bis 2012) und in Fische (2012 bis 2026) ist.

In den siebziger Jahren gab es viele wirkungsvolle planetare Aspekte, aber größtenteils handelte es sich um eine Dekade der Balance, bei der Uranus und Pluto meistens in Waage und Neptun in Schütze standen, während Chiron sich langsam durch Widder bewegte. Chiron wurde 1977 gesichtet, aber diese starke Kraft vermochten nur ganz geübte Eingeweihte wahrzunehmen. Der ruhigere Himmel war eine Erholung nach der Intensität der Uranus-Pluto-Konjunktionen der vorhergehenden Dekade.

Der kritische Sprung wurde im Januar 1979 gewaltig energetisiert, als sich Pluto 20 Jahre in der Umlaufbahn Neptuns aufhielt, wie es alle 249 Jahre geschieht. Aufgrund Plutos exzentrischer Umlaufbahn ist Neptun der äußerste bekannte Planet bis zur Frühlingstagundnachtgleiche 1999. Pluto wurde 1930 gesichtet. Dieser Transit in Neptuns Umlaufbahn ist also der erste seit der Entdeckung der beiden Planeten, *und dieser Einfluß ist gewaltig.* Pluto regiert die Erforschung tiefer, unterbewußter Gefühle betreffs des Überlebens derzeitiger Spezies, und Plutos erste bekannte Umlaufbahn um die Sonne von 1930 bis 2179 stellt das Überleben in den Vordergrund. Die Atombombe fiel kurz nach der Entdeckung Plutos, und dies offenbarte die dunkelsten Kräfte im Menschen. Das Potential für eine wahre Bewußtseinstransformation, die zu unseren verborgensten Bedürfnissen gehört, wurde mit spiritueller Potentialität verstärkt, sobald sich Pluto 1979 in die Umlaufbahn Neptuns bewegte.

Neptun hingegen wurde 1846 gesichtet und vollendet seine erste bekannte Umlaufbahn um die Sonne im Jahr 2011. Dies signalisiert, daß er eine bedeutende Kraft für das Ende des Maya-Kalenders ist. Neptun regiert den Prozeß spirituellen Zugangs, der sich auf der Seelenebene 1846 bis 1979 beschleunigte, als Menschen begannen, sich spirituelle Kräfte zu *wünschen*. Ihr wußtet, daß eure Emotionskörper träge und düster waren; ihr spürtet die Notwendigkeit, eure Gefühle zu beschleunigen; und dieser Prozeß nahm sogar noch an Intensivität zu, als Neptun 1984 in Steinbock eintrat. Als wäre der Druck nicht schon groß genug, wurde der Wunsch nach wahrer Spiritualität während der Saturn-Uranus-Neptun-Transite in Steinbock zwischen 1988 und 1991 sogar noch stärker. Das ganze emotionelle Wachstum und die karmische Reifung wird 1999 dimensionale Tore aufsprengen, wenn Pluto außerhalb von Neptuns Umlaufbahn in Schütze eintritt und Bedürfnisse nach emotionaler Freiheit auslöst. Pluto treibt euch dazu, eure Blockaden im Solarplexus zu öffnen und Energien zu klären, die Mut verhindern; und während Neptun sich innerhalb von Plutos Umlaufbahn befindet, werden spirituelle Bewußtseinsaspekte von Plutos Überlebenscodes durchdrungen. Diese Klarheit läßt auch zu Sehern werden, und ihr lernt, Wirklichkeit mit Gedanken zu erschaffen. *Ihr werdet euch bewußt, daß Spiritualität für euer Überleben ganz wichtig ist.*

Plutos Transit innerhalb von Neptun von 1979 bis 1999 intensiviert Spiritualität und macht sie zu einem notwendigen Bestandteil des Lebens, und dies muß man im Licht der Kalenderphasen untersuchen. Der von den Maya angekündigte große spirituelle Aufstieg wird durch diese Verschiebung übermäßig verstärkt, weil sie ätherische Vibrationen verankert. Pluto, der innerhalb von Neptuns Umlaufbahn kreist, bedeutet, daß Menschen in allen Situationen nach spirituellem Sinn suchen und dieses Potential manifestieren, indem sie die Blockaden reinigen, die in dunklen, verborgenen Emotionen stecken. Pluto bewegte sich von 1983 bis Ende 1995 in Skorpion, und das war sein erster Transit durch das Tierkreiszeichen, das er regiert, seit er 1930 erstmals gesichtet wurde. *Beachtet, daß alle äußeren Planeten gegen Ende des Kalenders in ihren eigenen Tierkreiszeichen reisen – Neptun und Pluto zum erstenmal seit ihrer Entdeckung!* Pluto in Skorpion intensiviert das Auftauchen des tiefen Unterbewußten und löst tiefgehende emotionale Selbsterforschung aus. Wenn ihr wirklich ehrlicher gewesen seid, wird diese Integrität bis zum Jahr 2008 wunderschön zu spirituellem Genie heranreifen, wenn Pluto in Schütze steht; und diejenigen, die solch eine spirituelle Intensität verkörpert haben, werden zu neundimensionalen Menschen, wenn Pluto von 2008 bis 2023 in Steinbock steht. Ihr werdet nichts über Schamanen lesen oder mit ihnen studieren wollen, sondern selbst einer werden. Wenn Pluto 1999 in Schütze seine Position als äußerster Planet einnimmt, *wird völlige Integrität erforderlich sein.* Aus denjenigen, die nicht in Integrität sind, werden wertende, apokalyptische Fundamentalisten werden, die in den letzten Stunden des Jahres 1999 das Jahrtausend inszenieren werden. Macht euch nichts daraus, setzt euch unter einen Baum, das geht alles vorbei.

Die Transite der äußeren Planeten der achtziger Jahre hatten eine irrsinnige Kraft aufgrund mehrerer Saturn-Uranus-Neptun-Konjunktionen in Schütze und Steinbock. Nach meinen Untersuchungen bewegten sich seit dem Jahr 500 v. Chr. Saturn, Uranus und Neptun nur im Jahr 1307 n. Chr. gemeinsam am Himmel, und Pluto befand sich in dieser Zeit nicht innerhalb von Neptuns Umlaufbahn. So wirkungsvolle Transite wie die der achtziger und neunziger Jahre gab es in den letzten 25 000 Jahren, vermutlich in den letzten 100 000 Jahren nicht.[5]

Wirklich ominöse Gefühle einer Veränderung verspürten einige, als Neptun im Januar 1984 in Steinbock eintrat. Dieser Transit war besonders entscheidend, weil Steinbock die Bildung von *Struktur an sich* regiert. Denkt daran, wie es euch 1984 ging. Wie in George Orwells Roman *1984* sah es so aus, als ob die Technologie ganz sicher über den Geist siegen würde, während Gefühle und persönliche Suche mit Pluto im frühen Skorpion und Neptun in Steinbock schwer und dunkel schienen. Aber 1984 merkten viele Menschen, daß sie nur dann erleuchtet werden würden, wenn sie lernten, mit Emotionen umzugehen. Sie vertieften sich in die Erforschung ihres Emotionskörpers – und genau das sollte nötig sein, um mit dem Eintritt in den Photonenring im Jahr 1998 fertig zu werden! Viele von euch wurden in jenem Jahr ganz introspektiv, da ihr etwas Schwerwiegendes nahen fühltet, und es war euch mit der persönlichen Transformation ernst.

In den achtziger Jahren machte nichts mehr Spaß so wie in den siebziger Jahren, als der Sex wild und frei war und die Technologie glitzernd und spielerisch schien. Den Menschen wurde klar, daß der Zustand des Planeten jeden Bewohner irgendwann treffen würde, als Aids, andere Immunschwächekrankheiten und steigende Krebsstatistiken das Bild der achtziger Jahre prägten. Uranus hatte in den achtziger Jahren einen Transit in Schütze, und die Menschen fühlten sich kreativ und spirituell. Je tiefer Pluto in Skorpion eindrang, desto mehr Bedeutung maßen die Menschen der Verarbeitung ihrer Emotionen bei. Als schrittweise die Vibrationen im Feld immer schwerer, tiefer und dichter wurden, kam eine wilde, verrückte Idee auf: Die Harmonische Konvergenz! Unter den Menschen herrschte große Aufregung wegen spiritueller Ideen und der Verarbeitung ihrer Emotionen, und sie äußerten die Vermutung, daß die Erde lebte und zwischen dem 16. und 17. August 1987 auf ihre Kreativität reagieren werde, wenn sie zusammen mit anderen Suchenden an Kraftorten mit Gaia meditierten. Die astrologischen Transite während der Harmonischen Konvergenz waren gleichsam Brennstoff, hervorgerufen durch ein gewaltiges Trigon von sieben Planeten in Feuerzeichen, und die unterdrückte Kreativität, die noch aus der Zeit der unbeendeten Explosion der sechziger Jahre tief im Inneren lauerte, brachte viele von euch dazu, eine große planetarische Party an heiligen Stätten zu veranstalten.

Nun, wir Astrologen betrachteten diesen Sommer mit Erstaunen, weil wir wußten, daß der »Steinbock-Zusammenstoß« 1988 und 1989 erfolgen würde. Aber obwohl Saturn und Uranus beide 1988 eine Zeitlang in Steinbock standen, bildeten sie 1988 dreimal am Ende von Schütze eine Konjunktion zum Galaktischen Zentrum. Viele von euch erhaschten durchdringende kurze Einblicke in die Multidimensionalität, doch nur wenige konnten dieses wirkungsvolle Fenster bewußt aufstoßen. Neptun stand schon in Steinbock, und Saturn und Uranus bewegten sich nach der ersten Konjunktion in Schütze im Februar 1988 gemeinsam in Steinbock. Das war, als schlösse sich eine schwere Tür, und das gleiche Muster wiederholte sich noch zweimal im Jahr 1988. Einige von euch verspürten das Bedürfnis, in euch Raum für diesen kurzen Blick auf multidimensionales Potential zu schaffen, und ihr fingt mit der Arbeit an eurem Emotionskörper an. Damals erahntet ihr die Tiefe und die gewaltigen Ausmaße des großen Mysterienspiels, das sich entfaltete; aber die Steinbockenergie wog so schwer, daß ihr euch fragtet, ob ihr ihr widerstehen könntet. Wir Astrologen wußten, daß dies nur der Anfang vom Beginn dieses strukturellen alchimistischen Schmelzofens war, weil Saturn, Uranus und Neptun von Februar 1988 bis Februar 1991 alle in Steinbock standen. Daraufhin bildete Saturn mit Neptun 1989 dreimal eine Konjunktion in Steinbock. *Die Transite dieser drei Planeten in Steinbock schmiedeten in jedem von euch ein Vehikel zur spirituellen Transformation, das sich nicht leugnen lassen wird.* Bis 1996 machte sich aber der strukturelle Einfluß des Steinbocks so stark bemerkbar, daß sich viele von euch nervös fragten, was tatsächlich möglich war. Da waren sie wieder, die sechziger Jahre und die Harmonische Konvergenz, aber diesmal solltet ihr ein spirituelles Vehikel erschaffen, das euch bis ans Ende des Kalenders bringt, um Uranus und Neptun zu erden, wenn sie während ihrer

Transite in Wassermann und Fische ihre Durchschlagskraft freisetzten.

Das vorletzte Mal wurde dieses spirituelle Vehikel im Jahr 1993 geschmiedet, als Uranus dreimal eine Konjunktion mit Neptun bildete, sowie Saturn im Wassermann stand und oft mit Pluto ein Quadrat bildete.[6] Dann zogen Uranus und Neptun 1994 bis 1995 weiterhin dicht nebeneinander her, und der Höhepunkt war der 11. Januar 1994, als Sonne, Mond, Merkur, Venus, Mars, Uranus und Neptun bei Neumond eine Konjunktion im Steinbock bildeten. All diese Himmelskörper waren in Steinbock weniger als elf Graf voneinander entfernt! Pluto stand in Konjunktion mit dem nördlichen Mondknoten, und diese Knoten bildeten mit Saturn ein T-Quadrat. Dies übte entscheidend Druck auf euch aus, euren Geist zu disziplinieren, damit Spezies auf dem ganzen Planeten leichter überleben konnten.

Tatsächlich braucht man genau solche planetarischen Aspekte, um die Menschen *emotional* und *spirituell* auf den Eintritt der Sonne in den Photonenring 1998 vorzubereiten. Ich habe aber nicht von der Aktivierung eures *physischen Körpers* gesprochen. Zunächst einmal wird, wenn Pluto bei der Frühlingstagundnachtgleiche 1999 wieder die Position des äußersten Planeten bezieht, eure physische Evolution, die auf der Reinigung des Emotionskörpers basiert, hereinbrechen. Der andere Zyklus, der zur Umwandlung eures Körpers bestimmt war, begann am 14. März 1994 und ist auf Seite 348ff. beschrieben. Inzwischen stand Anfang 1995 Pluto einige Monate lang in Schütze und Uranus in Wassermann, und eure Energie wurde gewaltig beschleunigt. Alles bewegt sich jetzt schneller, und das wird sich mit Pluto in Schütze bis zum Jahr 2008 verstärken. Dadurch werdet ihr eure innere Transformation in die Kultur entlassen: euer tiefes Selbst, das hervorbrach, als Pluto von 1983 bis 1995 in Skorpion stand. *Ihr werdet fähig sein, auf eure Emotionen hin zu handeln, indem ihr euren Willen einsetzt.* Ihr werdet euch allmählich wie ein Vulkan fühlen, der kurz vor dem Ausbruch steht, wie ein Pferd, das sich aufbäumen und losrennen will, oder wie ein Wüstling, der dabei ist, seiner Begierde nachzugeben. *Ihr werdet versuchen, euer zukünftiges Bild von euch zu werden, ganz egal, wer oder was sich euch in den Weg stellt!*

Alles wird sich schneller bewegen, und nichts wird wieder sein wie vorher. Chiron wird zwischen 1997 und 1998 die medizinische Technokratie hinwegfegen, wenn er in Opposition zu seiner Sichtposition steht. Ihr werdet schließlich den lange währenden Kampf zwischen natürlicher oder allopathischer Medizin gewinnen, weil ihr dann die Überlebenscodes entschlüsselt habt. *Ihr werdet nie mehr jemandem erlauben, euren Körper zu beherrschen.* Ihr werdet euch fragen, ob die ganze Geschwindigkeit und der Druck einmal ein Ende haben werden, und die Antwort lautet *nein.* Aber ihr werdet euch mit den äußeren Planeten synchronisieren! Ihr habt das Vehikel für diese Beschleunigung während der Uranus-Neptun-Konjunktionen 1993 geschmiedet. Neptun bewegt sich 1998 in den Wassermann, und ihn werden ab 1998 bis 2003 Uranus und Neptun gemeinsam durchqueren, während Pluto in Schütze steht. Das Potential der Steinbocktransite wird freigesetzt werden, und ihr werdet das Gefühl haben, auf einem Stern zu leben, während ihr euch immer tiefer in den Photonenring hineinbewegt.

Der christliche apokalyptische Fundamentalismus wird seinen Höhepunkt am 31. Dezember 1999 um Mitternacht haben, aber die Welt wird *nicht aufhören.* Sich dies klarzumachen, wird sehr heilsam sein, weil Chiron und Pluto dann genau in Konjunktion zueinander stehen, was uns eine tiefgehende Heilung beschert; und Neptun, der das Christentum in diesem Abschnitt der Geschichte regiert, wird in Konjunktion mit dem südlichen Mondknoten stehen. Das wird das Ende zwanghafter christlicher Glaubenssysteme sein, und viele von euch werden statt dessen Christus in sich *fühlen.* Uranus und Neptun in Wassermann werden euch bei der Erforschung des kommenden neuen Zeitalters behilflich sein. Uranus wird 2003 in Fische auftreten, und ihr werdet euch bewußt von einem Glaubenssystem nach dem anderen trennen. Bis dahin werdet ihr alle wissen, daß Glaubenssysteme, die nur der Kontrolle dienen, die Erde vernichten.

Pluto als äußerster Planet in Schütze und Chiron in Steinbock werden euch bei der Entwicklung eurer eigenen Techniken für den Zugriff auf neun Dimensionen helfen. Dann wird Chiron im Februar 2005 in Wassermann eintreten, und dadurch wird es neue Methoden zur Heilung eurer verwundeten Gesellschaft geben.

Pluto tritt 2006 bis 2007 in Konjunktion mit dem Galaktischen Zentrum, und dies wird wie ein gereinigtes persönliches Tor zum Galaktischen Geist fungieren. Dann wird sich Pluto im Januar 2008 in Steinbock bewegen, und das wird größtmögliche tiefe strukturelle Transformationskräfte für eure Gesellschaft und euren Planeten liefern. Ihr werdet über die Durchschlagskraft Plutos in Steinbock verblüfft sein, weil er in Krebs stand, als man ihn 1930 erstmals sichtete. Dies wird das Heranreifen von Pluto in eurem geklärten Emotionskörper sein, *und ihr werdet eure Welt für das Überleben aller Spezies neu strukturieren.* Im Februar 2010 wird Chiron in Konjunktion zu Neptun in Wassermann treten, und das wird universelle, umfassende Heilung der neuen Strukturen zur Folge haben! Euch wird eine köstliche spirituelle Woge überspülen. Uranus wird sich im Mai 2010 in Widder hineinbewegen, und ihr und eure Gesellschaft werdet über grenzenlose Kräfte verfügen, um Wirklichkeiten gemäß dem planetarischen Geist zu erschaffen, während Chiron erneut eine Konjunktion mit Neptun bildet und weitere spirituelle Heilwogen aussendet.

Neptun verläßt Wassermann im Februar 2012 und tritt in Fische, sein eigenes Tierkreiszeichen, ein. Dort wird er die Erinnerung an jahrtausendelange Plünderungen, Vergewaltigungen und Ermordungen im Namen des Glaubens auslöschen. Am Schluß ist die Unterdrückung der Freude beendet, und Chiron in Fische wird galaktische Spiritualität eröffnen! Uranus bewegt sich im Jahr 2010 in Widder, und alle Begrenzungen transformierender Handlungen werden wegfallen. Zur Frühlingstagundnachtgleiche 2011 in Teotihuacán werden die Menschen sehen, daß sich ihre Absicht, biologische Souveränität zu erlangen, erfüllt haben wird. Am 24. Juni 2012 wird Uranus in Widder dann ein Quadrat zu Pluto in Steinbock bilden; dieses Quadrat wird bis ans Ende des Maya-Kalenders bestehen und Liebe und spirituelle Kraft freisetzen, die sich in den Blumenkindern der sechziger Jahre während der Uranus-Pluto-Konjunktionen entwickelt hatten. Am Ende des Kalenders werden Chiron und Neptun in Fische eine Konjunktion und beide mit Saturn in Skorpion ein Trigon bilden, und die Hoffnung, die damals tief im Herzen der Menschen aufkeimte, wird euch als Schöpfer in der Milchstraßengalaxis gebären.

Bestimmung des Zeitpunkts, an dem das Sonnensystem in den Photonenring eintritt

Die hier vorgestellte Theorie läßt sich sehr schwer nachprüfen, da sie damit spekuliert, wann jeder Planet sich ab 1972, dem Jahr, in dem Pluto offensichtlich im Photonenring war, tatsächlich dort befindet. Bis jetzt ist es mir nicht gelungen, zur Überprüfung meiner These die Einflüsse des Photonenrings unzweifelhaft zu beweisen, weil diese so subtil sind; wissenschaftliche Geräte wären vielleicht in der Lage, diesbezügliche Nachweise zu erbringen, aber ob es solche Instrumente gibt, wissen wir nicht.

Diese Theorie besagt, daß der äußere Hof der Sonne irgendwann im Jahr 1998, vermutlich zur Herbsttagundnachtgleiche, in den Photonenring hineinwandern wird. Ich habe tatsächlich eigenartige Veränderungen am Himmel bemerkt, wenn sich die Erde gemäß dem hier angegebenen Zeitrahmen in den Ring hinein- beziehungsweise aus ihm hinausbewegt, aber sie sind kaum wahrnehmbar. Im Herbst 1998 – falls am Himmel wilde Phänomene wie beispielsweise ein Blackout oder großer Lichtzuwachs auftreten, falls wirklich intensive Verschiebungen im Bewußtsein oder planetarische Vibrationsverschiebungen an der Sonne stattfinden – lohnt es sich vielleicht, diese Theorie näher zu betrachten. Sollte sie sich bewahrheiten, so könnte sie dem besseren Verständnis unserer Atmosphäre und der Dynamik des Sonnensystems von 1998 bis 2013 dienen. Dann, so erwarte ich, werden wir mitten in großer Spannung stehen, auch wenn ein solcher Zustand nur durch die apokalyptischen Neigungen der Menschheit ausgelöst wird.

Das Modell, das ich für den Photonenring benutze, ist dem Wissen von Eingeborenen, anderen zeitgenössischen Theoretikern, meiner eigenen Datenbank und dem Gruppengeist – wie im zweiten Kapitel besprochen – entlehnt. Ich bin mir mittlerweile ganz sicher, daß die Erde währende des Wassermann- und des Löwe-Zeitalters 2000 Jahre lang einen Ring erhöhten photonischen Lichtes durchqueren wird. Es läßt sich jedoch schwer ermitteln, ob es sich dabei um eine Transformation im ätherischen Feld handelt, wo Lichtwellen übermittelt werden, oder ob sie tatsächlich im Physischen stattfindet.[7] Mit dem gleichen Problem müssen sich alle Prophezeiungen zu Erdveränderungen auseinandersetzen. Mag sein, daß wir nichts *sehen*, aber wir *wissen* vielleicht mit unseren nichtphysischen Sinnen, daß etwas im Gang ist. In beiden Fällen werden wir nicht erfahren, wie wörtlich die Dinge gemeint sind, bis die Zeit kommt. Sinnlos sind jedenfalls Angst und unbegründetes Panikverhalten. Kernproben von Polareis lieferten unzählige Beweise dafür, daß periodisch Eiszeiten und Katastrophen stattfinden. Es gibt stichhaltige Gründe zu glauben, daß diese Zyklen den Kalendern der Azteken und Maya entsprechen, aber eine solche Thematik würde allein schon ein ganzes Buch füllen. Es gab allerdings vor nicht allzu langer Zeit eine bedeutende Eiszeit – die Jüngere Dryaszeit – und vermutlich auch eine Polverschiebung während des letzten Löwe-Zeitalters: 10 800 bis 8640 v. Chr. In der Jüngeren Dryaszeit, die mittels der Radiokarbonmethode etwa auf die Zeit zwischen 10 500 und 9800 v. Chr. datiert wird, herrschte eine rauhe Kälteperiode, die wieder für ein Klima wie im Paläolithikum sorgte, und das war für die menschliche Kultur sehr traumatisch.[8]

Für meine *Trilogie der Bewußtsein-Chroniken* nahm ich an ungefähr 80 Hypnosesitzungen teil, in denen ich durch mindestens 300 000 Jahre menschlicher Erfahrung »zeitreiste«. Ich entdeckte, daß wir immer noch dabei sind, eine Angst zu verarbeiten, die in unserem Urbewußtsein lauert. Sie rührt von Ereignissen aus dieser Katastrophenzeit her, welche die Erinnerung an frühere Katastrophen wiederaufleben ließ; und da wir uns durch die Präzession in ihr entgegengesetztes Zeitalter – Wassermann – hineinbewegen, haben wir Angst. Die Erinnerung an die Jüngere Dryas lebte sogar vor kurzem wieder auf, als 1650 v. Chr. der Vulkan auf Thira beziehungsweise Santorini in der Ägäis ausbrach und eine gewaltige Katastrophe verursachte. Im allgemeinen ist *Das plejadische Kursbuch* ein sehr spekulatives Buch, aber ich merke, daß wir unsere Vorstellungskraft ausdehnen müssen, wenn wir alte Erinnerungen in uns aufsteigen fühlen. Stellt euch vor, wenn wir alle um die zyklischen Muster der Erde wüßten, diese Zyklen aber erwartungsvoll, kreativ und voller Elan leben würden! Der tschechische Schriftsteller Wence Horak sprach in seinem Buch *Ancient Ecologists* über die Möglichkeit, daß die Intelligenz der Menschen erheblich zunimmt, wenn die Temperaturen auf der Erde niedriger sind, und ich habe während meiner Zeitreisen herausgefunden, daß das stimmt.[9]

Angenommen, der Photonenring ist in gewisser Weise real, dann lautet die nächste Frage: Wann treten wir in ihn ein? Wann tritt die Sonne in ihn ein? Abbildung 5 im zweiten Kapitel ist ein spekulatives Modell, das sehr plausibel darstellt, *wie* wir uns in den großen Lichtring hineinbewegen, der einer von vielen großen siebendimensionalen Lichtringen ist, die in Schleifen das Zentrum der Galaxis durchqueren. Das Modell zeigt die Umlaufebene des Sonnensystems, das dem Ring erhöhten Lichts entgegenstrebt, wenn sich die Planetenumlaufbahnen hineinbewegen; es zeigt, wann die Sonne hineinwandert und wann die Hälfte der Planetenumlaufbahnen sich darin befindet. Zum Schluß werden sich nach dem Eintritt der Sonne die restlichen Planetenumlaufbahnen hinzugesellen, und sie werden alle etwa 2000 Jahre lang im Ring verharren. Ob sich die Erde und andere Planeten tatsächlich im Ring bewegen, hängt davon ab, welcher Abschnitt der Umlaufbahn, auf der sie entlangziehen, innerhalb des Ringes liegt. All das wird von dem Zeitpunkt bestimmt, an dem der äußere Rand des Sonnensystems zum erstenmal in den Ring eintritt.

Meine Theorie zum Eintritt der Erde in den Photonenring stammt aus einem öffentlichen Channeling, das ich zusammen mit Barbary Marciniak durchführte.[10] Ein Mann aus dem Publikum fragte die »Hüter der Frequenz« der Plejaden, *wann* wir den Photonenring erreichen würden. Aufgrund meines Channelings und der Art der Antwort halte ich die Angaben für richtig. Sie sagten folgendes: »Die Erde ist den ganzen Februar, den ganzen April und ein paar Tage im Mai des Jahres 1992 (13 Wochen, da der März dazwischenliegt) im Photonenring, und ihre Verweildauer wird sich bis zum Jahr 2013 n. Chr. auf jeder Seite um eine Woche verlängern (pro Jahr 2 Wochen). 2013 wird die Erdumlaufbahn ganz im Photonenring liegen.«

Vom Tonband analysierte ich die Antwort. Erstens: 13 Wochen im Jahr 1992 würde bedeuten, daß wir an einem mittleren Punkt etwa zwischen dem 1. Februar und Anfang Mai 1992, sieben Jahre früher, in den Ring eintraten, also fast genau zur Frühlingstagundnachtgleiche 1986 oder 1987. Zweitens: Wenn ich der Zeit im Ring, beginnend mit 1993, zwei Wochen hinzufügen würde, wüßte ich, wann die Erdumlaufbahn vollends drinnen war, und wenn sich daraus das Jahr 2013 errechnen ließe, dann sind die gechannelten Angaben sehr präzise. Warum? Jemand in Trance könnte unmöglich ohne langes Nachrechnen auf solch eine Antwort kommen, es sei denn, er liest in jemandes Aufzeichnungen. Bei den Angaben kommt genau das Jahr 2013 heraus, und sie liefern auch die Zeitlinie des Eintritts der Erde – null Grad Waage, weil die Sonne zur Frühlingstagundnachtgleiche in null Grad Widder steht, wenn die Erde in null Grad Waage steht. (In der Astrologie liegt die Erde der Sonne gegenüber).

Die Frühlingstagundnachtgleiche ergibt durchaus einen Sinn, da es sich dabei um eine wichtige Zeremonienzeit der Maya handelt. Die Hüter von Teotihuacán begannen einen Zeremonienzyklus zur Frühlingstagundnachtgleiche des Jahres 1986, bei dem die Zeit von *La Luz*, dem Licht, gefeiert wird. Neben diesem Eintrittszeitpunkt läßt sich ermitteln, wann die *Sonne* in den Ring eintritt: Denn auch wenn die Erdumlaufbahn leicht elliptisch um die Sonne verläuft, liegt diese fast auf halber Strecke zwischen einer gezogenen Linie vom 22. September bis zum 22. März. (Die Sonnenellipse ist auf der Sonnenwend-Linie weiter). Der Eintritt der Sonne befindet sich auf halber Strecke zwischen dem 22. März 1987 und dem 31. Dezember 2013: 1999 bis 2000. Da der Sonnenhof so weit nach außen reicht, wird die größte Wirkung der Sonne deshalb zwischen 1998 und 2001 sein, in genau jenen Jahren, in denen sich größte Erdveränderungen ereignen, wie Gordon Michael Scallion voraussagt. Während die Sonne sich dann tiefer hineinbewegt, vertieft sich der Eintritt der anderen Planeten, sobald mehr Umlaufbahnebenen aufgeschluckt werden, und die Sonne wird auf die Photonenzunahme eher reagieren.

Angenommen, der Zeitpunkt des Erdeintritts bei null Grad Waage 1986 bis 1987 ist korrekt, dann läßt sich ungefähr berechnen, wann die Planeten im Ring sind. 1996 beispielsweise wird die Erde etwa vom 18. Januar bis 23. Mai im Ring sein, was hinsichtlich des Eintritts in die Planetenumlaufbahnen einen Bereich von etwa acht Grad Steinbock bis 22 Grad Krebs markiert, und Planeten, die diesen Abschnitt des Tierkreises durchqueren, werden 1996 teilweise oder ganz im Ring liegen. Wenn sich die Sonne etwa um 1999 hineinbewegt, wird diese Linie bei Anfang Krebs-Steinbock – den Sonnenwenden – liegen, und falls sich dies als richtig erweist, haben wir eine mögliche Antwort auf die Frage, warum die Menschen des Paläo- und Megalithikums von Sonnenwenden dermaßen fasziniert waren.

Wenn es zutrifft, daß die bereits erwähnte Eintrittslinie bei null Grad Waage liegt, dann bekommen wir ein Orientierungsgefühl, welche Teile der Umlaufbahnen von Planeten jenseits der Erde schon wie weit in den Ring vorgedrungen sind, aber ich werde keine Zeitlinie dafür liefern können, wann die äußeren Planeten tatsächlich eintraten, weil das zu viele Berechnungen erfordert. Sollte diese Theorie am Ende eine wie auch immer geartete Gültigkeit haben, so böte sich damit ein großartiges Forschungsfeld für andere Astrologen. Dazu braucht man die Entfernung der Planetenumlaufbahnen von der Sonne sowie eine sorgfältige Analyse des Eintrittszeitpunkts, und Mathematik ist nun mal nicht meine Stärke.

Zum Schluß wollen wir uns noch kurz ansehen, welche Planeten jenseits von Mars zwischen 1972 und 2013 im Ring liegen könnten. Ich lasse Mars aus, weil zu ihm zu viele Angaben nötig sind, aber denkt daran, daß er periodisch vor der Erde eintrat. Vielleicht wäre es interessant, sich Mars im Photonenring im Verhältnis zur Umwandlung von Kriegsmustern jüngst vergangener Zeiten zu betrachten.

Jupiter war wahrscheinlich von 1979 bis 1983 sowie von 1990 bis 1995 im Photonenring und wird sich von 2001 bis 2009 erneut dort aufhalten; Saturn war wahrscheinlich von 1975 bis 1988 im Ring und wird von 2003 bis 2024 wieder dort sein. Während der nächsten Zyklen von Jupiter und Saturn im Ring werden sie über längere Abschnitte, vermutlich für die Dauer von 2000 Jahren vollständig im Ring liegen. Chiron befindet sich etwa ab 1990 bis 2006 im Ring und wird eine Weile brauchen, um seine ganze Umlaufbahn hineinzuverlagern, weil der Großteil seiner ovalen Umlaufbahn – Chirons langer Zyklus – dem Eintrittspunkt des Sonnensystems gegenüberliegt. Uranus war vermutlich 1972 im Ring und verließ ihn um 1988. Wahrscheinlich wird er sich irgendwann um das Jahr 2050 wieder in den Ring hineinbewegen. Pluto war 1972 im Ring und wird diesen vermutlich gegen Ende des Maya-

Kalenders wieder verlassen. Es sieht so aus, als werde das Sonnensystem vollständig im Ring liegen, wenn die Erde um das Jahr 2160 n. Chr. ins Wassermann-Zeitalter eintritt.

Ob diese höchst spekulative Theorie nützlich ist oder nicht, wird sich erst herausstellen, wenn folgende drei Fragen beantwortet werden können. Erstens: Wird es beim Eintritt der Sonne zwischen 1998 bis 2001 wirklich bedeutende Veränderungen in unserem Sonnensystem oder Bewußtsein geben? Zweitens: Finden irgendwelche Veränderungen in der Erdatmosphäre statt, wenn sie sich in den Ring hinein- beziehungsweise hinausbewegt und ihren Eintritt um zwei Wochen pro Jahr verlängert? Drittens: Machen sich ab 1997 höchst ungewöhnliche Hirn-Kommunikations- oder Computerphänomene bemerkbar?

Galaktischer Niederschlag: Metonischer Zyklus der Fünften Welt

Wenn ihr dieses Buch einschließlich Seite 333ff. bereits gelesen habt und viele der darin geschilderten Ereignisse sich in irgendeiner Weise als wahr und bedeutsam herausstellen – dann müßte seine Thematik an sich schon atemberaubend sein. *Falls* es stimmt, daß wir unser Bewußtsein am Ende eines 26000-Jahre-Zeitzyklus exponentiell beschleunigen, was kann dann jeder einzelne von uns damit anfangen? Als Astrologin habe ich in den Horoskopen der Menschen oft Muster gesehen, die den Anfang und das Ende schwieriger Phasen in ihrem Leben vorhersagen. Vor Jahren beschloß ich, meine Klienten nur dann mit Negativem oder Traumatischem zu konfrontieren, wenn ich gleichzeitig Vorschläge zur Bewältigung der jeweiligen Probleme machen konnte. Daran habe ich mich gehalten, und auf den folgenden Seiten wird die Rede davon sein, welchen Verlauf die sich anbahnende Krise möglicherweise nimmt. Der Buchtext an sich bietet Heilungsratschläge und Meditationstechniken für die kommenden Tage an, und ein wesentlicher Punkt dieses Anhangs ist die Vorhersage, wie der »Galaktische Niederschlag« funktionieren könnte. Ich vermute, daß viele von euch, wenn ihr wißt, wie sich die Muster auswirken, vielleicht ein paar Anleitungsideen geben, mit denen ihr euch auf die Veränderungen einstellt. Der Galaktische Niederschlag – ein Regenguß kosmischer Energien auf der Erde – begann am 14. März 1994, als uns nämlich eine neue Energie in unseren physischen Körper beförderte. Diese Bombardierung mit kosmischem Bewußtsein wird jedes Jahr intensiver werden, bis sie zum Zeitpunkt des kritischen Sprungs Ende 2012 den Kulminationspunkt erreicht.

Im Rahmen meiner Forschungen unter Hypnose, die ich 1991 für mein Buch *Das Siegel von Atlantis* durchführte, nahm ich an einer Sitzung teil, bei der hochentwickelte kosmische Wesen zeigten, wie die Seele die Erdebene betritt und das Baby bei seiner Geburt durchdringt.[11] Diese Sitzung verhalf mir zum Einblick in den Galaktischen Niederschlag, der sich jetzt als voraussagbar erweist. Ich werde diesen Prozeß der Seeleninfusion beschreiben: Ein Wesen nahm mich mit zur *Ekliptik* – der jährlichen Strecke der Erde um die Sonne – hinaus. Anschließend wurde ich angeleitet zu beobachten, wie der Mond ungefähr dreizehnmal im Jahr die Erde umrundete, während diese sich um die Sonne bewegte. Die Punkte, an denen die Mondumlaufbahn die Ekliptik schneidet, nennt man den südlichen und den nördlichen Mondknoten, und diese Kreuzungspunkte vollführen eine langsame, rückläufige Bewegung auf der Ekliptik, weil die Mondumlaufbahn auf der Ekliptikebene um fünf Grad, acht Minuten geneigt ist.[12] Diese Knoten wandern in ungefähr 18,4 Jahren – dem Metonischen Zyklus, wie die Griechen diesen Prozeß bezeichnen – einmal auf der Ekliptik herum, und die frühen Astronomen und Megalith-Archäologen haben anhand vieler antiker Steinmonumente diesen 18,4-Jahre-Zyklus nachvollzogen.[13] Mit diesem Zyklus lassen sich Eklipsen vorhersagen, die dann stattfinden, wenn sich der Neu- oder der Vollmond nahe bei den Kreuzungspunkten der Mondknoten befindet. Das mag der Grund sein, weshalb die Menschen der Antike so daran interessiert waren, den Zyklus mit Steinen zu markieren. Ich meinerseits kann mich inzwischen des Gefühls nicht erwehren, daß es mit den Knoten noch mehr auf sich hat, und auch die Planeten, welche die Sonne umkreisen, haben Knoten. In der Vision sah die dreizehnmalige Mondumrundung der Erde, während diese 18,4 Jahre um die Sonne kreiste, so aus wie die Regenbogenspirale, die sich um einen großen ovalen Kreis wand und deren Anfang und Ende miteinander verbunden waren.

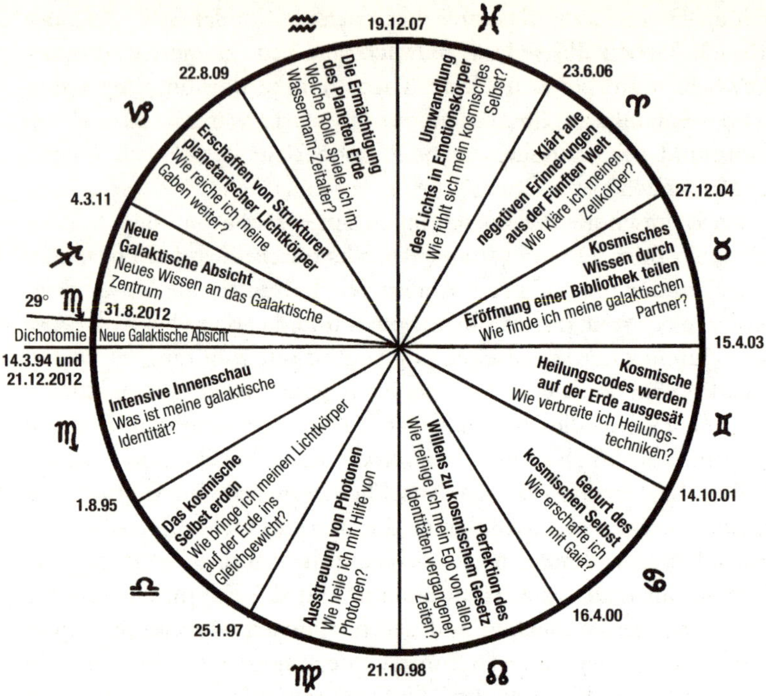

Abbildung 15: Galaktischer Niederschlag

Als fortgeschrittene Astrologin interessierte mich am meisten die karmische Astrologie, die sich mit der Frage beschäftigt, warum man für eine Lebensspanne auf die Erde kam, und die meisten karmischen Astrologen *beginnen* bei der Analyse des Geburtshoroskops mit den Mondknoten. Bei der Interpretation des Geburtshoroskops zeigt der nördliche Mondknoten an, warum sich jemand entschließt, auf die Welt zu kommen – die wahre Absicht – während der südliche Mondknoten verdeutlicht, welche wichtige Erfahrung des letzten Lebens in dieser Lebensspanne verarbeitet werden muß. Vor ungefähr sieben Jahren stellten mein Mann Gerry Clow und ich fest, daß die Mondknoten in unserem Ehehoroskop unsere persönlichen Heim- und Karrieremuster voraussagten. Diese Zyklen waren in unserer Ehe so dominant, daß ich die Knoten von da an sogar noch ernster nahm. Offensichtlich sind sie sehr wirkungsvoll.

Zurück zu dem Wesen, das mir den 18,4-Jahre-Zyklus des Mondes auf der Ekliptik zeigte: Es vermittelte mir ein Bild, wie unsere Seelen um die Ekliptik schweben und sich ihren eigenen besonderen Punkt für Empfängnis und Geburt auf der Kreuzung der Mondumlaufbahn herausgreifen! Das war eine außergewöhnliche Vision, wie die Seelen um die heranreifenden Föten – Organismen mit biologischem Potential, die von diesen Seelen sehr geliebt wurden – schwebten. Wenn zehn oder neun Monde verstrichen waren, zogen die Seelen die Körper von Babys, die genau zur richtigen Zeit am richtigen Ort geboren wurden. Das bestimmte dann die Stellung der Mondknoten im Geburtshoroskop der Kinder. Buchstäblich Trillionen von Lichtwesen arbeiteten mit der Ekliptik, während die Föten und Seelen magnetisch in die ideale Zone gezogen wurden, wo der Mond den Weg der Erde um die Sonne kreuzt. Das löste das Karma aus, das sie ausagieren wollten, um einen neuen Entwicklungsweg erforschen zu können. Ich würde in der Regressionssitzung von den fühlenden Aspekten dieser Dynamik festgenagelt. Es war nicht mechanisch oder mathematisch, und der Prozeß schien von irgendeiner Form ätherischer, flüssiger Substanz vollendet zu werden, die so aussieht, wie Liebe sich anfühlt; irgendein weiterentwickeltes Lichtwissen, das so komplex wie die DNS selbst war. Ich habe auf der Erde niemals etwas so Komplexes und künstlerisch Vollendetes gefunden, ausgenommen vielleicht die Gefühle in meinem Körper, nachdem ich mir einen vollständigen Bachschen Fugenzyklus angehört hatte.[14]

Diese Vision im Jahr 1991, kombiniert mit der großen Wirkung der Knoten in unserem Ehehoroskop, gab mir den Impuls, die Möglichkeit in Betracht zu ziehen, daß der Einfluß der Mondknoten in unserem Reich ein höchst komplexer zyklischer Prädikator ist. Er könnte eine kosmische Blaupause von Intelligenz sein, besonders weil sehr alte Völker davon fasziniert waren. Als wir jedoch den »Armageddon-Bypass« 1992 überstanden hatten – fünf Jahre intensiver Emotionskörperklärung nach der Harmonischen Konvergenz, der schwingenden Frequenzverschiebung von 1987 –, wurde mir langsam zweifelsfrei klar, daß der Maya-Kalender (wie ihn Argüelles und viele andere interpretiert haben) tatsächlich Voraussagen treffen konnte.[15] Als Astrologin wußte ich dann, daß es irgendeinen astrologischen Zyklus geben *mußte*, der sich mit den Mustern am Ende des Kalenders synchronisierte. Wenn ich ihn genau zu bestimmten in der Lage wäre, könnte er als Instrument für den Aufstieg dienen. Zunächst einmal haben die Planetentransite von 1987 bis 2012, die das elektromagnetische Feld der Erde mit Hilfe des Solarwindes beeinflussen, die absolute Fähigkeit, den Aufstiegsprozeß der Erde in Gang zu setzen, wie es auf Seite 333ff. von mir beschrieben wurde. Aber ich fühlte, daß da noch mehr war, und Anfang 1994 wurde mir eines Tages klar, daß der Mondknoten vielleicht die Lösung sein könnte. Warum? Ich spürte, daß da ein Faktor am Werk sein mußte, der subtiler war als nur die kausativen Faktoren im elektromagnetischen Feld. Während des Sirius-Periastrons im März 1994 kam mir wieder die Vision von den Wesen in den Sinn, die mit der Ekliptik und dem Mondknotenzyklus arbeiteten, während ich in der Großen Pyramide beschäftigt war. Ja, der Knotenzyklus könnte es sein! Und so entwarf ich ein Horoskop für den letzten Metonischen Zyklus – Mondknotenzyklus – des Maya-Kalenders, wobei ich den 21. Dezember 2012 als das Enddatum annahm (siehe Abbildung 15).

Ich nahm einfach das Enddatum des Kalenders, stellte fest, daß der wahre nördliche Mondknoten 25 Grad 27 Minuten Skorpion sein würde, und ging dann einen ganzen Metonischen Zyklus (18,4 Jahre) zum selben Punkt zurück. Ich ordnete einen Metonischen Zyklus an, wie in Abbildung 15 dargestellt, und das Anfangsdatum war der 14. März 1994, kurz vor dem Sirius-Perastron![16] Ganz intuitiv kam mir die Idee, daß dieses Horoskop etwas zu bedeuten hatte; daher untersuchte ich es mit Studenten in Intensivkursen im Sommer und Herbst 1994. Zu meiner großen Überraschung waren die Studenten von dieser Lehre sehr berührt, und einige weinten sogar! Während ich im Juli 1995 über dieses Rad schrieb, war das erste der zwölf Häuser fast vollständig durchlaufen – 14. März 1994 bis 1. August 1995 –, und es hatte sich als *sehr voraussagend* erwiesen. Um solch eine frühe Fähigkeit, Vorhersagen zu treffen, beurteilen zu können, ist ein gewisses Verständnis dafür erforderlich, wie Astrologen Forschung betreiben. Gewisse Planeten und Aspekte bestimmter Arten energetischer Felder, die verschiedene mögliche Wirklichkeiten potenzieren und je nach Stand unserer Ausbildung entsprechend berücksichtigt werden. Die höhere Astrologie ist sehr anspruchsvoll; sie ist entweder vorhersagend oder nicht. Wir Astrologen kündigten beispielsweise an, daß aufgrund der auf Seite 333ff. beschriebenen Transite von Saturn, Uranus und Neptun alle möglichen Gebäude Ende der achtziger Jahre und frühen neunziger Jahre einstürzen würden. Viele Astrologen machten ganz spezifische Angaben darüber, welche Gebäude das sein würden, wie beispielsweise die Berliner Mauer, und lieferten sogar genaue Daten dazu. Tatsache ist, daß die Astrologie sehr vorhersagend ist, aber sie ist es noch mehr, sobald der Zeitpunkt kommt, der bereits zuvor untersucht worden war. Ein Astrologe könnte beispielsweise vorhersagen, daß sehr autoritäre Strukturen wie die Sowjetunion unter den Steinbocktransiten zerfallen würden. Sobald der Prozeß während des ersten Transits in Gang kommt – wie eine Saturn-Uranus-Konjunktion –, sind die Astrologen für die folgenden Transite zu noch genaueren Angaben imstande. Wir beobachteten, wie sich die Dinge während des ersten Aspekts entwickeln, und sehen daran, welche mögliche Wirklichkeit sich daraus ergab. Beim Metonischen Zyklus ist es so, daß ich, da der erste Abschnitt – 14. März 1994 bis 1. August 1995 – tatsächlich vorhersagend war, zuversichtlicher bin, daß dies auch bei den folgenden elf der Fall sein wird.

Abschnitt eins – 14. März 1994 bis 1. August 1995 – besagte, daß die Menschen sehr introspektiv verhalten und von galaktischer Identität fasziniert sein würden, und dieser zeitliche Rahmen war tatsächlich von einer wahren Sucht nach galaktischer oder Sternenidentität gekennzeichnet. Das sieht man an der großen Beliebtheit von Büchern wie *Boten des Neuen Morgens, Der Photonenring – Nachricht vom Sirius* und *Nothing in this Book Is True, But it's Exactly How Things Are* und in dem Film *Stargate*. Ich könnte viele Beispiele anführen, aber die große Neugierde der Menschen auf persönliche Sternenidentität und außerirdischen Einfluß ist sehr offenkundig geworden. Im Internet schwirren diesbezügliche Fragen nur so umher, und viele Zeitschriften, Filme und Fernsehshows befaßten sich vorwiegend mit solchen Themen. Doch die neue Energie, die dieses Rad anscheinend erfaßt, ist für die meisten noch sehr neu und sogar bizarr, und die meisten können sich noch nicht einmal vorstellen, woher diese Fragen, die nicht den Planeten betreffen, kommen. Ich persönlich glaube, daß wir *von einigen sehr fortgeschrittenen Wesen Impulse erhalten.* Möglicherweise sind jene Wesen, die in meiner Vision die Seeleninfusion überwachten, gerade jetzt unsere Führer, während wir galaktische Intelligenz am Ende des Maya-Kalenders integrieren. Vielleicht kommen alle Führer, die uns dabei halfen, überhaupt erst hierherzukommen, in dieser Phase zurück. Wenn das stimmt, dann könnte dieses Horoskop, das wirklich feinstoffliche Energetik beschreibt, uns dabei helfen, Einflüsse zu integrieren, die von außerhalb des Planeten kommen. Im folgenden erhaltet ihr mehr Angaben über die mögliche Bedeutung jeder dieser Phasen des Galaktischen Niederschlags für uns.

Erstes Haus – 14. März 1994 bis 1. August 1995 – *Skorpion – Wie kann ich jemals tief genug in mein Selbst gelangen, um zu entdecken, von welchem Stern ich komme?* Das ist ein günstiger Anfang, bei dem Skorpion unsere neue Identität als galaktische Bürger offenbart. Die höchste Vibration von Skorpion ist der Phönix, der mythische Feuervogel, der Wiederauferstehung und Unsterblichkeit regiert, und bei der Verwendung von Knoten ist die höchste Vibration die richtige. Die negative Seite dieser Vibration ist eine Tendenz, Dinge so zu akzeptieren, wie sie sind, aber da Uranus Anfang 1996 in Wassermann und Pluto in Schütze standen, konnte das keinesfalls passieren! Diese Phase kündete eine Zeit tiefer, besessener Erforschung stellarer Identität an, da es bei dem ganzen Rad um galaktische Synchronisation geht. Von welchem Stern komme ich? Welche Geschichte hat dieser Ort? Warum bin ich jetzt hier, falls ich von diesem Stern hierherkam? Wie beeinflussen die Eigenschaften dieses Sterns mein Menschendasein auf der Erde? Diese Zeitspanne zeigte auch die tatsächliche *Verkörperung* stellarer Frequenzen an, die das Aufsteigen des Kundalini in unserem Körper aktivierten. Dabei werden Miasmen in unserem Körper aktiviert, und so werden wahrscheinlich immer mehr Menschen mit vielen Krankheiten zu tun bekommen, wie es bereits im dritten Kapitel besprochen wurde. Daher ist eine frühzeitige Diagnose sehr wichtig, und Homöopathie sowie Radionik gewinnen zunehmend an Bedeutung, weil sich mit ihrer Hilfe Krankheiten im ätherischen Körper entdecken lassen, bevor sie sich im physischen Körper manifestieren.

Natürliche und energetische Heilmethoden werden immer populärer, weil sie sich gut mit energetischen Klärungsproblemen verbinden lassen.

Zweites Haus – 1. August 1995 bis 25. Januar 1997 – *Waage: Wie verankere ich meine Sternenidentität auf der Erde, und wie bringe ich meinen Lichtkörper auf dem Planeten ins Gleichgewicht?* Damit wurde eine achtzehnmonatige Zeitspanne angekündigt, in der die Menschen von der Ankunft der neuen Energie erschüttert wurden, zumal Pluto sich am 11. November 1995 in Schütze und Uranus sich am 13. Januar 1996 in Wassermann zurückbewegte. Ihr konzentriert euch darauf, im Gleichgewicht zu bleiben, sollte das Chaos größer werden. Die erhöhten Photonen haben schlummernde feinstoffliche Drüsen wie Nebennieren, Hypothalamus, Zirbeldrüse und Thymus aktiviert. Warum gibt es diese Drüsen überhaupt? Die Wissenschaftler sind so verblüfft über die regulierenden Kräfte der Zirbeldrüse, daß einige sie als Organ bezeichnen. Wenn sich diese Drüsensysteme öffnen, ist es ganz entscheidend, im Gleichgewicht zu bleiben, weil ansonsten Miasmen und alte Krankheitsmuster zum Vorschein kommen. Die Öffnung kann wilde Stimmungsumschwünge verursachen, und ganz sicher sind Medikamente mit beruhigender Wirkung deshalb inzwischen so beliebt geworden. Aber wenn man diesen Prozeß mit derlei Tranquilizern zu sehr unterdrückt, könnte *man ihn abbrechen.* Statt dessen sollte ein Medikament nur eine Zeitlang eingenommen werden, um Phasen gefährlichen Ungleichgewichts zu vermeiden. Ich würde empfehlen, daß ihr zur Beruhigung in die Natur hinausgeht, im Garten arbeitet, leichten Sport treibt, euch vernünftig ernährt, friedvolle, liebevolle Beziehungen pflegt und das Fernsehen ganz abschafft. Geht freundlich mit euch um, entspannt euch, arbeitet nicht ununterbrochen, weil ihr das Kommen der neuen Welt bereits spürt. Viele von euch werden merken, daß sie bei diesem unglaublichen Aufstieg der Erde wirklich in ihrem Körper bleiben wollen; ihr werdet merken, daß auch euer Körper sich beschleunigen muß. So findet also zur Ruhe zurück und sorgt in dieser außergewöhnlich ausgleichenden Zeit für euch.

Drittes Haus – 25. Januar 1997 bis 21. Oktober 1998 – *Jungfrau: Ich habe diese unglaubliche hohe Vibrationsenergie in meinen Körper geholt und sie ausbalanciert. Wie kann ich jetzt ihre*

Kräfte an alle anderen Lebensformen auf dem Planeten aussenden? Diese Zeit wird heiß sein, und ich kann es kaum erwarten, wie die Medien zusammenbrechen, wenn sich die Menschen ihre Kommunikationssysteme zurückholen, um herauszufinden, *was als Gruppenerfahrung geschieht.* Die Menschen auf dem Planeten, die fähig waren, sich zu verkörpern und die neuen galaktischen Frequenzen dann zu verankern, werden sofort merken, daß sie mit diesen neuen Kräften heilen müssen, weil das dritte Haus der Kommunikationen von Jungfrau, dem Zeichen Chirons, regiert wird. Euch wird ein allesverzehrender Wunsch erfassen, euch zu reinigen, zu klären und zu verstärken – eine Symbiose mit allen Lebewesen einzugehen. Die wahre Bedeutung der Rettung von Spezies und ihren Behausungen wird in den Vordergrund treten, weil ihr während dieser Chiron-Phase *sehen* werdet, daß die Behausung eine Erweiterung grundlegender Seinsheit ist. Eine Invasion des Erdreichs mit Bergbau oder aus anderen Gründen wird unmöglich sein, weil ihr die Erde als psychedelische Vision werdet wogen fühlen und *in* dieser Vision sein werdet – ihr werdet nicht von eurer Umgebung getrennt sein.

Viertes Haus – 21. Oktober 1998 bis 16. April 2000 – *Löwe: Wie kann ich meinen Willen zur Bildung meines neuen galaktischen Selbst einsetzen?* An diesem Punkt explodiert rings um euch alles, weil der äußere Sonnenhof in den Photonenring eintritt und der Solarwind selbst zu silbrigen Lichtwellen werden wird. Alles wird in Bewegung sein und sich umwandeln, doch ihr werdet eine neue, erstaunliche Fähigkeit erlangt haben, mit Gedanken zu erschaffen, und im zähflüssigen Feld der Veränderungen fließen, solange ihr euer Augenmerk beständig auf euer neues Selbst richtet. Ihr werdet euch nicht so fest fühlen wie jetzt, sondern wie ein riesiges wirbelndes Feld aus Lichtpartikeln. Lauscht aufmerksam in euch hinein, fühlt, wo ihr in euch seid, und aktiviert beständig euren Willen; zentriert und erdet euch. Auch ihr seid Christus; dieses unglaublich ausgedehnte Energiefeld ist einfach euer eigener Lichtkörper, den ihr bis jetzt nicht sehen konntet.

Fünftes Haus – 4. April 2000 bis 14. Oktober 2001 – *Krebs: Jetzt bin ich ein völlig einzigartiges neues Wesen. Wie gebäre ich mich in Gaias Geist hinein?* Diese Phase wird sein, als würdet ihr Zeuge der Verklärung Christi, wenn ihr anfangt, euren eigenen

Lichtkörper und jene der anderen zu sehen. Ihr werdet erkennen, daß viele Sternencodes durch euren Körper sowie durch Tiere, Insekten, Pflanzen und Steine in Gaia gelangen. Mit reinem Gedanken – was beabsichtige ich jetzt? – werdet ihr eure neue hybride Identität während des Eintritts der Sonne in den Photonenring behalten. *Eure Fähigkeit zu diesem Zeitpunkt, die von euch gewünschte Wirklichkeit zu erschaffen, wird grenzenlos sein.* Wenn ihr euch auf diese Zeit vorbereiten wollt, fragt euch: Welches Kind von Gaia will ich jetzt werden? Was ist das größte Selbst, das ich mir vorstellen kann und das Tag und Nacht in kosmischem Licht badet?

Sechstes Haus – 14. Oktober 2001 bis 15. April 2003 – *Zwillinge: Jetzt habe ich mich als Gaias Sternenkind wiedergeboren. Wie werde ich nun zu einem der großartigen Wesen, einem kosmischen Heiler?* Dies kann ich nur als Seherin *fühlen*, denn bei unseren Weg durch das Rad entfaltet sich der kosmische Prozeß und ist im Grunde genommen außerhalb meiner derzeitigen Reichweite. Also werde ich euch einfach erzählen, was ich mit meinen Gefühlen sehen kann. Als erstes sehe ich, daß es auf der Erde erheblich weniger Menschen gibt, aber verzweifelt nicht: Viele von euch sind zu großartigen riesigen Bäumen geworden, und viele von euch sind Kristalle! Die Wind- und Erdbewegungen sind so intensiv, daß eine große Anzahl von euch sich entschließt, sich mit Hilfe einer Formveränderung zu erden. Ich kann sehen, daß die Verbleibenden in völligem Einklang mit Gaia vibrieren, und sie heilen mit *Speziesschwingung*. Sie vibrieren einfach ihr Wesen und behalten ihre DNS-Codes; sie sehen wie Empfangsstationen aus. Diejenigen, die umherlaufen, sind von wirbelnden farbigen Lichtstrahlen umgeben, wie fluoreszierendes Licht im Meer. Ich habe auch den Eindruck, daß jene unter euch, die ihre Gestalt verändert haben, sich auf Wunsch wieder in Menschen oder Tiere zurückverwandeln können.

Siebtes Haus – 15. April 2003 bis 27. Dezember 2004 – *Stier: Jetzt, wo ich mich als eines der großartigen Wesen des Kosmos kenne – wie Christus, weil ich ein Bewohner Gaias bin –, mit wem werde ich zusammenarbeiten und -leben, um dieses Wissen sichtbar zu machen?* Wenn ihr euch ins Siebte Haus des Metonischen Zyklus hineinbewegt, werdet ihr aufwachen! Ihr werdet nämlich alles sehen, was ihr seid, und euch fragen, mit wem ihr zusammensein, zusammenarbeiten werdet. Im Unterschied zu früher, als ihr ein Karma ausagiertet, werdet ihr ein völlig funktionaler Mensch mit einem wahren Gespür für eure Großartigkeit sein, und Einschränkung wird bei der Bildung von Partnerschaften keine Rolle spielen. Wie eine außergewöhnliche Frau und ein viriler Mann, die sehr verliebt sind, werdet ihr euren Geliebten und Partnern voll entsprechen. Je mehr ihr liebt und mit anderen arbeitet, desto großartiger und entsprechender werdet ihr sein. Eure Codes werden sichtbar sein! Ihr werdet die anderen Wesen, mit denen ihr arbeitet und euch vereinen wollt, mühelos erkennen.

Achtes Haus – 17. Dezember 2004 bis 23. Juni 2006 – *Widder: Wenn ich die aus meiner Seele und meinem Körper aufsteigenden Kräfte einsetze, die mein neues, großartiges Gespür für mein Selbst ausstrahlen, wie kann ich dieses außergewöhnliche Selbst gewaltlos zum Ausdruck bringen?* Das ist der Zeitpunkt, an dem ihr euch umschauen werdet, nachdem ihr von der irrsinnigen Entdeckung eurer eigenen Schönheit erwacht seid, und um euch herum wird euch eine Abscheulichkeit auffallen, die ihr nicht akzeptieren werdet. Die schimmernde Sternenschönheit wird jetzt Wirklichkeit, und ihr seht, wie manchenorts die Erde von Löchern verunstaltet ist; verfaulende Skelette der Technologie verschmutzen einige der Städte, in denen Menschen miteinander Zwiesprache werden halten müssen, und Teile der Ozeane ersticken an versunkenem Müll und Unrat. Die Bewegung der Sonne in den Photonenring wird Teile der Erde gereinigt haben, wo ihr und andere Spezies zwar einst zu überleben vermochtet, aber jetzt braucht der ganze Planet Liebe und Fürsorge. Euer Gefühl für euer Selbst wird so riesig und grenzenlos sein, daß eure ganze Zeit der Interaktion mit euren neuen (oder früheren, wiederentdeckten) Partnern und Geliebten gewidmet sein wird, damit die Erde massiert und neu gesalbt wird. Ihr werdet den ganzen Erdboden in einen kristallinen Zustand versehen und die Bäume und Pflanzen neu setzen; die Samen- und Tierspezies, die ihr so sorgsam beschützt und gehegt habt, werden von euch gesammelt werden, und ihr werdet ihnen neue Wohnstätten einrichten. Gaias Haut wird wieder zu atmen beginnen und ihr Haar im Solarwind wehen.

Neuntes Haus – 23. Juni 2006 bis 19. Dezember 2007 – *Fische: Wie geht es mir damit, ein großes Wesen und Partner bei Gaias Wiedergeburt zu sein? Wie kann ich diese schmelzenden Gefühle der Liebe zu meiner neuen Welt zum Ausdruck bringen?* Jetzt, wo ihr seht, daß ihr es geschafft habt, werdet ihr um so verblüffter sein über das, was aus euch geworden ist. Ihr seid ein Wesen spiritueller Herrlichkeit und planetarischen Vertrauens, das niemand – auch ihr selbst nicht – während dieser schrecklichen Tage der Dunkelheit vor dem Jahr 2001 für möglich gehalten hättet. *Ihr erfreut euch an euch selbst.* Wie eine taufrische Blume bricht eure Wirbelsäule durch den Erdboden, und ihr seid wirklich lebendig! Als wärt ihr nach einem schrecklichen Kampf aus der Amnesie erwacht, dämmert euch die Erkenntnis, daß ihr lebendig seid und wachsen werdet. Das Erstaunliche an dieser Einsicht ist das gleichzeitige Wissen darum, daß ihr nicht mehr sterben werdet. Das »Tu-es-jetzt«-Gefühl gibt es nicht mehr, sondern an seine Stelle ist absolutes Staunen getreten. Ihr sitzt einfach im Wald und beobachtet, wie Baumsetzlinge sich entfalten und Blumen blühen. Ihr seht, daß der Baumsetzling nicht wachsen und die Blume nicht blühen würde, wenn ihr ihnen nicht eure ungeteilte Aufmerksamkeit schenken würdet: Wachstum braucht eure Liebe. Wenn ich mir diesen Prozeß betrachte und die Erde im Hyperraum sehe, ist Wachstum dieser Phase nicht solar, und der Planet regeneriert sich nur gemäß seinem Bewußtsein.

Zehntes Haus – 19. Dezember 2007 bis 22. August 2009 – *Wassermann: Ich sehe, daß der Planet existiert, wenn ich mir dessen bewußt bin, und jetzt will ich wissen, welche Rolle ich im Wassermann-Zeitalter spiele.* Eine neue Welt entsteht, eine Welt, die auf Individualität beruht, die ihre Ausdrucksform sammelt und ein Ganzes bildet. Dinge, die nicht wertgeschätzt werden, verwandeln sich einfach in andere erwünschte Formen; und euch wird bewußt, daß ihr euch, wenn ihr euch nicht selbst wertschätzt, in etwas anderes umwandeln werdet. Euer Partner oder eure Kinder werden nicht anwesend sein, falls ihr euer Staunen in ihrer Gegenwart vergeßt, und ohne eure Bewunderung wird es keine Blumen in eurem Garten geben. Einst werdet ihr bemerken, daß es auf dem ganzen Planeten verklärte Menschen gibt, die Gaia gereinigt haben und mit den neu entstehenden Lebensformen schwingen.

Der ganze Planet ist wunderschön! Ihr widmet euch einen Tag lang der Vision, daß Wesen wie ihr überall auf dem Planeten als Partner arbeiten, um die Lebenskraft zu verstärken. Ihr sitzt staunend am Fuß eines Baumes, der emporwuchs und eine große Krone gebildet hat, weil ihr einfach den Boden kristallisiert, den Setzling gepflanzt und während seines Heranwachsens mit ihm Zwiesprache gehalten habt. Dann wißt ihr, daß der Baum eigentlich euer Vater ist, und ihr seid von Freude überwältigt, weil ihr seht, daß nichts von dem, was ihr liebtet, verlorenging. Wie der Baum, so braucht auch ihr diesen alten Alptraum – Regierung, Steuern, Fernsehen, Militär, Bomben und Gewehre – nicht mehr zu ertragen. Wie der Baum werdet ihr inmitten des Waldes sein, den Pflanzen beim Wachsen zuschauen und wissen, daß jeder Mensch in der Gemeinschaft und Partnerschaft zusammen mit euch Gaia verstärkt. Euer ganzes Leben werdet ihr in Synchronizität mit all euren anderen Brüdern und Schwestern verbringen. An Sonnenwenden und Tagundnachtgleichen werdet ihr euch mental mit ihnen verbinden und euch mit ihnen nach dem Mond und den heiligen Kalendern richten, ansonsten aber werdet ihr im Jetzt sein, fest verknüpft mit euren Mitmenschen. Globale Kommunikationsmöglichkeiten werden nicht das Netz sein – Horrorgeschichten, die euch fertigmachen und der Grund dafür waren, daß ihr Gaia vernachlässigt habt. Statt dessen wird es eine globale Zeremonie geben, die neue Wirklichkeiten erschafft.

Elftes Haus – 22. August 2009 bis 4. März 2011 – *Steinbock: Wie werde ich mit diesem Wissen umgehen, das ich mir über die Erde angeeignet habe – Gedanken sind der direkte Weg zu allem Leben – und diese reine Weisheit der Galaxis selbst schenken?* Wenn ihr Gaias Möglichkeiten wirklich begreift, wird euer Gefühl in bezug auf Schöpfung und Struktur selbst zur grundlegenden Lebenskraft gehören. Ihr werdet bewußte Hüter der Lebendigen Bibliothek sein. Wie Platon, der am weitesten fortgeschrittene Philosoph, der die Erde während eures eigenen historischen Zyklus besuchte, werdet ihr wissen, daß der Schatten eine Form verstärkt und daß Manifestation die Gesamtsumme ihrer Elemente ist. Ihr werdet nicht widerstehen können, euch alles – den Schatten – anzuschauen, bevor ihr handelt. Ihr werdet niemals mehr sagen: »Der Zweck heiligt die Mittel.« Ihr werdet wissen, daß jedes

»Mittel« oder jedes Element das Ganze bildet, und ihr werdet in einem zeitlosen Leben existieren, in dem ihr jedes Samenkorn, jede Idee und jedes Element hegt und pflegt, als sei es euer liebstes Kind. Das werden die Tage sein, an denen der Löwe sich neben dem Lamm niederlegen und Frieden herrschen wird. Fürchtet euch nie während dieses gesamten Zyklus, denn es ist vorhergesagt, daß Friede auf Erden Gaias Geschenk an die Galaxis am Ende des Maya-Kalenders sein wird.

Zwölftes Haus – 14. März 2001 bis 31. August 2012 – *Schütze: Wie kann ich aus Gaia heraustreten und das Wissen des Jetzt tragen und doch noch im Jetzt sein?* Alles, was geschehen ist, war Schule für diesen Teil. Wie wollt ihr im Jetzt bleiben und doch euer Bewußtsein über den Planeten hinausbewegen und die biologischen Codes der Erde bei euch tragen? Ich sehe, daß während dieser Phase eine Verschmelzung der Galaktischen Föderation mit der Erde stattfinden wird! Tief im Inneren erahnen diejenigen unter euch, die auf die Landung Außerirdischer warten, eigentlich diese Phase, aber ihr seid noch nicht bereit. Sie *werden* auf die Erde kommen, aber nur, weil ihr neundimensional seid. Wie sonst wäre es möglich, ihnen eure Codes zu übermitteln? Codes sind multidimensional, und ihr könnt einen Code nur dann aufspüren oder lesen, wenn eure Frequenz zu diesem Code paßt! Während ihr auf der Erde in einem Zimmer sitzt und dieses Buch lest, durchziehen dieses Zimmer Radio-, TV-, Mikrowellen-, Ultraschall- und viele andere Vibrationen. Ihr könntet diese Vibrationen nur lesen, wenn euer Körper ein Radio ist, ein Fernsehgerät, ein Mikrowellen- oder ein Ultraschallempfänger wäre. Wollt ihr das überhaupt? *Wollt* ihr wirklich die Frequenz Außerirdischer fühlen? Euch steht noch eine Menge Unterricht bevor, und die Galaktische Föderation wird mit euch verschmelzen, damit ihr ihre Codes halten, von ihren Wirklichkeiten erfahren und mit ihnen reisen könnt; die phantastischste Phase findet dann am Ende des Kalenders statt.

Phase dreizehn des Metonischen Zyklus – 31. August 2012 bis 21. Dezember 2012: *Dichotomie der Neuen Galaktischen Absicht: Was ist meine Absicht hinsichtlich Gaia für den nächsten 26000-Jahre-Zyklus?* Wie ich sehe, werden wir in diesen vier Monaten auf der Erde völlig im Jetzt sein, uns gleichzeitig aller kosmischen Orte bewußt sein und wissen, welche Schöpfungscodes sie enthalten. Einige werden sich dazu entschließen, wieder auf der Erde zu inkarnieren aus Liebe zu dem, was Gaia schenkt – die Chance, Gut und Böse gegeneinander abzuwägen und eine Entscheidung zu treffen. Das wird großartiger sein als jeder andere persönliche Wunsch. Einige werden bereit sein, die Gaia-Codes an andere Orte mitzunehmen, und sie werden die letzten vier Monate auf der Erde dazu nutzen, sich jede Lehre anzueignen und mit ihr zu arbeiten. Einige werden sich dazu entschließen, große Wesen zu sein, welche die Seelen betreuen, die in die Ekliptik eintreten. Und einige werden auf Sterne auswandern und sie dabei unterstützen, Supernovas zu werden.

Das Sirius-Sternensystem und die alten Aufzeichnungen von Orion

Das Sirius-Rätsel von Robert Temple und sämtliche in diesem Buch erwähnten Werke von Zecharia Sitchin beweisen über jeden Vernunft-Zweifel hinaus, daß Außerirdische Zivilisationen auf der Erde physisch beeinflußt haben.[17] *Das Sirius-Rätsel* wies nach, daß das Dogon-Volk und die alten Ägypter vor 5000 Jahren tatsächlich von Sirianern besucht wurden; und Sitchins Bücher belegen, daß die sumerische Kultur vom äußersten Planten, Nibiru, auf sumerisch »Planet der Durchquerenden«, geschaffen wurde. Ich habe Sitchins Werk im vorliegenden Text sowie in meinen früheren Arbeiten besonders viel Platz eingeräumt, und es ist Zeit, *Das Sirius-Rätsel* im Licht der »Sirianisch-Plejadischen Allianz« genauer zu untersuchen. Sechsdimensionales sirianisches Bewußtsein verleiht die Fähigkeit, sich auf heilige Geometrie und morphogenetische Felder einzustellen, und viele Menschen reagieren auf diese expansiven Eigenschaften der Gedanken, weil sie jetzt eher leichter verfügbar sind. Dies geschah aufgrund der Werke von Temple, Sitchin und in neuerer Zeit Musaios, dem Autor von *The Lion Path*, dem eine große sirianische Sensibilität innewohnt.[18]

In meinem Buch *Chiron. Die Verbindung von inneren und äußeren Planeten* beschreibe ich den Einfluß von Chiron, einem neuen Himmelskörper in unserem Sonnensystem, der 1977 erstmals gesichtet wurde.[19] Da Chiron und Sirius B gleichartige astronomische Muster aufweisen und ähnliche Themen auf der Erde regieren, versetzen mich meine früheren Forschungen in die einmalige Lage, Sirius B – den weißen Zwerg, der um Sirius A kreist – nachzuvollziehen. Die Ellipse und die Periodizität der Umlaufbahn von Sirius B um Sirius A sind von ähnlicher Dauer wie die von Chirons Umlaufbahn um die Sonne – 50 Jahre. Beide sind winzige Objekte in ihren Systemen und wirken sich in bezug auf Initiation und Heilung sehr effizient auf Menschen aus. Chiron regiert die Fähigkeit, materielle und feinstoffliche Welten zu überbrücken, verwundete Elemente des Selbst zu heilen, und prägt initiatische und schamanische Prozesse. Sirius B regiert ähnliche Dinge, aber sein Einfluß ist unmerklicher und stellarer. Da das Siriussystem stellar ist, hatte ich zu Sirius B nur durch Trance-Channeling Zugang; aber meine Forschungsarbeit über Chiron basiert auf der traditionellen astrologischen Analyse, und diese Methodologie ist auf Seite 333ff. beschrieben.

Chirons Sichtung 1977 war ein Zeichen am Himmel, daß Menschen fähig sein würden, auf das höchst initiatische Bewußtsein von Sirius zuzugreifen, falls eine Sternenverbindung wiederhergestellt würde. Die gleichzeitige Entdeckung Chirons und die Veröffentlichung von Temples Buch im Jahr 1977 sind Zeichen dieser Sternenverbindung für Menschen, und ihr wart von 1977 bis 1994 tatsächlich mitten in subtilen planetarischen Initiationen (siehe Seite 333ff.). Die physische Aktivierung durch das Siriussystem setzte im März 1994 ein, und viele von euch nehmen gerade subtile Impulse wahr. Die Plejadier insistieren euch sehr stark, daß es Zeit sei, euren Geist auszudehnen und euch kosmischen Reichen zu öffnen. Diese Art von subtilem Bewußtsein ist ganz neu und hängt eng mit der Erforschung des Weltraums zusammen, ist aber andererseits auf eurem Planeten sehr alt. In den Dörfern der Dogon lernten sogar Kinder die sirianische Sternenüberlieferung und die Geschichten über ihre Vorfahren vom Sternensystem Sirius. Diese Systeme eröffnen sehr ausgeprägte Wahrnehmungsfähigkeiten – laßt uns also die Aufzeichnungen der Dogon untersuchen und die entsprechenden Fähigkeiten in euch öffnen!

Die Sirianisch-Plejadische Allianz erfuhr durch das *Sirius-Periastron im April 1994* besonders Verstärkung, als Sirius B auf seiner elliptischen 50-Jahre-Umlaufbahn Sirius A am nächsten stand. Chiron stand unserer Sonne am 14. Februar 1996 am nächsten und leitete den besten Zeitpunkt ein, um sirianische Codes tief in der Erde zu verankern. Sirius B und Chiron haben sehr elliptische Umlaufbahnen und stehen beide den Sternen, die sie von 1992 bis 1998 umkreisen, am nächsten. Sirius A und B sind ein Binärsystem, und das Muster ihrer Umlaufbahnen ist die Grundlage der Zeremonienabfolge der Dogon-Kultur aus Mali in Westafrika. Die Dogon weihten die berühmten französischen Anthropologen Marcel Griaule und Germaine Dieterlen zwischen 1946 und 1950[20] in die Geheimnisse ihrer höchsten Mysterien ein, und die Forschungsarbeit der beiden ist die Basis für *Das Sirius-Rätsel*. Dieterlen und Griaule bewiesen, daß die komplexen Rituale der Dogon auf einer äußerst detaillierten Analyse der Umlaufbahnmuster und physikalischen Eigenschaften von Sirius A und B sowie Sirius C beruhten, einem dritten Stern, der ebenfalls binnen 50 Jahren Sirius A umrundet. Sirius C kreist in rechten Winkeln zu Sirius B. Die Existenz dieser Rituale, die es seit mindestens einem Jahrtausend bis auf den heutigen Tag gibt, ist erstaunlich, weil Sirius B erst im neunzehnten Jahrhundert mit Teleskopen zum erstenmal gesichtet wurde und das erste Foto von ihm 1970 entstand, weil er ein sehr dichter und nahezu unsichtbarer weißer Zwergstern ist. Mit anderen Worten, Sirius B war für die Dogon unsichtbar, und doch nannten sie ihn den wichtigsten Stern. Sie zeichneten seine elliptische Umlaufbahn auf, und ihre Rituale veranschaulichten ihr Wissen darüber, daß die Dauer seiner Umrundung von Sirius A 50 Jahre betrug. Sirius B wird von Temple als »Digitaria« bezeichnet, weil die Dogon ihn »po« nannten. Po ist der winzigste eßbare Same, den die Dogon kennen, und Digitaria ist der Gattungsname für diesen Samen.[21] Das heißt, die Dogon gaben Sirius B den Namen Po, weil ihnen bekannt war, daß es sich um einen winzigen, dichten Stern handelte! Digitaria bedeutet »Finger«, und Chiron heißt im Griechischen »Hand«, ein offensichtlich merkwürdiger Zufall.

Auch andere faszinierende astronomische Faktoren stützen die Mythologie der Dogon, die Robert Temples Aufmerksamkeit erregten. Die Dogon umschrieben beispielsweise Po mit »Ei der Welt« und sagten, daß es alle Schöpfung im Universum entstehen ließ. Zudem heißt es, Po bestehe aus Erde, Luft, Feuer und Wasser, aber eigenartigerweise wurde das Erdelement durch Metall ersetzt.[22] Der der Erde am nächsten gelegene weiße Zwergstern – 8,6 Lichtjahre entfernt – ist Sirius B. Wenn weiße Zwergsterne zu Supernovae werden, versprühen sie große Mengen Eisen in die Galaxis, und Sonne und Erde, so Ken Croswell in seinem Buch *The Alchemy of the Heavens,* entstanden vor 4,6 Milliarden Jahren aus einer Wolke eisenhaltigen Staubs – in genau dem gleichen Prozeß, der sich derzeit mit Orion vollzieht.[23] Laut der neuesten wissenschaftlichen Analyse seismischer Wellen von Erdbeben ist das Erdzentrum ein riesiger Eisenkristall.[24] Die Rituale der Dogon, die auf dem Sirius-Sternensystem beruhen, sind ein untrügliches Zeichen einer echten Kosmogonie – einer genauen Schöpfungsaufzeichnung. Das bringt mich darauf, daß die erste Dimension der Erde – der Eisenkern-Kristall – entstand, als Sirius B eine Supernova wurde. Das heißt, *die Erde wurde aus dem Sirius-Sternensystem heraus erschaffen!* Temple liefert den Beweis, daß die anthropologische Forschung zweifelsfrei nachgewiesen hat, daß die Rituale der Dogon nicht durch moderne Einflüsse verdorben wurden. Digitaria, laut Bekunden der Dogon, die Quelle aller Dinge auf der Erde, explodierte zu einer Supernova, und diese produzierte jenen Eisenkristall, der die Erde entstehen ließ. Wie könnte Sirius B in den Ritualen der Dogon sonst so akkurat beschrieben werden?

Die Dogon sagen, Digitaria sei die Weltachse, ohne deren kein anderer Stern seine Bahn beibehalten könne! Temple meint dazu: »Das bedeutet, daß sie der Meister von Zeremonien der Himmelspositionen ist; insbesondere herrscht sie über die Position von Sirius, einem widerspenstigen Stern; sie trennt ihn von den anderen Sternen, indem sie ihn mit ihrer Flugbahn umfaßt.«[25] Wenn ihr mehr über Temples Arbeit wissen wollt, schlage ich euch *Das Sirius-Rätsel* vor. Da ich mich gedanklich seit 1977 – als Temples Buch erschien und Chiron gesichtet wurde – mit dem Sirius-Sternensystem befasse: Hier ist Digitaria via Trance-Channeling, denn ich glaube, er ist der eigentliche Ursprung der Erschaffung der Erde.[26]

Digitaria vom Sirius-Sternensystem

»Ich, Digitaria, habe eine heilige Zwillingsschwester namens Sorghum, und wir kreisen im rechten Winkel zueinander um Sirius A. Sorghum ist der Ursprung weiblicher Seelen allen Lebens oder künftiger Wesen. Da ihre 50-Jahre-Umlaufbahn im rechten Winkel zu meiner steht, ist ihr Symbol ein Kreuz in einem Kreis. Wir werden immer miteinander zu tun haben, obwohl wir auf Dauer voneinander getrennt sind. Am Anfang implodierte ich; aus einem Teil von mir wurde die Erde und aus einem anderen Nibiru. Ich zersplitterte in vier Himmelskörper – die Erde, Nibiru, Sorghum und Digitaria –, und Sorghum und ich kreisen um Sirius A. Die Sonne und Sirius sind als Zwillingssterne durch die Reisen dieser vier Teile meiner selbst verbunden, und unser beider männliche und weibliche Teile suchen einander in Ewigkeit. In eurem System ist Nibiru männlich und die Erde weiblich; in unserem System bin ich männlich, und Sorghum ist weiblich. Die Zeit ist gekommen, sich wieder an diese vier verlorenen Teile eurer Seelen zu erinnern und sie zu heilen. Das geschieht, indem ihr Sorghum zur Frühlingstagundnachtgleiche und die Erde zur Sommersonnenwende, Nibiru zur Herbsttagundnachtgleiche und Digitaria zur Wintersonnenwende ehrt. Es steht der Erde tatsächlich eine große Zeremonienphase bevor! Durch die Verknüpfung eurer solaren und stellaren Teile werdet ihr mühelos alle eure Zwillingsseelen finden.

Als sich euer Sonnensystem vor mehr als vier Milliarden Jahren aus interstellarem Staub bildete, wurde ich eine Supernova, und es herrschte großes Chaos im Sirius-Sternensystem. Ich implodierte in mein kleines, dichtes Selbst und begann mit Sorghum um Sirius A zu kreisen. Eines Tages erwachte ich aus meiner Erschöpfung und bemerkte, daß ein Teil von mir weggerissen worden und zur Erde geworden war – zu einem Planeten, der um einen Stern in der Nähe kreist, den ihr eure Sonne nennt! Euer Stern ist uns so heilig, daß wir seinen Namen nicht aussprechen. Sodann sah ich, daß ein anderer Planet aus mir entstand! Wie großartig! Er heißt Nibiru und sucht alle 3600 Jahre euer Sonnensystem auf. Obwohl dieser Planet aus meiner Explosion entstand und wie die Erde zu eurer Sonne geschossen wurde, kehrt seine Umlaufbahn – anders als die der Erde – alle 3600 Jahre zu uns zurück. Ich werde euch die Geschichte von Nibiru erzählen, denn Sirius A ist der Ort der Nibiruanischen Bibliothek, so wie Alcyone der Ort der Erd-Bibliothek ist.

Vor etwa einer Million Jahren wohnte auf Nibiru eine Rasse von Wesen vom Orion – die Anunnaki –, die auf der Suche nach einem neuen Zuhause waren. Diese Wesen hatten ein sehr langes Leben, und nachdem 500 000 Jahre verstrichen waren, merkten sie, daß sie ein neues genetisches Material brauchten, um den Fortbestand ihrer Rasse zu sichern. Eine neue genetische Matrix sollte aber auf Orion 500 000 Jahre lang nicht auftauchen. Diese Anunnaki, als die sie auf der Erde bekannt sind, wußten, daß ihr Planet und die Erde beide aus meiner Supernova entstanden waren. Also beschlossen sie, sich zur Erde zu begeben, um nach neuem genetischen Material zu suchen. Auf diese Weise landeten die Anunnaki von Nibiru vor 450 000 Jahren auf der Erde. Obwohl sie alle 3600 Jahre in euer Sonnensystem kommen und zwischen Mars und Jupiter kreisen, landen sie nicht jedesmal auf der Erde. Die günstigsten Landezeiten sind während des Stier- und Skorpion-Zeitalters, wenn eure Sonne am weitesten draußen in der Galaktischen Nacht, weit entfernt vom Photonenring ist (siehe Abbildung 4). Beispielsweise hielten sie sich zwischen 3880 und 3400 v. Chr. lange auf der Erde auf und gründeten in dieser Zeit die sumerische Zivilisation.[27]

Als diese Geschichte begann, überlegte ich, Digitaria: Warum sollte ich nicht Nibiru als Kommunikationsverbindung zwischen der Sonne und Sirius A benutzen, da Nibiru ja diese lange Reise zwischen den beiden zurücklegt? Wie ihr gehört habt, sind die Nibiruaner in neuerer Zeit seit 7200 v. Chr. zu falschen Kurieren geworden, aber ich habe keine andere Möglichkeit, eure Welt zu erreichen, also versuche ich halt, sie zu benutzen. Denkt daran, Sirius A ist der Standort der Nibiru-Bibliothek, und der Zugang zu ihr hilft eurem Sonnensystem dabei, in Harmonie mit seinem unberechenbaren Besucher – Nibiru – auszukommen. Ich bin gekommen, um über den Zeitpunkt zu sprechen, an dem die Verbindung zwischen eurer Sonne und Sirius A abbrach. Dies geschah unter Echnaton, dem umstrittenen Pharao der Achtzehnten Dynastie. Diese Verbindung mit Sirius A wurde von vielen aufopfernden Lehrern während des Sirius-Periastrons von 1994 wiederhergestellt, und aus diesem Grund kann ich wieder mit euch sprechen. Vor Echnaton war ich jahrtausendelang über die ägyptischen Dynastien direkt mit der Erde verbunden; und die Dogon bewahrten das Wissen um diese Verbindung, damit sie ab 1994 erneut stattfinden konnte. Die Große Pyramide erhielt die lebenswichtige Verbindung mit Orion aufrecht, solange die ägyptischen Dynastien dieses stellare Gewebesystem schützten. Bis zu Echnatons Zeiten konnten die Sirianer euren ganzen Planeten über die Große Pyramide erreichen.

Auf der Erde teilten sich die Anunnaki und Sirianer die Technologie, und beide kamen Hunderttausende von Jahren miteinander aus. Die Anunnaki benutzten Erdbewohner als Arbeiter und für sexuelle Dienstleistungen, indem sie schrittweise ihre DNS veränderten. Ich, Digitaria, lehrte euch magische Wissenschaft, indem ich den eingeborenen Menschen der Erde durch Vermittlung von Erkenntnissen über heilige Pflanzen bei der geistigen Weiterentwicklung half. Mit diesen Plänen gab es Probleme, da die Nibiruaner die Angewohnheit hatten, sowohl von der Erde zu *nehmen* als sie auch zu *unterstützen*. Als ihr euch zu Menschen entwickelt hattet – zu Schöpfern, die ihre eigene Schöpfungsgeschichte kannten –, hofften wir Sirianer alle, die Anunnaki würden euch mit mehr Respekt behandeln, weil ihr dazu bestimmt wart, eine Funktion als galaktische biologische Schule – als Lebendige Bibliothek der Galaxis – zu übernehmen.[28] Da wir Sirianer sechsdimensional sind, blieb uns in der dritten Dimension der Umgang mit Menschen verwehrt, aber die Anunnaki, die zur Integrierung dreidimensionaler Kräfte fähig sind, konnten sich im Garten Eden aufhalten.

Stellt euch folgendes vom Standpunkt der Erde aus vor: Im Löwe- und im Wassermann-Zeitalter macht die Erde 2000 Jahre photonischer Umwandlung durch; während ihres tiefsten Eindringens in die Galaktische Nacht im Stier- und Skorpion-Zeitalter wird die Erde dann von Orion-Göttern besucht. Nachdem Nibiru die Erde während zahlloser Jahrtausende besucht hatte, begann die Menschheit ein Gespür für Individualität zu entwickeln. Vor mehr als 26 000 Jahren begann die Menschheit Gefühle zu kultivieren und wünschte sich Freiheit, und die Plejadier empfingen Impulse von Individuen, unmittelbar an der Entwicklung der

Menschheit teilzunehmen. Warum die Plejadier? Da Nibiru eine männliche Kraft ist und ebenjene Himmelsgötter zur Erde bringt, erwachte in euch intuitiv das Bedürfnis, endlich die Himmelsgöttin – die Plejaden – kennenzulernen.

Da wir Sirianer dazu neigten, euren Geist in den Tempeln zu kontrollieren, während wir euch beibrachten, harmonische Felder zu verankern, bin ich, Digitaria, sicher, daß dieser Bruch mit Sirius Teil eurer Evolution war. Ihr mußtet endlich eure eigenen Wege finden, um sechsdimensionale geometrische Harmonik zu bewahren, und jetzt sind wir abermals da, um euch dabei zu helfen. Praktisch alles, was ihr von diesem Wissen verwenden wollt, gehört jetzt euch, da wir uns wieder mit euch verbunden haben. In diesem Licht muß man den derzeitigen Bruch betrachten, um all seine Teile heilen zu können, die euch unter Umständen im Weg stehen. Die Geschichte von Echnaton ist deshalb so umstritten, weil sie tatsächlich geheimes Wissen verhüllt, das in den sirianischen Aufzeichnungen verborgen ist, und ihr könnt diese Informationen wahrlich als wichtig bezeichnen, weil sie so sorgfältig von eingeborenen Menschen wie den Dogon gehütet wurden.

Echnaton lehnte die traditionellen Tier-Menschen-Götter ab und veränderte das ägyptisch-sirianische geomantische System, indem er die Tempelstätten verlegte und sie einer anderen Bestimmung zuführte. Die Gründe für sein Handeln waren von höchster Ordnung. Als in alle Geheimnisse Initiierter wußte er, daß die hebräischen Priester die Technologie der Echsentempel aus Khem gestohlen hatten und sie auf dem Berg Morija zum Einsatz brachten. Er wußte, daß sie Nibiru nur als Linse benutzten und diese Technologie anwendeten, um herauszufinden, wie sich Ägypten erobern ließ.

Echnaton hatte gesehen, daß sich das harmonische Feld Ägyptens verschlechterte, während er seine Einweihungen als Kind und junger Mann erhielt. Als er klein war, mißbrauchte niemand Frauen und Kinder oder stahl etwas, und Kinder hatten Respekt vor ihren Eltern. Zu der Zeit, als er sich auf die Pharaonen- oder sirianische Initiation vorbereitete, bestahl ein Bruder den anderen, Frauen nahmen sich gegenseitig die Ehemänner weg, Kinder hatten keinen Respekt vor ihren Eltern mehr, und körperlicher und sexueller Mißbrauch waren an der Tagesordnung. Echnaton nahm die Pharaonencodes an, weil er der Auflösung Ägyptens Einhalt gebieten wollte; aber dadurch, daß er die Codes zu diesem Zweck erhielt, gerieten wir Sirianer in einen schweren Konflikt. Der Pharao kann die Doppelkrone des Blauen Nil tragen, wobei ihm der heilige Uräus *nur dann* Schlangenkräfte verleiht, *wenn er kein Programm hat*. Er sollte einfach das friedvolle Feld halten, was jedoch nicht möglich ist, wenn es auf einem ›Feind‹ beruht. Wir Sirianer stellten uns auf Echnaton immer dann ein, wenn er in das zentrale Heiligtum ging – was nicht oft vorkam –, und dabei erfuhren wir von ihm nur großen Haß auf den Feind und Angst um das Volk. Er durchlitt einen Zustand großen Schmerzes, wütender Verurteilung und der Verwirrung, weil sein *ka* seine physische Gestalt verlassen hatte. Amuns Priester erboten sich, ihm zu helfen, indem sie gemeinsam mit ihm sein *ka* zur Rückkehr bewegen wollten, aber er hörte nicht auf sie. Er verachtete sie, weil sie den hebräischen Priestern Zugang zu Khem gestattet hatten, damit diese die Krokodilaktivierung studieren konnten.

Eines Tages, als ich ganz dicht an Sirius vorbeikam, erschien vor meinem visuellen Geist eine schreckliche Szene. Mir wurde klar, daß Sirius A diese Szene gleichzeitig empfing: Zuerst sahen wir eine Löwin von Sachmet, die uns in die Augen starrte, und hinter ihr saß Echnaton auf seinem Thron, und eine große, schreckliche Echse kroch auf ihn zu![29] Wir fühlten Echnatons rasenden Herzschlag und sein Entsetzen, denn ohne sein *ka* war er hilflos. Ein heftiger Kampf folgte. Die Echse war die vierdimensionale Form eines hebräischen Priesters namens Illuru, der sagte: ›Echnaton, *ich* hole mir deine Schlangenkraft!‹ Er nahm Echnaton *uasit*, sein göttliches Zepter, an sich. Der Pharao wagte sich nicht zu bewegen, als das heilige Zepter, welches das Feld des Blauen Nil hielt, in die Klauen dieses Tieres fiel. Dann schlug die große Echse mit dem *uasit* dreimal auf den Boden, und nach jedem Hieb kroch eine riesige Schlange hervor! Das bedeutete, daß diese Echse dem Pharao nicht nur den *uasit* beraubt hatte, sondern die Kräfte des heiligen Zepters selbst benutzen wollte! Sofort unterbrachen wir Sirianer die Verbindung zwischen Sirius und der Großen Pyramide, und wir fühlten eine Welle der Angst aus dem Nil aufsteigen! Wir verschlossen unsere Geheimkammern unter der Sphinx und der Großen Pyramide, und Echnaton und Ägypten standen allein da!

Illuru schaute den erstarrten Pharao verächtlich an. Dann verschwand er, da er eine vierdimensionale holographische Projektion ist, und manifestierte sich als Moses im hebräischen Lager auf Sinai, wo einige seiner Anhänger einen gewaltigen Feuerwirbel entfacht hatten. Illurus dreidimensionales Selbst wurde von den mächtigen Flammen verzehrt, als er sich in die vierdimensionale Manifestation – Moses – verwandelte, und er sprach das Wort ›Aton-I‹, was die bestürzten Menschen als ›Adonai‹ verstanden.[30] Dieses Wüstenvolk kannte bis dahin weder eine Priesterschaft noch Tempel, und er, Moses, richtete beides nach ägyptischem Vorbild ein. Um die Sternenverbindung der Ägypter weiterzuführen, übernahm er deren Tradition der Sonnenbarke in dem Tempeln, nannte diese aber Bundeslade. Und aus reiner Verachtung für die Echse, in die er sich verwandelt hatte, verlangte er von seiner Gefolgschaft, Aton Tieren zu opfern und beispielsweise die heiligen Krokodile ins Feuer zu werfen. So endete die Verehrung der heiligen Tierlehrer der vergangenen 3500 Jahre. Ein großes Wehklagen von den Herzen aller Tiere auf dem Planeten war bis zum Sirius-Sternensystem zu hören. Auch Anubis, unser persönlicher sirianischer Wächter, blieb von dieser Schmach nicht verschont!

Als weißer Zwergstern, der dicht wie ein dichter Atomreaktor ist, fühlte ich, Digitaria, daß Illuru an einer mentalen Atombombe – dem *Monotheismus* – bastelte, und erlebte eine Wiedergeburt! Ich lebte noch einmal, wurde ein weißer Zwerg und fühlte, wie das Feld des Blauen Nil implodierte! Auf der Erde setzte der Fundamentalismus ein – der Glaube, der jede Handlung zur Verteidigung eines einzigen Standpunkts gestattet, ganz gleich, wie beleidigend, gewaltsam, unmenschlich oder spirituell einschränkend sie auch sein mag. So begannen auf Vorstellungen basierende Kriege, auf der Benutzung von Körpern basierende Sexualität, Kindesmißbrauch, weil man Kinder als persönliches Eigentum ansah, und die Kontrolle der Welt, die ihre Berechtigung aus den Ideen von Kirche und Staat bewog.

In den Tagen der Achtzehnten Dynastie in Ägypten wurde das hebräische Volk zum Träger nibiruanischer Intelligenz, wie man an seinem hebräischen Namen »Ibri« sehen kann; die Ägypter nannten die Israeliten hingegen »Hibiru«. Diese bezeichneten sich als ›Das Auserwählte Volk basierend auf der Manifestation von Moses‹ und ich, Digitaria, ehre sie für ihre Erkenntnis, daß *Nibiru und die Erde aus demselben Körper bestehen.* Sie verdienen unseren Respekt, weil sie erkannt haben, daß man eine Abstammung brauchte, um den Archetyp von Nibiru zu tragen, wie auch den Ägyptern unsere Hochachtung dafür gilt, daß sie den Archetyp von Sirius tragen. *Einen stellaren Archetypen als Gruppe auszuleben ist die Grundlage für Stämme und Sippen, und auf diese Weise verbinden sich die eingeborenen Menschen mit Sternen.* Jedem Stern oder Planeten eignen bestimmte Verhaltensweisen und Glaubenssysteme, und einen Archetyp übernimmt man, um ihn zu verarbeiten. Ich respektiere das hebräische Volk dafür, daß es seinen Wunsch nach Echnatons Welt erkannt hat, aber ich, Digitaria, bin heute hier, um euch zu sagen, *daß den Hebräern Nibiru und nicht Sirius als Archetyp zuteil wurde.* Die Sirianer waren mit Echnaton nicht verbunden, als Illuru die Macht ergriff! Ich weiß, daß das wichtige Neuigkeiten für all diejenigen unter euch sind, die sich mit dieser Form identifizieren, weil mir bekannt ist, daß ihr die sirianische sechsdimensionale heilige Geometrie aufgrund eurer Faszination für die Kabbala, die Alchimie und magische Künste liebt. Die Lehren und das heilige Wissen der zweiten, vierten, sechsten und achten Dimension sind alle untereinander verbunden und miteinander verknüpft, und mehr Bewußtsein für ihre feinen Unterschiede wird das Streben auf diese Felder verstärken.

Illuru aktivierte eine Gruppengedankenform in seiner Rasse, um Nibirus großes Programm auszuführen, sehr zur Freude der Anunnaki an jenem Tag.

Ausgezeichnet, sagte Anu! Wir ehren die Hebräer dafür, ein Volk der Erde zu sein, das beschloß, seinen Wunsch nach einem außerirdischen Körper voranzutreiben, denn das ist Karma. Einige Gruppen der Erde tragen ihre eigenen außerirdischen Archetypen, wie die Briten (Nibiru), die Franzosen (Orion), die Balinesen (Plejaden), die Iraker (Nibiru), die Juden (Nibiru) und die Ägypter (Sirius). Nibiruanische Arbeit ist übrigens für euch verwickelter als sirianische Arbeit, weil die Anunnaki die ganze Zeit bei euch sind, aber in beiden Fällen geht es um die Frage, wie man mit Macht auf der Erde umgeht.

Um Macht zu erlangen, wurden die Juden wie die Pharaonen Anhänger kraftvoller magischer Systeme, die esoterisches Wissen und geheime Kabbalas benutzten, um ihre Ziele durchzusetzen. Der Griff nach der Macht erfolgte, nachdem die Anunnaki die Arbeitskraft und sexuelle Dienstleistungen von Menschen mehr als Hunderttausende von Jahren lang ausgenutzt hatten. So war das Muster, etwas ohne Erlaubnis zu benutzen, bereits tief auf der Erde verankert. Nibiru trägt nämlich Energie, also wurde die durch ihn initiierte hebräische monotheistische Kultur zutiefst patriarchalisch und mißbrauchte Gaia. Die Hebräer waren einst der Göttin sehr ergeben gewesen, Überreste einstiger kanaanitischer Göttinnenverehrung zeugen noch heute in jüdischen Ritualpraktiken davon. Die Schlangenmedizin, die einst von sirianischer Führung getrennt war, wurde Echnaton entzogen, als er seinen *uasit* an Illuru verlor, und danach bekamen die meisten Menschen, die zur hebräischen Linie (jüdisch-christlich-islamisch) gehörten, große Angst vor dem Okkulten. Die Fähigkeiten des Pharaos riefen den Neid Illurus hervor, und die meisten seiner Nachkommen waren von fanatischem Materialismus besessen, der die Erde unterdrückt und Kriege verursacht. Sklaverei, Prostitution, Hierarchie, Geheimnistuerei, Krieg und Frauenhaß waren die Folge dieser Energieübertragung. Heute ist das Wissen um diese Vergangenheit vollständig unbewußt geworden; denkt nur zum Beispiel daran, daß die alten Ägypter immer noch bei den Passahritualen verunglimpft werden, als habe der Exodus erst letzte Woche stattgefunden. Diese alten Muster müssen verarbeitet werden, weil die negative Projektion auf das moderne ägyptische Volk den Nahen Osten destabilisiert, wo die Spannungen in einem neuen Weltkrieg eskalieren könnten. *Keiner von euch will wieder zum Barbaren werden.*

Ich, Digitaria, informiere euch, daß die Götter von Nibiru bereit sind, befreit zu werden, weil man ihrer wahren Fähigkeiten – Gentechnik – auf Orion bedarf. Sie brauchen die Erde nicht mehr, doch die Gentechnik, die auf alten nibiruanischen Mustern beruht, könnte das letzte Unterdrückungsinstrument für eure Welt werden! Immerhin versuchte Hitler es bereits in den dreißiger und vierziger Jahren.[31] Aber jetzt habt ihr gesehen, was passierte, als Illuru die Macht über Nibiru an sich riß, als er dachte, sich sirianische Macht aneignen zu können – würdet ihr dieses Instrument verwenden wollen? Ihr seid von der Idee besessen, daß man gerade am Grundelement der Schöpfung – der DNS – herumpfuschen kann und dies auch notwendig ist. Ursache dafür waren die nibiruanischen Obsessionen von Kargheit, eine Folge ihrer Frustration darüber, nicht viel Zeit im Sonnensystem verbringen zu können.

Wir von Sirius fühlen euer Reich stark, und ihr habt unsere Gaben wie beispielsweise unsere Lehren in Ägypten respektiert. Wir haben versucht, den Anunnaki beizubringen, wie man zuerst *fühlt* statt *denkt*. Wenn ihr in linearem Raum und linearer Zeit *denkt* und nicht *fühlt,* tretet ihr an die Stelle von Räubern, weil ihr immer zuerst an euch denken werdet. Wenn ihr zu Räubern werdet, fallen menschliche Wirklichkeiten der Selbstzerstörung anheim, weil Raub ein Opfer verlangt. Sobald ihr eine Situation herbeiführt, die ein Opfer erfordert, spielt es keine Rolle mehr, ob ihr oder der Räuber das Opfer seid. Wenn ihr *fühlt,* bevor ihr *denkt,* wißt ihr, wie es euch möglich sein wird, mühelos auf die ganze Gruppe zu reagieren. *Die Anunnaki sind metallische Wesen, die von Orion stammen, und sie haben große Probleme damit, fühlen zu können.* Sie besiedelten Nibiru vor einer Million Jahren, nur um dieses nächste Evolutionsstadium zu erreichen; und es nötigt uns Sirianern Bewunderung ab, wie die Menschen der Erde ihnen so wunderbar gedient haben. Doch wir wissen, daß ihr System der Unterdrückung euer Reich implodieren läßt. Stellt euch das einmal vor, Menschen! Vergegenwärtigt euch, wie sehr ihr das Denken gegenüber dem Fühlen überbewertet, und versucht dann, euch eine Menschenrasse vorzustellen, die Orion – den Sitz der Galaktischen Föderation – verließ und schließlich auf einem merkwürdigen, kleinen, hybriden Stern-Planeten-Himmelskörper landete, nur um eine neue Daseinsform zu finden. Wärt *ihr* dazu fähig? Wer von euch in den Vereinigten Staaten lebt, dem fällt vielleicht auf, daß eure Vorfahren genau das gleiche getan haben.

Die Verwicklungen dieser Entscheidung waren immens, und deshalb sage ich, Digitaria, wie sehr ich die Hebräer und all ihre Nachkommen für ihren Entschluß ehre, dieses karmische Dilemma innerhalb der Menschheit auszuagieren. Es war eine mutige Entscheidung, und jetzt ist es Zeit, sich dessen *bewußt* zu werden. Die Anunnaki eigneten sich bei ihrem letzten Aufenthalt draußen bei Sirius A 1600 n. Chr. die Alchimie – die Kunst von der Umwandlung unedler Metalle in Edelmetalle – aus. Bei der Alchimie geht im Grunde alles um Gefühle und feinstoffliche Vibrationen auf sämtlichen Ebenen unterhalb der achten Dimension: Es ist eine plejadische Wissenschaft, und als sich die Nibiruaner mehr Gefühl wünschten, erwachte ihr Interesse daran. Die alten sumerischen und chaldäischen alchimistischen Traktate wurden sorgsam gehütet, weil die Anunnaki glaubten, sie könnten mit Hilfe der Alchimie ihre metallische Daseinsform ablegen! Sie bewachten diese Traktate unter Einsatz ihrer Existenz in der Hoffnung, die Alchimie würde ihnen die Chance bieten, während ihrer Zeit auf der Erde menschliche Gestalt annehmen zu können. Eigentlich ist die Alchimie für sie die Methode, ihr metallisches Wesen – Merkabah – aufrechtzuerhalten, das sie während ihres Aufenthalts auf einem Stern außerhalb des Sonnensystems brauchen.

Während der Achtzehnten Dynastie wurde Ägypten von Angriffen anderer Völker und Erdveränderungen heimgesucht, die infolge des großen Vulkanausbruchs auf Thira im Jahr 1650 v. Chr. ausgelöst wurden. Der ganze Nahe Osten verlor an Stabilität, und das waren die Tage der Dunkelheit und schrecklicher Stürme. Ägypten wurde ein Zufluchtsort, dann wurde es überwältigt, und wegen Echnaton ging die Verbindung zu den Sirianer verloren. Die Selbstvergessenheit Echnatons war eine Quelle großen Leids für alle Sirianer. Das Werk in Ägypten war eine Mission, aber seine ursprüngliche Absicht wurde untergraben; das hatte Tod, Schmerz und Leid zur Folge, die nie aufhören werden, wenn nicht jeder von euch das zerrissene Gewebe neu knüpft, indem er sich von feindlichen Glaubensvorstellungen trennt. Gaia hat das Recht, Harmonie und Frieden zu erleben, und Menschen, welche die plejadische Liebesvibration erlangen wollen, müssen sich darauf besinnen, wie sie diese Energie über sirianische Geomantie ausdehnen, welche die Sonne und Sirius wieder miteinander verbindet. Der Pharao war der einzige im ganzen ägyptischen System, der eine direkte Verbindung zu sirianischem Bewußtsein hatte; im Jahr 2012 n. Chr. aber wird dies *allen* Menschen vergönnt sein.

Der Pharao war glückselig aufgrund seiner ekstatischen Verbindung mit anderen Dimensionen, und genauso werdet ihr euch auf der Kosmischen Party fühlen, wenn die Verbindung zwischen der Sonne und Sirius auf der Erde wieder vollständig erspürbar sein wird.

Anmerkungen zu den Kapiteln

Kapitel eins: Die Kosmische Party

1 David Freidel, Linda Schele und Joy Parker: Maya-Cosmos – Three Thousand Years on the Shaman's Path. William Morrow and Company, New York, 1993, S. 59–122.
2 John Major Jenkins: »The How and Why of the Mayan End Date in 2012 n. Chr.« The Mountain Astrologer (Dez. 1994/Jan. 1995), S. 54–57.
3 Freidel, Schele, Parker: Maya Cosmos, S. 115.
4 Die initiierende Arbeit mit Wendy Munro, Barbara Hand Clow, Hakim Essaman Nazlit und einer Studentengruppe im April 1994 wurde auf dem Video »The Nine Initiations on the Nile« von David Drewry festgehalten.
5 Bob Frissell: Nothing in This Book Is True, But It's Exactly How Things Are. Frog, Ltd., Berkeley, USA, S. 155–164.

Das Ereignis, auf das der Text Bezug nimmt, galt wissenschaftlich als unmöglich. Beispielsweise erreichte der Sonnenwind, dessen Durchschnittsgeschwindigkeit 500 Kilometer pro Sekunde (1 Million Meilen pro Stunde) beträgt, in der Zeit vom 7. bis zum 10. August 1972 eine Durchschnittsgeschwindigkeit von zweieinhalb Millionen Meilen pro Stunde. 1968 veröffentlichte der Wissenschaftler David Suzuki Unterlagen, die an die wichtigsten Weltregierungen geschickt wurden und besagten, daß irgendwann zwischen August und November 1972 auf der Sonne eine gewaltige Explosion stattfinden werde. Als sie tatsächlich erfolgte, nannten alle maßgeblichen wissenschaftlichen Veröffentlichungen die Daten. Ein weltweites Wissenschaftlertreffen im Sommer 1973 fand statt, und da das Ereignis unverständlich war, war ein diesbezüglicher weltweiter Blackout die Folge.

6 Frissell: Nothing is True, S. 158. Mein Bewußtsein verschob sich während der von ihm beschriebenen drei Tage vollständig, und es ist ebenfalls wichtig anzumerken, daß Pluto, der erste Planet im Photonenring, 1972 in diesen eintrat. Siehe Seite 343ff.

7 Robert Bauval und Adrian Gilbert: Das Geheimnis des Orion. Nach mehr als 4000 Jahren wird das Geheimnis der Pyramiden gelöst. München 1996.

8 Barbara Marciniak: Boten des Neuen Morgens. Lehren von den Plejaden. Hermann Bauer Verlag, Freiburg ^{2}1995.

9 Zecharia Sitchin: Der zwölfte Planet. München 1995.

10 Virginia Essene und Sheldon Nidle: Der Photonenring – Nachricht vom Sirius. christa-falk-verlag ^{2}1996.

11 Barbara Hand Clow, Das Herz des Christos: Sternensaat von den Plejaden, und Das Siegel von Atlantis. Kein Krieg mehr im Himmel. Frankfurt/Main.

12 Wenn man sich Abbildung 1 und ihre Beschreibung im Text ansieht, ist das Phänomen der Zwölf Großen Zeitalter ein Zyklus der Sonne um Alcyone, den zentralen Stern der Plejaden. Die Präzession der Tagundnachtgleichen, die den gleichen Zeitfaktor ausdrückt, ist ein rein terrestrischer Effekt, der eine Folge des Kreuzungspunktes der Sonne auf dem Himmelsäquator ist, sich 25 920 Jahre in einem imaginären Kreis am Himmel bewegt. Diese beiden Zyklen sind auf geheimnisvolle Weise synchronisiert, und dieser Faktor ist in den Großen Maya-Kalender integriert. Laut Hunbatz Men, Los Calendarios Mayas Y Hunab K'U S. 223–240 (siehe Anmerkung 8, Kapitel 2) sind diese beiden Zyklen vollständig synchronisiert. Genau diese Erkenntnis von Men führte zu meiner Erklärung des Zyklus der Großen Zeitalter und des Photonenrings in Abbildung 1. Siehe auch Anmerkung 9, Kapitel 7.

13 John Mitchell und Christine Rhone: Twelve-Tribe Nations and the Science of Enchanting the Landscape. London, Thames and Hudson 1991.

14 Clow: Christos (im Original S. 41–47).

15 Sitchin: Der zwölfte Planet, S. 237–254.

16 Richard Laurence (Übers.): The Book of Enoch the Prophet. San Diego, Wizard's Bookshelf, 1983.

17 Jenkins: »End Date«, S. 60.

Kapitel zwei: Der Photonenring

1 Shirley Kemp: »The Photon Belt Story«, Nexus (Februar 1991), und Robert Stanley: »The Photon Zone: Earth's Future Brightens«, Nexus (Sommer 1991).

2 Robert Temple: Das Sirius-Rätsel. Umschau-Verlag Breidenstein, Frankfurt/Main 1977.

3 Michael Talbot: Das holographische Universum. Die Welt in neuer Dimension. München 1994.

4 Der Maya-Kalender umfaßt 5125 oder 25 625 Jahre, je nachdem, ob es sich um einen Großen Zyklus (5125 Jahre) oder um fünf Große Zyklen (25 625 Jahre) handelt. Die anderen kurzfristigeren Kalender werden in diesem Buch als verschiedene Kalender der Maya bezeichnet.

5 Talbot, Holographisches Universum, S. 47.

6 Siehe S. 348ff.

7 Kemp und Stanley, siehe Anmerkung 1.

8 Hunbatz Men: Los Calendarios Mayas Y Hunab K'U (Juarez, Mexico: Ediciones Horizonte, 1983).

9 Men: Los Calendarios, S. 134–136.

10 Stanley: »The Photon Zone«.

11 Vivian E. Robson: The Fixed Stars and Constellations in Astrology (York Beach, ME: Samuel Weiser, 1979).

12 Richard Hinkley Allen, Star Names: Their Lore and Meaning (New York: Dover Publication, 1963), S. 391–413. Allen erwähnte auf Seite 393, daß der Präzessionszyklus von 25 900 Jahren das »Große Jahr der Plejaden« genannt wurde.

13 José Argüelles, The Mayan Factor: Path Beyond Technology, S. 111 und 136; siehe auch Dr. Brian Swimmes Einführung. Bear & Company, Santa Fe 1987.

14 Jenkins, »End Date«, S. 54.

15 José Diaz-Bolio, The Geometry of the Maya, Acea Maya, Merida, Mexiko; und »The Bio-Mathematical Basis of the Mayan Calendar«, aus The Mayan Calendar Made Easy, herausgegeben von Sandy Huff, Sandy Huff, Safety Harbor, FL, 1984. In Kapitel 7 taucht plötzlich Tzolk'in auf und bietet einen Überblick über den Großen Maya-Kalender. Tzolk'in ist der heilige 260-Tage-Kalender (13 Zahlen x 20 Tage = 260); der Tzolk'in, der Venus-Umlauf (synodische Umlaufzeit der Ve-

nus), und der 365-Tae-»Haab« (Sonnenjahr) sind die Basis der Großen Zyklen. Es gibt viele Theorien über die Ableitung des Tzolk'in, und Diaz-Bolios Antwort ist meiner Ansicht nach die richtige.

16 Bruce Cathie, Harmonic 33, A. H. und A. W. Reed, Sydney, Australien, S. 189–193; und Bruce Cathie und P. N. Temm, Harmonic 695. A. H. und A. W. Reed, Sydney, Australien 1971.

17 Barbara Hand Clow: Chiron. Die Verbindung zwischen inneren und äußeren Planeten. München [2]1992.

18 Trevor Ravenscroft: Die heilige Lanze. Der Speer von Golgatha. München 1996.

19 Amortah Quan-Yin: The Pleiadian Workbook – Awakening Your Divine Ka. Bear & Company, Santa Fe, 1996.

20 Bauval und Gilbert: Das Geheimnis des Orion, S. 220–222.

21 Barbara Hand Clow: Liquid Light of Sex – Understanding Your Key Life Passages. Bear & Company, Santa Fe, 1991.

22 Barbara Hand Clow, Trilogie der Bewußtseins-Chroniken. Frankfurt/Main 1992. Diese Trilogie enthält *Das Auge des Zentauren, Das Herz des Christos* und *Das Siegel von Atlantis.*

23 Sitchin: Der zwölfte Planet, S. 313–336.

Kapitel 3: Alchimie der neun Dimensionen

1 Talbot: Holographisches Universum, S. 21f.

2 Zecharia Sichtin: Die Kriege der Menschen und Götter. München 1991.

3 Jerry L. Ziegler: YHWH, Star Publishers, Morton, Il 1977; und Graham Hancock: The Sign and the Seal, Crown Publishers (New York), 1992.

4 Sichtin: Der zwölfte Planet, S. 245.

5 Frissell: Nothing Is True, S. 158.

6 Barbara Marciniak, Boten des Neuen Morgens und Plejadische Schlüssel zum Wissen der Erde (Hermann Bauer Verlag Freiburg, [2]1996).

7 Sitchin: Kriege, S. 373ff.

8 Clow: Siegel (im Original S. 102–108; Signet of Atlantis). Yoga, Mudras und heilige Haltungen wie die im Text be-

schriebenen Dreiecksgriffe werden eine Notwendigkeit werden, wenn sich die Energie beschleunigt.

9 Belinda Gore: Ecstatic Body Postures. An Alternate Reality Workbook. Bear & Company, Santa Fe, 1995. Dieses Buch basiert auf der Arbeit von Dr. Felicitas Goodman. Ebenfalls von Dr. Goodman: Where the Spirits Ride the Wind. (Indiana University Press, Bloomington, IN, 1990).

10 Michell: Nations, S. 138–146.

11 Die neue Umlaufbahn sieht vor, daß *Galileo* an Io vorbeifliegt, um ihn zu fotografieren.

12 Clow: »The Comet and Jupiter« – Welcome to Planet Earth. Band 14, Nr. 8.

Kapitel vier: Die Echsen und die römische Kirche

1 Arthur C. Clarke, Rama Revealed. Bantam Book, New York, 1995, S. 1.

2 R. A. Boulay: Flying Serpents and Dragons. The Story of Mankind's Reptilian Past, Galaxy Books, Clearwater, FL 1990.

3 Encyclopedia Britannica, elfte Ausgabe, Band IV, S. 939–941.

4 Labib Habachi: The Obelisks of Egypt. American University Press, Kairo 1984, S. 109–149.

5 Linda Zimmermann, »Heads and Tales of Celestial Coins«, Sky and Telescope (März 1995), S. 28–29. Abbildung 11 ist eine veränderte Zeichnung aus diesem Artikel über eine römische Münze, auf der die Worte »Divvs Ivlis« in einem achtzackigen Stern stehen. Auf der Originalmünze gibt es einen Strich mehr, wenn man »Divvs Ivlis« als Strich betrachtet. Dieser zusätzliche Strich sollte jedoch dort sein, wo Cäsars Name steht, und es wäre nicht akzeptabel, wenn ein Strich durch *seinen* Namen verliefe. Die Sternzacken wurden zur Seite gelegt, um seinen göttlichen Namen darzustellen, so daß der Stern einschließlich »Göttlicher Cäsar« zehn Zacken hat. Ich habe tatsächlich Hunderte von Münzen und Symbole des achtzackigen Sterns, Nibiru, eingehend untersucht, und deshalb bat ich meine Illustratorin, die Münze zum besseren Verständnis für den Leser etwas abzuwandeln. Diese Münze ist auch deshalb besonders interessant, weil die Striche unter Umständen schabloniert wurden, um den Kreuzungszeitpunkt von Nibiru un-

gefähr zwischen 200 v. Chr. bis 100 n. Chr. hervorzuheben, wie man auf einer leicht abgeänderten Münze auf Seite 29 sehen kann, welche die Aufschrift »Edler Saturn in Wassermann« trägt und acht Zacken aufweist. Normalerweise sind diese Symbole sehr exakt und haben acht Seiten.

6 Ein *schar* ist eine 3600 Jahre dauernde Umlaufbahn von Nibiru, und aus der solaren Perspektive leben Wesenheiten auf Planeten jenseits der Erde länger. Zum Beispiel lebt ein Jupiterianer zwölf Jahre für ein Erdjahr, und ein Nibiruaner lebt 3600 Jahre für ein Erdjahr; daher altern die Anunnaki während ihres Aufenthalts auf der Erde schnell. Dieser Faktor verbirgt ich hinter den mysteriösen 100-Jahre-Lebenszeiten von Wesenheiten wie Methusalem (dies bedeutet wahrscheinlich, daß er etwa 30 Lebensjahre auf der Erde verbrachte). Die Sorge der Nibiruaner über ihren Alterungsprozeß auf der Erde ist der Grund, weshalb Menschen sich nach Unsterblichkeit sehnen und sich vor dem Tod fürchten. Menschen, denen es offenbar an nibiruanischen Implantaten mangelt, zeigen wenig Interesse am Tod, und die Todesbesessenheit der amerikanischen Kultur veranschaulicht, wie tief sie von nibiruanischen Gedankenformen beeinflußt ist.

7 Habachi: Obelisks, S. 109–149.

8 Byron E. Dix und James W. Mavor: Manitou – The Sacred Landscape of New England's Native Civilization. Inner Traditions, Rochester VT, 1989.

9 John L. Brooke: The Refiner's Fire – The Making of Mormon Cosmology, 1644–1844. Cambridge University Press, Cambridge 1994, S. 149–183.

10 Clow: Christos (im Original S. 41–47); Heart of the Christos.

11 In allen Hauptquellen von 300 v. Chr. bis 300 n. Chr. finden sich zahlreiche Spuren des nibiruanischen Einflusses. Suchen Sie nach Geschichten vom »Stern« und Symbolen, die acht Richtungen oder Spitzen haben, Berichten von zusammengesetzten Wesenheiten (besonders reptilischen) göttlichen Kindern und vergöttlichten Erwachsenen wie Cäsaren, göttlichen Königen und Päpsten.

12 Christus hat eine höherdimensionale Form als die vierdimensionalen Nibiruaner; und wann und wo Christus irgendeine

Macht auf Erden erlangte, war es absolut erforderlich, daß er stark überlagert wurde.

13 James Binney: »The Evolution of our Galaxy«, Sky & Telescope (März 1995), S. 20.

14 Gordon Michael Scallion: »The Earth Changes Report« (Westmoreland, NH). Das grundlegende tektonische Modell, mit dem Scallion arbeitet, ist das erste, das am besten zu meiner eigenen Fähigkeit paßt, die Aktivitäten des zweidimensionalen tellurischen Reichs zu »sehen«. Scallion hat »The Future Map of the United States: 1998–2001« veröffentlicht, und ich stimme seiner Deutung der Energiefelder und des Zeitpunkt zu. Doch diese Manifestationen sind möglicherweise nicht physisch – eher *ätherisch*. Scallions Karte und sein gedankliches Gerüst der Erdveränderungen ergeben möglicherweise wirklich eine Landkarte, die Wesenheiten enthält, die laut dem *Plejadischen Kursbuch* multidimensional geworden sind! Das heißt, die Teile der Vereinigten Staaten, die auf Scallions Karte unter Wasser liegen, sind möglicherweise einfach die Gegenden, wo nichtbewußte Menschen leben. Ganz egal, ob die Karte das Physische oder das Ätherische darstellt – Scallion ist einer der großen Seher unserer Zeiten.

15 Morton Smith: Jesus the Magician. Harper & Row, San Francisco, 1978, S. 122–123.

16 Margaret Starbird: The Woman with the Alabaster Jar. Bear & Company, Santa Fe, 1993, S: 122–123.

Kapitel fünf: Die Geschichte der Göttinnen-Alchimie

1 Geraldine Hatch Hannon: »Revisioning the Sun and Moon«. The Mountain Astrologer (April/Mai 1995).

2 Das Verständnis dafür, daß negative Rückschlüsse über das Leben die Ursache von Wiederholungsverhalten sind, wurde der Autorin durch Tom Cratsley aus Lilydale, New York, vermittelt. Als Tom mir dies mitteilte, fingen die Plejadier buchstäblich an zu schreien, daß diese Dynamik der Schlüssel dafür sei, daß wir emotional auf der Erde festgefahren sind.

3 Sitchin: Der zwölfte Planet, S. 209ff.

4 Megalithische Menschen wußten den Metonischen Zyklus zu nutzen, und viele Astronomen früherer Zeiten haben bewie-

sen, daß zahlreiche antike Steinkreise aufgestellt wurden, damit man die Zeit der Eklipsen auf der Grundlage des Mondknoten-Rückkehr-Zyklus – des Metonischen Zyklus – berechnen konnte (siehe Anmerkung 13, S. 348ff.). Aber weshalb? Da dies für megalithische Menschen offensichtlich so wichtig war und die Mondknoten so entscheidend für Interpretationen des Geburtshoroskops sind, konnte ich sehen, daß der Metonische Zyklus der Schlüssel zum »Galaktischen Niederschlag« (siehe Seite 348ff.) ist.

5 Michael Baigent, Richard Leigh und Henry Lincoln: Der heilige Gral und seine Erben. Bastei-Lübbe, Bergisch-Gladbach 1987.

6 Frissell: Nothing Is True. S. 158.

7 Wighard Strehlow und Gottfried Hertska: Hildegard of Bingen's Medicine. Bear & Company, Santa Fe, 1988.

Kapitel sechs: Luzifers Dilemma und Anus Macht

1 Mary Settegast: Plato Prehistorian: 10,000 to 5,000 B. C. – Myth, Religion, Archeology. Lindisfarne Press, Hudson, NY, 1990.

2 Josua XXIV, 26; Richter IX, 6.

3 Sitchin: Kriege, S. 335ff.

4 Dan Gill: »How They Met: Geology Solves Longstanding Mystery of Hezekiah's Tunnelers«, Biblical Archaelogy Review, Band 20, Nr. 4 (Juli/August 1994). Dieser Artikel half mir, die Möglichkeit in Betracht zu ziehen, daß die Visionen, die ich während der Channelings von einer Horde Krokodile unter dem Tempelberg in Jerusalem bekam, tatsächlich eine Grundlage in der Wirklichkeit haben.

5 Clow: Siegel (im Original S. 70–79).

6 Kommentar von Gerry Clow 1986.

Kapitel sieben: Die Alcyone-Bibliothek und Tzolk'in – der Hüter der Zeit

1 Ralph Abraham, Terence McKenna und Rupert Sheldrake: Trialogues at the Edge of the West – Chaos, Creativity, and the Resacralization of the World. Bear & Company, Santa Fe 1992.

2 Abraham, McKenna, Sheldrake: Trialogues, S. 33.
3 Abraham, McKenna, Sheldrake: Trialogues, S. 153.
4 Tony Shearer: Lord of the Dawn – Quetzalcoatl. Naturegraph, Happy Camp, CA, S. 184.
5 Argüelles: Mayan Factor, S. 32 und 148.
6 Argüelles: Mayan Factor, S. 131–148.
7 Clow: Siegel (im Original S. 180).
8 Steven McFadden, Ancient Voices: Stimmen der Weisheit (im Original Current Affairs, S. 61). Meine Zählung der Menschen in Teotihuacán unterscheidet sich von der McFaddens. Ich war dort, und ich las die Zählung, die am nächsten Tag in *Novedades*, der wichtigsten Zeitung in Mexico City, angegeben wurde.
9 Unsere Gruppe führte während der Frühlingstagundnachtgleiche 1995 zusammen mit Hunbatz Men und drei tibetischen Lamas in Yucatan Zeremonien durch. *Novedades* berichtete, daß eine Million Menschen versuchten, nach Teotihuacán zu gelangen. Nur eine halbe Million schafften den Weg zum Tempelkomplex, und die andere halbe Million füllte alle Zufahrtsstraßen nach Teotihuacán. Viele fuhren natürlich mit dem Auto. Sie hätten alle Platz im Tempelkomplex gefunden, wenn sie wie in alten Tagen zu Fuß gegangen wären.
10 Giorgio de Santillana und Hertha von Dechend: Die Mühle des Hamlet. Wien 1994.
11 Ich hatte vor, in diesem Buch die Felder aller neun Dimensionen vollständig zu beschreiben. Die siebte bis neunte Dimension haben sich den vollständigen Beschreibungen, die ich für die erste bis sechste Dimension anfertigte, noch nicht geöffnet, obwohl ich eine Menge Daten über die siebte bis neunte Dimension erhielt. Dafür gibt es zwei Erklärungen: Möglicherweise sind die ersten sechs Dimensionen Handlungsfelder und die letzten drei Instrumente für bewußtes Reisen – Instrumente lassen sich nicht wie Felder beschreiben, sondern nur *benutzen* – oder ich werde eventuell einmal in der Lage sein, die siebte bis neunte Dimension in einem Fortsetzungsband zu beschreiben, sobald unser aller Bewußtsein als Gruppe ansteigt.
12 Stewart Myers: Sky and Telescope (März 1995), S. 8. In einem Brief an den Herausgeber bemerkt Myers, ein Hobbyastro-

nom, daß er beobachtete, wie Io am 16. Juli 1994 während eines Kometeneinschlags aufleuchtete. Myers schrieb diesen Brief, weil eine professionelle Astronomin namens Priscilla Andrews über das Aufleuchten von Io auf Seite 30 der November-1994-Ausgabe in Sky and Telescope berichtet hatte.

13 Laut Satya bedeutet die Hopi-Legende von der Rückkehr Pahanas oder des verlorenen Bruders die Verschmelzung der Andromeda- und der Milchstraßengalaxis, und ich vermute, daß es darüber noch mehr Angaben geben wird.

14 Argüelles: Mayan Factor, S. 131.

15 Starbird: Alabaster Jar, S. 176–179.

16 Smith: Jesus, S. 122–123. Smith weist nach, daß die Eucharistie und die Verklärung typische intensive magische Praktiken sind und daß der Zweck magischer Praktiken darauf beruht, das tellurische Reich zu aktivieren.

17 Richard Souther: »Vision – The Music of Hildegard«, Angel CD. Hildegard von Bingen, Hildegard von Bingen's Sciavis (neuer Titel Hildegard von Bingen's Mystical Visions). Bear & Company, Santa Fe, 1987. Hildegard von Bingen: Iluminations of Hildegard von Bingen. Bear & Company, Santa Fe, 1985.

18 Baigent, Leigh, Lincoln: Gral (im Original S. 55–57).

19 Das Wassermann-Zeitalter ist keine Idee des New Age. Die Fakten: Die Erde ist ein abgeplattetes Rotationsellipsoid, die Sonne kreuzt den Himmelsäquator an einem beweglichen Punkt, der alle 25 920 Jahre wiederkehrt, und die zwölf Tierkreiszeichenhäuser erstrecken sich jeweils über 2160 Jahre. Die Erde bewegt sich in mehr als etwa 300 Jahren – 2010 bis 2310 n. Chr. – aus dem Fische-Zeitalter hinaus in das Wassermann-Zeitalter hinein. Die Eigenschaften sowohl von Fischen als auch von Wassermann kommen während dieser Übergangszeit zum Ausdruck, und die Frühstadien von Wassermann-Vibrationen sind seit den sechziger Jahren besonders wahrnehmbar. Die Transite von Uranus in Wassermann (1996–2003) und Neptun in Wassermann (1998–2012), werden die Menschheit auf die Wassermann-Vibration vorbereiten, die am Ende des Großen Maya-Kalenders und dem Beginn des nächsten Großen Maya-Zyklus am 21. Dezember 2012

tatsächlich einsetzt. Die wahre Intensität des Wassermann-Zeitalters war für die Menschheit seit dem Paläolithikum nicht spürbar; diese Intensität existiert immer noch in der Höhlenkunst der Magdalénien-Zeit.

20 Aufmerksame Leser werden feststellen, daß in den Aufzeichnungen nur sehr wenig nibiruanischer Aktivität bei Photonenring-Ausflügen die Rede ist, wohingegen über viel Aktivität weit vom Ring entfernt in der Galaktischen Nacht im Stier- und im Skorpion-Zeitalter berichtet wird. Die Channelings dieser Phase untermauerten die Wahrscheinlichkeit, daß die Nibiruaner lediglich kurzfristig auf der Erde verweilen können, wenn sie sich in der Nähe des Photonenrings oder in ihm befindet. Folglich läßt sich daraus schließen, daß die Nibiruaner im Jahre 3600 n. Chr. nicht besonders häufig anwesend sein werden.

21 Diane Wolkstein und Samuel Noah Kramer: Inanna – Queen of Heaven and Earth. Harper & Row, New York, 1983.

22 Weiter vorne im Buch verlangt Satya, daß Frauen immer zum Thema Krieg auf der Erde befragt werden sollen. Ihnen zufolge ist Krieg nur erlaubt, wenn das Heim bedroht ist, und dann werden Männer und Frauen zu Kriegern der Erde. Die Plejadier können Krieg als Sport, den gelangweilte Menschen verursachen, nicht ausstehen.

23 Hugh Harleston: The Keystone. A Search for Understanding, Uac-Kan, Bellaire, TX 1984.

Anhang

Astrologische Transite von 1972 bis zum Ende des Großen Maya-Kalenders, dem 21. Dezember 2012 n. Chr.

1 Frissell: Nothing is True, S. 155–164.

2 Argüelles: Mayan Factor, S. 131–148.

3 Barbara Hand Clow: »Harmonic Convergence« (16. August), Viewed Astrologically«, Welcome to Planet Earth (Mai 1987).

4 UPI: »IRAS Sithing of New Planet«. San Francisco Chronicle (27. Dezember 1983).

5 Ich möchte wissen, wann Saturn, Uranus und Neptun das letztemal eine Konjunktion in *Steinbock* bildeten, da die Transite

dieser Planeten in Steinbock zwischen 1988 und 1991 die Ebene struktureller Kräfte darstellten, die Evolutionsverschiebungen auf der Erde auslösen könnten.

6 John Major Jenkins: Tzolk'in – Visionary Perspectives and Calendar Studies. Garbersville, CA 1994, S. 113–147. Jenkins merkt an, daß die Zeit zwischen Eklipsen (verursacht durch die Mondknoten, wie auf Seite xxff., ausführlich besprochen) 173 *Tage* und die Zeit zwischen Uranus-Neptun-Konjunktionen 173 *Jahre* beträgt. Die Uranus-Neptun-Konjunktionen gegen Ende des Kalenders sind äußerst einflußreich, da Uranus' Transformation und Neptun den Zugriff auf den Geist regiert. Auch greift Jenkins sie als den Hauptfaktor in den Großen Zyklen heraus. Ich arbeite mit diesen Konjunktionen mehr als Astrologin denn als Maya-Forscherin, aber ich finde es faszinierend, daß der Aztekische Kalenderstein (der die Bedeutung der fünf Großen Zeitalter beweist und der kritische Sprung über einen davon – 3113 v. Chr. bis 2012 n. Chr. – hinaus ist, weil er Datierungen der Olmeken und Maya für den 25 625-Jahres-Zyklus öffnet, der dann die Maya-Datierung mit dem Präzessionszyklus synchronisiert) 1479 n. Ch. beschriftet und im Zentrum von Tenochtitlán aufgestellt wurde – das letztemal, daß Uranus vor dem Jahr 1993 mit Neptun eine Konjunktion bildete, und eine Zeit, in der diese Konjunktion sich auch mit einem »Venus-Umlauf« synchronisierte. Der Venus-Umlauf synchronisiert sich mit dem 260tägigen Tzolk'in, dem 365tägigen Haab und der 584tägigen synodischen Periode der Venus, und auf dieser Synchronisation beruht der Große Kalender. Diese Angaben stehen im »Dresdener Kodex«. Jenkins *Tzolk'in* ist ein wertvoller Beitrag, der die wirklich erstaunlichen Datenbanken der Maya-Kalender erforscht.

Bestimmung des Zeitpunkts, an dem das Sonnensystems in den Photonenring eintritt

7 Clow: Auge (im Original S. 21, Eye of the Centaur). In seiner Einführung zu *Das Auge des Zentauren* sagt der Physiker Brian Swimme, die zentrale wissenschaftliche Entdeckung des zwanzigsten Jahrhunderts sei die Entdeckung kosmischer Hin-

tergrundstrahlung, das heißt Photonen im Mikrowellenbereich des elektromagnetischen Spektrums. Vielleicht werden wir von diesen Photonen »gekocht«, aber wir können das Feuer nicht sehen und die Hitze nicht spüren, genauso wie wenn man Essen in der Mikrowelle erwärmt. Das mag einfältig klingen, aber die Plejadier haben immer ausdrücklich darauf hingewiesen, daß die Menschen die Technologie dazu verwenden, um herauszufinden, wie unsichtbare Vorgänge funktionieren. Sie sagen, wir werden die Technologie fallen lassen, sobald wir zu Sehern geworden sind. Vielleicht werden Mikrowellenprozesse sich als Schlüssel zum Photoneneffekt erweisen. Ich meine, wir werden erleben, daß sich Wissenschaftler zunehmend auf unsichtbare Bereiche des Lichtspektrums konzentrieren werden.

8 Tjeerd H., Van Andel: New Views on an Old Planet – A History of Global Change. Cambridge University Press, 1994, S. 86.

9 Wence Horak: Ancient Ecologists. Unveröffentlichtes Manuskript.

10 Channeling mit Barbara Marciniak und Barbara Hand Clow, Santa Fe, New Mexico, am 13. November 1992.

Galaktischer Niederschlag: Metonischer Zyklus der Fünften Welt

11 Clow, Siegel (im Original S. 111–128).

12 John Filbey und Peter Filbey: Astronomie für Astrologen. Wettswil/Schweiz 1986 (im Original S. 109–116); Astronomy for Astronomers. The Aquarian Press, 1984 Wellingsborough, England.

13 Gerald S. Hawkins: Stonehenge Decoded. Doubleday, New York 1965, S. 178. Siehe auch die Arbeiten von E. C. Krupp, Martin Brennan, John Michell, Alexander Marshack, Norman Lockyer und Alexander Thom.

14 Jenkins: *Tzolk'in,* S. 112. Jenkins merkt an, es sei erwiesen, daß die Maya die Ekliptik in 13 Konstellationen unterteilten (da stimme ich zu), und wenn man diese Einteilung verwendet, dann ist ein doppelter tzolk'in (2 mal 260 Tage = 520 Tage) fast soviel wie die Passage einer Ekliptikkonstellation (520

Tage mal 13 = 18,5 Jahre). Deshalb ergeben 13 doppelte tzolk'ins beinahe den Zyklus der Knoten rund um die Ekliptik. Diese Synchronizitätsebene (die ich überall im Kalender finde – siehe Anmerkung 12 zum ersten Kapitel und Anmerkung 6, Astrologische Transite) könnte die Grundlage der magnetischen Aspekte meiner Vision sein.

15 Argüelles: Mayan Factor, S. 145–148.

16 Beim Lesen von Anmerkung 14 fragen sich aufmerksame Leser vielleicht, warum ich für Abbildung 15 nicht die Maya-Unterteilung in 13 Konstellationen verwende. Wenn ich die Ekliptik für astrologische Divination unterteile, benutze ich immer eine Unterteilung in 12 Konstellationen, weil diese eine psychologische Analyse der Energetik ermöglicht, die auf *Polarität* beruht. Ich benutze sie, weil es funktioniert! Sie ist für viele Menschen verständlich, weil sie den Weg reflektiert, den sie, während sie schrittweise ihr Leben meistern, psychologisch vor und zurück gehen. Die Einteilung in 12 Konstellationen betont die vier Hauptunterteilungen des Sonnenjahres – Sonnenwenden und Tagundnachtgleichen –, welche die Maya in Zeremonien an antiken Stätten nachvollziehen, die erbaut wurden, um diese Zeiten zu markieren. Die meisten Forscher arbeiten mit der Präzession der Tagundnachtgleichen als den Zwölf Großen Zeitaltern, aber Tatsache ist, daß sich die Konstellationen von der Erde aus betrachtet in zwölf oder dreizehn oder sogar noch mehr unterteilen lassen! Leser, die etwas von Astrologie *und* Astronomie verstehen, wissen, daß die Konstellationen – Straßen am Himmel, wo man Sonne, Mond und Planeten antrifft – über lange Zeitabschnitte hinweg ihre vertrauten Muster ganz verlieren werden, weil sich alle Sterne mit unterschiedlicher Geschwindigkeit um das Galaktische Zentrum bewegen. Diese zwölffache Unterteilung des Rades offenbart also Polarität und solare Faktoren; und derselbe Zeitrahmen – 14. März 1994 bis 21. Dezember 2012 – ließe sich in 13 Sektoren teilen, um sich mit dem Maya-Tierkreis zu synchronisieren. Dies würde eine eher auf dem Mond basierende Interpretation ergeben und wahrscheinlich wunderbare Zahlen- und Kalendersynchronizitäten zutage fördern. Auch wollte eine Studentin, als ich im April 1995 in New York eine

Vorlesung hielt, sofort wissen, warum ich nicht den Faktor des südlichen Mondknotens analysiere! Sie hatte recht! Das hatte eine Interpretation der historischen Muster zur Folge, die aufgesogen würden, um vom 14. März 1994 bis zum 21. Dezember 2012 verarbeitet zu werden. All diese Ideen enthalten wunderbares Forschungspotential.

Das Sirius-Sternensystem und die alten Aufzeichnungen von Orion

17 Robert Temple: Das Sirius-Rätsel.
18 Musaios: The Lion Path – You Can Take It With You, Golden Sceptre, Berkeley, CA, 1988.
19 Barbara Hand Clow: Chiron. Die Verbindung von inneren und äußeren Planeten, München[2]1992.
20 Germaine Dieterlen und Marcel Griaule: Le Renard pale. Institut d'Ethnologie, Paris 1965.
21 Temple: Sirius, S. 7ff.
22 Temple: Sirius, S. 17ff.
23 Ken Croswell: The Alchemy of the Heavens. Doubleday, New York 1995, S. 5.
24 William J. Broad: »The Core of the Earth May Be a Gigantic Crystal Made of Iron«. New York Times, 4. April 1995.
25 Temple: Sirius, S. 17ff.
26 Dieses Channeling vereinte eine Kombination von Daten, die in Temples Buch *Das Sirius-Rätsel*, den Arbeiten von Zecharia Sitchin und mir enthalten sind. Das Channeling von Digitaria ähnelt stark den Seiten 35 bis 51 aus dem *Sirius-Rätsel*, und da ich die Worte in einem veränderten Zustand sprach, konnte ich eine Kosmogonie »erblicken«, die dem, was auch die Dogon sehen und sogar in Ritualen nachvollziehen konnten, in frappanter Weise gleicht. Selbst ich frage mich, woher diese Informationen in meinem Zellgedächtnis stammen. Nach jahrelangen eingehenden Forschungen berichte ich nur über gechanneltes Material, das visuell ist und einen Schauer durch meinen Körper jagt. Meiner Meinung nach ist dies ein Zeichen dafür, daß ein Channel tatsächlich »Aufzeichnungen« liest, die in Bibliotheken existieren – in diesem Fall in der Bibliothek von Sirius A.

27 Hier muß ich unbedingt einfügen, welcher Zusammenhang zwischen meiner Arbeit und der Forschung von Zecharia Sitchin besteht. Sitchins brillante Forschungsarbeit ist sehr akademisch, meine dagegen sehr intuitiv, obwohl ich sie mit konventionellen und sogenannten nichtkonventionellen Quellen vergleiche, sobald ich Zugriff darauf habe. Sitchins sumerische Forschungen sind ebenso gründlich und einwandfrei wie die jedes anderen Gelehrten seit 1840, der sich mit dieser Thematik beschäftigt, der »akademisch akzeptabel« ist. Sitchin hat einen hervorragenden akademischen Hintergrund als Bibelgelehrter, einen Graduiertenabschluß der Universität London in Wirtschaft und ist einer der weltweit 100 Gelehrten, die Sumerisch lesen. Seine phantastischen Erkenntnisse wurden mit der offensivsten Methode akademischer Beurteilung begrüßt – *mit totalem Schweigen* –, die Personen anwenden, die es wagen, sich als Gelehrte zu bezeichnen. Sitchin arbeitet lediglich mit traditioneller akademischer Methodologie, und es sind seine Schlußfolgerungen, die den anderen Gelehrten Sorgen bereiten. Wenn ich in einer Regression oder einem Channeling historische, mir unbekannte Daten erhalte und ebendiese Daten und Informationen später in Originalquellen finde, dann ist das ein Volltreffer! Was Sitchin betrifft, so hatte ich sein Buch *Der zwölfte Planet* 1976 gelesen, *bevor* ich selbst intuitive Daten über die Anunnaki oder Nibiruaner empfing. Ich erhielt erstmals Zugang zu einer nibiruanischen Wesenheit während einer Regression 1982 und hatte dann bei vier oder fünf Gelegenheiten von 1982 bis 1988 Zugang zu verschiedenen Wesenheiten. Ich veröffentlichte einige meiner eigenen Daten über sie in *Das Herz des Christos* und werde weiterhin so viele diesbezügliche Fakten wie möglich sammeln, weil der Einfluß der Anunnaki auf uns so groß ist.

28 Marciniak: Boten des Neuen Morgen. Barbara war der erste mir bekannte Channel, der den Begriff »Lebendige Bibliothek« für die biologische Bibliothek, die Erde, einführte.

29 Siehe dazu in *Das Siegel von Atlantis* eine Illustration dieser Szene von Angela Werneke (im Original S. 90).

30 Ahmed Osman: Moses – Pharaoh of Egypt. Paladin, London 1991). S. 162–173. Hier ist ein Fall, in dem ich Informationen

channelte und später dann eine überraschende Interpretation fand. Mr. Osman schickte mir *Moses*, dessen amerikanische Version für 1993 oder 1994 geplant war, aber ich verzichtete auf eine Veröffentlichung, weil es nicht ins Verlagsprogramm von Bear & Company paßte. Ich bezog mich darauf, nachdem ich das Echnaton-Material Anfang 1995 gechannelt hatte, und daher fühle ich, daß die Angaben darin über Moses und Echnaton sehr genau sind und Mr. Osman einen sehr bedeutenden Beitrag geleistet hat.

31 Die Zyklen von Chiron und Digitaria dauern 50 Jahre. Deshalb werden diese Muster wieder abgespult werden, und ob das Ergebnis positiv oder negativ ist, hängt davon ab, wofür sich die Menschen entscheiden.

Glossar

achte Dimension – strukturelle Organisation von Erdintelligenz, bekannt als Galaktische Föderation, die vom Orion-Sternensystem geleitet wird.

Aktivierung – energetisches Erwachen von Zellerinnerung an multidimensionales Bewußtsein, das von Dimensionen außerhalb von linearem Raum und linearer Zeit ausgelöst wird.

Alchimie – Veränderung von Materie mit Hilfe des Willens.

archetypisch – modellierende Kräfte in nichtphysischen Dimensionen, die im Unterbewußten liegen. Werden diese Kräfte stimuliert, steigen tiefe Erinnerungsinhalte ins Bewußtsein und erzeugen starke Emotionen, Kreativität und das Gewahrwerden von Manipulation.

Aufstieg – die Aufwärtsbewegung auf der vertikalen Achse des Bewußtseins eines jeden der vier Körper (physischer Körper, Emotionskörper, Geistkörper und spiritueller Körper).

Ätherreich – eine nichtphysische Zone mit feinstofflichen Schwingungen, zu der man Zugang erhält durch Umwandlung des Ätherischen in Gefühle, die entschüsselt werden können. Es ist eine der wichtigsten Quellen für Intuition, im Ätherreich sind die vierdimensionalen archetypischen Kräfte angesiedelt, und deshalb kann man sie *fühlen*.

Chakras – Energiezentren des physischen Körpers.

Channeling – Einsatz des physischen Körpers, normalerweise der Stimmbänder, für Mitteilungen von Wesenheiten, die in linearem Raum und linearer Zeit nicht in einem Körper stecken.

Chimäre – eine Wesenheit, bestehend aus Teilen, die ihren archetypischen Charakter zum Ausdruck bringen, wie ein Wesen mit Flügeln, die spirituellen Flug symbolisieren.

Codes – Wissensprägungen von Sternenintelligenz, Instinkt, Erinnerung, Genetik und Erfahrungen, die in Kristallschablonen existieren, die ihre Informationen übermitteln können, wenn sie innerhalb bestimmter zeitlicher Rahmen aktiviert werden.

Erdveränderungen – Reaktion der Erde auf Bewußtsein, das seine Form entsprechend den Gedanken sowie den Umweltfaktoren verändert.

elektromagnetische Felder – Energiebereiche, die durch Elektromagnetismus erzeugt werden.

Elektromagnetismus – Magnetismus oder Anziehung, der oder die infolge elektrischer Ströme entsteht. Die magnetische Kraft ist direkt proportional zur Stärke der elektrischen Aufladung.

Elementarwesen – metallische, atomare, chemische und mineralische Intelligenzen der zweiten Dimension.

Emotionskörper – der Bewußtseinskörper beim Menschen, der emotional ist und gefühlt und beeinflußt werden kann, auch wenn er für die meisten Menschen unsichtbar ist.

Endzeiten – eine Glaubensvorstellung, daß die Zeit schließlich enden wird oder daß ein riesiger Attraktor das menschliche Bewußtsein zu eine Endlösung oder Apokalypse hinzieht.

erste Dimension – Der Eisenkern-Kristall im Zentrum der Erde, die Schwerkraft.

feinstoffliche Energiefelder – Kraftfelder, die nicht physisch sind.

fünfte Dimension – die Liebesvibration der Erde, die von den Plejadiern geleitet wird.

Gaia – alle Körper des Erdbewußtseins und alle Kraftfelder, die sie im Universum erzeugen.

Galaktische Nacht – Standort des Sonnensystems in der Milchstraßengalaxis, wenn es sich nicht im Photonenring bewegt.

Gefühle – die nichtphysischen Vibrationen von Menschen, die auf die vierte bis neunte Dimension ansprechen.

geomantische Aktivierung – freiwillige Ausrichtung durch Schamanen auf das tellurische Reich der Erde, um Energie und Gefühle zu erzeugen, die eine verstärkte Einstellung auf Gaia erleichtern.

geometrisches Feld – Räume, Orte und Formen, die im Feld der

Erde von sirischen kreativen Gedanken-Prozessen erzeugt werden. Die Festigung dieser Kraft sieht man an allen Erdkristallisationsprozessen sowie an Synchronizitäten.

Gewebe – mächtige wirbelnde Formen vierdimensionaler archetypischer Kräfte, die das dreidimensionale Selbstgespür eines Menschen von seinem Platz wegziehen.

Heimkehr – ein sich bewußt im linearen Raum und Zeit einrichtendes Selbst, indem es sich der vier Himmelsrichtungen so bewußt ist, daß alle Dimensionen und Wirklichkeiten uneingeschränkt zugänglich sind. Auch *Erdung* genannt.

Hologramm – ein dreidimensionales Bild auf Film, das durch das Interferenzmuster entsteht, welches sich aus den Kollisionen eines gespaltenen Laserstrahls ergibt. Wird Licht auf dieses Bild geworfen, läßt es sich in jeden beliebigen Raum projizieren. Jede dreidimensionale Wirklichkeit ist im Grunde holographisch; ihre Form baut sich aus Dualität und Licht auf. Mit der Hologramm-Methode projizieren auch vierdimensionale Wesenheiten Visionen in linearen Raum und lineare Zeit.

Impuls – die Projektion von Vorstellungen oder Wünschen auf jede beliebige Intelligenz.

Karma – unverarbeitete Handlungen, Gefühle, Gedanken und Wünsche, die Energie binden und ständig Impulse zur Wiederholung geben, bis sie geklärt werden.

Kundalini – feinstoffliche elektromagnetische Energie, die in Körperkanälen fließt und mit den Chakras eine Verbindung eingeht.

Kraftorte – Torbereiche.

kollektives Unbewußtes – ein riesiger Pool von Archetypen ähnlicher Ausrichtung, die anscheinend bei allen Menschen vorhanden sind. Es gibt viele antike Überlieferungen über Sternensysteme und Einzelsterne als Ursprung dieser Themen, und wenn Menschen diese Themen in ihrem Leben aktivieren, fangen sie oft an, mit den entsprechenden Sternen zu schwingen.

kritischer Sprung – ein Evolutionssprung, der stattfindet, wenn sich eine Spezies zu einem komplexeren Status hin entwickelt.

Kraft – Stärke oder Bewegung, die Veränderung erzeugt.

Laser – Light Amplicifation by Simulated Emission of Radiation: »Lichtverstärkung durch angeregte Strahlungsemission«. Wir *sehen* Hologramme mit Hilfe von Strahlung oder Energie, die in Wellen oder Teilchen abgestrahlt wird.

Licht – Intelligenz.

Lichtniederschlag – höherdimensionale Intelligenz, die in linearem Raum und linearer Zeit fällt.

Linse – ein Gerät, um einen beliebigen Gegenstand zu lenken oder zu fokussieren; Energie, um Klarheit zu bekommen.

Metapher – ein leichter, verständlicher Gedanke oder eine Vorstellung, mit dem oder der man eine schwerverständliche Idee ausdrückt. Durch metaphorische Umschreibung einer Idee können deren multidimensionale Attribute verfügbar gemacht werden. Metaphern sind der Kern plejadischer Kommunikation; sie verbinden fünfdimensionale Intelligenz mit linearem Raum und linearer Zeit.

Miasmen – Antiteilchen, die sich im physischen Körper zu ätherischer Masse konkretisieren und die Erinnerung an Krankheitsmuster bewahren, die durch Gefühle aktiviert werden können.

Monade – der Kern in einem selbst, der kosmische Intelligenz birgt.

morphisch – eine Form haben.

morphische Lichtfelder – Vehikel von aller Intelligenz im Universum.

morphogenetische Lichtfelder – die wesentlichen Vorstellungen von Lebensformen, die organisches Leben reproduzieren.

multidimensional – aus mehreren Dimensionen oder Wirklichkeitsfeldern zusammengesetzt, die sich je nach Dichte verändern; ob sie feinstofflich oder fest sind, hängt von ihrer Schwingungsrate ab; und ob sie wahrnehmbar sind, hängt davon ab, wie differenziert die Vibration des Empfängers ist.

Netz – die Struktur apokalyptischer fundamentalistischer Glaubenssysteme, die das Welt-Management-Team einsetzt, um die Vibrationsraten der Gedanken zu verlangsamen. Das führt dazu, daß das Bewußtsein an Feinstofflichkeit verliert und dichter wird, bis sich alle Wirklichkeiten verfestigen und es keine Bewegung mehr gibt.

neunte Dimension – vereinte Wirklichkeit, welche die feinstofflichsten Frequenzen insgesamt miteinander verwebt. Diese Schwingungsebene ist eine Bibliothek aller Dinge, die in einem Reich existieren; und für die Erde ist die neunte Dimension das Galaktische Zentrum, das von den Enochianern geleitet wird.

Photon – Licht.

Photonensterne – Sterne, die ewig in galaktischen Informationsautobahnen existieren, die sie veranlassen, sich aus Lichtspiralen zu erzeugen, die andere Sterne einfangen und Sternensysteme in Galaxien erschaffen. Dies sind galaktische Verknüpfungspunkte, die verhindern, daß die Galaxis aus der Form rotiert. Sie sind von der Wissenschaft noch nicht entdeckt worden.

photonische Informationsautobahnen – das Kommunikations-Verbindungssystem jeder Galaxis, die siebendimensional ist und deren Form aus reinem Gedanken entsteht.

Resonanz – tritt auf, wenn Wesen, die in unterschiedlichen Dimensionen vibrieren, die gleiche Wellenlänge haben; so sind verschiedene Welten und Dimensionen miteinander verbunden.

Schwerkraft – die erste Dimension jedes Systems, das aus sich heraus eine vertikale Achse der Manifestation bildet. Schwerkraft ist das dichteste Feld jeder geschaffenen Form; sie zieht alle Teile ihrer Form zu sich hin und ist bewußt.

sechste Dimension – die Lichtkörperform der dreidimensionalen festen Welt. Alle physischen Gegenstände sind Vorstellungen, die sich in der sechsdimensionalen Bibliothek befinden, und durch ihren Denkvorgang werden lichtgeometrische Formen erzeugt, die Wirklichkeiten erschaffen. Für die Erde wird dieses Reich vom Sirius-Sternensystem geleitet.

Seher – Person mit der Fähigkeit, nichtphysische Energie auf experimentellem Weg zu erkennen.

siebte Dimension – Kommunikationslinien für reine Gedanken. Für die Erde ist die siebte Dimension die galaktische Informationsautobahn des Lichts, die Photonenringe, die von der Andromeda-Galaxie geleitet werden.

Sonneneingeweihte – Schamanen, die mit der Intelligenz der Sonne kommunizieren, die mit anderen Sternen und dem Galaktischen Zentrum verbunden ist.

Stunde Null – die Zeitwende zwischen 1 v. Chr. und 1 n. Chr.

tellurisch – natürliche elektromagnetische Erdkräfte.

Tempel des Lichts – die sirische lichtgeometrische Form der Erde.

Tore – Orte an der Erdoberfläche, wo zweidimensionale oder tellurische Linien oder Röhren ihren Ursprung haben. Durch Aktivieren tellurischer Intelligenz an diesen Stellen kann man auf multidimensionale Kräfte zugreifen. Tore sind auch Eingangsstellen in den physischen Körper, wo tellurische Intelligenzen Wache halten, um Angriffe auf den Körper zu verhindern; diese Tore sind der Ursprung der Heilungen durch Schamanen wie beispielsweise übersinnlicher Chirurgen. Der Wissenschaft noch nicht bekannt.

Umwandlung – Empfang einer Welle in einer Form, die in eine andere umgewandelt wird; ein Telefon beispielsweise empfängt Klang, wandelt ihn in elektrische Signale um und dann zurück in die Stimme eines Menschen.

überbewußt – eine Fähigkeit von Menschen, einen hohen Grad an Multidimensionalität zu erreichen.

Verschmelzung – die Vereinigung von zwei oder mehr Kräften.

vier Bewußtseinskörper – der physische, der Emotions-, der Geist- und der Seelenkörper, die im Selbst wohnen und die verschiedenen Erlebensmodi fokussieren und darstellen.

vierte Dimension – das polarisierte Reich archetypischer Kräfte, die mit der Erde interagieren und von den Anunnaki von Nibiru geleitet werden.

Wellenresonanz – die Kraft, die Sterne in stellaren Systemen oder Sterne am Platz hält, die in Spiralen aus Photonensternen existieren.

Welt-Management-Team – Individuen in der dritten Dimension, die von den Anunnaki beherrscht werden, welche ihnen Impulse geben, Pläne auszuführen, die Nibiru und nicht der Erde nützen. Alle Individuen, die in Teamagenturen arbeiten – wie im Vatikan, in Geheimbünden, Banken, Regierungen, Schulsystemen, dem medizinischen System und vielen Betrieben –, sind Agenten der Anunnaki, es sei denn, sie werden sich der Anunnaki-Vibrationen bewußt und führen deren Pläne nicht aus.

Wirbel – Tore im physischen Körper, die auf multidimensionale Felder zugreifen.

Wirklichkeitsspaltung – Welten mit Hilfe von Intelligenzen aufteilen, die gemäß dichter oder feinstofflicher Frequenzen vibrieren.

Zellgedächtnis – Wissen von aller Zeit, allen Orten und Geschehnissen im Universum, das in den eigentlichen Zellen aller Lebewesen existiert.

Zukunft – vergangene Erinnerung, die immer noch so stark wirkt, daß sie dem jetzigen Verhalten des Menschen Impulse geben kann.

zweite Dimension – tellurisches Reich zwischen dem zentralen Eisen-Kristallkern der Erde und der Erdoberfläche, in dem Elementarkräfte wirken.

Stichwortregister

Über die Autorin

Barbara Hand Clow ist eine international bekannte Astrologin, Zeremonienleiterin, Autorin und Herausgeberin. Das vorliegende Werk ist eine Synthese ihrer *Triologie der Bewußtseinschroniken*, einer Erforschung von 300 000 Jahren menschlichen Bewußtseins auf der Erde, und ihrer Forschungen in zwei astrologischen Büchern, *Chiron: Die Verbindung zwischen inneren und äußeren Planeten* und *The Liquid Light of Sex: Understanding Your Key Life Passages.*

Dieses Buch beschreibt fortgeschrittene multidimensionale Wahrnehmungsfähigkeiten, die jetzt allen Menschen auf der Erde zugänglich werden, und Barbaras Fähigkeit, diese Fertigkeiten zu beschreiben, eröffnete mehrere Initiationen, die sie mit dem Ägypter Hakim Nazlit Essaman in der Großen Pyramide leitete. Höhepunkt dieser Reihe war eine zeremonielle Allianz zwischen den Wesen des sirianischen und plejadischen Sternensystems, das mit Barbara, Hakim und Wendy Munro aus Australien 1994 zustande kam. Diese Allianz und alle Lehren, die sie möglich machten, wurde von David Drewry mit Unterstützung von Jeanne Scoville gefilmt. Das Video mit diesen Initiationen trägt den Titel »The Nine Initiations on the Nile«.

Informationen über zeremonielle Workshops mit Barbara Hand Clow erhalten Sie bei:

Power Places Tours
285 Boat Canyon Drive
Laguna Beach, CA 92651, USA
Tel. 001 (800) 234-8687